EJU

日本留学試験 EJU

실전모의고사

청독해·청해

머리말

이 책은 일본유학시험(EJU) 청독해 · 청해 분야 모의시험을 6회분 게재한 교재입니다. EJU를 수험하는 학습자 및 청해 능력을 향상시키고 싶은 중급 이상의 학습자를 대상으로 하고 있습니다.

문제를 푼 뒤에는 별책 해설 스크립트로 해답과 해설을 확인하며 혼자라도 EJU 시험 대책을 할 수 있도록 만들었습니다.

모의시험은 EJU와 마찬가지로 1회 당 청독해 12문제, 청해 15문제입니다. EJU의 지금까지 문제 내용을 분석해서 가능한 기출 문제 출제 분야와 가까운 내용의 문제를 만들려고 했습니다.

또한, 그 분석을 토대로 '경향과 대책'을 정리해 보았습니다. 우선 '경향과 대책'을 읽으신 후, 모의시험 문제를 풀기 전에 문제 경향이나 푸는 방법을 파악해 두는 것을 권장합니다.

별책 해설 스크립트에서는 굵은 문자, 강조, 물결선으로 들을 포인트를 제시하여 한 눈에 포인트를 알 수 있도록 하였습니다. 또한, 4개의 선택지 모두에 정답, 또는 오답 이유를 적었습니다.

들어야 하는 포인트를 익히는 것으로 인해 청해 능력이 향상하고 정답이나 오답 이유를 아는 것으로 문제를 푸는 방법을 알게 됩니다. 이 해설 스크립트를 읽으면, 교실에서 교사가 설명해 주는 것과 같은 효과를 얻을 수 있겠죠.

본서를 작성하는데 있어서 편집부의 와다 리사 씨가 항상 원고를 꼼꼼하게 봐 주시고, 지적이나 아이디어를 해 주셨습니다. 진심으로 감사드립니다.

이 문제집이 일본어를 학습하는 분들의 청해 능력 향상에 도움이 되는 것을 기대하고, 일본으로 유학오는 것을 희망하는 분들이 EJU에서 고득점을 받는 것을 기원하겠습니다.

저자 일동

EJU는 일본 대학으로의 유학을 꿈 꾸는 수험생들에게는 반드시 치러야 할 과제입니다.

EJU 점수 만으로 합격 불합격이 결정되는 것은 아니나, 명문 대학으로 진학하기 위해서는 반드시 치러야 할 통과 의례입니다. 다른 일본어 시험과는 다르게 아카데믹한 일본어로 구성되어 있고, 사고력과 이해력까지 묻는 문제들은 단순히 어학시험으로만 생각한 수험생들을 간혹 곤란하게 만들곤 합니다.

일본어 능력에 비해서 고득점을 받지 못하거나, 반대로 일본어 능력에 비하여 높은 점수를 받는 경우도 목격되고 있습니다. 따라서, 기존의 어학 학습 방법뿐만 아니라, 사고력과 이해력을 높이는 훈련과 요령 등이 필요하게 됩니다.

이 책은 모의고사 6회분으로 구성되어 있어, 그 실전적 연습을 충분히 할 수 있을 뿐만 아니라, 문제의 구성과 난이도의 관점에서도 현장에서 강의하고 있는 입장에서 보아, 초급자부터 상급자까지 각각의 레벨에서 충분이 얻을 수 있는 내용들로 가득 차 있다고 보입니다.

특히, 과거 출제되었던 문제들의 테마 분석이 이루어져 있어 유사 테마 문제에 쉽게 접근할 수 있도록 유도하였으며, 파생될 수 있다고 판단되는 예상 문제의 테마까지 다루고 있어, 모든 레벨의 수험생에게 유용하게 쓰여질 것이라 믿습니다.

저자의 해설을 보다 쉽게 전달하려 노력했으며 현장에서 강의하고 있는 전문가로서, 도움이 될 만한 풀이 요령 측면도 첨가하여 서술하였으니, 꼼꼼하게 읽어 보신다면 분명 문제를 풀어 나가는 몇 가지 중요한 팁을 얻어 갈 수 있으리라 생각합니다.

미약한 힘이나마 이 교재를 통하여 학습한 수험생이 모두 뜻하는 성적을 얻기를 기원합니다.

유충열

EJU 란?

'Examination for Japanese University'의 약자로, 일본 대학 등에 입학을 희망하는 자에게, 일본 대학 등에서 필요로 하는 일본어 능력 및 기초 학력 평가를 실시할 것을 목적으로 실시하는 시험입니다.
2001년 12월에 폐지된, 일본 대학 등에 입학할 때 일본 대학(학부) 등 고등 교육 기관의 대부분이 수험할 것을 의무로 하고 있었던 '일본어 능력시험'과 '사비 외국인 통일 시험'의 2개 시험이 통합되어 2002년부터 연 2회(6월 및 11월) 일본 및 해외에서 실시되고 있습니다.

출제 과목

EJU시험의 출제 과목은 일본어, 종합과목, 수학, 이과(화학, 물리, 생물)이며, 각 대학교가 지정하는 수험과목을 선택하여 수험해야 합니다. 또한, 일본어를 제외한 모든 과목은 일본어와 영어 중 출제언어를 선택할 수 있습니다.

과목별 점수

과목	목적	시간	득점 범위
일본어	일본 대학 등에서의 공부에 대응할 수 있는 일본어 능력을 측정한다.	125 분 정도	독해 0~200 점
			청독해 · 청해 0~200 점
			기술 0~50 점
이과	일본 대학 등의 이과계열 학부에서의 공부에 대응할 수 있는 기초적 학력을 측정한다.	80 분	0~200 점
종합과목	일본 대학 등의 문과계열 학부에서의 공부에 대응할 수 있는 기초적 학력을 측정한다.	80 분	0~200 점
수학	일본 대학 등에서의 공부에 필요한 수학의 기초적인 학력을 측정한다.	80 분	0~200 점

- 일본어는 기술, 독해, 청독해·청해의 3가지 영역으로 구성되어 있습니다.
- 이과는, 이과 3과목(화학, 물리, 생물) 중, 수험을 희망하는 대학이 지정하는 2과목을 선택해 수험해야 합니다.
- 이과와 종합과목을 동시에 수험하는 것은 불가능합니다.
- 수학은 코스1과 코스2로 구성되며, 수험을 희망하는 대학이 지정하는 코스를 수험해야 하지만, 문과계열 학부 및 수학을 필요로 하는 정도가 비교적 낮은 이과계열 학부에서 많이 필요로 하는 수학 코스1, 수학을 고도로 필요로 하는 학부에서 요구하는 수학 코스2가 있습니다.
- 득점 범위는 일본어 기술을 제외하고, 상대평가로 표시됩니다.

성적 결과

- 성적은 7월말, 12월말에 우편 통지 및 JASSO EJU 홈페이지에서 확인 할 수 있습니다.
- 성적의 유효 기간은 각 대학별로 상이합니다.

출제 내용 분석과 대책

분석

문제 형식

- 청독해 문제 12개, 청해 문제 15개, 합쳐서 27개 문제가 출제됩니다.
- 시험 시간은 각각 청독해 약 20분, 청해 약 30분입니다.
- 한 문제 당 음성의 길이는 약 90초 정도입니다.
- 4개의 선택지에서 정답을 골라야 합니다.
- 청해 문제는 그림 등은 없으니, 음성만을 듣고 4개의 선택지에서 정답을 골라야 합니다.

알아두면 좋아요

–실제 EJU 문제 용지에는 설명, 예제, 백지 페이지가 있습니다. 백지 페이지를 메모 용지로 활용해 주세요.

담화 형식과 내용

- 대학 등에서의 강의가 제일 많아, 27문제 중 20문제 정도가 출제됩니다.
- 2명의 학생(남녀 학생)의 대학 생활이나 연구 등에 관한 대화, 학생과 선생님의 대화, 진행자와 이야기 하는 사람 사이의 대화 등도 있습니다.

알아두면 좋아요

청해		문제 수	내용
청독해	대학 등에서의 강의	10	생물, 마케팅, 심리, 기상, 환경, 교육, 지리, 건축 등
	남자 학생과 여자 학생의 대화	1~2	참가나 기입 방법, 연구 계획, 조사 결과 등에 대한 의견
	인터뷰(진행자와 이야기하는 사람)	0~1	기모노 비즈니스(2021년)
청해	대학 등에서의 강의	9~11	생물, 마케팅, 심리, 기상, 환경, 교육, 지리, 건축 등
	남자 학생과 여자 학생의 대화 학생과 선생님 대화 학생과 직원 등의 대화 인터뷰(진행자와 이야기하는 사람)	각 2~4	대학 생활(참가 일시, 신청 방법 등), 수업의 감상이나 의견

문제를 풀기 위해 필요한 능력과 질문 형식

필요한 능력	질문 형식		문제 수 청독해	문제 수 청해
직접적 이해 능력	키워드 중요 표현	～は、どのような点ですか ～は、どうしてですか ～には、何が重要と言っていますか		10~13
간접 이해 능력	도식	～図はどれですか ～は、図のどれですか	5	
간접 이해 능력	정보 종합	～は資料·グラフのどの～ですか ～は、どのような点が～ですか	1~5	0~3
간접 이해 능력	일반화	～挙げる例は、どのグラフですか ～は、どのようなものですか	3~4	0~3
간접 이해 능력	비교	～の最大の利点は何だと言っていますか		0~1
정보 활용 능력	예시	最後に挙げる例は、どの～ですか ～は、資料·グラフのどの部分ですか	3~4	1~2

대책

청독해와 청해의 차이를 이해하자

청독해

- 우선, 음성이 나오기 전에 문제용지를 확인하고 질문과 일러스트, 표, 그래프를 보고, 어떤 내용인지 예상해야 합니다.
- 일러스트, 표, 그래프가 1개일 경우, 어느 부분이 선택지로 되어 있는지 확인해야 합니다.
- 일러스트, 표, 그래프가 4개 있는 경우 차이점을 발견하여, 표시를 해 둡시다.
- 음성이 나오면, 질문을 확인하고 선택지를 보면서 문제를 풀어야 합니다.

청해

- 문제 용지에 아무것도 적혀 있지 않으므로, 질문문, 강의나 대화, 선택지를 들으며 답해야 합니다.
- 질문 안에 키워드나 키워드의 유의표현이 정답 선택지에 포함되어 있는 경우가 많으므로 질문문을 주의해서 들어야 합니다.

알아두면 좋아요

	청독해	청해
문제용지	질문문, 일러스트나 도표, 선택지	없음
질문문의 음성	1회	2번
선택지 음성	없음	1회
포인트	일러스트나 도표에 주목	질문문의 키워드에 주목
음성 길이	약 90초	약 120초

스크립트에서 들어야 하는 포인트를 확인하자

• 음성의 내용(상황 설명, 질문, 강의나 대회, 선택지)마다 각각 '들어야 하는 포인트'가 있습니다.

알아두면 좋아요

	들어야 하는 포인트	별책 스크립트
상황 설명	분야나 화제, 키워드를 이해한다.	분야, 화제, 키워드
질문	질문을 파악한다. 예시)분석3 '질문 형식'	질문 내용
강의나 대화	질문 내용에 대응하는 내용을 듣자. 예시) 이유는 무엇입니까?	지시어, 접속 표현, 의견을 나타내는 표현 정답 부분 예시) ～から、なぜかと言うと
선택지	키워드나 정답 부분을 발견한다.	키워드, 키워드의 유의 표현 정답 부분

여러 분야의 어휘를 말하고, 귀로 기억해 둔다를 확인하자

• 총 27문제 중 20문제가 대학 강의 분야에서 나오므로, 생물, 마케팅, 심리, 기상, 환경, 교육, 지리, 건축 등 여러 분야의 어휘를 듣고, 의미를 알아 둘 필요가 있습니다.

알아두면 좋아요

① 평소부터 독해 문제 등에서 학습하고 있는 어휘를 음독하여 음성으로도 이해할 수 있도록 해 둡시다.

② 어휘를 늘리는 것과 함께 여러 분야에 관심을 갖는 것이 중요합니다.

강조나 의견, 주장 표현을 귀로 익혀 두자

- 설명을 강조하거나 의견을 말하기 전에 「ここで重要なのは」,「それだけでなく」,「しかし、わたしは」,「最も」 등 지시어나 접속 표현이 있는 경우가 많습니다.
- 강조하고 싶거나 의견을 말한 뒤에는 「~が重要です」,「~なのではないでしょうか」,「しと思います」,「~が大切です」 등의 표현이 옵니다.

알아두면 좋아요

–강조나 의견, 주장을 할 때에 사용하는 표현을 어휘와 동일하게 목소리를 내면서 귀로 기억해 두도록 합시다.

목차

본책

EJU 빈출 어휘 part1

<EJU 빈출 어휘 전체>는 하기 QR코드로 다운로드 해서 사용하실 수 있습니다.

위 학습 부가 자료는 시원스쿨 일본어 홈페이지(japan.siwonschool.com)의 수강신청▶교재/MP3와 학습지원센터▶공부 자료실에서 다운로드할 수 있습니다.

목차

별책

아스크사 일본어 버전 해설

아스크사 <일본어 버전 해설>은 하기 QR코드로 다운로드 해서 사용하실 수 있습니다.

위 학습 부가 자료는 시원스쿨 일본어 홈페이지(japan.siwonschool.com)의 수강신청▶교재/MP3와 학습지원센터▶공부 자료실에서 다운로드할 수 있습니다.

EJU
실전 모의고사

제1회

테스트 전 확인 사항

□ 해답 용지 준비하셨나요?　　□ 연필과 지우개 챙기셨나요?

모의고사 1회 음성

시원스쿨 일본어 홈페이지
(japan.siwonschool.com)의
수강신청>교재/MP3에서 무료 다운로드

모의고사 1회 빈출 어휘

시원스쿨 일본어 홈페이지
(japan.siwonschool.com)의
수강신청>교재/MP3에서 무료 다운로드

— このページには問題はありません。—

聴読解問題

説明

聴読解問題は，問題用紙に書かれていることを見ながら，音声を聴いて答える問題です。

問題は一度しか聴けません。

それぞれの問題の最初に，「ポーン」という音が流れます。これは，「これから問題が始まります」という合図です。

問題の音声の後，「ポーン」という，最初の音より少し低い音が流れます。これは，「問題はこれで終わりです。解答を始めてください」という合図です。

選択肢1，2，3，4の中から答えを一つだけ選び，聴読解の回答欄にマークしてください。

1番

先生が，食品衛生学の授業で，冷凍食品について話しています。この先生が最後に挙げる例が冷凍食品と呼べないのは，どの条件を満たしていないからですか。 1

冷凍食品の条件	
1	前処理
2	急速冷凍
3	適切な包装
4	常にマイナス18℃以下で保管

（一般社団法人日本冷凍食品協会「冷凍食品の基礎知識」
https://www.reishokukyo.or.jp/frozen-foods/qanda/qanda1/　を参考に作成）

2番

女子学生と男子学生が，朝食を毎日とることの良さについて書かれた資料を見ながら話しています。この男子学生は，このあとどの項目について調べると言っていますか。 **2**

朝食を毎日とると，こんないいこと

1 ◆ **朝食を食べる習慣は，食事の栄養バランスと関係しています**

2 ◆ **朝食を食べる習慣は，生活リズムと関係しています**

3 ◆ **朝食を食べる習慣は，心の健康と関係しています**

4 ◆ **朝食を食べる習慣は，学力・学習習慣と関係しています**

（農林水産省「朝食を毎日食べるとどんないいことがあるの？」

https://www.maff.go.jp/j/syokuiku/evidence/chosyoku.html を参考に作成）

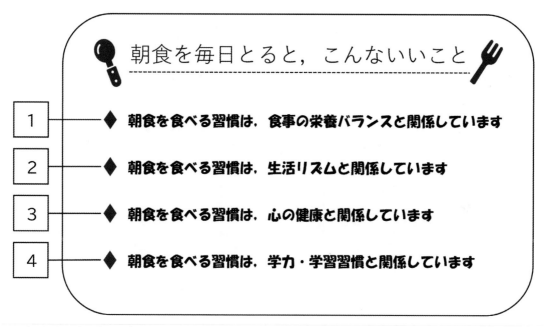

3番

先生が，循環型社会の体験学習について説明しています。この先生は，図の体験学習の中でどの部分が重要だと言っていますか。 **3**

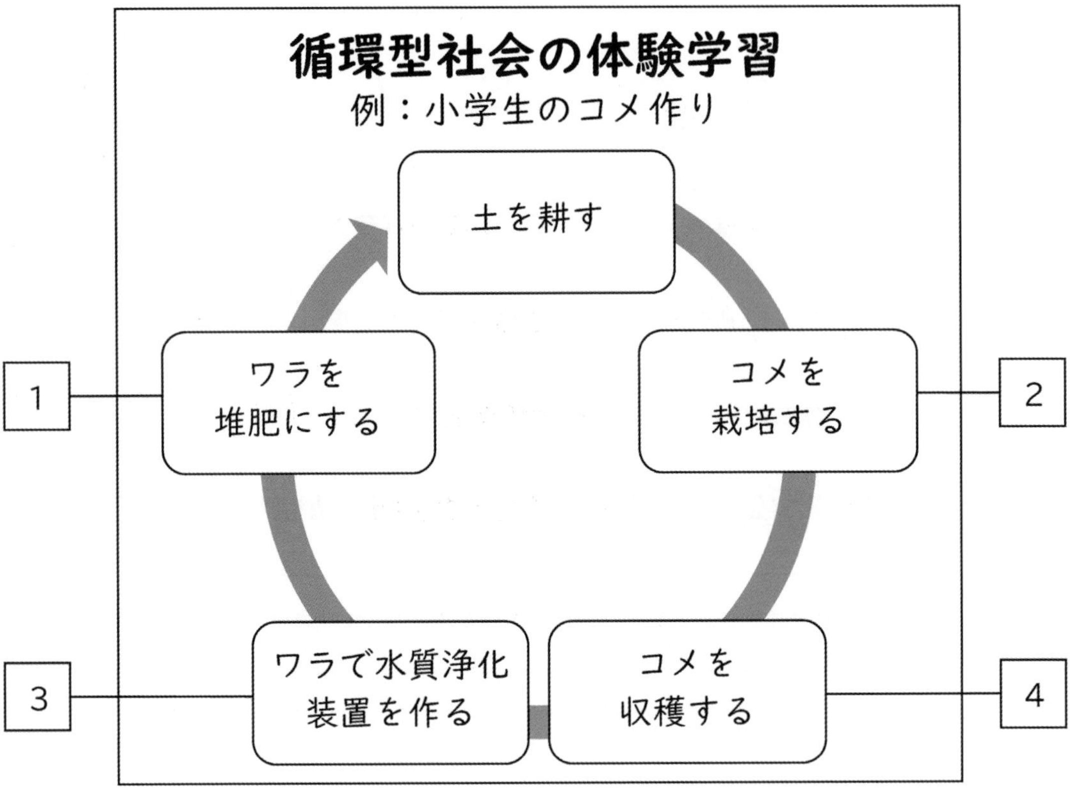

4番

女子学生と男子学生が，セミナーの案内を見ながら話しています。この男子学生は，このあとまず何をしますか。 **4**

オンラインセミナー

《生活の中のバイオミミクリー》

内容：昆虫や植物の生態とそれを利用した製品を紹介する
講師：中村太郎教授
日付：11 月 19 日（日）14 時～ 17 時
定員：30 名（本学の学生に限る）
申し込みリンク：link.aro.nakamura.mooz
申し込み締め切り：11 月 17 日
（18 日以降は中村ゼミのサイトから問い合わせること）
事前課題：『ハチの巣住宅』（中村太郎箸）の
第三章（p.20 ～ 40）を読んでくること

1．課題の本を読む
2．中村ゼミのサイトから問い合わせる
3．リンクに必要な情報を入力する
4．オンラインセミナーを受ける

5番

先生が，言語の機能について話しています。この先生が最後にする質問の答えはどれですか。 **5**

言語の4つの機能

A コミュニケーション	B 思考の体系化
C 行動のコントロール	D 感情の発散

（藤田文「第４章幼児期Ⅱ：言語・遊び・仲間関係の発達」『発達と老いの心理学』サイエンス社を参考に作成）

1．A
2．B
3．C
4．D

6番

男子学生と女子学生が，仕事をする目的についてのアンケート結果を見て話しています。女子学生が「働くのが当たり前だから」という回答と近いと言った回答はどれですか。 **6**

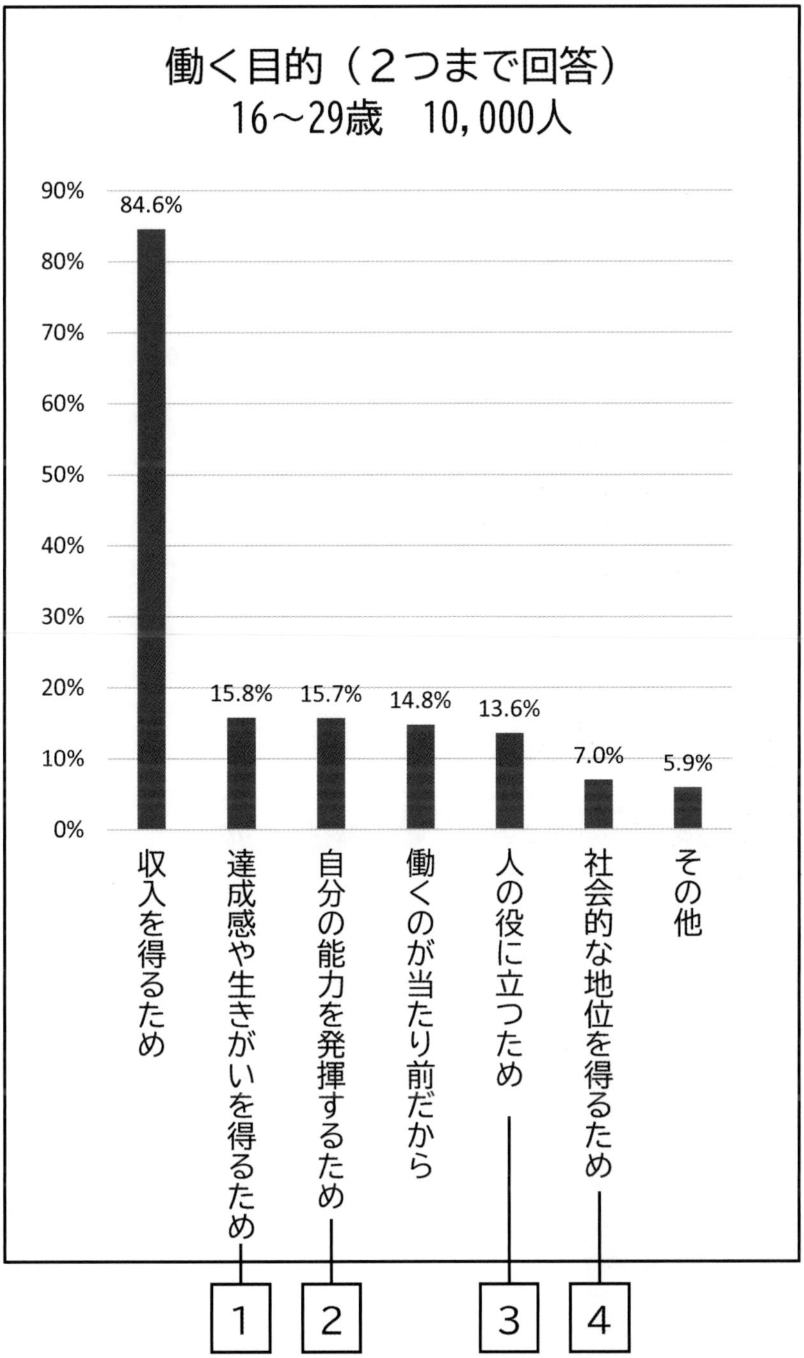

7番

先生が，経済学の授業で，行動経済学の理論について話しています。この先生が最後にする質問の答えは，どの理論の例ですか。 **7**

1．アンカリング効果

2．損失回避性

3．極端回避性

4．サンクコスト効果

8番

女子学生と男子学生が，大学のPC教室の使用状況がわかる電子掲示板を見ながら話しています。この男子学生は，このあとすぐどうしますか。 **8**

【現在のPC教室の使用状況】

○：空席あり　△：残り少ない　×：席なし

※現在の状況 空席数／座席数 ・ 使用時間終了・授業のため使用不可

【PC教室】座席数	1限	2限	昼休み	3限	4限
【A館PC1】60席		授業		授業	
【A館PC2】30席		授業		授業	
【C館PC3】30席		△28/30			授業
【D館PC4】40席		○10/40		授業	授業
【E館PC5】50席		授業			授業

1．授業を受ける教室へ行く

2．A館のPC教室へ行く

3．C館のPC教室でプリントアウトする

4．D館のPC教室でプリントアウトする

9番

先生が授業で，動物の飼育環境への取り組みについて話しています。この先生が興味深いと言っている動物の行動は，どの環境エンリッチメントと関係がありますか。 **9**

代表的な環境エンリッチメント

エンリッチメントの種類	動物への刺激
採食エンリッチメント	エサの種類や与え方を変える
空間エンリッチメント	自分の体を隠せる場所をつくる
感覚エンリッチメント	音や音楽を聞かせたり，匂いをかがせたりする
社会的エンリッチメント	野生の群れの規模に近い頭数で飼育する
認知エンリッチメント	知性を刺激するものを与える

1. 採食エンリッチメントと空間エンリッチメント
2. 空間エンリッチメントと感覚エンリッチメント
3. 感覚エンリッチメントと認知エンリッチメント
4. 採食エンリッチメントと認知エンリッチメント

10番

先生が授業で，ロボットに対する親しみの心理現象について話しています。この先生の説明に合うグラフはどれですか。 **10**

1.

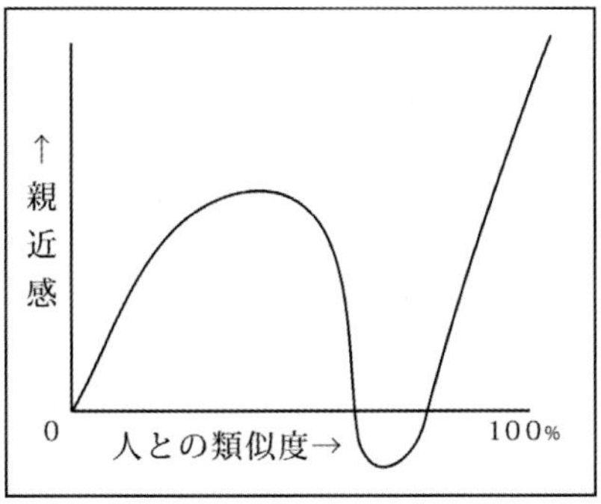

2.

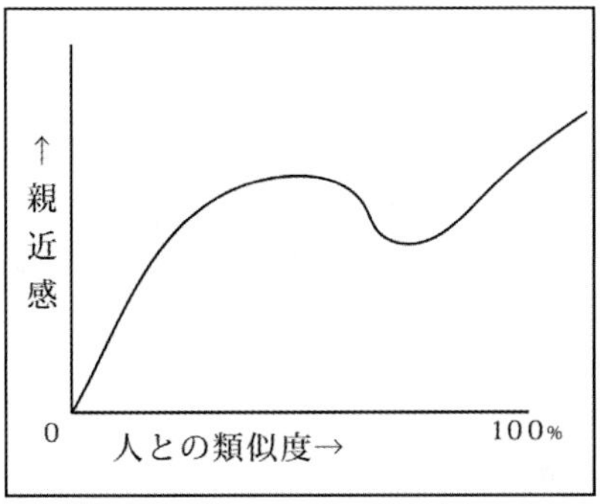

3.

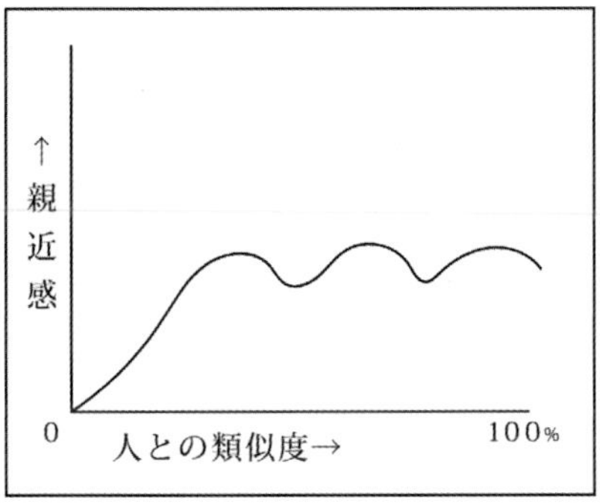

4.

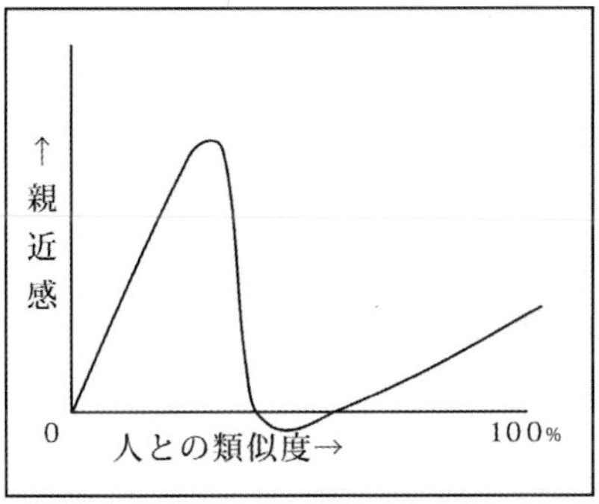

（森政弘「不気味の谷」http://rraj.rsj-web.org/atcl/2341　を参考に作成）

11番

女子学生と男子学生が，オンライン申請の掲示を見ながら話しています。この男子学生は，証明書を申請するのにいくら払いますか。 **11**

オンライン申請サービス

証明書	コンビニ受取り	郵便受取り	発行機受取り	発行手数料 1通	システム管理料	コンビニ受取り印刷料
在学証明書	○	○	○	500円	1回の申請につき100円	1枚80円
成績証明書	○	○	○	500円		
卒業見込み証明書	○	○	○	500円		
履修科目証明書	○	○	○	500円		
各種証明書（ビザ申請提出用）	×	○	×	500円		

※郵便受取り・発行機受取りの印刷は無料です。
※郵便受取りを希望される方は，返信用の郵送料がかかります（1～3通：84円，4～6通：94円)。

1．1000円
2．1100円
3．1200円
4．1300円

12番

先生が，世界自然遺産の評価基準について話しています。この先生の話によると，屋久島という地域は，どの基準を満たしていますか。 12

【世界自然遺産の評価基準】

A	自然美	ほかに類を見ない自然美・美的価値を持つ地域であること
B	地質・地形	地質学的・地理的に地球の歴史の主要な段階を代表する見本であること
C	生態系	陸上・淡水域・沿岸・海洋の生態系や，動植物の進化・発展において生物学的に重要な見本であること
D	生物多様性	絶滅の恐れがある種の生息地など，生物多様性の保全にとって重要な自然があること

（環境省「日本の世界自然遺産」https://www.env.go.jp/nature/isan/worldheritage/info/index.html を参考に作成）

1．AとB
2．AとC
3．AとD
4．CとD

—— このページには問題はありません。——

聴解問題

説明

聴解問題は，音声を聴いて答える問題です。問題も選択肢もすべて音声で示されます。問題用紙には，何も書かれていません。

問題は一度しか聴けません。

自分でメモ用紙を用意し，音声を聴きながらメモをとるのに使ってもいいです（実際の試験ではこのあとに3ページ，メモ用のページがあります）。

聴解の解答欄には，『正しい』という欄と『正しくない』という欄があります。選択肢1，2，3，4の一つ一つを聴くごとに，正しいか正しくないか，マークしてください。正しい答えは一つです。

— メ モ —

メ モ

—— メ モ ——

EJU
실전 모의고사

제2회

테스트 전 확인 사항

□ 해답 용지 준비하셨나요?　　□ 연필과 지우개 챙기셨나요?

모의고사 2회 음성

시원스쿨 일본어 홈페이지
(japan.siwonschool.com)의
수강신청>교재/MP3에서 무료 다운로드

모의고사 2회 빈출 어휘

시원스쿨 일본어 홈페이지
(japan.siwonschool.com)의
수강신청>교재/MP3에서 무료 다운로드

— このページには問題はありません。—

聴読解問題

説明

聴読解問題は，問題用紙に書かれていることを見ながら，音声を聴いて答える問題です。

<u>**問題は一度しか聴けません。**</u>

それぞれの問題の最初に，「ポーン」という音が流れます。これは，「これから問題が始まります」という合図です。

問題の音声の後，「ポーン」という，最初の音より少し低い音が流れます。これは，「問題はこれで終わりです。解答を始めてください」という合図です。

選択肢1，2，3，4の中から答えを一つだけ選び，聴読解の回答欄にマークしてください。

1番

先生が，企業がメセナ活動を行う際に支障となる事柄について話しています。この先生は，学生たちにどの項目を解決するための具体例を集めるように言っていますか。 **1**

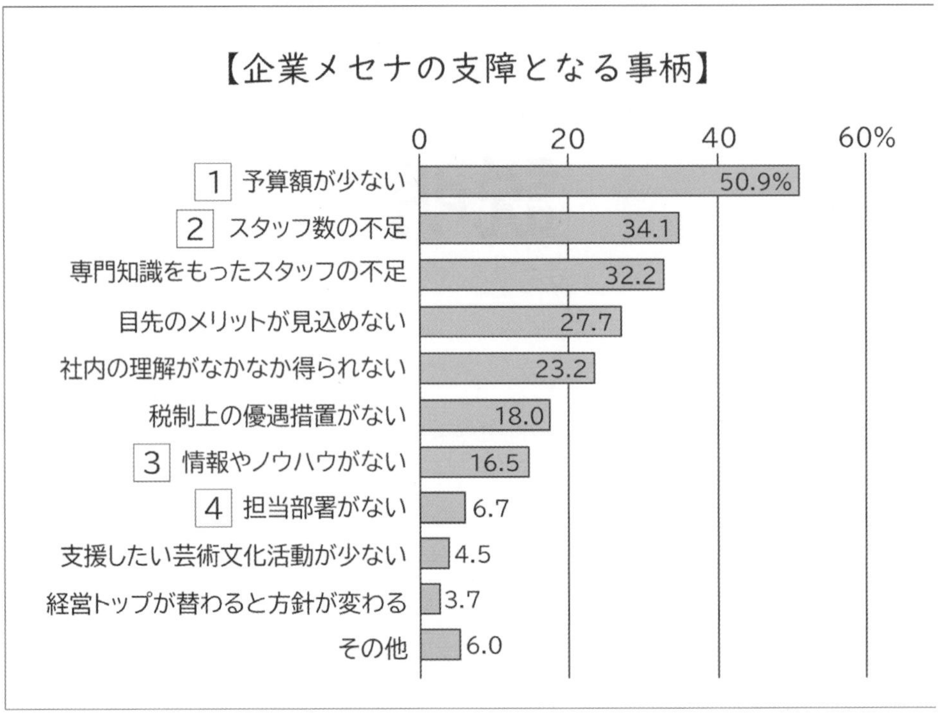

（グラフ出典：古賀弥生『芸術文化がまちをつくるⅡ―地域活性化と芸術文化』，九州大学出版会，2011年，pp.91-92　を参考に作成）

（データ出典：企業メセナ協議会「メセナリポート2010」 を参考に作成）

2番

女子学生と男子学生が，アンケートの結果について話しています。この男子学生が意外だと言っているのはどの項目ですか。すべて答えてください。 **2**

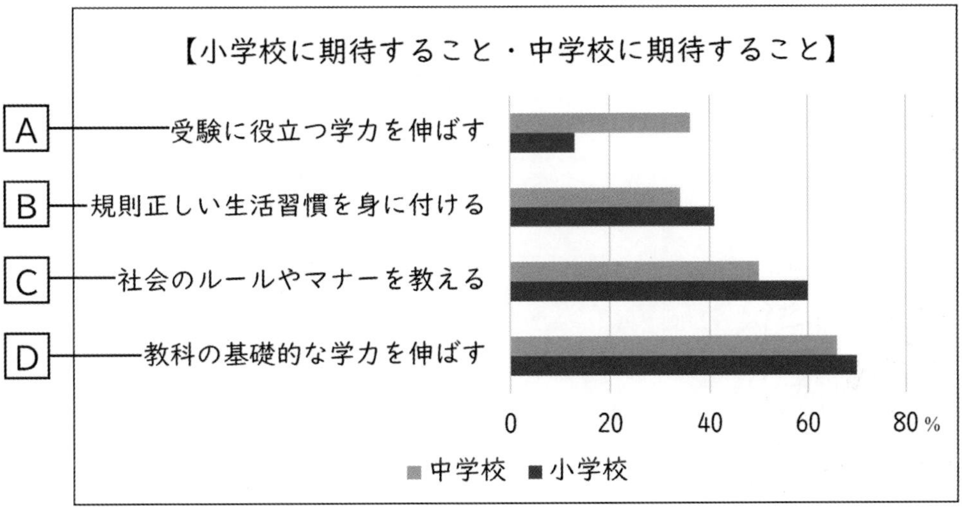

（ベネッセ教育情報サイト「保護者が学校に期待すること・保護者の関わり方」
https://benesse.jp/kyouiku/201011/20101111-1.html を参考に作成）

1．AとD
2．AとB
3．BとC
4．AとBとD

3番

先生が，接ぎ木という農業の方法について説明しています。この先生の話によると，キュウリをカボチャに接ぎ木することによってできるものはどれですか。 **3**

1．病気になりにくいキュウリ

2．早く成長するキュウリ

3．カボチャの栄養もあるキュウリ

4．キュウリとカボチャ

4番

セミナーの講師が，語学力の自己評価と仕事についてのアンケート結果を見て，話しています。この講師は，セミナーに参加している学生はグラフのどの部分に当てはまると言っていますか。 **4**

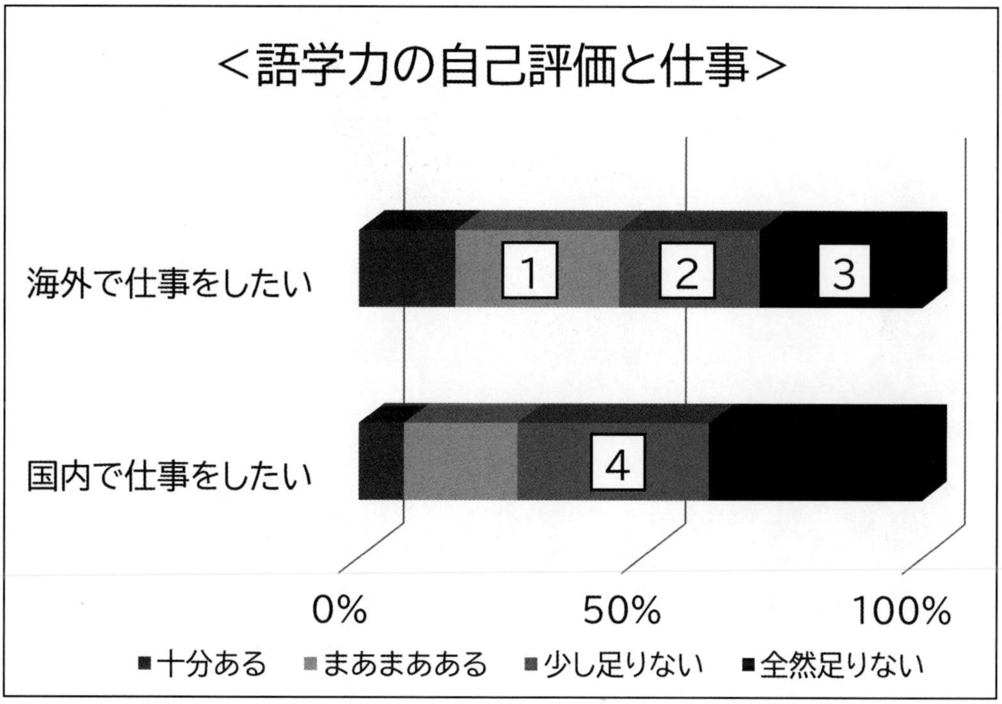

5番

先生が，深海の生物について話しています。この先生が研究しているのは，図のどの生物ですか。 **5**

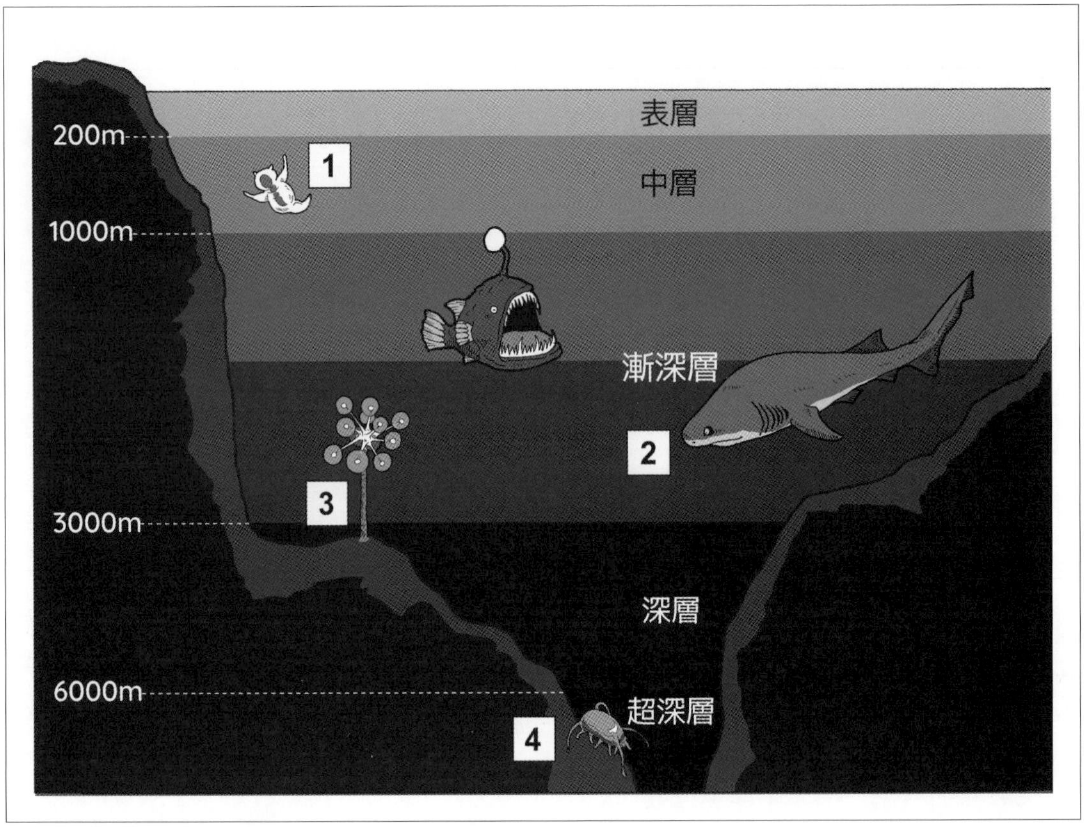

6番

先生が，心理学の授業で，自己概念と経験について説明しています。この先生が説明する自己概念が強化されたときの図は，どれですか。　**6**

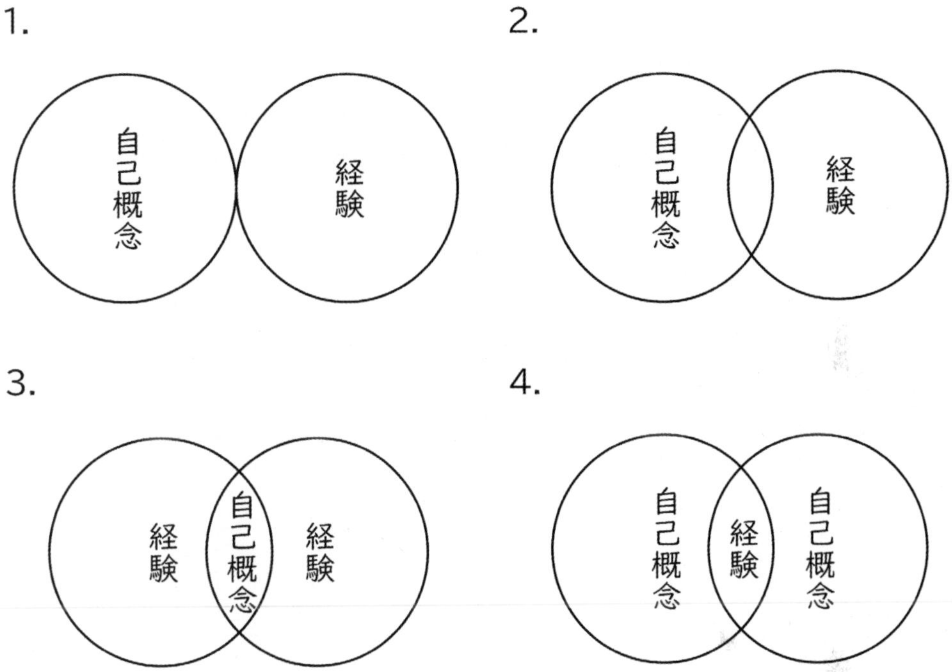

（星野欣生『人間関係トレーニング』金子書房，2003年，p.11-12　を参考に作成）

7番

講師が，人が自分の行動を変える段階について話しています。この講師が説明する最後の段階に必要なことは，どれですか。 **7**

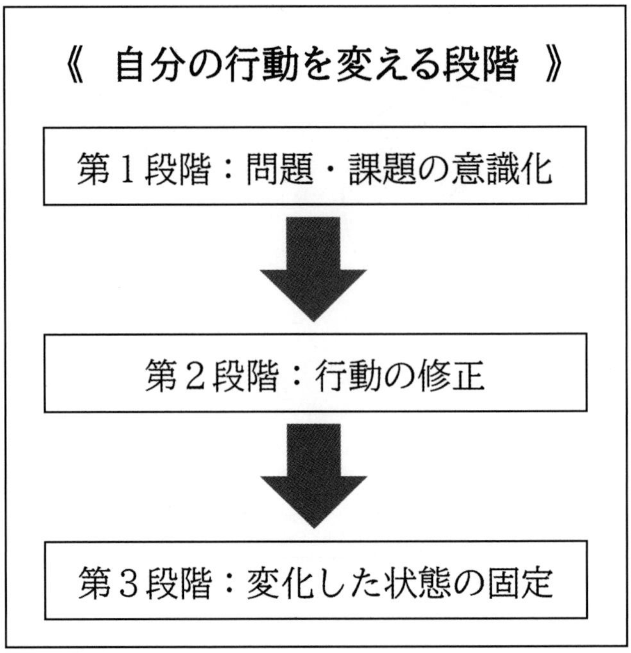

1．問題に気付くこと
2．体験したことを一般化して考えること
3．他人からの評価を受け入れること
4．行動を変えようという気持ちを保つこと

8番

先生が，商品のパッケージの効果について話しています。この先生の説明に合う被験者の評価は，どの組み合わせですか。 **8**

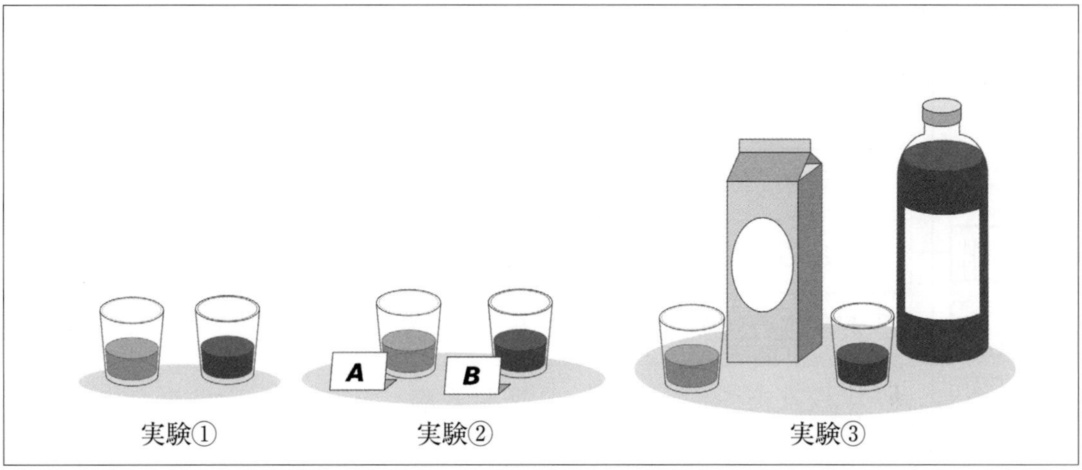

1．①A＝B　②A＞B　③A＜B
2．①A＜B　②A＞B　③A＝B
3．①A＝B　②A＞B　③A＝B
4．①A＜B　②A＝B　③A＝B

9番

先生が，子どもの言語が発達する段階について話しています。この先生が最後にする質問の答えはどれですか。 **9**

子どもの言語形成期

	「ゆりかご時代」	0～2歳	言語形成期前期
1	「子ども部屋時代」	2～4歳	
2	「遊び友だち時代」	5～6歳	
3	「学校友だち時代前半」	7～8歳	
4	「学校友だち時代後半」	9～13歳	言語形成期後期

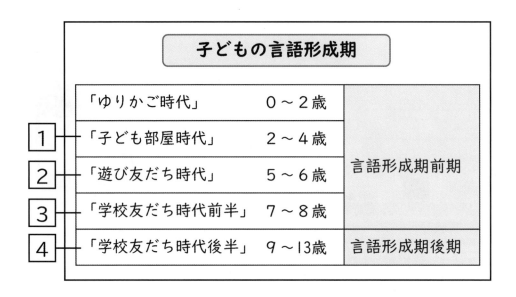

10番

先生が，人間工学の授業で，テーブルと椅子の最適な差尺について話しています。この先生が最後に挙げる例では，どの計算方法を使いますか。 **10**

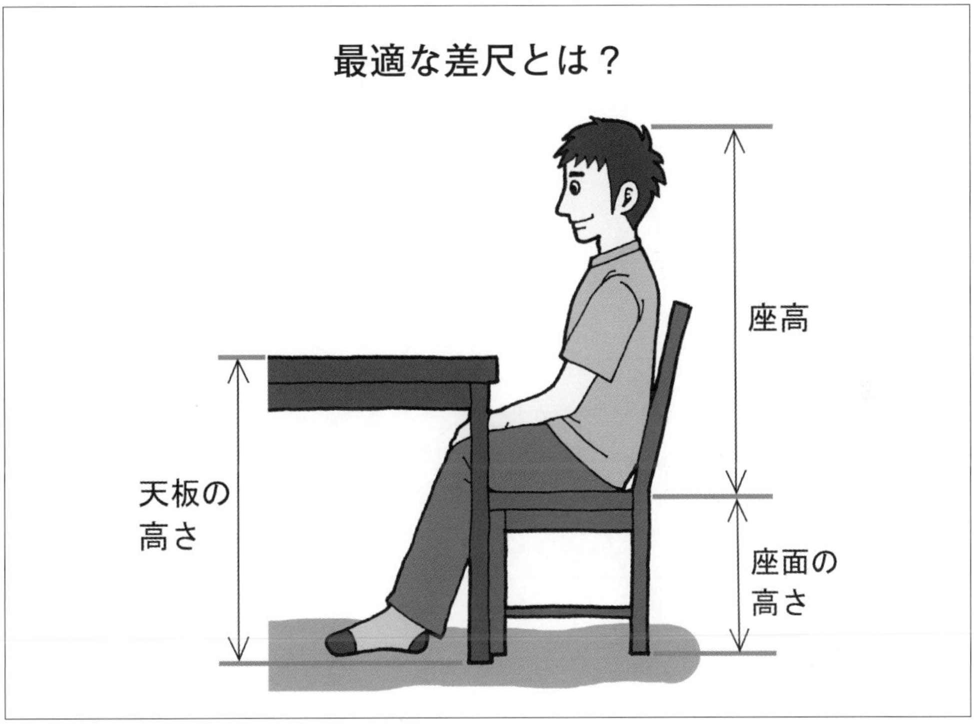

（インテリア王国「テーブル・机と椅子の最適な高さバランスの計算方法&一覧」
https://www.interior-kingdom.com/blog/table-chair-balance/　を参考に作成）

1．28 ～ 32㎝
2．（身長×0.55）÷ 3
3．（身長×0.55）÷ 3 － 2～3㎝
4．（身長×0.55）÷ 3 ＋ 2～3㎝

11番

先生が，外国人宿泊者数の増加率について話しています。この先生が最も注目すべきだと言っているのは，グラフのどの県ですか。 **11**

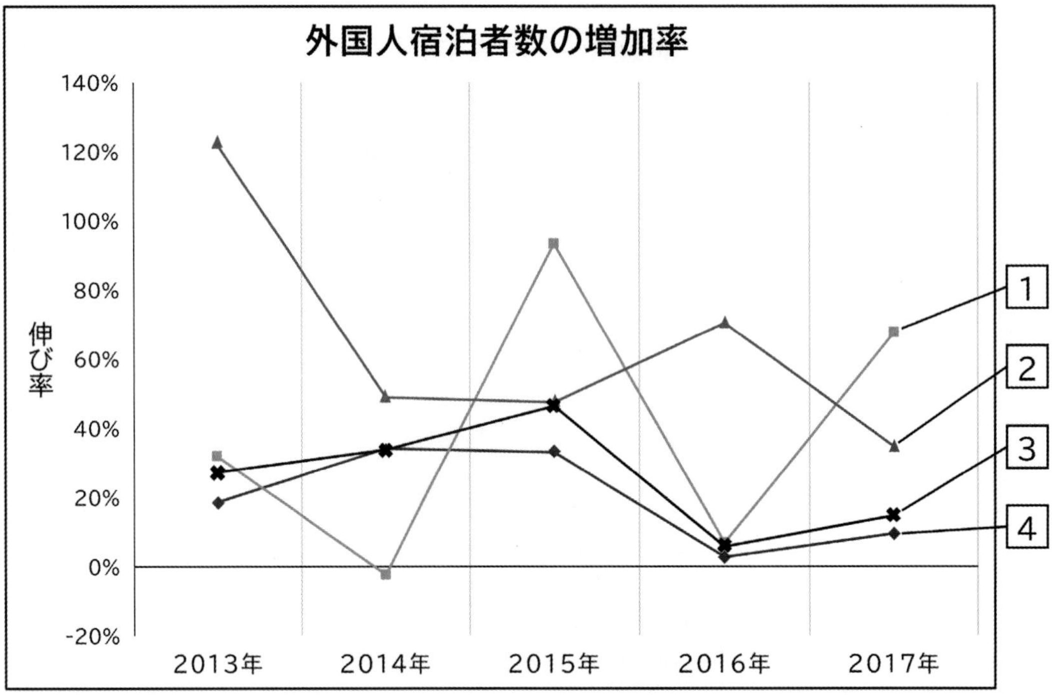

（旬刊旅行新聞「インバウンド伸び率トップは大分県、11県で40％以上の増加（観光庁・宿泊旅行統計調査）」http://www.ryoko-net.co.jp/?p=39829　を参考に作成）

12番

先生が，心理学の授業で，援助を求めるときの心理について話しています。この先生が最後にする質問の答えはどれですか。 **12**

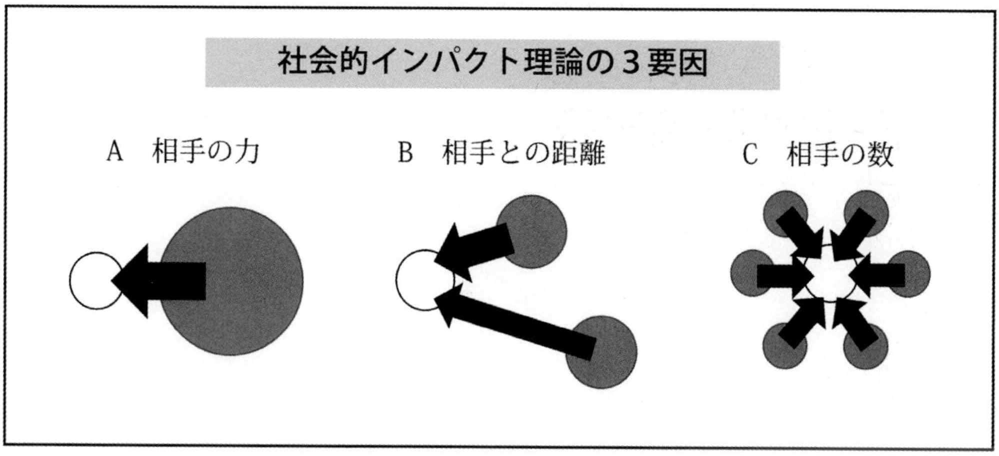

（齊藤勇『イラストレート　人間関係の心理学』誠信書房　を参考に作成）

1．A
2．AとB
3．AとC
4．B

—— このページには問題はありません。——

聴解問題

説明

聴解問題は，音声を聴いて答える問題です。問題も選択肢もすべて音声で示されます。問題用紙には，何も書かれていません。

問題は一度しか聴けません。

自分でメモ用紙を用意し，音声を聴きながらメモをとるのに使ってもいいです（実際の試験ではこのあとに3ページ，メモ用のページがあります）。

聴解の解答欄には，『正しい』という欄と『正しくない』という欄があります。選択肢1，2，3，4の一つ一つを聴くごとに，正しいか正しくないか，マークしてください。正しい答えは一つです。

メ モ

メ モ

— メ モ —

EJU
실전 모의고사

제3회

테스트 전 확인 사항

□ 해답 용지 준비하셨나요? □ 연필과 지우개 챙기셨나요?

모의고사 3회 음성

시원스쿨 일본어 홈페이지
(japan.siwonschool.com)의
수강신청>교재/MP3에서 무료 다운로드

모의고사 3회 빈출 어휘

시원스쿨 일본어 홈페이지
(japan.siwonschool.com)의
수강신청>교재/MP3에서 무료 다운로드

―― このページには問題はありません。――

聴読解問題

説明

聴読解問題は，問題用紙に書かれていることを見ながら，音声を聴いて答える問題です。

<u>問題は一度しか聴けません。</u>

それぞれの問題の最初に，「ポーン」という音が流れます。これは，「これから問題が始まります」という合図です。

問題の音声の後，「ポーン」という，最初の音より少し低い音が流れます。これは，「問題はこれで終わりです。解答を始めてください」という合図です。

選択肢1，2，3，4の中から答えを一つだけ選び，聴読解の回答欄にマークしてください。

1番

先生が，東京に人口が集中する要因について説明しています。この先生がこのあと説明すると言っているのは，資料のどの部分ですか。 **1**

《 東京一極集中の主な要因 》

1 ・高等教育機関への修学のために若者が東京へ流入

2 ・就職のために大企業の多い東京へ流入

3 ・魅力，利便性，自由度の高さを求めて東京に流入

4 ・一度東京に来ると，地方に移住しにくい環境

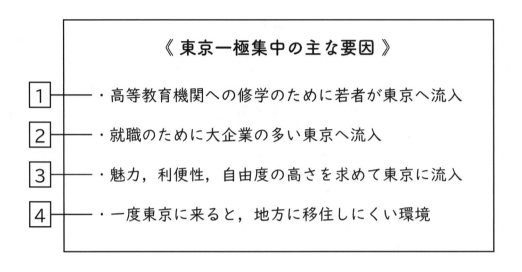

2番

先生が，高齢者の感覚機能の低下について話しています。この先生が最後に挙げる例は，どの項目に当てはまりますか。 **2**

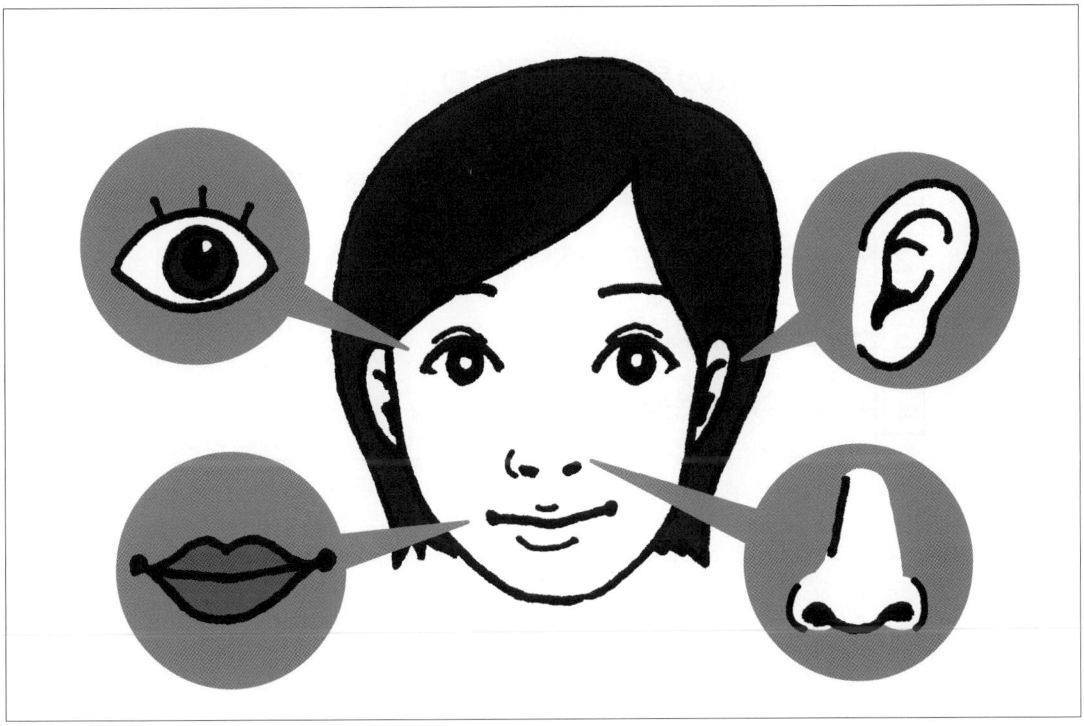

（藤田文『発達と老いの心理学』サイエンス社　を参考に作成）

1．字がぼやけて見える
2．相手の声が小さく感じる
3．苦さやすっぱさを感じにくい
4．匂いがよくわからない

3番

先生が，海の恵みを損なう要因について話しています。この先生は，このあと資料のどの部分について詳しく話すと言っていますか。 **3**

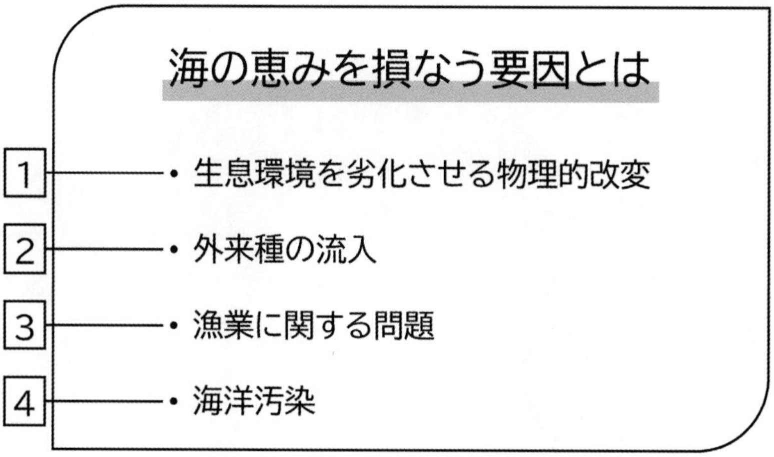

（環境省「海のめぐみって何だろう」
https://www.env.go.jp/nature/biodic/kaiyo-hozen/favor/favor04.html　を参考に作成）

4番

女子学生と男子学生が,「留学して仕事に特に役に立っているもの」に関するアンケートの結果を見ながら話しています。この女子学生は, グラフのどの項目について調査をすることにしましたか。 **4**

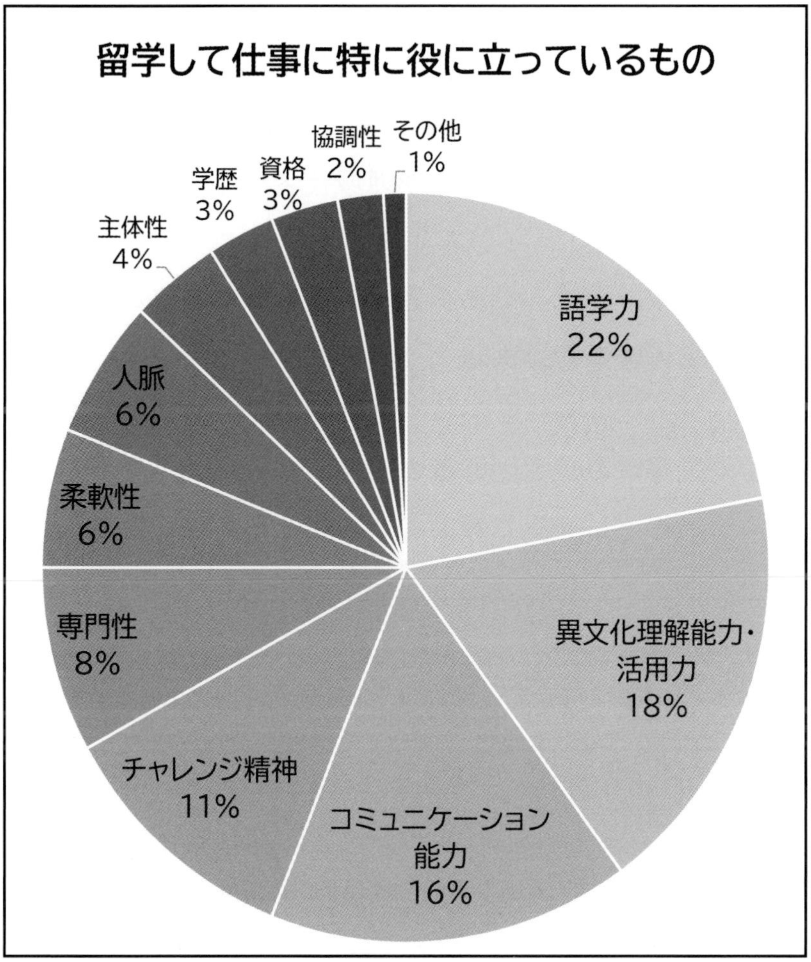

（日本学生支援機構「留学経験者の追跡調査」（平成23年度）を参考に作成）

1．語学力

2．異文化理解能力・活用力

3．コミュニケーション能力

4．チャレンジ精神

5番

先生が，コンビニエンス・ストアと自治体との連携について説明しています。この先生が最後にする質問の答えはどれですか。 **5**

自治体との連携におけるコンビニの役割

1. **地域活性化**
   住民サービスの向上や地域社会の活性化を図る
2. **見守り**
   地域の子どもや高齢者などを犯罪や事故から守る
3. **災害時の物資供給**
   災害発生時に自治体への物資の供給の支援をする
4. **災害時の帰宅困難者の支援**
   災害時に徒歩で帰宅する人達への支援をする

（ファミリーマート「自治体との連携」
https://www.family.co.jp/sustainability/material_issues/society/administration.html　を参考に作成）

6番

先生が，ゼミで使う経済学の参考書について学生に説明しています。この先生が前期に読むように勧めているのはどの本ですか。 **6**

参考書一覧

	書 名	著 者
1	『経営学概論』	大石 隆
2	『金融論』	加藤 純子
3	『産業構造論』	佐藤 太郎
4	『資本と価値』	高橋 ひかり
5	『経済学概論』	山崎 修
6	『経済史』	山崎 修
7	『理論経済学』	山崎 修

1．1と7
2．1と5
3．5と6
4．2と7

7番

先生が，保健機能食品について説明しています。この先生が説明した３種類を科学的な根拠が重視されている順に並べると，どうなりますか。 **7**

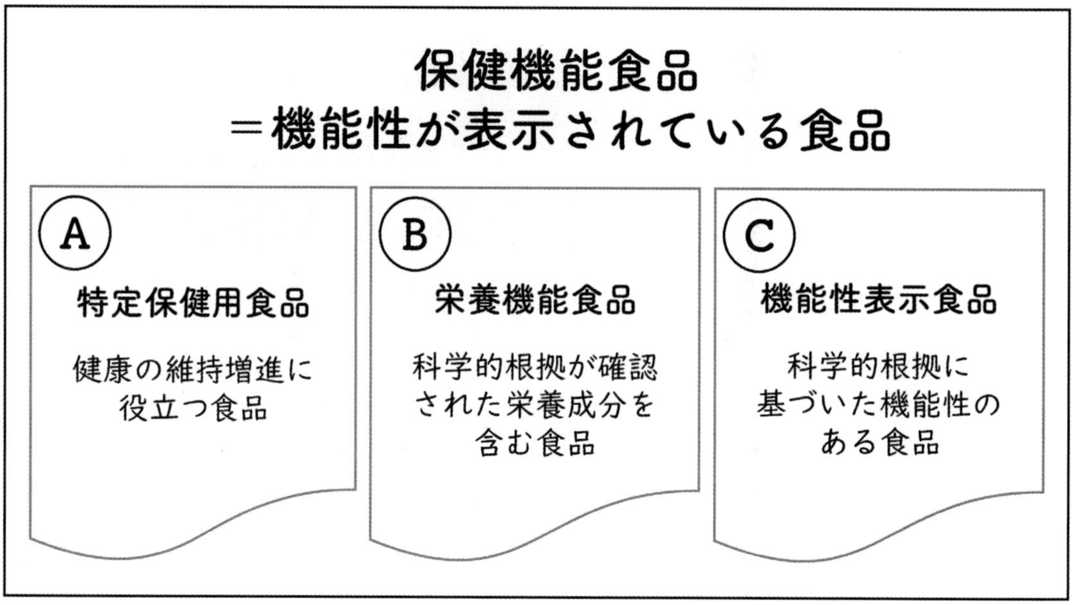

（消費者庁『知っておきたい食品の表示』を参考に作成
https://www.caa.go.jp/policies/policy/food_labeling/information/pamphlets/assets/food_labeling_cms202_220131_01.pdf）

1．Ａ＜Ｂ＜Ｃ
2．Ａ＜Ｃ＜Ｂ
3．Ｂ＜Ｃ＜Ａ
4．Ｃ＜Ａ＜Ｂ

8番

女子学生と男子学生が，水害に関わる地名について話しています。この女子学生がこれから調べるのは，どのような地名ですか。 **8**

水害を伝える地名に使われる漢字

	伝えようとしたこと	漢字の例
A	水	水，川，河など
B	地形	池，沢，深など
C	地形	谷，島，田など
D	被害	蛇，竜，龍など

1．A
2．AとB
3．BとC
4．CとD

9番

講師が，マナー講座で，席に座るときの上下関係について話しています。この講師が最後にする質問の答えは，イラストのどの席ですか。 **9**

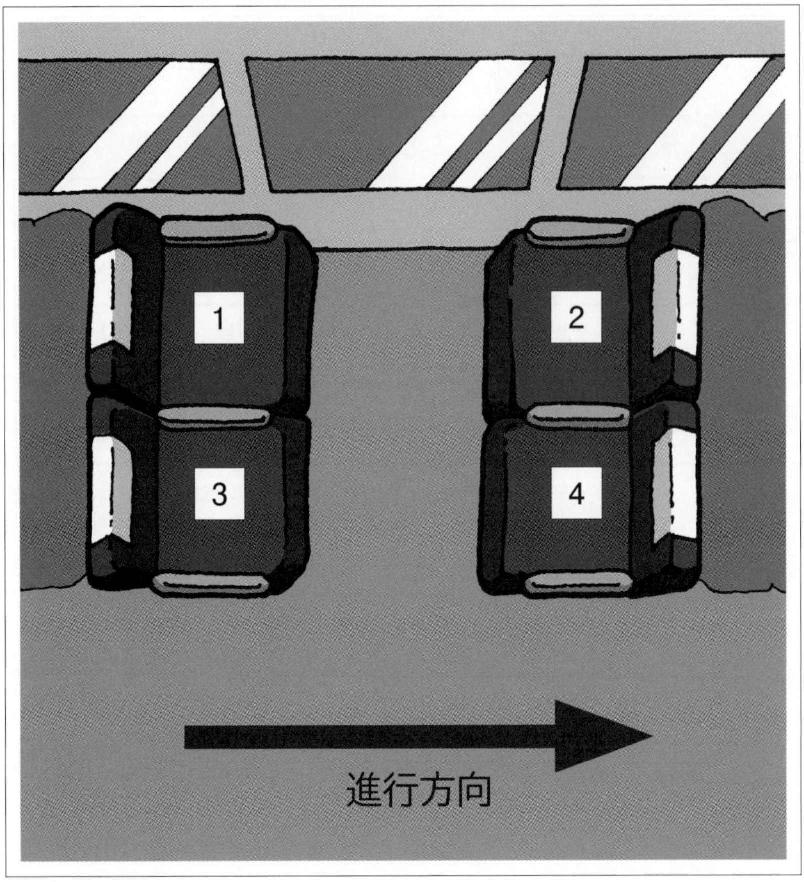

10番

講師が，セミナーで，「職場の人間関係」について話しています。この講師が説明しているグラフはどれですか。 **10**

1.

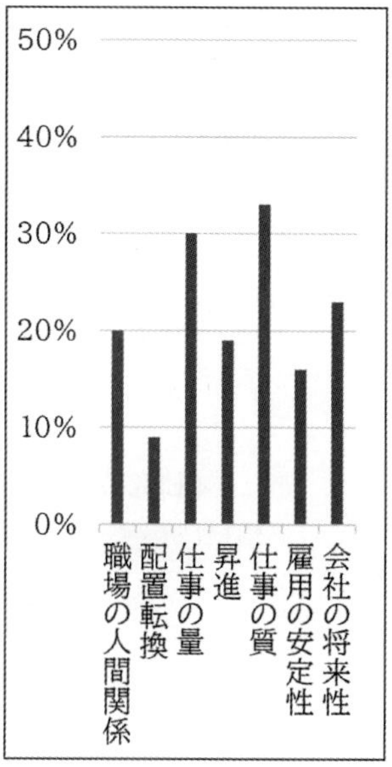

2.

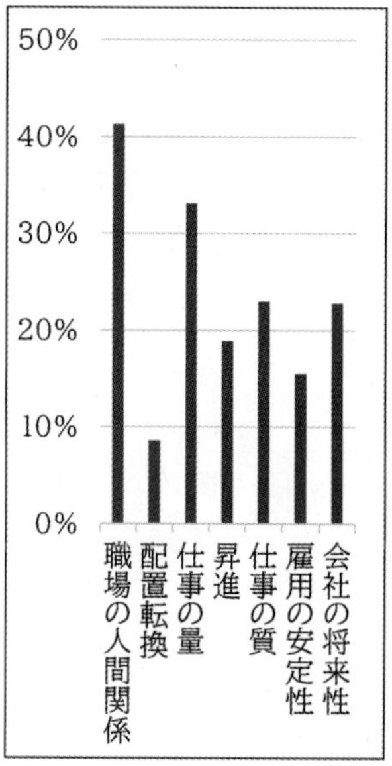

3.

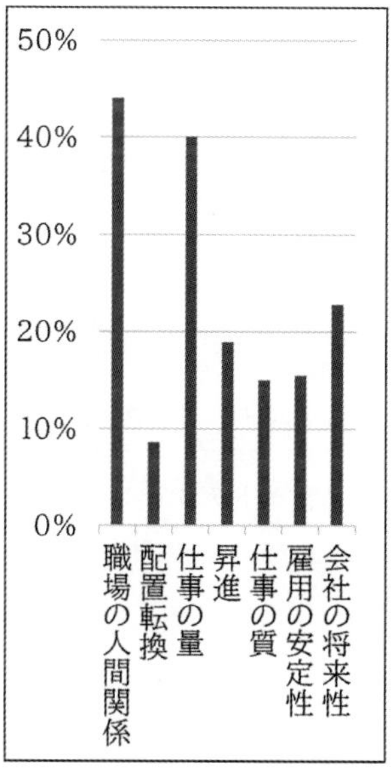

4.

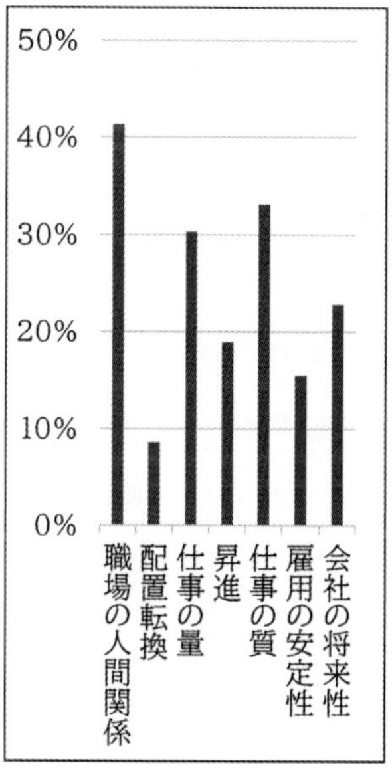

（「上司と部下のコミュニケーション（2018年７月６日）」三菱UFJリサーチ＆コンサルティング

https://www.murc.jp/wp-content/uploads/2018/07/cr_180706_3.pdf　を参考に作成）

11番

男子学生と女子学生が，発表の資料を見ながら話しています。この男子学生が，女子学生のアドバイスをもとに作り直した資料はどれですか。 **11**

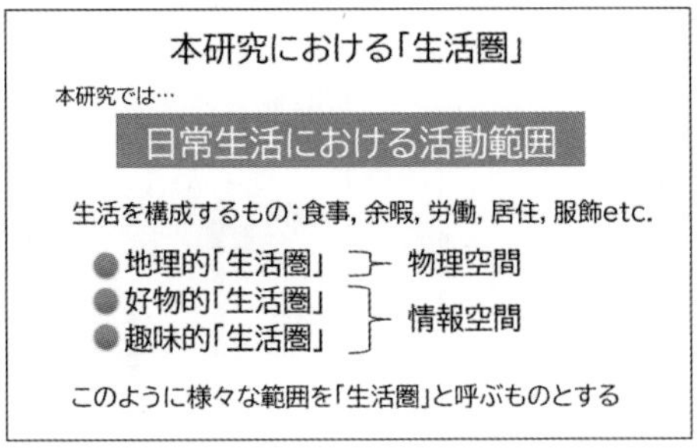

本研究における「生活圏」
本研究では…
日常生活における活動範囲
生活を構成するもの：食事，余暇，労働，居住，服飾etc.
地理的「生活圏」
好物的「生活圏」
趣味的「生活圏」
物理空間
情報空間
このように様々な範囲を「生活圏」と呼ぶものとする

1.

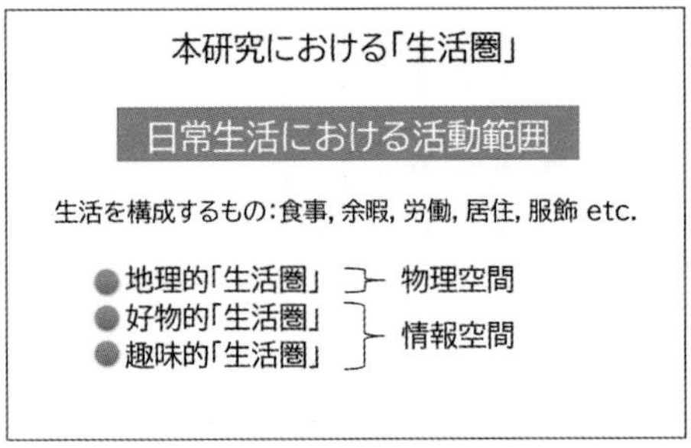

本研究における「生活圏」
日常生活における活動範囲
生活を構成するもの：食事，余暇，労働，居住，服飾 etc.
地理的「生活圏」
好物的「生活圏」
趣味的「生活圏」
物理空間
情報空間

2.

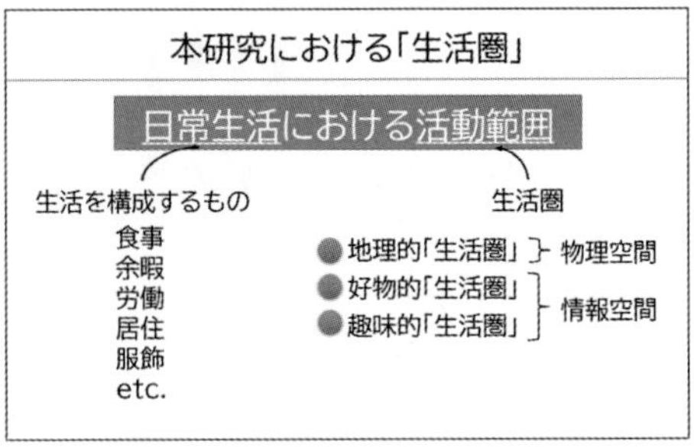

3.

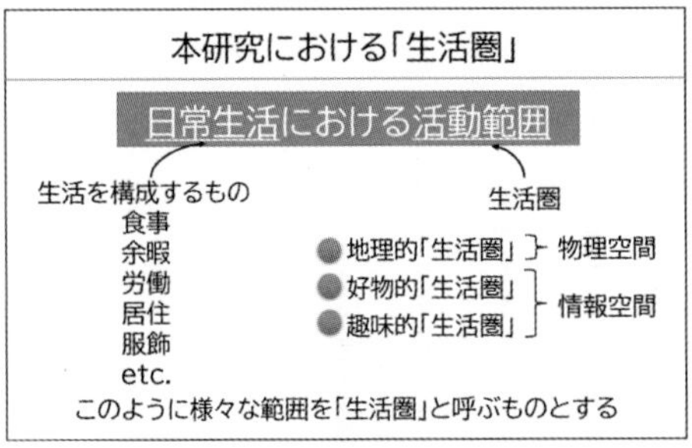

4.

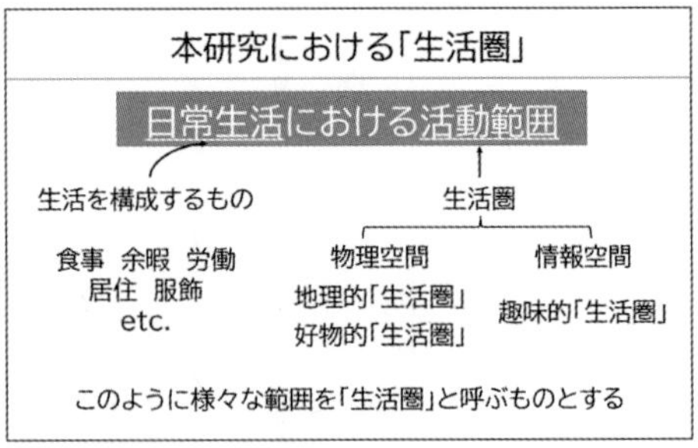

（宮野公樹『学生研究者のための使えるPower Point スライドデザイン』化学同人　を参考に作成）

12番

先生が，介護と仕事の問題について話しています。この先生が女性の回答を見て驚いたと言っているのは，どの項目ですか。 **12**

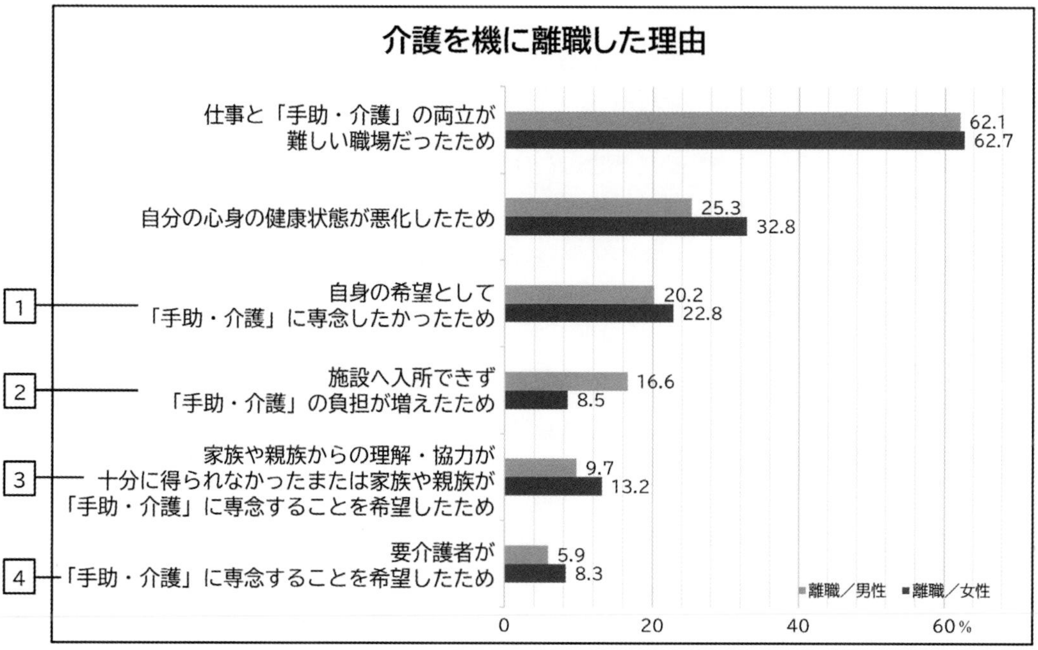

（「企業におけるダイバーシティ推進と働き方改革　仕事と介護の両立支援（2017）」

三菱UFJリサーチ＆コンサルティング

https://www.murc.jp/wp-content/uploads/2017/12/24.pdf　を参考に作成）

このページには問題はありません。

聴解問題

説明

聴解問題は，音声を聴いて答える問題です。問題も選択肢もすべて音声で示されます。問題用紙には，何も書かれていません。

<u>問題は一度しか聴けません。</u>

自分でメモ用紙を用意し，音声を聴きながらメモをとるのに使ってもいいです（実際の試験ではこのあとに3ページ，メモ用のページがあります）。

聴解の解答欄には，『正しい』という欄と『正しくない』という欄があります。選択肢1，2，3，4の一つ一つを聴くごとに，正しいか正しくないか，マークしてください。正しい答えは一つです。

メ モ

メ モ

— メ モ —

EJU
실전 모의고사

제4회

테스트 전 확인 사항

□ 해답 용지 준비하셨나요?   □ 연필과 지우개 챙기셨나요?

EJU 실전 모의고사
청독해·청해 모의고사 4회 음성
시원스쿨 일본어 홈페이지
(japan.siwonschool.com)의
수강신청>교재/MP3에서 무료 다운로드

EJU 실전 모의고사 청독해·청해
모의고사 4회 빈출 어휘
시원스쿨 일본어 홈페이지
(japan.siwonschool.com)의
수강신청>교재/MP3에서 무료 다운로드

―― このページには問題はありません。――

聴読解問題

説明

聴読解問題は，問題用紙に書かれていることを見ながら，音声を聴いて答える問題です。

<u>**問題は一度しか聴けません。**</u>

それぞれの問題の最初に，「ポーン」という音が流れます。これは，「これから問題が始まります」という合図です。

問題の音声の後，「ポーン」という，最初の音より少し低い音が流れます。これは，「問題はこれで終わりです。解答を始めてください」という合図です。

選択肢1，2，3，4の中から答えを一つだけ選び，聴読解の回答欄にマークしてください。

1番

言語学の先生が，敬語の地域差について話しています。この先生は，どのグラフを見て話していますか。 **1**

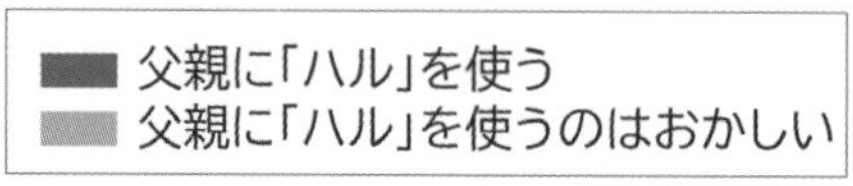

1.

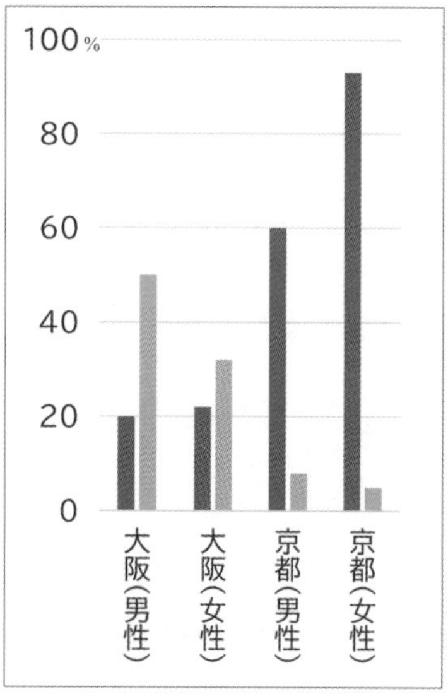

2.

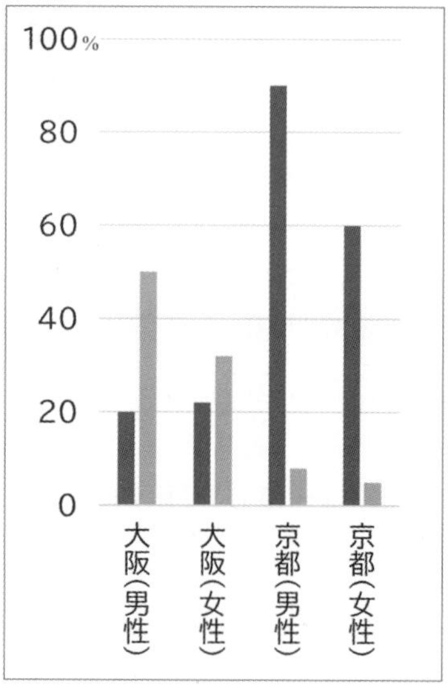

3.

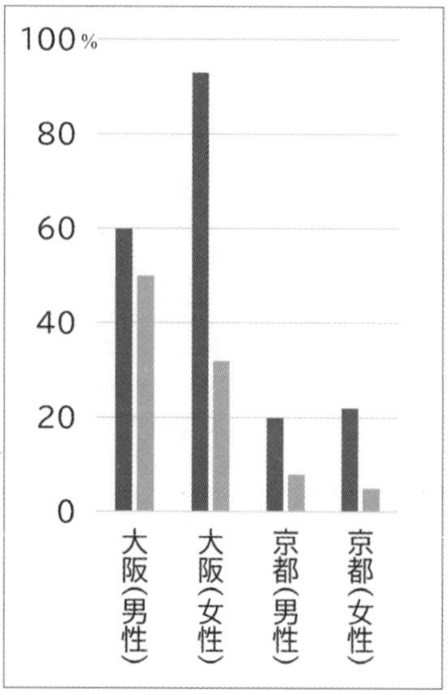

4.

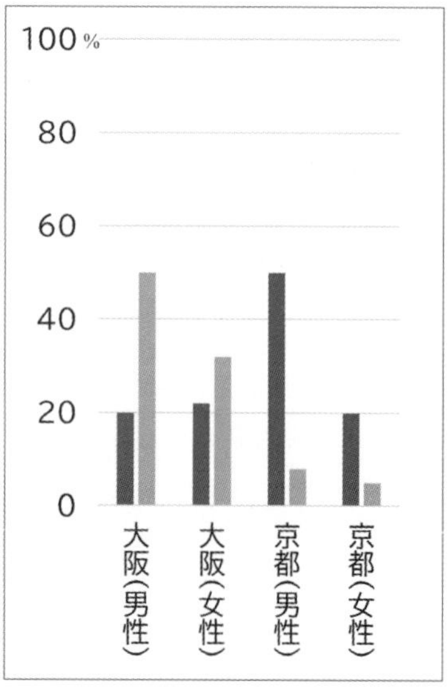

（国立国語研究所『日本語の大疑問』幻冬舎新書　を参考に作成）

2番

男子学生と女子学生が，休講の掲示板を見ながら話しています。この男子学生が出席するつもりだったのはどの授業ですか。 **2**

休講のお知らせ

1

日時	5月10日（火）1時限
科目・教室	英語Ⅰa・204LL教室

2

日時	5月10日（火）1時限
科目・教室	社会学概論・301教室

3

日時	5月10日（火）2時限
科目・教室	社会学演習・210教室

4

日時	5月10日（火）3時限
科目・教室	図書館学・501教室

3番

先生が，消費者を守る法律について話しています。この先生の話によると，新しく追加されたのは，どの条件ですか。 **3**

買ったあとでも契約を取り消すことができる条件

1	不確実な情報を聞かされた
2	必要な情報が知らされなかった
3	不安をあおられた
4	長時間の訪問販売で買わされた

（消費者庁「早分かり！　消費者契約法」を参考に作成

https://www.caa.go.jp/policies/policy/consumer_system/consumer_contract_act/public_relations/pdf/public_relations_190401_0001.pdf）

4番

女子学生と男子学生が，生涯学習について話しています。この男子学生が意外だと言っているのは，どの項目ですか。 **4**

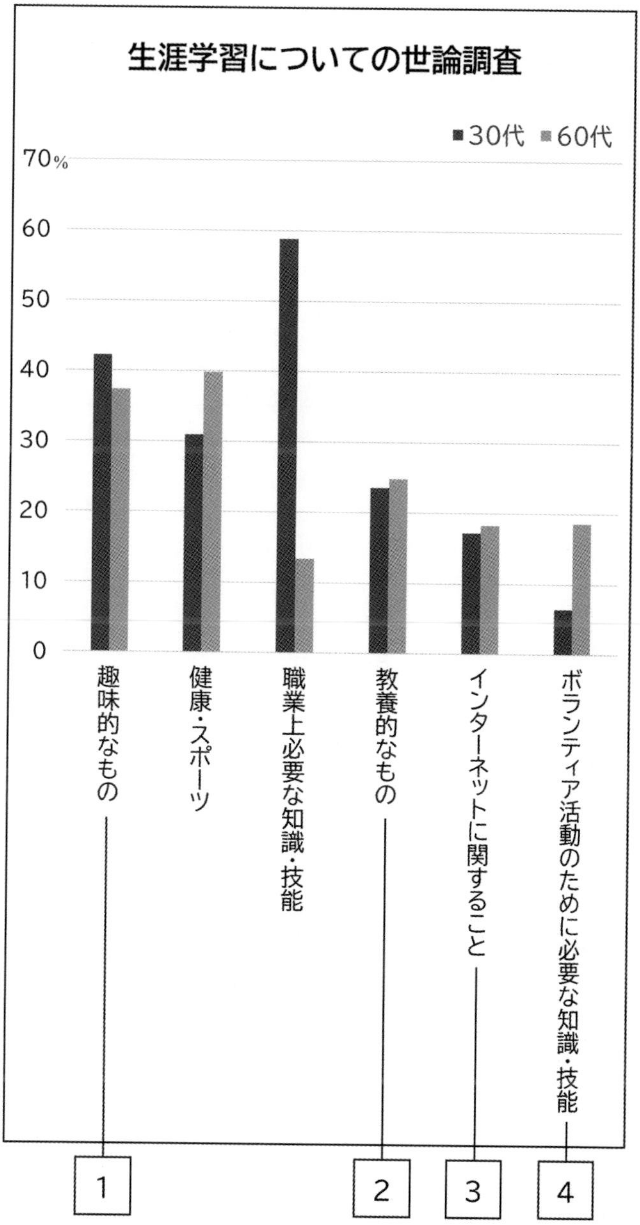

（平成30年文部科学省「生涯学習に関する世論調査」を参考に作成
https://www.mext.go.jp/b_menu/shingi/chukyo/chukyo2/siryou/__icsFiles/afieldfile/2018/09/12/1408975_1.pdf）

5番

先生が，建物のユニバーサルデザインについて話しています。この先生が，競技場の中で最も注目しているユニバーサルデザインはどれですか。 **5**

競技場内のユニバーサル・デザイン

1	トイレ	補助犬用のトイレの設置
2	観客席	車いす席の1・2・3階への分散設置
3	移動空間	視認性向上のための階段の色分け
4	移動空間	エレベーターの増設とスロープの設置

6番

先生が，健康科学の授業で，平均寿命と健康寿命について話しています。この先生が最後にする質問の答えはどれですか。 **6**

平均寿命と健康寿命の推移

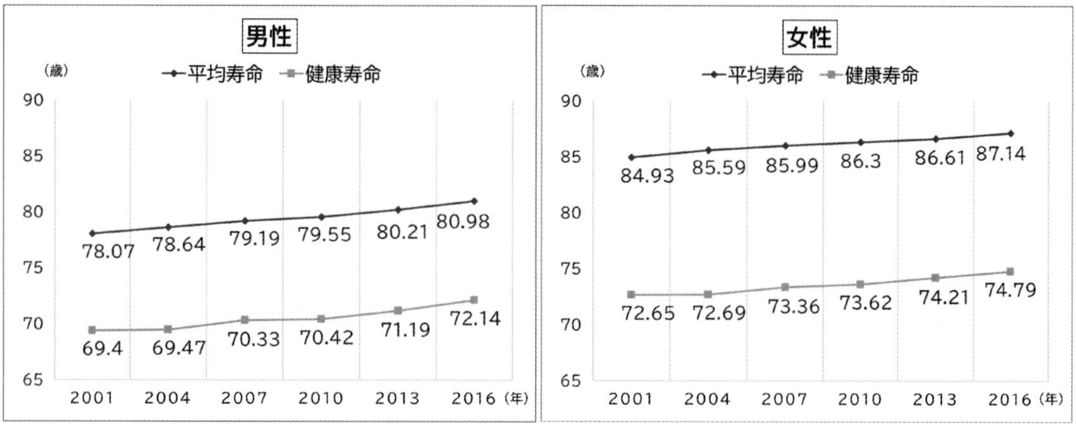

(厚生労働省「令和２年版　厚生労働白書」

https://www.mhlw.go.jp/wp/hakusyo/kousei/19/dl/all.pdf　を参考に作成)

1．平均寿命と健康寿命がさらに伸びること
2．平均寿命と健康寿命の差が小さくなること
3．平均寿命と健康寿命の差が大きくなること
4．平均寿命と健康寿命の男女の差がなくなること

7番

先生が，教育学の授業で，小学校での授業の組み立て方について話しています。この先生がこのあと説明すると言っているのは，資料のどの部分ですか。 **7**

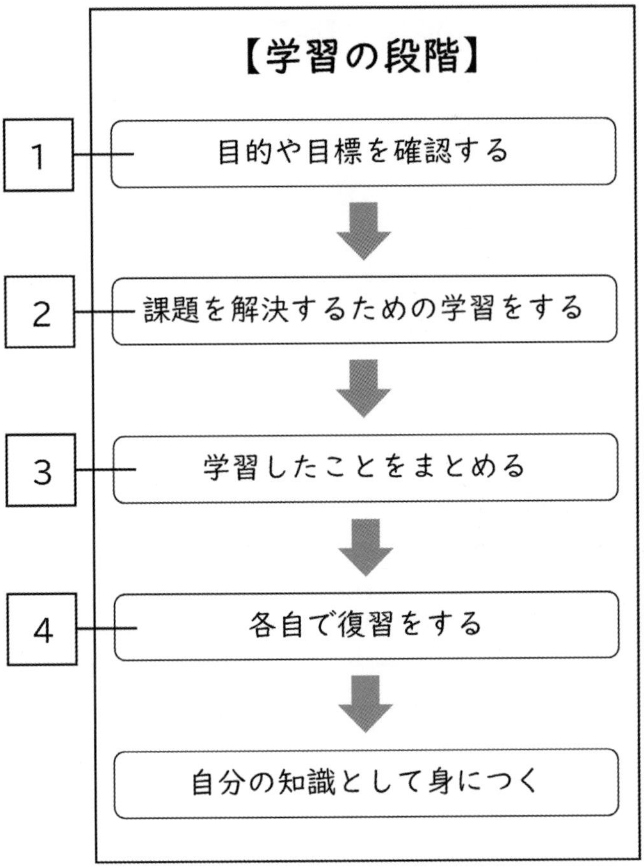

8番

講師が，会議の時の机と椅子の並べ方について話しています。この講師が最後にする質問の答えはどれですか。 **8**

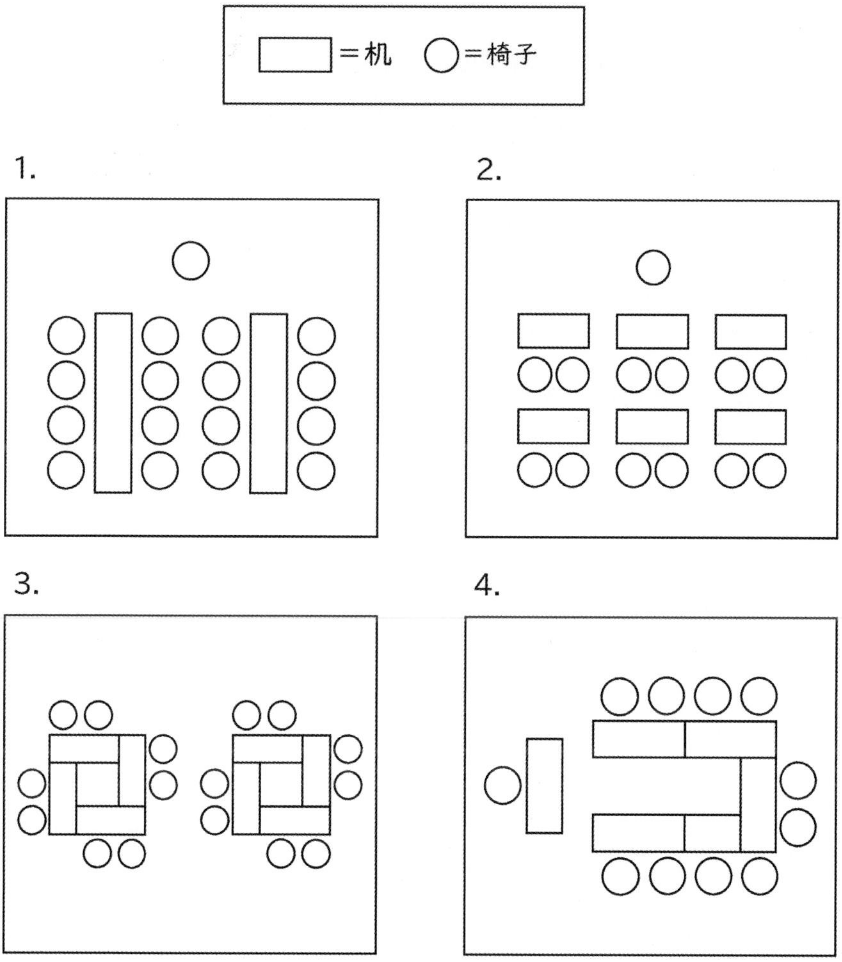

（高橋誠『会議の進め方』日本経済新聞出版本部　を参考に作成）

9番

先生が，自治体のスポーツへの取り組みについて話しています。この先生が最後に挙げる例は，どの取り組みですか。 **9**

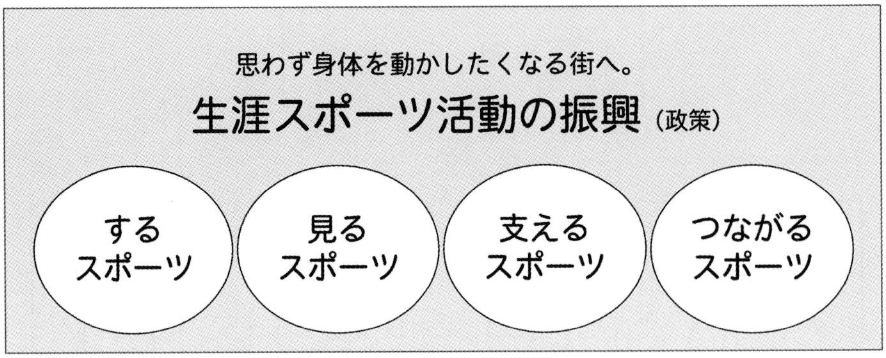

（渋谷区教育委員会「渋谷区スポーツ推進計画（一括版）」 P.12-15
https://www.city.shibuya.tokyo.jp/assets/com/sports_plan_ikkatsuban.pdf　を参考に作成）

1．するスポーツ
2．見るスポーツ
3．支えるスポーツ
4．つながるスポーツ

10番

先生が，環境問題について話しています。この先生が注意しなければならないと言っているのは、どの部分ですか。 **10**

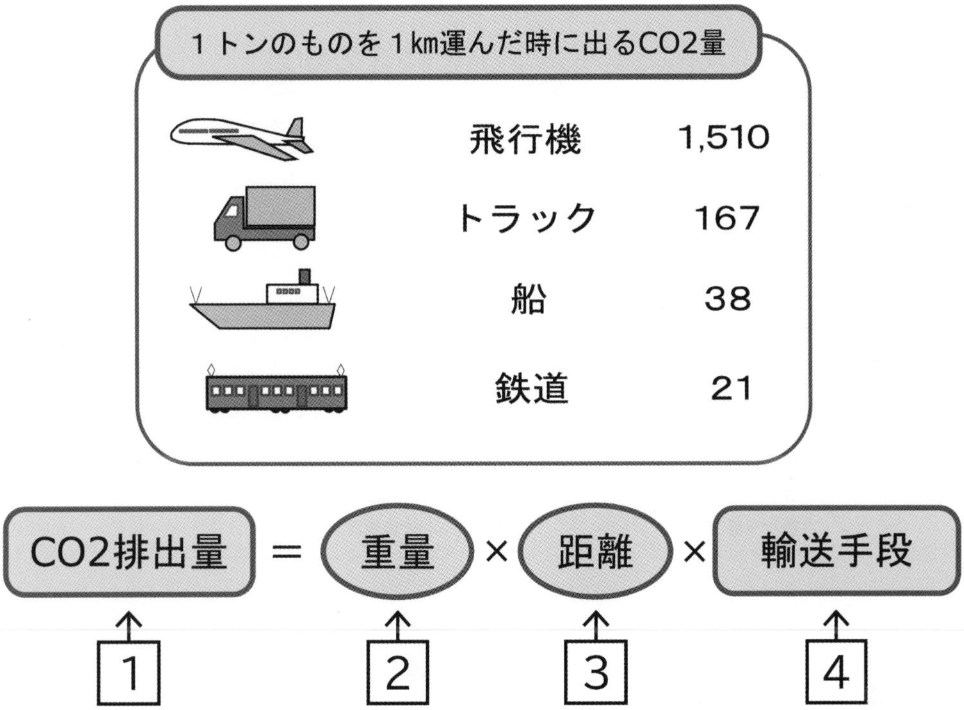

（甲府市環境部環境総室環境政策課「「食」の省エネ」

https://www.city.kofu.yamanashi.jp/smartcity/kateinosyoene/shoene-shoku.html　を参考に作成））

11番

先生が，経営学の授業で，ダイバーシティ経営について話しています。この先生が説明した効果は，どの組み合わせですか。 **11**

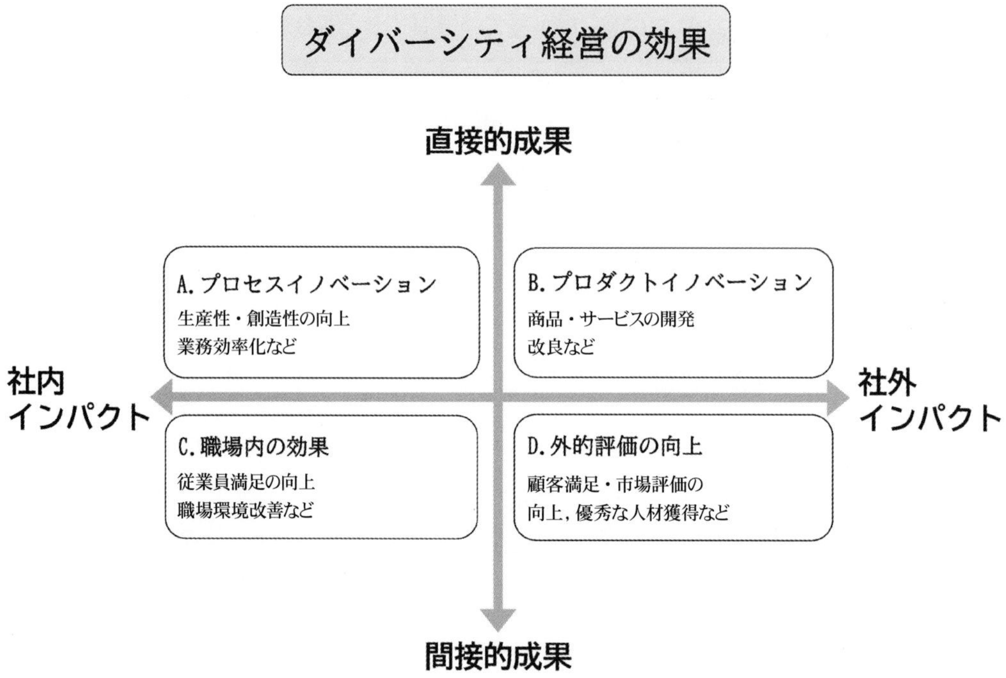

（経済産業省「ダイバーシティ経営の基本的な考え方」『ダイバーシティ経営企業100選ベストプラクティス集』 https://www.meti.go.jp/policy/economy/jinzai/diversity/kigyo100sen/practice/pdf/h26_practice.pdf を参考に作成）

1．A，B
2．A，C
3．B，C
4．C，D

12番

先生が，水資源のための社会システムについて話しています。この先生が最後に挙げる例は，どの機能に当たりますか。 **12**

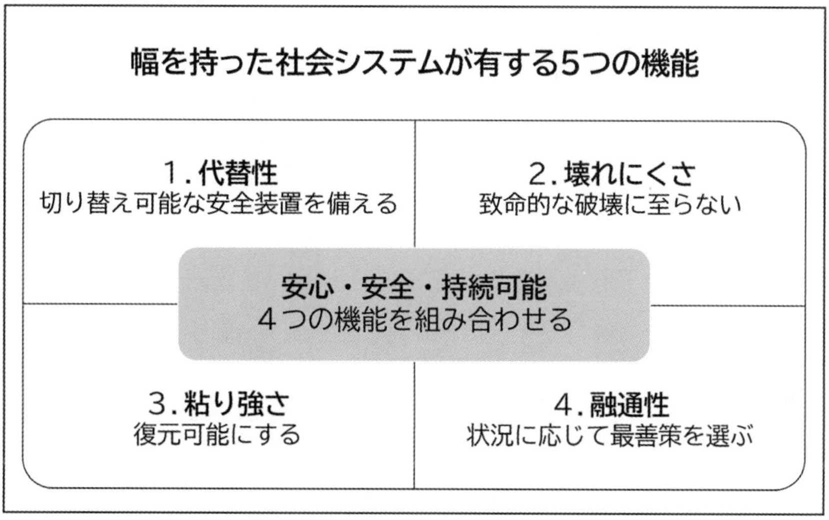

（国土交通省「第２章水資源政策の目指すべき姿」『平成26年版日本の水資源』
https://www.mlit.go.jp/common/001049553.pdf　を参考に作成）

1．代替性
2．壊れにくさ
3．粘り強さ
4．融通性

このページには問題はありません。

聴解問題

説明

聴解問題は，音声を聴いて答える問題です。問題も選択肢もすべて音声で示されます。問題用紙には，何も書かれていません。

<u>**問題は一度しか聴けません。**</u>

自分でメモ用紙を用意し，音声を聴きながらメモをとるのに使ってもいいです（実際の試験ではこのあとに3ページ，メモ用のページがあります）。

聴解の解答欄には，『正しい』という欄と『正しくない』という欄があります。選択肢1，2，3，4の一つ一つを聴くごとに，正しいか正しくないか，マークしてください。正しい答えは一つです。

メ　モ

メモ

— メ モ —

EJU
실전 모의고사
제5회

테스트 전 확인 사항

□ 해답 용지 준비하셨나요?　　□ 연필과 지우개 챙기셨나요?

EJU 실전 모의고사
청독해·청해 모의고사 5회 음성
시원스쿨 일본어 홈페이지
(japan.siwonschool.com)의
수강신청>교재/MP3에서 무료 다운로드

EJU 실전 모의고사 청독해·청해
모의고사 5회 빈출 어휘
시원스쿨 일본어 홈페이지
(japan.siwonschool.com)의
수강신청>교재/MP3에서 무료 다운로드

—— このページには問題はありません。——

聴読解問題

説明

聴読解問題は，問題用紙に書かれていることを見ながら，音声を聴いて答える問題です。

<u>**問題は一度しか聴けません。**</u>

それぞれの問題の最初に，「ポーン」という音が流れます。これは，「これから問題が始まります」という合図です。
問題の音声の後，「ポーン」という，最初の音より少し低い音が流れます。これは，「問題はこれで終わりです。解答を始めてください」という合図です。

選択肢1，2，3，4の中から答えを一つだけ選び，聴読解の回答欄にマークしてください。

1番

先生が，日本の米について話しています。この先生は，今一番多いのはどのような種類のブランド米だと言っていますか。 **1**

日本のブランド米

		食感	
		硬い	柔らかい
甘み	強い	1	2
	弱い	3	4

2番

先生が，インターネット利用者へのアンケート調査の結果について話しています。この先生は，どの項目が問題だと言っていますか。 **2**

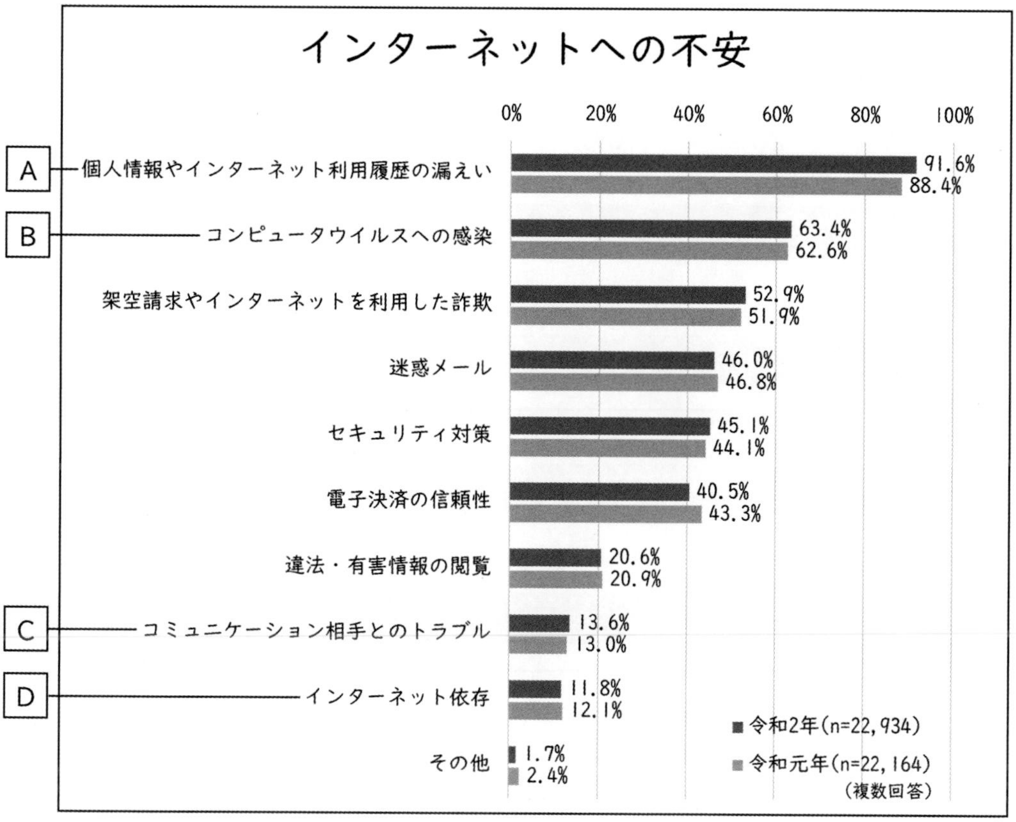

（総務省「令和２年通信利用動向調査の結果」

https://www.soumu.go.jp/johotsusintokei/statistics/data/210618_1.pdf　を参考に作成）

1．A

2．AとB

3．BとC

4．CとD

3番

先生が，日本へ来る外国人旅行者について話しています。この先生が一番注目しているのは，グラフの中のどの数値ですか。 **3**

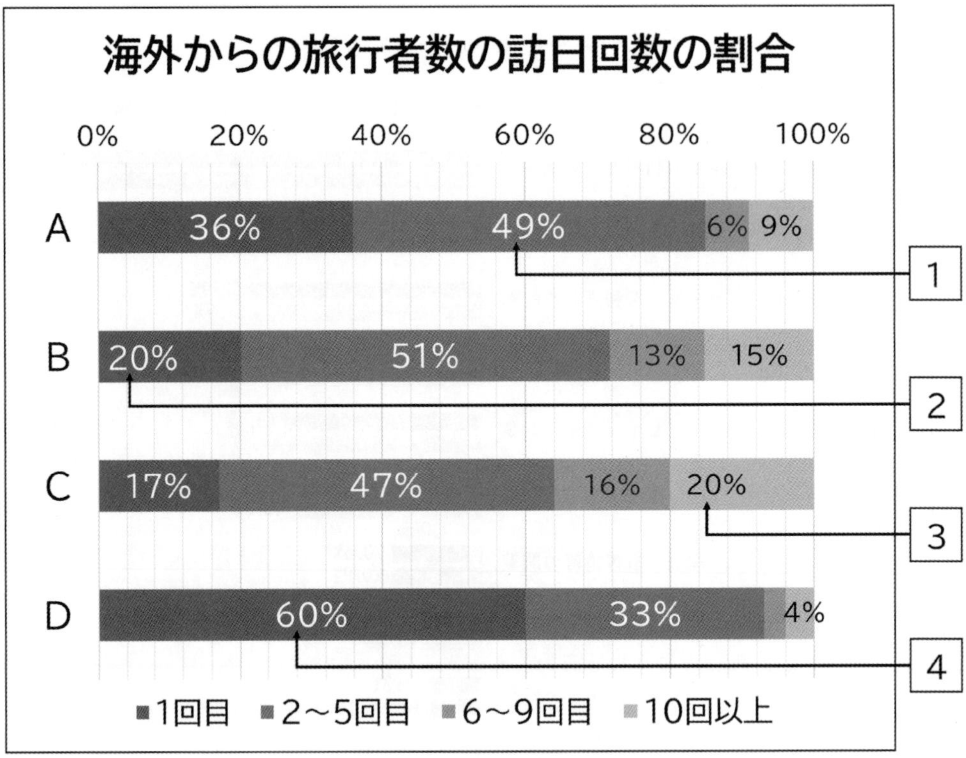

（観光庁「訪日外国人旅行者の訪日回数と消費動向の関係について」

https://www.mlit.go.jp/common/001230647.pdf を参考に作成）

4番

先生が，映画の中の音楽の役割について話しています。この先生が最後に挙げる例はどの役割ですか。 **4**

映画の中の音楽の役割

	音楽の役割	音楽の例
1	登場人物の心情の表現	主人公が悲しんでいるシーンで主人公の気持ちを表す曲
2	登場人物のイメージ設定	主人公の恋人が登場するシーンにいつも流れる曲
3	場面の雰囲気の強調	大自然の風景とオーケストラの雄大な曲
4	スムーズな場面転換	田舎から都会への場面転換で，ゆっくりとしたテンポの曲から早いテンポの別の曲に変える

5番

男子学生と女子学生が，仕事の種類という図を見ながら話しています。この男子学生が考えた図はどれですか。 **5**

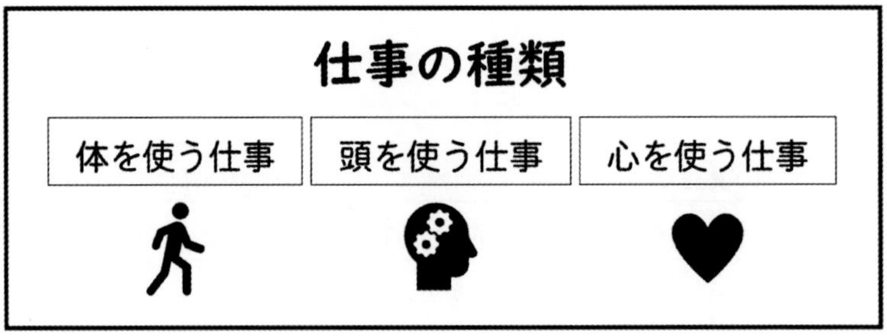

1.

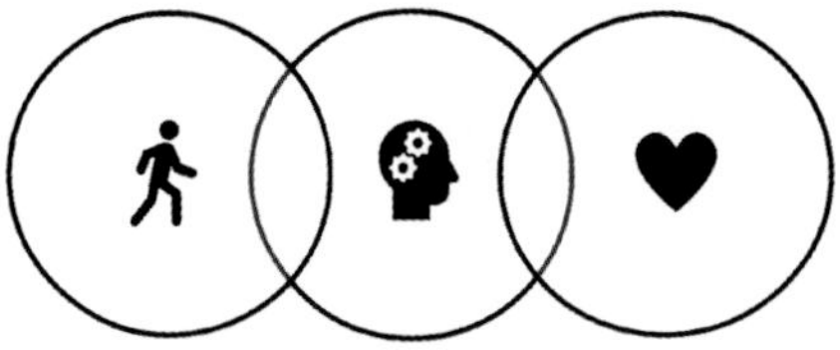

2.

3.

4.

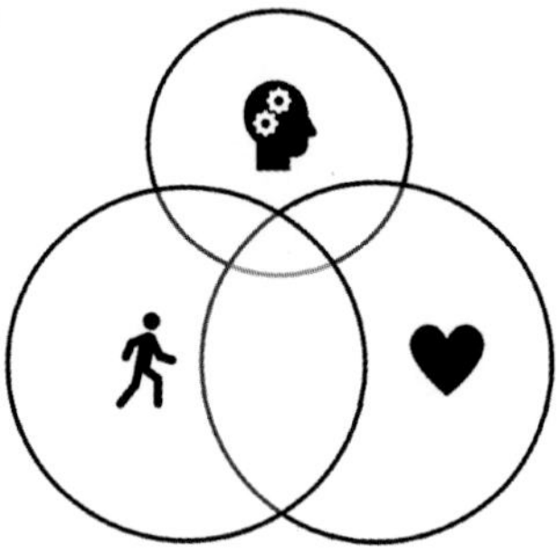

6番

先生が，農業経済学の授業で，食料自給率について話しています。この先生は，今後上げる必要があるのはどの自給率だと言っていますか。 ⬛6⬛

食料自給率

単位（%）

米（主食用）	97	牛乳・乳製品	61
小麦	15	魚介類（食用）	57
いも類	73	砂糖類	36
大豆	6	油脂類	13
野菜	80	きのこ類	89
果実	38		
牛肉	36	飼料用を含む 穀物全体の自給率	28
豚肉	50		
鶏肉	66	全品目の 総合食料自給率	37
鶏卵	97		

1	2	3	4

（農林水産省「令和2年度食料需給表」https://www.maff.go.jp/j/zyukyu/fbs/index.html　を参考に作成）

7番

先生が，授業で「CSR」という企業の取り組みについて，表を見ながら話しています。この先生は，今後表のどの項目が重要になると言っていますか。 **7**

CSR担当部署の人数(269社)

総従業員数	CSR担当部署はない	5人以下	6~10人	11~20人	21~50人	無回答	
1,000人以下(n=48)	**44%**	40%	10%	4%	0%	2%	1 (→44%)
1,001~5,000人以下(n=91)	21%	**48%**	21%	6%	2%	2%	2 (→48%)
5,001~1万人(n=42)	12%	**48%**	19%	17%	5%	0%	3 (→48%)
10,001人以上(n=82)	**1%**	28%	35%	22%	12%	1%	4 (→1%)
不明(n=6)	33%	50%	17%	0%	0%	0%	
総計(n=269)	18%	40%	23%	12%	5%	2%	

（東京財団政策研究所「CSR白書2020――ソーシャルイノベーションを通じた社会的課題の解決に向けて」
https://www.tkfd.or.jp/files/research/csr/CSR_white_paper_2020_Re3.pdf　を参考に作成）

8番

先生が，図書館と観光についての研究を紹介しています。この先生が最後にする質問の答えは何ですか。 **8**

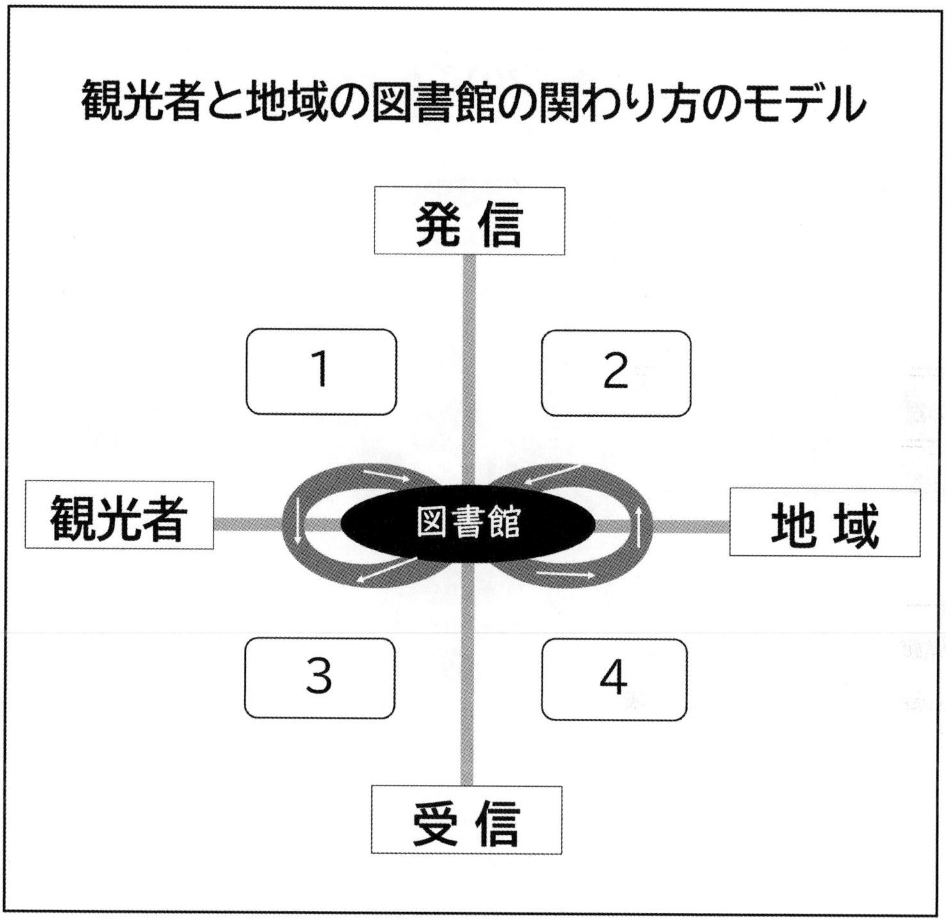

（松本秀人「図書館と観光：その融合がもたらすもの」図書館に関する情報ポータル
https://current.ndl.go.jp/ca1729　を参考に作成）

9番

女子学生と男子学生が,「６つのこしょく」という資料を見て話しています。この女子学生は，何と何を調べると言っていますか。 **9**

（実教出版編修部『生活学Navi　資料+成分表2021』実教出版株式会社　を参考に作成）

1．A（孤食）とB（個食）

2．C（小食）とD（固食）

3．E（濃食）とF（庫食）

4．B（個食）とE（濃食）

10番

先生が企業による技術の産業化までの段階について話しています。この先生は，このあと図のどの部分について話しますか。 **10**

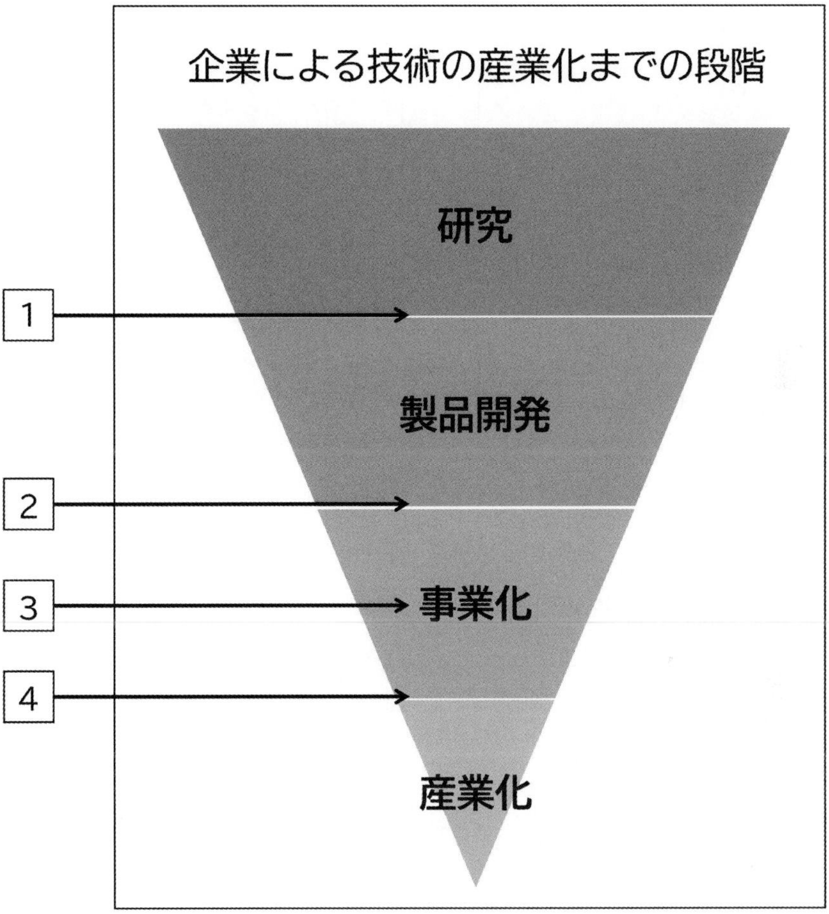

1．研究と製品開発の間

2．製品開発と事業化の間

3．事業化

4．事業化と産業化の間

11番

先生が，生物学の授業で，コンビクトシクリッドという魚の実験について説明しています。この先生が興味深いと言っているのは，実験結果のどの項目ですか。 **11**

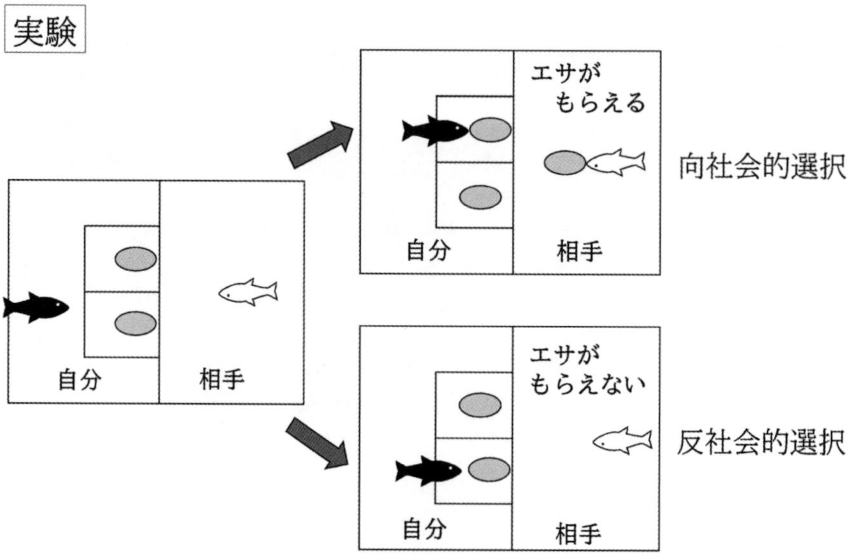

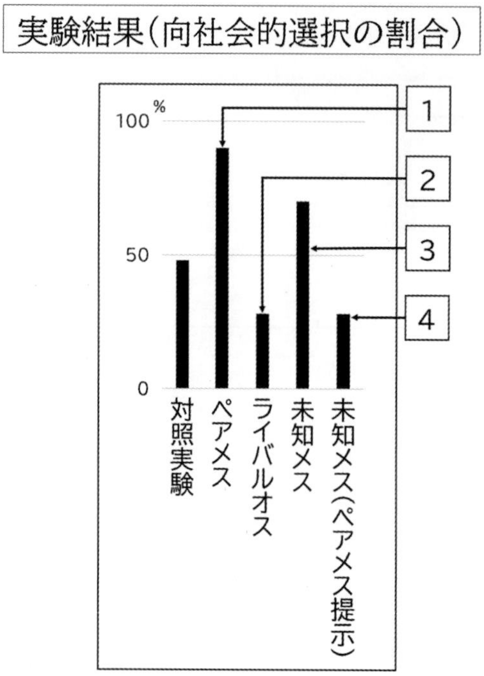

(大阪公立大学「人類の思いやりの起源は魚までさかのぼる!?」
https://www.osaka-cu.ac.jp/ja/news/2020/210319-2 を参考に作成)

12番

先生が，生物多様性の危機の原因について話しています。この先生が，人間がほかの生物と共生するためにするべきだと言ったのは，どの項目に関することですか。 **12**

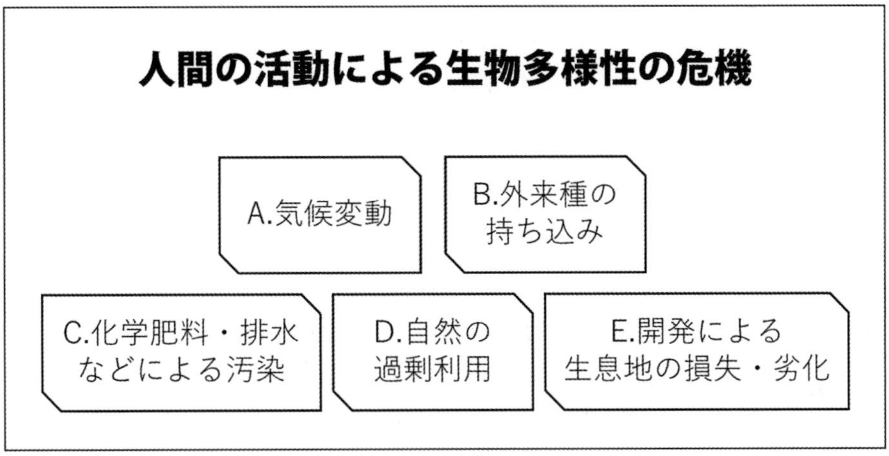

（環境省「みんなで学ぶ　みんなで守る生物多様性」
https://www.biodic.go.jp/biodiversity/about/sokyu/sokyu04.html　を参考に作成）

1．AとB
2．BとC
3．CとD
4．DとE

このページには問題はありません。

聴解問題

説明

聴解問題は，音声を聴いて答える問題です。問題も選択肢もすべて音声で示されます。問題用紙には，何も書かれていません。

<u>**問題は一度しか聴けません。**</u>

自分でメモ用紙を用意し，音声を聴きながらメモをとるのに使ってもいいです（実際の試験ではこのあとに3ページ，メモ用のページがあります）。

聴解の解答欄には，『正しい』という欄と『正しくない』という欄があります。選択肢1，2，3，4の一つ一つを聴くごとに，正しいか正しくないか，マークしてください。正しい答えは一つです。

— メ モ —

― メ モ ―

— メ モ —

EJU
실전 모의고사

제6회

테스트 전 확인 사항

□ 해답 용지 준비하셨나요? □ 연필과 지우개 챙기셨나요?

EJU 실전 모의고사
청독해·청해 모의고사 6회 음성
시원스쿨 일본어 홈페이지
(japan.siwonschool.com)의
수강신청>교재/MP3에서 무료 다운로드

EJU 실전 모의고사 청독해·청해
모의고사 6회 빈출 어휘
시원스쿨 일본어 홈페이지
(japan.siwonschool.com)의
수강신청>교재/MP3에서 무료 다운로드

—— このページには問題はありません。——

聴読解問題

説明

聴読解問題は，問題用紙に書かれていることを見ながら，音声を聴いて答える問題です。

<u>**問題は一度しか聴けません。**</u>

それぞれの問題の最初に，「ポーン」という音が流れます。これは，「これから問題が始まります」という合図です。

問題の音声の後，「ポーン」という，最初の音より少し低い音が流れます。これは，「問題はこれで終わりです。解答を始めてください」という合図です。

選択肢1，2，3，4の中から答えを一つだけ選び，聴読解の回答欄にマークしてください。

1番

講師が，セミナーで，飲食店の接客サービスについて話しています。この講師が最後に挙げる例は，どの項目に当てはまりますか。 **1**

接客サービスの5つのポイント

1	親切	お客様の側に立ったサービスを （例：小さな子供連れのお客様に子供用の椅子を勧める）
	正確	ミスなどでお客様を不愉快にさせないように注意 （例：オーダーを復唱する際にお客様の顔を見ながら確認する）
2	公平	どのお客様にも同じサービスを提供する （例：常連の客を特別扱いしない）
3	迅速	お客様をお待たせしないように注意 （例：お客様が何かして欲しい素振りを見せたらすぐに近寄る）
4	清潔	お客様の口に入るものを扱っていることを自覚する （例：ユニフォームはこまめにクリーニング）

（独立行政法人中小企業基盤整備機構「飲食店の接客パワーアップ」
https://j-net21.smrj.go.jp/startup/manual/list9/9-2-10.html　を参考に作成）

2番

先生が，防災訓練について話しています。この先生は，このあと何について説明すると言っていますか。 **2**

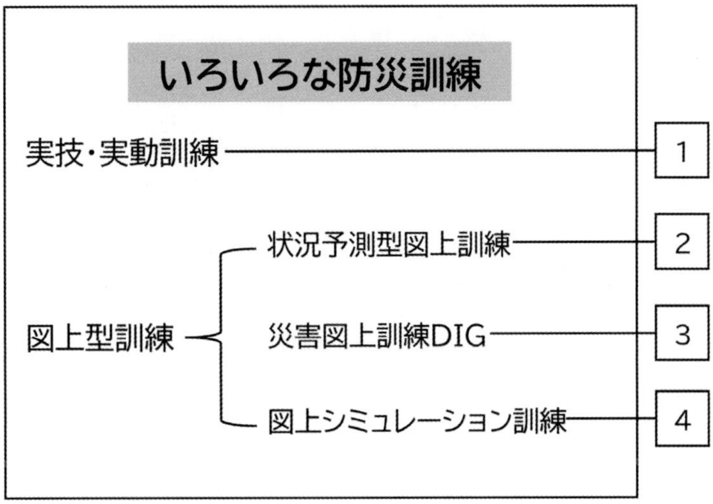

3番

ファッションに関する情報発信をしている女性が，インタビューを受けています。この女性が消費者と事業者の両方が取り組む例として挙げるのは，どれですか。 **3**

		消費者	事業者
1	リサイクル（再生する）	リサイクル製品を買う	資源化しやすいように工夫した商品を作る
2	リデュース（減らす）	必要な物を長く大切に使う	生産量を抑える
3	リユース（再利用する）	フリーマーケットなど中古品の売買	使用済みのものを回収し，商品化する
4	リペア（修理する）	買い替えずに修理して使う	販売後に修理の補償をする

（「ファッションもサステナブルに」毎日新聞 2022年 3 月 8 日 を参考に作成）

4番

先生が，下水道の役割について説明しています。この先生がこのあと紹介すると言っている事例は，資料のどの部分に当たりますか。 **4**

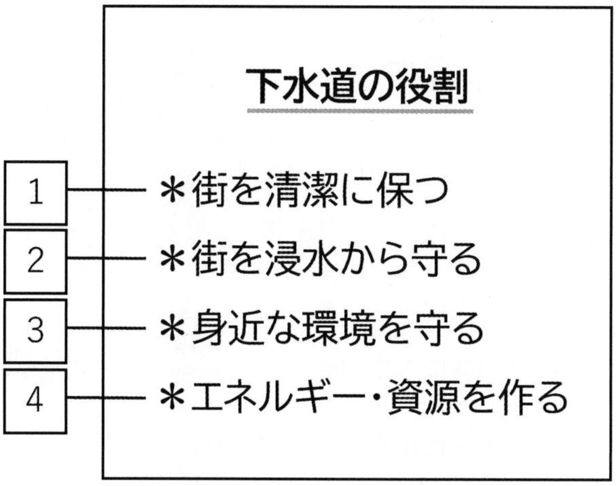

（公益社団法人日本下水道協会「下水道の役割」https://www.jswa.jp/sewage/role/　を参考に作成）

5番

先生が，動物行動学の授業で，マウスを使った実験について話しています。この先生の説明によると，マウスが最も強く反応したのは，どの場合ですか。 5

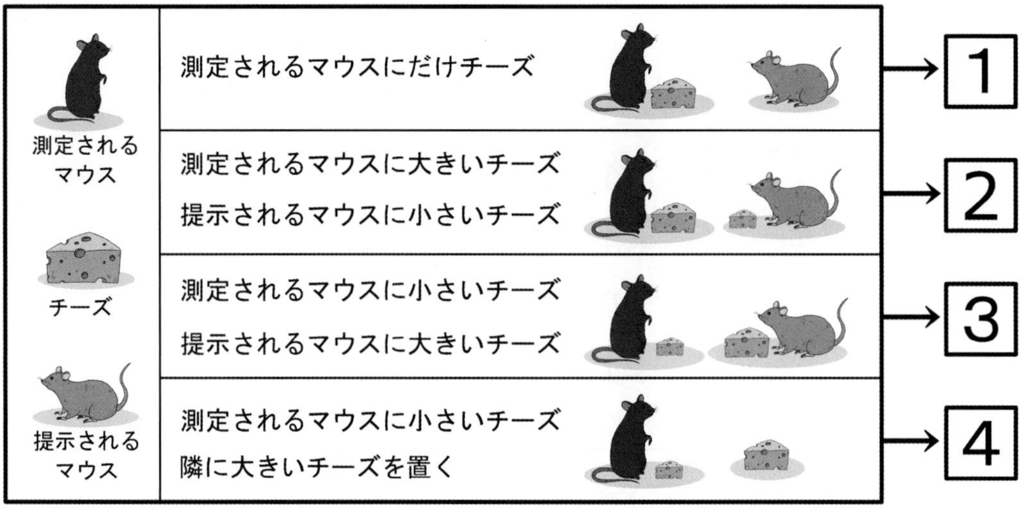

（渡辺 茂「不公平を嫌うのは人間だけか　－動物にもある共感と嫉妬－」『日本重症心身障害学会誌』第44巻1号　を参考に作成）

6番

先生が，橋の種類について話しています。この先生は，町に新たに作る橋はどれがいいと言っていますか。 **6**

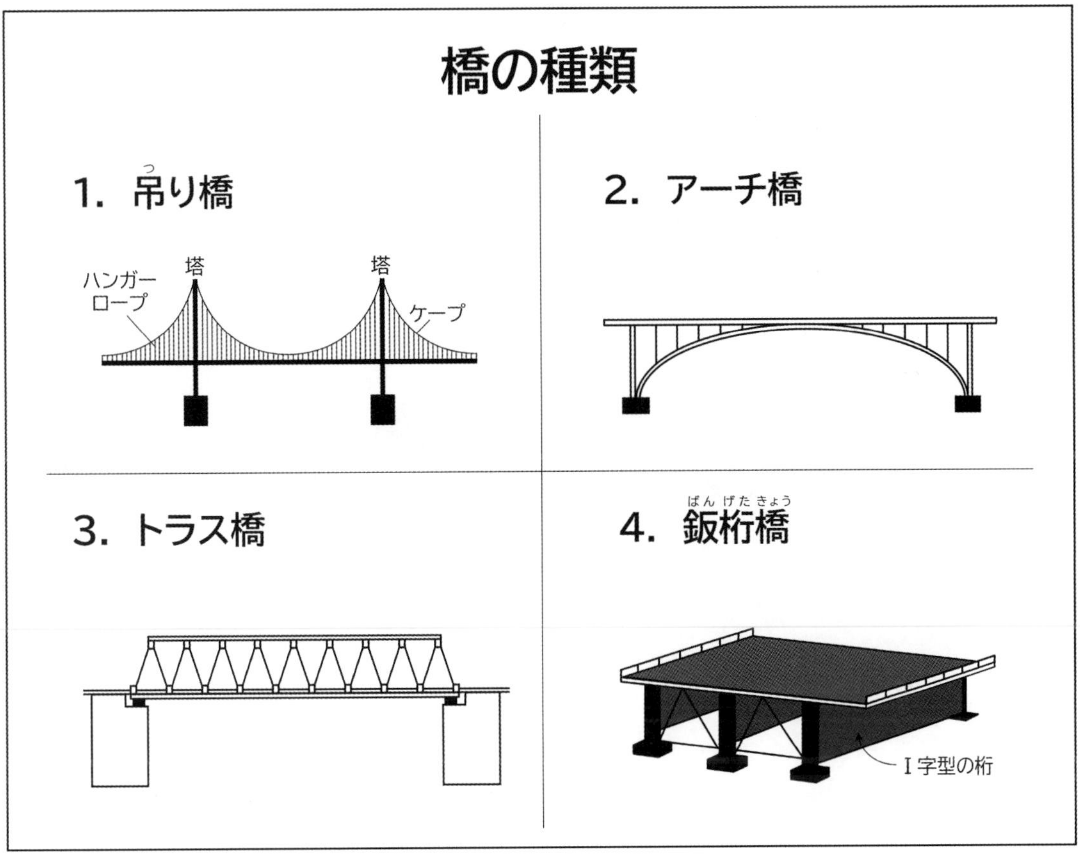

7番

男子学生と女子学生が，ロゴマークのデザインの課題について話しています。この男子学生が考えたデザインは，最後にどうなりましたか。 **7**

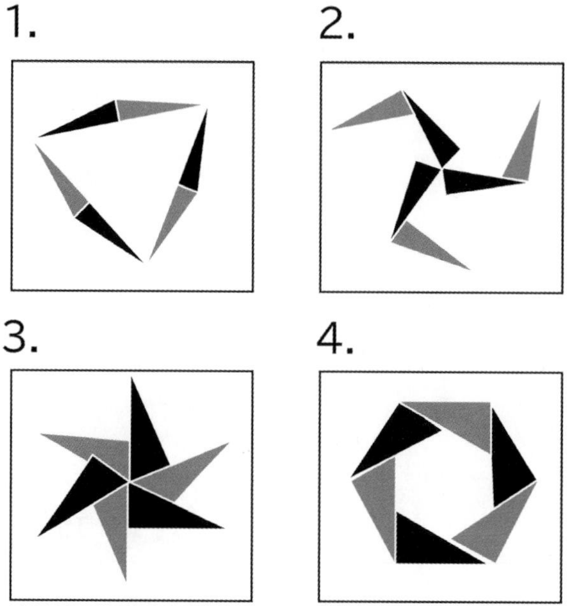

8番

セミナーの講師が，学習方法について話しています。この講師は，学校でもっと活用すべきなのはどの方法だと言っていますか。 **8**

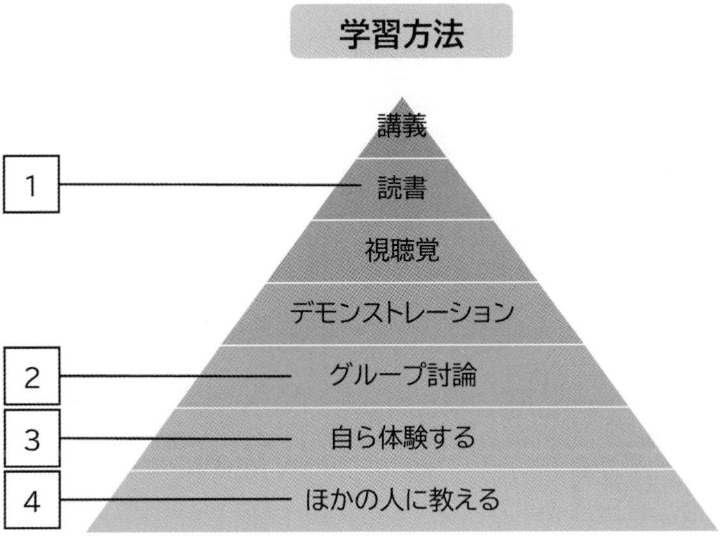

（株式会社マイナビ キャリア教育ラボ「平均学習定着率が向上する「ラーニングピラミッド」とは？」
https://career-ed-lab.mynavi.jp/career-column/707/ を参考に作成）

9番

先生が，建築学の授業で，建物の構造方式について話しています。この先生の説明をもとに表を作ると，AとBは何ですか。 **9**

		工事費	耐震性	空間利用の自由度	規模
壁式構造	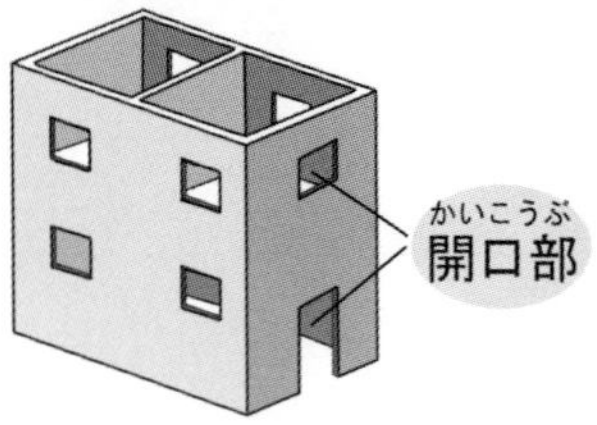	安い	強い	A	低層
ラーメン構造	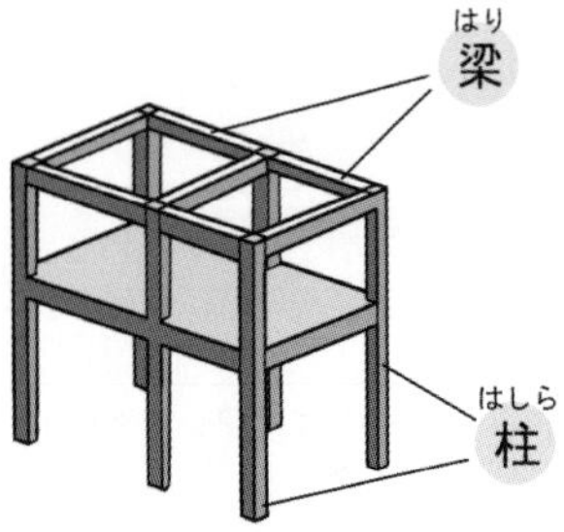	高い	横揺れに弱い	B	中高層

1．A低い，B低い
2．A低い，B高い
3．A高い，B高い
4．A高い，B低い

10番

先生が，気象学の授業で，不快指数について説明しています。この先生によると，今のこの地域の不快指数は，どのレベルに当てはまりますか。 **10**

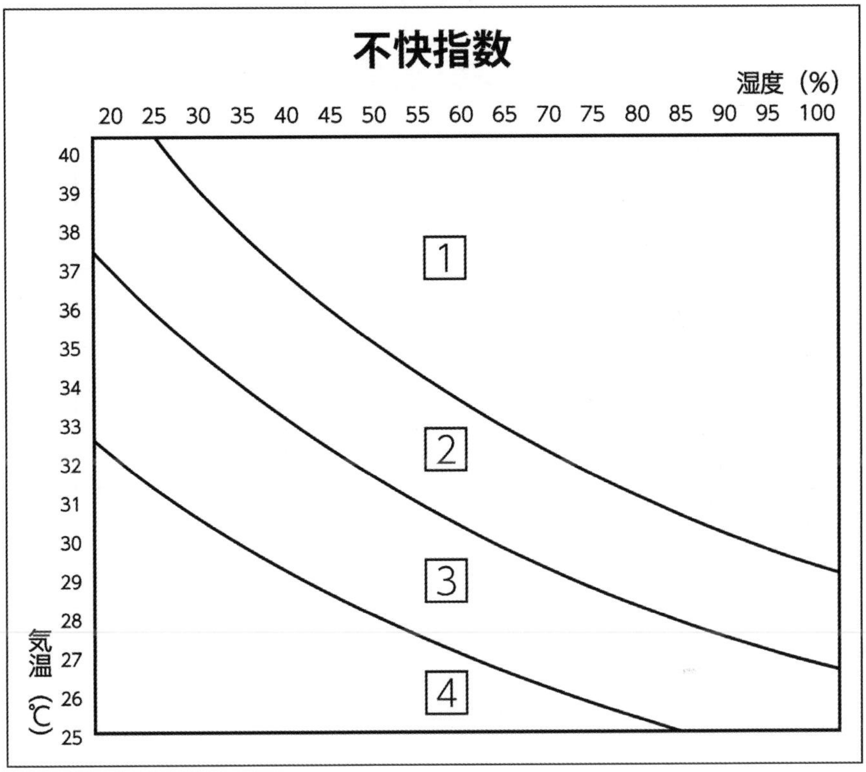

（気象庁「湿度・気圧・日照時間について」

https://www.jma.go.jp/jma/kishou/know/faq/faq5.html　を参考に作成）

11番

経営学の先生が，マーケティングの調査について説明しています。この先生が例に挙げる質問は，どの項目の質問になりますか。 **11**

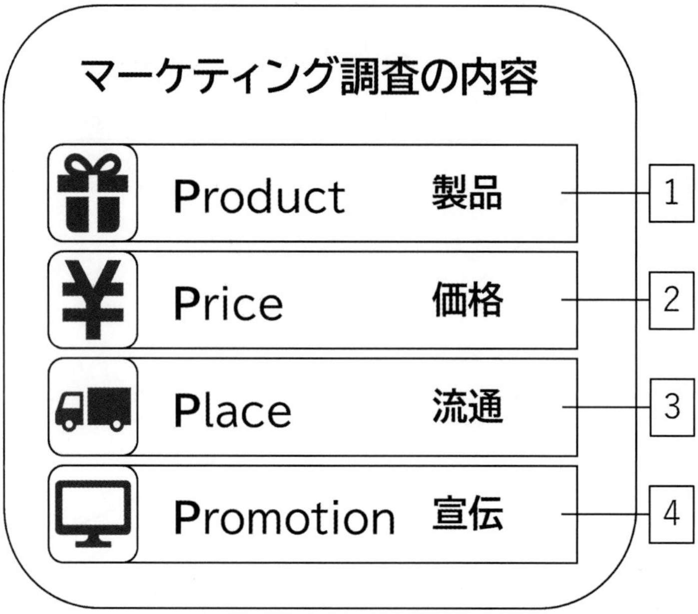

12番

先生が，シジュウカラという鳥の鳴き声の実験について説明しています。この先生の説明によると，シジュウカラが単語を使い分けていると考えられる実験結果はどれですか。 **12**

鳴き声	聞いた時の行動			
	1	2	3	4
ジャージャー 	近づかない 	にげる 	近づいて確認する 	近づいて確認する 
ほかの鳴き声 	にげる 	にげる 	近づかない 	近づいて確認する 

（「鳥は会話ができるのか? 軽井沢の「シジュウカラ」で実験」毎日新聞
https://mainichi.jp/articles/20220324/ddm/016/040/033000c　を参考に作成）

このページには問題はありません。

聴解問題

説明

聴解問題は，音声を聴いて答える問題です。問題も選択肢もすべて音声で示されます。問題用紙には，何も書かれていません。

<u>問題は一度しか聴けません。</u>

自分でメモ用紙を用意し，音声を聴きながらメモをとるのに使ってもいいです（実際の試験ではこのあとに3ページ，メモ用のページがあります）。

聴解の解答欄には，『正しい』という欄と『正しくない』という欄があります。選択肢1，2，3，4の一つ一つを聴くごとに，正しいか正しくないか，マークしてください。正しい答えは一つです。

メ　モ

メ モ

— メ　モ —

日本留学試験
EJU
실전모의고사
청독해·청해

초판 1쇄 발행 2024년 4월 25일

지은이 이토 에미·후쿠시마 사치·호시노 토모코·
나카노 지로·미나미구치 쥰코·모리이 아즈사·리분토
펴낸곳 (주)에스제이더블유인터내셔널
펴낸이 양홍걸 이시원

홈페이지 japan.siwonschool.com
주소 서울시 영등포구 영신로 166 시원스쿨
교재 구입 문의 02)2014-8151
고객센터 02)6409-0878

ISBN 979-11-6150-839-9
Number 1-311111-25259900-08

EJU

日本留学試験 EJU

실전모의고사 청독해·청해

해설집

시원스쿨닷컴 × ask

日本留学試験　模試と解説　解答用紙

聴解・聴読解

受験番号 Examinee Registration Number	

名前 Name	

注意事項　Note

1. 必ず鉛筆(HB)で記入してください。
2. この解答用紙を汚したり折ったりしてはいけません。
3. マークは下のよい例のように、○わく内を完全にぬりつぶしてください。

よい例	悪い例
●	⊗ ✓ ◎ ◉ ○

4. 訂正する場合はプラスチック消しゴムで完全に消し、消しくずを残してはいけません。
5. 所定の欄以外には何も書いてはいけません。
6. この解答用紙はすべて機械で処理しますので、以上の1から5までが守られていないと採点されません。

聴解・聴読解
Listening and Listening-Reading Comprehension

聴読解
Listening-Reading Comprehension

解答番号	解答欄 Answer 1	2	3	4
1	①	②	③	④
2	①	②	③	④
3	①	②	③	④
4	①	②	③	④
5	①	②	③	④
6	①	②	③	④
7	①	②	③	④
8	①	②	③	④
9	①	②	③	④
10	①	②	③	④
11	①	②	③	④
12	①	②	③	④

聴解
Listening Comprehension

解答番号	解答欄 Answer	1	2	3	4
13	正　し　い	①	②	③	④
	正しくない	①	②	③	④
14	正　し　い	①	②	③	④
	正しくない	①	②	③	④
15	正　し　い	①	②	③	④
	正しくない	①	②	③	④
16	正　し　い	①	②	③	④
	正しくない	①	②	③	④
17	正　し　い	①	②	③	④
	正しくない	①	②	③	④
18	正　し　い	①	②	③	④
	正しくない	①	②	③	④
19	正　し　い	①	②	③	④
	正しくない	①	②	③	④
20	正　し　い	①	②	③	④
	正しくない	①	②	③	④

解答番号	解答欄 Answer	1	2	3	4
21	正　し　い	①	②	③	④
	正しくない	①	②	③	④
22	正　し　い	①	②	③	④
	正しくない	①	②	③	④
23	正　し　い	①	②	③	④
	正しくない	①	②	③	④
24	正　し　い	①	②	③	④
	正しくない	①	②	③	④
25	正　し　い	①	②	③	④
	正しくない	①	②	③	④
26	正　し　い	①	②	③	④
	正しくない	①	②	③	④
27	正　し　い	①	②	③	④
	正しくない	①	②	③	④

日本留学試験　模試と解説　解答用紙

聴解・聴読解

受験番号 Examinee Registration Number	

名前 Name	

注意事項　Note

1. 必ず鉛筆(HB)で記入してください。
2. この解答用紙を汚したり折ったりしてはいけません。
3. マークは下のよい例のように、○わく内を完全にぬりつぶしてください。

よい例	悪い例
●	⊗ ✓ ○ ◉ ○

4. 訂正する場合はプラスチック消しゴムで完全に消し、消しくずを残してはいけません。
5. 所定の欄以外には何も書いてはいけません。
6. この解答用紙はすべて機械で処理しますので、以上の1から5までが守られていないと採点されません。

聴解・聴読解 Listening and Listening-Reading Comprehension

聴読解 Listening-Reading Comprehension

解答番号	解答欄 Answer 1 2 3 4
1	① ② ③ ④
2	① ② ③ ④
3	① ② ③ ④
4	① ② ③ ④
5	① ② ③ ④
6	① ② ③ ④
7	① ② ③ ④
8	① ② ③ ④
9	① ② ③ ④
10	① ② ③ ④
11	① ② ③ ④
12	① ② ③ ④

聴解 Listening Comprehension

解答番号	解答欄 Answer	1 2 3 4
13	正　し　い	① ② ③ ④
	正しくない	① ② ③ ④
14	正　し　い	① ② ③ ④
	正しくない	① ② ③ ④
15	正　し　い	① ② ③ ④
	正しくない	① ② ③ ④
16	正　し　い	① ② ③ ④
	正しくない	① ② ③ ④
17	正　し　い	① ② ③ ④
	正しくない	① ② ③ ④
18	正　し　い	① ② ③ ④
	正しくない	① ② ③ ④
19	正　し　い	① ② ③ ④
	正しくない	① ② ③ ④
20	正　し　い	① ② ③ ④
	正しくない	① ② ③ ④

解答番号	解答欄 Answer	1 2 3 4
21	正　し　い	① ② ③ ④
	正しくない	① ② ③ ④
22	正　し　い	① ② ③ ④
	正しくない	① ② ③ ④
23	正　し　い	① ② ③ ④
	正しくない	① ② ③ ④
24	正　し　い	① ② ③ ④
	正しくない	① ② ③ ④
25	正　し　い	① ② ③ ④
	正しくない	① ② ③ ④
26	正　し　い	① ② ③ ④
	正しくない	① ② ③ ④
27	正　し　い	① ② ③ ④
	正しくない	① ② ③ ④

日本留学試験　模試と解説　解答用紙

聴解・聴読解

受験番号 Examinee Registration Number	

名前 Name	

注意事項　Note

1. 必ず鉛筆(HB)で記入してください。
2. この解答用紙を汚したり折ったりしてはいけません。
3. マークは下のよい例のように、○わく内を完全にぬりつぶしてください。

よい例	悪い例
●	⊗ ✓ ⓞ ◉ ○

4. 訂正する場合はプラスチック消しゴムで完全に消し、消しくずを残してはいけません。
5. 所定の欄以外には何も書いてはいけません。
6. この解答用紙はすべて機械で処理しますので、以上の1から5までが守られていないと採点されません。

聴解・聴読解
Listening and Listening-Reading Comprehension

聴読解
Listening-Reading Comprehension

解答番号	解答欄 Answer 1 2 3 4
1	① ② ③ ④
2	① ② ③ ④
3	① ② ③ ④
4	① ② ③ ④
5	① ② ③ ④
6	① ② ③ ④
7	① ② ③ ④
8	① ② ③ ④
9	① ② ③ ④
10	① ② ③ ④
11	① ② ③ ④
12	① ② ③ ④

聴解
Listening Comprehension

解答番号	解答欄 Answer	1 2 3 4
13	正　し　い	① ② ③ ④
	正しくない	① ② ③ ④
14	正　し　い	① ② ③ ④
	正しくない	① ② ③ ④
15	正　し　い	① ② ③ ④
	正しくない	① ② ③ ④
16	正　し　い	① ② ③ ④
	正しくない	① ② ③ ④
17	正　し　い	① ② ③ ④
	正しくない	① ② ③ ④
18	正　し　い	① ② ③ ④
	正しくない	① ② ③ ④
19	正　し　い	① ② ③ ④
	正しくない	① ② ③ ④
20	正　し　い	① ② ③ ④
	正しくない	① ② ③ ④

解答番号	解答欄 Answer	1 2 3 4
21	正　し　い	① ② ③ ④
	正しくない	① ② ③ ④
22	正　し　い	① ② ③ ④
	正しくない	① ② ③ ④
23	正　し　い	① ② ③ ④
	正しくない	① ② ③ ④
24	正　し　い	① ② ③ ④
	正しくない	① ② ③ ④
25	正　し　い	① ② ③ ④
	正しくない	① ② ③ ④
26	正　し　い	① ② ③ ④
	正しくない	① ② ③ ④
27	正　し　い	① ② ③ ④
	正しくない	① ② ③ ④

日本留学試験　模試と解説　解答用紙

聴解・聴読解

受験番号 Examinee Registration Number		名前 Name	

注意事項　Note

1. 必ず鉛筆(HB)で記入してください。
2. この解答用紙を汚したり折ったりしてはいけません。
3. マークは下のよい例のように、○わく内を完全にぬりつぶしてください。

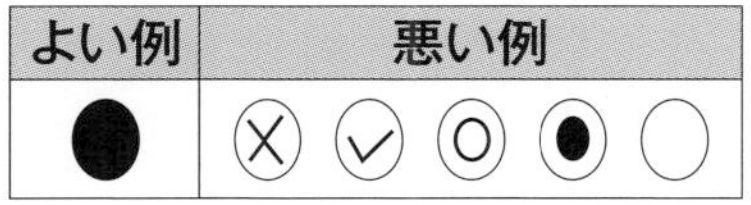

4. 訂正する場合はプラスチック消しゴムで完全に消し、消しくずを残してはいけません。
5. 所定の欄以外には何も書いてはいけません。
6. この解答用紙はすべて機械で処理しますので、以上の1から5までが守られていないと採点されません。

聴解・聴読解 Listening and Listening-Reading Comprehension

聴読解 Listening-Reading Comprehension

解答番号	解答欄 Answer 1	2	3	4
1	①	②	③	④
2	①	②	③	④
3	①	②	③	④
4	①	②	③	④
5	①	②	③	④
6	①	②	③	④
7	①	②	③	④
8	①	②	③	④
9	①	②	③	④
10	①	②	③	④
11	①	②	③	④
12	①	②	③	④

聴解 Listening Comprehension

解答番号	解答欄 Answer	1	2	3	4
13	正しい	①	②	③	④
	正しくない	①	②	③	④
14	正しい	①	②	③	④
	正しくない	①	②	③	④
15	正しい	①	②	③	④
	正しくない	①	②	③	④
16	正しい	①	②	③	④
	正しくない	①	②	③	④
17	正しい	①	②	③	④
	正しくない	①	②	③	④
18	正しい	①	②	③	④
	正しくない	①	②	③	④
19	正しい	①	②	③	④
	正しくない	①	②	③	④
20	正しい	①	②	③	④
	正しくない	①	②	③	④

解答番号	解答欄 Answer	1	2	3	4
21	正しい	①	②	③	④
	正しくない	①	②	③	④
22	正しい	①	②	③	④
	正しくない	①	②	③	④
23	正しい	①	②	③	④
	正しくない	①	②	③	④
24	正しい	①	②	③	④
	正しくない	①	②	③	④
25	正しい	①	②	③	④
	正しくない	①	②	③	④
26	正しい	①	②	③	④
	正しくない	①	②	③	④
27	正しい	①	②	③	④
	正しくない	①	②	③	④

日本留学試験　模試と解説　解答用紙

聴解・聴読解

受験番号 Examinee Registration Number	

名前 Name	

注意事項 Note

1. 必ず鉛筆(HB)で記入してください。
2. この解答用紙を汚したり折ったりしてはいけません。
3. マークは下のよい例のように、○わく内を完全にぬりつぶしてください。

よい例	悪い例
●	⊗ ✓ ○ ◉ ○

4. 訂正する場合はプラスチック消しゴムで完全に消し、消しくずを残してはいけません。
5. 所定の欄以外には何も書いてはいけません。
6. この解答用紙はすべて機械で処理しますので、以上の1から5までが守られていないと採点されません。

聴解・聴読解 Listening and Listening-Reading Comprehension

聴読解 Listening-Reading Comprehension

解答番号	解答欄 Answer 1	2	3	4
1	①	②	③	④
2	①	②	③	④
3	①	②	③	④
4	①	②	③	④
5	①	②	③	④
6	①	②	③	④
7	①	②	③	④
8	①	②	③	④
9	①	②	③	④
10	①	②	③	④
11	①	②	③	④
12	①	②	③	④

聴解 Listening Comprehension

解答番号	解答欄 Answer	1	2	3	4
13	正　し　い	①	②	③	④
	正しくない	①	②	③	④
14	正　し　い	①	②	③	④
	正しくない	①	②	③	④
15	正　し　い	①	②	③	④
	正しくない	①	②	③	④
16	正　し　い	①	②	③	④
	正しくない	①	②	③	④
17	正　し　い	①	②	③	④
	正しくない	①	②	③	④
18	正　し　い	①	②	③	④
	正しくない	①	②	③	④
19	正　し　い	①	②	③	④
	正しくない	①	②	③	④
20	正　し　い	①	②	③	④
	正しくない	①	②	③	④

解答番号	解答欄 Answer	1	2	3	4
21	正　し　い	①	②	③	④
	正しくない	①	②	③	④
22	正　し　い	①	②	③	④
	正しくない	①	②	③	④
23	正　し　い	①	②	③	④
	正しくない	①	②	③	④
24	正　し　い	①	②	③	④
	正しくない	①	②	③	④
25	正　し　い	①	②	③	④
	正しくない	①	②	③	④
26	正　し　い	①	②	③	④
	正しくない	①	②	③	④
27	正　し　い	①	②	③	④
	正しくない	①	②	③	④

日本留学試験　模試と解説　解答用紙

聴解・聴読解

受験番号 Examinee Registration Number		名前 Name	

注意事項　Note

1. 必ず鉛筆(HB)で記入してください。
2. この解答用紙を汚したり折ったりしてはいけません。
3. マークは下のよい例のように、○わく内を完全にぬりつぶしてください。

よい例	悪い例
●	⊗ ✓ ○ ◉ ○

4. 訂正する場合はプラスチック消しゴムで完全に消し、消しくずを残してはいけません。
5. 所定の欄以外には何も書いてはいけません。
6. この解答用紙はすべて機械で処理しますので、以上の1から5までが守られていないと採点されません。

聴解・聴読解 Listening and Listening-Reading Comprehension

聴読解 Listening-Reading Comprehension

解答番号	解答欄 Answer 1 2 3 4
1	① ② ③ ④
2	① ② ③ ④
3	① ② ③ ④
4	① ② ③ ④
5	① ② ③ ④
6	① ② ③ ④
7	① ② ③ ④
8	① ② ③ ④
9	① ② ③ ④
10	① ② ③ ④
11	① ② ③ ④
12	① ② ③ ④

聴解 Listening Comprehension

解答番号	解答欄 Answer	1 2 3 4
13	正しい	① ② ③ ④
	正しくない	① ② ③ ④
14	正しい	① ② ③ ④
	正しくない	① ② ③ ④
15	正しい	① ② ③ ④
	正しくない	① ② ③ ④
16	正しい	① ② ③ ④
	正しくない	① ② ③ ④
17	正しい	① ② ③ ④
	正しくない	① ② ③ ④
18	正しい	① ② ③ ④
	正しくない	① ② ③ ④
19	正しい	① ② ③ ④
	正しくない	① ② ③ ④
20	正しい	① ② ③ ④
	正しくない	① ② ③ ④

解答番号	解答欄 Answer	1 2 3 4
21	正しい	① ② ③ ④
	正しくない	① ② ③ ④
22	正しい	① ② ③ ④
	正しくない	① ② ③ ④
23	正しい	① ② ③ ④
	正しくない	① ② ③ ④
24	正しい	① ② ③ ④
	正しくない	① ② ③ ④
25	正しい	① ② ③ ④
	正しくない	① ② ③ ④
26	正しい	① ② ③ ④
	正しくない	① ② ③ ④
27	正しい	① ② ③ ④
	正しくない	① ② ③ ④

EJU

日本留学試験 EJU

실전모의고사 청독해·청해

해설집

별책의 사용법

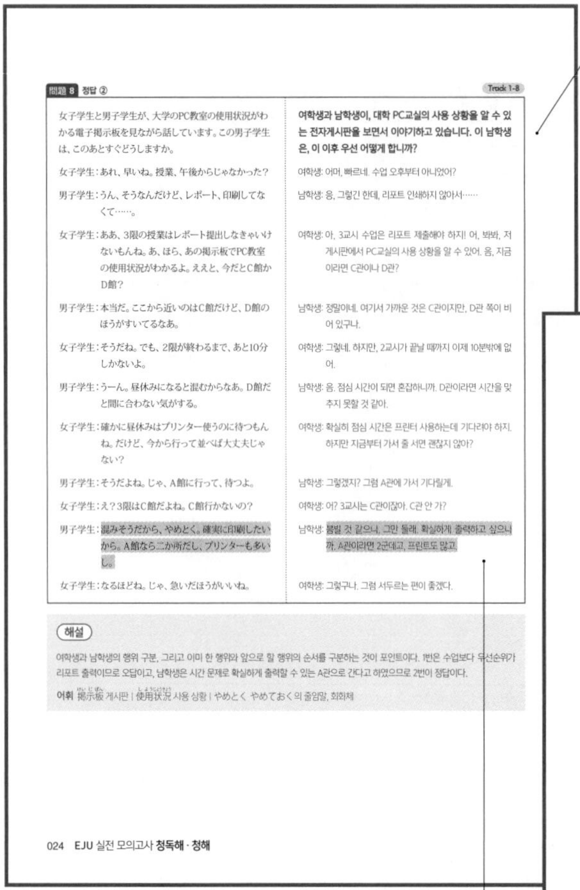

問題 8 정답 ②　Track 1-8

女子学生と男子学生が、大学のPC教室の使用状況がわかる電子掲示板を見ながら話しています。この男子学生は、このあとすぐどうしますか。	**여학생과 남학생이, 대학 PC교실의 사용 상황을 알 수 있는 전자게시판을 보면서 이야기하고 있습니다. 이 남학생은, 이 이후 우선 어떻게 합니까?**
女子学生：あれ、早いね。授業、午後からじゃなかった？	여학생: 어머, 빠르네. 수업 오후부터 아니었어?
男子学生：うん、そうなんだけど、レポート、印刷してなくて……。	남학생: 응, 그렇긴 한데, 리포트 인쇄하지 않아서……
女子学生：ああ、3限の授業はレポート提出しなきゃいけないもんね。あ、ほら、あの掲示板でPC教室の使用状況がわかるよ。ええと、今だとC館かD館？	여학생: 아, 3교시 수업은 리포트 제출해야 하지! 어, 봐봐, 저 게시판에서 PC교실의 사용 상황을 알 수 있어. 음, 지금이라면 C관이나 D관?
男子学生：本当だ。ここから近いのはC館だけど、D館のほうがすいてるなあ。	남학생: 정말이네. 여기서 가까운 것은 C관이지만, D관 쪽이 비어 있구나.
女子学生：そうだね。でも、2限が終わるまで、あと10分しかないよ。	여학생: 그렇네. 하지만, 2교시가 끝날 때까지 이제 10분밖에 없어.
男子学生：うーん。昼休みになると混むからなあ。D館だと間に合わない気がする。	남학생: 음. 점심 시간이 되면 혼잡하니까. D관이라면 시간을 맞추지 못할 것 같아.
女子学生：確かに昼休みはプリンター使うのに待つもんね。だけど、今から行って並べば大丈夫じゃない？	여학생: 확실히 점심 시간은 프린터 사용하는데 기다려야 하지. 하지만 지금부터 가서 줄 서면 괜찮지 않아?
男子学生：そうだよね。じゃ、A館に行って、待つよ。	남학생: 그렇겠지? 그럼 A관에 가서 기다릴게.
女子学生：え？3限はC館だよね。C館行かないの？	여학생: 어? 3교시는 C관이잖아. C관 안 가?
男子学生：混みそうだから、やめとく。確実に印刷したいから。A館なら二か所だし、プリンターも多いし。	남학생: 붐빌 것 같으니, 그만 둘래. 확실하게 출력하고 싶으니까. A관이라면 2군데고, 프린트도 많고.
女子学生：なるほどね。じゃ、急いだほうがいいね。	여학생: 그렇구나. 그럼 서두르는 편이 좋겠다.

해설

여학생과 남학생의 행위 구분, 그리고 이미 한 행위와 앞으로 할 행위의 순서를 구분하는 것이 포인트이다. 1번은 수업보다 우선순위가 리포트 출력이므로 오답이고, 남학생은 시간 문제로 확실하게 출력할 수 있는 A관으로 간다고 하였으므로 2번이 정답이다.

어휘 掲示板(けいじばん) 게시판 | 使用状況(しようじょうきょう) 사용 상황 | やめとく やめておく의 줄임말, 회화체

024 EJU 실전 모의고사 **청독해 · 청해**

질문문

· [Track5-5]는 모의고사 5회의 5번 문제의 음성을 가리킵니다.
· 질문문의 일본어와 한국어 번역이 제시되어 있습니다.
· 질문문은 전반이 상황 설명이고 후반 부분이 질문문입니다.

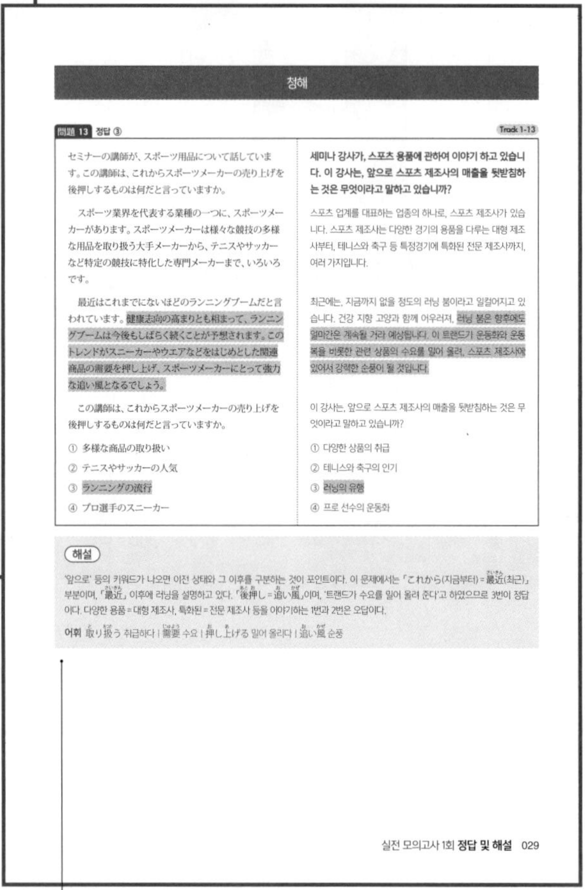

청해

問題 13 정답 ③　Track 1-13

セミナーの講師が、スポーツ用品について話しています。この講師は、これからスポーツメーカーの売り上げを後押しするものは何だと言っていますか。	**세미나 강사가, 스포츠 용품에 관하여 이야기 하고 있습니다. 이 강사는, 앞으로 스포츠 제조사의 매출을 뒷받침하는 것은 무엇이라고 말하고 있습니까?**
スポーツ業界を代表する業種の一つに、スポーツメーカーがあります。スポーツメーカーは様々な競技の多様な用品を取り扱う大手メーカーから、テニスやサッカーなど特定の競技に特化した専門メーカーまで、いろいろです。	스포츠 업계를 대표하는 업종의 하나로, 스포츠 제조사가 있습니다. 스포츠 제조사는 다양한 경기의 용품을 다루는 대형 제조사부터, 테니스와 축구 등 특정경기에 특화된 전문 제조사까지, 여러 가지입니다.
最近はこれまでにないほどのランニングブームだと言われています。健康志向の高まりとも相まって、ランニングブームは今後もしばらく続くことが予想されます。このトレンドがスニーカーやウエアなどをはじめとした関連商品の需要を押し上げ、スポーツメーカーにとって強力な追い風となるでしょう。	최근에는, 지금까지 없을 정도의 러닝 붐이라고 일컬어지고 있습니다. 건강 지향 고양과 함께 어우러져, 러닝 붐은 향후에도 얼마간은 계속될 거라 예상됩니다. 이 트랜드가 운동화와 운동복을 비롯한 관련 상품의 수요를 밀어 올려, 스포츠 제조사에 있어서 강력한 순풍이 될 것입니다.
この講師は、これからスポーツメーカーの売り上げを後押しするものは何だと言っていますか。	이 강사는, 앞으로 스포츠 제조사의 매출을 뒷받침하는 것은 무엇이라고 말하고 있습니까?
① 多様な商品の取り扱い	① 다양한 상품의 취급
② テニスやサッカーの人気	② 테니스와 축구의 인기
③ ランニングの流行	③ 러닝의 유행
④ プロ選手のスニーカー	④ 프로 선수의 운동화

해설

'앞으로' 등의 키워드가 나오면 이전 상태와 그 이후를 구분하는 것이 포인트이다. 이 문제에서는 「これから(지금부터) = 最近(さいきん)(최근)」 부분이며, 「最近(さいきん)」 이후에 러닝을 설명하고 있다. 「後押(あとお)し = 追(お)い風(かぜ)」이며, '트랜드가 수요를 밀어 올려 준다'고 하였으므로 3번이 정답이다. 다양한 용품 = 대형 제조사, 특화된 = 전문 제조사 등을 이야기하는 1번과 2번은 오답이다.

어휘 取(と)り扱(あつか)う 취급하다 | 需要(じゅよう) 수요 | 押(お)し上(あ)げる 밀어 올리다 | 追(お)い風(かぜ) 순풍

실전 모의고사 1회 **정답 및 해설** 029

본문

· 본문의 한국어 번역이 우측에 제시되어 있습니다. 복습에 유용하게 활용해 주세요.
· 문제를 풀 때 특히 주의해야할 포인트를 강조 표시해 두었습니다.

해설과 어휘

· 각각의 문제에 자세한 해설이 있어 정답과 오답의 이유를 체크할 수 있습니다.
· 빈출 어휘가 정리되어 있습니다. 복습에 활용해 주세요.

EJU
실전 모의고사
제1회

테스트 전 확인 사항
□ 해답 용지 준비하셨나요? □ 연필과 지우개 챙기셨나요?

모의고사 1회 음성
시원스쿨 일본어 홈페이지 (japan.siwonschool.com)의 수강신청>교재/MP3에서 무료 다운로드

모의고사 1회 빈출 어휘
시원스쿨 일본어 홈페이지 (japan.siwonschool.com)의 수강신청>교재/MP3에서 무료 다운로드

문제

<청해 MP3 파일>로 실전 감각을 키우고 간편하게 QR 코드로 바로 찍어 다운로드 할 수 있습니다.

EJU 일본어 청독해·청해 모의고사 1회 음성

시원스쿨 홈페이지(Japan.siwonschool.com) 수강신청▶교재/MP3에서 무료 다운로드

아스크사 일본어 버전 해설

아스크사 < 일본어 버전 해설 > 은 하기 QR 코드로 다운로드 해서 사용하실 수 있습니다.

위 학습 부가 자료는 시원스쿨 일본어 홈페이지 (japan.siwonschool.com)의 수강신청▶교재 /MP3 와 학습지원센터▶공부 자료실에서 다운로드할 수 있습니다.

실전모의고사 1회 정답

청독해		
문제	해답 번호	정답
1 番	1	①
2 番	2	④
3 番	3	④
4 番	4	②
5 番	5	③
6 番	6	④
7 番	7	③
8 番	8	②
9 番	9	④
10 番	10	①
11 番	11	②
12 番	12	②

청해		
문제	해답 번호	정답
13 番	13	③
14 番	14	①
15 番	15	②
16 番	16	③
17 番	17	④
18 番	18	②
19 番	19	①
20 番	20	③
21 番	21	③
22 番	22	④
23 番	23	③
24 番	24	②
25 番	25	②
26 番	26	④
27 番	27	④

問題 1 정답 ①

Track 1-1

先生が、食品衛生学の授業で、冷凍食品について話しています。この先生が最後に挙げる例が冷凍食品と呼べないのは、どの条件を満たしていないからですか。

通常、冷凍食品は次の四つの条件をすべて満たしていなければなりません。一つ目は、前処理です。魚の頭や内臓などの食べられない部分を取り除いたり、食べやすい大きさに切ったりして、利用者が使いやすい状態にしておきます。二つ目は、急速冷凍です。食品の品質が変わってしまわないように、非常に低い温度で短時間で凍らせます。三つ目は、利用者のもとに食品が届くまでに汚れたり形が崩れたりしないように、適切に包装をすることです。そして、四つ目は、食品の温度を生産から販売までの過程で一貫してマイナス18℃以下にしておくことです。では、水揚げしてすぐにまるごと凍らせたイカやカニの場合はどうでしょうか。これは冷凍食品とは呼びません。なぜなら、急速冷凍し、汚れたり足が折れたりしないようにしっかり包んで、マイナス20℃で販売店まで持って行ったとしても、あらかじめ処理されていないと冷凍食品とは呼ばないからです。

선생님이 식품 위생학 수업에서 냉동식품에 관하여 이야기하고 있습니다. 이 선생님이 마지막에 드는 예를 냉동식품이라고 부를 수 없는 것은 어느 조건을 충족하고 있지 않기 때문입니까?

통상적으로 냉동식품은 다음 4개의 조건을 모두 만족해야만 합니다. 첫 번째는, 사전 처리입니다. 생선 머리와 내장 등 먹을 수 없는 부분을 제거하거나 먹기 쉬운 크기로 자르거나 해서 이용자가 사용하기 쉬운 상태로 해 둡니다. 두 번째는, 급속 냉동입니다. 식품의 품질이 변하지 않도록, 굉장히 낮은 온도로 짧은 시간에 얼립니다. 세 번째는, 이용자에게 식품이 도착하기 전에 더러워지거나 형태가 망가지지 않도록 적절하게 포장하는 것입니다. 그리고, 네 번째는 식품 온도를 생산부터 판매 과정에 이르기까지 일관되게 마이너스 18도 이하로 해두는 것입니다. 그러면, 잡아서 바로 통째로 얼린 오징어와 게의 경우는 어떨까요? 이것은 냉동식품이라고 부르지 않습니다. 왜냐하면, 급속 냉동하여 더러워지거나 다리가 부러지지 않도록 확실히 포장해서, 마이너스 20도로 판매점까지 가지고 갔다 하더라도, 미리 사전에 처리하지 않으면 냉동식품이라고는 부르지 않기 때문입니다.

해설

'냉동식품'에 관하여 이야기한다고 했으므로 '냉동식품'의 정의나 조건을 설명할 것을 예상하고 필요한 부분을 메모해 두는 것이 포인트이다. 마지막 예시 부분 「あらかじめ処理されていないと冷凍食品とは呼ばない(미리 사전에 처리하지 않으면 냉동식품이라고 부르지 않는다)」에서 설명하고 있는 것처럼 미리 처리하는 것이 '냉동식품'의 조건이라고 했으므로 1번이 정답이다.

어휘 冷凍食品(れいとうしょくひん) 냉동식품 | 条件(じょうけん) 조건 | 満(み)たす 채우다 | 内臓(ないぞう) 내장 | 取(と)り除(のぞ)く 제거하다 | 崩(くず)れる 무너지다 | 包装(ほうそう) 포장 | 販売(はんばい) 판매 | あらかじめ 미리, 사전에

問題 2 정답 ④ Track 1-2

女子学生と男子学生が、朝食を毎日とることの良さについて書かれた資料を見ながら話しています。この男子学生は、このあとどの項目について調べると言っていますか。

女子学生：やっぱり、朝食を毎日とると、いいことがたくさんあるんだね。朝からしっかり食べれば、当然昼と夜だけの食事より栄養のバランスは良くなるだろうし、この、朝食をとることが生活リズムと関係しているっていうのも、よくわかるなあ。

男子学生：そうだね。実際、小学生を対象にした調査では、朝食を抜く子どもほど起床時間が遅いっていう結果が出たらしいよ。でも、この一番下の「朝食をとることと学力」って本当に関係があるのかな？

女子学生：あるんじゃない？よく朝ご飯を抜くと、脳のエネルギーが足りなくて、集中力や記憶力が低下するって聞くよ。

男子学生：うーん、そうだけど……、もう少し詳しく調べてみるよ。だって、そもそも朝食をきちんととる習慣がある家庭って、食事以外でも親が規則正しい生活をしていて、子どもの学習管理もできてるんじゃないかと思うんだ。

여학생과 남학생이 아침 식사를 매일 하는 것의 좋은 점에 관하여 쓰여진 자료를 보면서 이야기하고 있습니다. 이 남학생은, 이 뒤에 어느 항목에 관하여 조사한다고 말하고 있습니까?

여학생: 역시, 아침을 매일 먹으면, 좋은 게 많이 있구나. 아침부터 잘 먹으면, 당연히 점심과 저녁뿐인 식사보다 영양 균형은 좋아질 것이고, 아침을 먹는 것이 생활 리듬과 관계 있다는 것도 잘 알겠어.

남학생: 그러네. 실제로 초등학생을 대상으로 한 조사에서는, 아침을 거르는 아이들일수록 기상 시간이 늦다는 결과가 나온 것 같더라고. 하지만, 이 가장 아래에 '아침을 먹는 것과 학습력'이라는 건 정말로 관계가 있는 것일까?

여학생: 있지 않겠어? 아침을 자주 거르면 뇌 에너지가 부족해서, 집중력과 기억력이 저하 된다고 들었어.

남학생: 음~, 그렇지만……. 조금 더 자세하게 조사해 봐야겠어. 왜냐하면, 본래 아침을 제대로 먹는 습관이 있는 가정은 말이야, 식사 이외에서도 부모가 규칙적인 생활을 하고 있어서, 아이들 학습관리도 되고 있는 게 아닐지 생각해.

해설

이미 조사된 내용과 앞으로 조사할 내용, 여학생과 남학생의 언급 내용을 구분하는 것이 포인트이다. 「朝食をとることと学力って本当に関係があるのかな？(아침을 먹는 것과 학습력이라는 건 정말로 관계가 있는 것일까?)」가 '좀 더 조사해 봐야겠어'에 연결된다고 볼 수 있으므로 4번이 정답이다. 1번과 2번은 여학생이 언급한 내용으로 오답이고, 3번은 언급하지 않았으므로 오답이다.

어휘 抜く 빼다 | 起床時間 기상시간 | 集中力 집중력 | 記憶力 기억력 | 低下する 저하되다 | 規則正しい 규칙적이다

問題 3 정답 ④ Track 1-3

先生が、循環型社会の体験学習について説明しています。この先生は、図の体験学習の中でどの部分が重要だと言っていますか。

環境に配慮した循環型社会を学ぶ体験学習が小学校でも行われています。例えば、小学校の敷地や近所でコメを栽培する体験です。図のように、まず土を耕して、種をまいて水をやり、間引きなどをしながら時間をかけて育て、収穫します。そして、収穫したあとに残ったワラを乾燥させ、その中に木炭を入れて、水を浄化する装置を作ります。小学生でも一人で簡単に水質浄化装置が作れるのです。これを川に設置すると、木炭が川を汚す物質を吸収し、さらにワラが微生物のすみかになって、水質が改善されるのです。それから、数か月後に浄化装置を取り出し、土に戻して肥料にします。このような学習を通して循環型社会を学ぶわけです。私がこの学習の中で欠かせないと思うのは、時間をかけて成長させたものを収穫することです。稲の刈取りは貴重な経験ですよね。そのお米を食べることは、消費について考えるきっかけにもなるでしょう。

선생님이, 순환형 사회 체험학습에 관하여 설명하고 있습니다. 이 선생님은 그림의 체험학습 중에서 어느 부분이 중요하다고 말하고 있습니까?

환경을 배려한 순환형 사회를 배우는 체험 학습이 초등학교에서도 행해지고 있습니다. 예를 들면, 초등학교 부지와 근처에서 쌀을 재배하는 체험입니다. 그림과 같이, 우선 땅을 경작하고 씨를 뿌리고 물을 주고, 솎아내기 등을 하면서 시간을 들여서 키워 수확합니다. 그리고 수확한 후에 남은 볏짚을 건조하여 그 목탄을 넣어 물을 정화하는 장치를 만듭니다. 초등학교에서도 혼자서 간단하게 수질정화 장치를 만들 수 있는 것입니다. 이것을 강에 설치하면, 목탄이 강을 더럽히는 물질을 흡수하고, 나아가 볏짚이 미생물의 서식처가 되어, 수질이 개선되는 것입니다. 그리고 나서, 수 개월 후에 정화장치를 꺼내서 땅으로 되돌려서 비료로 사용합니다. 이와 같은 학습을 통하여 순환형 사회를 배우는 것입니다. 제가 이 학습 중에서 빼놓을 수 없다고 생각하는 것은, 시간을 들여 성장하게 한 것을 수확하는 것입니다. 벼 베기는 귀중한 경험이죠. 그 쌀을 먹는 것은, 소비에 관하여 생각하는 계기도 되겠죠.

해설

각 선택지 항목에 추가되는 청각 정보를 듣고 메모하는 것과 선생님이 중요하다고 강조하는 것을 놓치지 않는 것이 포인트이다. 「重要(중요) = 欠かせない(빠뜨릴 수 없다)」이므로, 마지막 부분 「時間をかけて成長させたものを収穫すること(시간을 들여서 성장한 것을 수확하는 것)」 부분이 힌트가 되어 4번이 정답이다.

어휘 配慮する 배려하다 | 循環型 순환형 | 敷地 부지 | 栽培する 재배하다 | 耕す 경작하다, 일구다 | 種をまく 씨를 뿌리다 | 間引き 솎아냄 | 収穫する 수확하다 | 藁 벼 짚 | 乾燥させる 건조시키다 | 木炭 목탄 | 浄化する 정화하다 | 吸収する 흡수하다 | 微生物 미생물 | 改善する 개선하다 | 取り出す 추출하다 | 肥料 비료 | 稲 벼 | 刈取り 베어 거두어 들임, 수확

問題 4 정답 ②

Track 1-4

女子学生と男子学生が、セミナーの案内を見ながら話しています。この男子学生は、このあとまず何をしますか。	**여학생과 남학생이, 세미나의 안내를 보면서 이야기하고 있습니다. 이 남학생은, 이 이후 우선 무엇을 합니까?**
女子学生：明日のオンラインセミナー、申し込んだ？	여학생: 내일 온라인 세미나 신청했어?
男子学生：えっ？何のセミナー？	남학생: 어? 무슨 세미나?
女子学生：これこれ、「生活の中のバイオミミクリー」。	여학생: 이거 이거, '생활 속의 바이오 미미크리(자연 모방)'.
男子学生：へえ、面白そうだね。僕の専攻とも関連してるから、ぜひ参加したいな。申し込み、どうすればいいの？	남학생: 오, 재미 있을 것 같네. 내 전공하고도 관련되어 있으니까 꼭 참가하고 싶어. 어떻게 신청 하면 돼?
女子学生：このリンクから入って、名前とか所属とか必要な情報を入力するだけだよ。	여학생: 이 링크에 들어가서, 이름이라든가 소속이라든가 필요한 정보를 입력하는 것 뿐이야.
男子学生：なんだ、簡単だね。あれ、ちょっと待って。今日は18日だよね。これ締め切り、過ぎてるよ。残念だなあ。	남학생: 뭐야, 간단하네. 어, 잠깐 기다려봐! 오늘 18일이잖아. 이거 마감 지났어. 아쉬운 걸.
女子学生：ちょっとその下を見て。大丈夫かもしれないよ。「サイトから問い合わせ」だって。	여학생: 잠깐 그 아래를 봐. 괜찮을지도 몰라. '사이트에서 문의' 하래.
男子学生：本当だ。確認してみるよ。	남학생: 정말이네. 확인해 볼 게.
女子学生：事前課題があるから、忘れないでね。	여학생: 사전 과제가 있으니까, 잊지 마.
男子学生：うん、もちろん。でもまずは、参加できるかどうかだね。	남학생: 응, 물론이지. 하지만, 우선은 참가할 수 있을지 없을지 겠구나!

해설

문제에서 여학생과 남학생의 행위와, 대화 이전 행위와 이후 행위를 구분하면서 듣는 것이 포인트이다. 마지막 대화에서 「まずは、参加(さんか)できるかどうかだね(우선은 참가할 수 있을지 없을지겠구나)」라고 했으므로 사이트 문의가 가장 최우선이다. 따라서 2번이 정답이다. 사전 과제와 신청서 작성 등은 모두 참가 가능할 때 필요한 절차이므로 1번과 3번은 오답이다.

어휘 専攻(せんこう) 전공 | 関連(かんれん)する 관련되다 | 所属(しょぞく) 소속 | 締(し)め切(き)り 마감

問題 5 정답 ③ Track 1-5

先生が、言語の機能について話しています。この先生が最後にする質問の答えはどれですか。

言語には主に4つの機能があると言われています。まず、情報を伝えるためのコミュニケーションの働きです。情報や自分の考えなどを相手に伝えるために、言語は重要な役割を果たします。次に、思考の体系化を助ける働きもあります。考えがうまくまとまらないとき、声に出してみると、考えを進められることがありますよね。さらに、言語には行動をコントロールする働きがあります。例えば、テニス初心者は「1、2、3」とかけ声をかけたほうが、言語のリズムに合わせてラケットをうまく振ることができると言われています。それから、うれしいときに声に出して「うれしい」と言うことで、楽しみや感情を発散させることができるという働きもあります。では、質問です。4歳の子どもにジャンプをさせる実験をします。最初は「先生が合図をしたら2回ジャンプしてください」と指示しましたが、うまくジャンプできませんでした。次に、「先生が合図をしたら「ジャンプ、ジャンプ」と2回言いながら2回ジャンプしてください」と指示すると、成功しました。この実験から言語の持つどの機能が確認できますか。

선생님이, 언어의 기능에 관하여 이야기하고 있습니다. 이 선생님이 마지막에 하는 질문의 대답은 어느 것입니까?

언어에는 주로 4개의 기능이 있다고 일컬어지고 있습니다. 우선, 정보를 전달하기 위한 커뮤니케이션 작용입니다. 정보와 자신의 생각 등을 상대에게 전하기 위하여, 언어는 중요한 역할을 합니다. 다음으로, 사고의 체계화를 돕는 작용도 있습니다. 생각이 잘 정리되지 않을 때, 소리를 내 보면, 생각이 진행되는 경우가 있습니다. 더욱이, 언어에는 행동을 컨트롤 하는 작용이 있습니다. 예를 들면 테니스 초심자는 '1, 2, 3'이라고 구호를 불러주는 편이, 언어의 리듬에 맞춰서 라켓을 잘 휘두를 수 있다고 일컬어지고 있습니다. 그리고, 기쁠 때에 소리 내어 '기쁘다'고 말함으로써 즐거움과 감정을 발산시킬 수 있다는 작용도 있습니다. 그럼, 질문입니다. 4세 아이에게 점프를 시키는 실험을 합니다. 처음에는 "선생님이 신호를 주면 2회 점프해 보세요"라고 지시 했지만, 점프를 잘 할 수 없었습니다. 이어서 "선생님이 신호를 하면 '점프, 점프'라고 2회 말하면서 2회 점프해 주세요"라고 지시하자 성공했습니다. 이 실험에서 언어가 가진 어떤 기능을 확인할 수 있습니까?

해설

각각의 항목에 추가되는 청각 정보를 메모하는 것과, 마지막 질문 내용을 듣고 이해하는 것이 포인트이다. 1번은 커뮤니케이션 = 정보전달, 2번 사고의 체계화 = 소리 내어 말하기, 3번 행동의 컨트롤 = 리듬에 맞춤, 4번 감정의 발산 = 감정을 소리 내어 표현 등으로 요약할 수 있다. 선생님의 마지막 질문 "2번 말하면서 2번 점프하게 하다"라는 행위는 2번의 소리와 2번의 리듬에 맞추어 점프하는 것이므로 3번이 정답이다.

어휘 機能(きのう) 기능 | 体系化(たいけいか) 체계화 | 発散(はっさん)させる 발산시키다 | 合図(あいず) 신호

問題 6 **정답 ④** Track 1-6

男子学生と女子学生が、仕事をする目的についてのアンケート結果を見て話しています。女子学生が「働くのが当たり前だから」という回答と近いと言った回答はどれですか。

男子学生：これ、若者に働く目的を聞いたアンケート結果なんだ。圧倒的に多いのが収入を得るため。まあ、当たり前のことかな。

女子学生：あ、でも、2つまで回答できるんだね。回答を合計したら157.4%だから、6割近くの人が2つ回答してることになるよ。

男子学生：そうだね。考えてみたら、達成感や生きがいと自分の能力発揮って近いよね。

女子学生：どうして？

男子学生：両方とも自分の気持ちだから。自分の能力を発揮して達成感を得たいって気持ち。それから、与えられた仕事をこなして達成感を得る場合もあるよね。

女子学生：あと案外、働くのが当たり前と社会的な地位を得るためも近いかも。

男子学生：それ、面白いね。社会的に、仕事をするのは当たり前で、しないと世間体が気になるってことで、社会的地位も世間体と関係あるってことだね。

남학생과 여학생이, 일하는 목적에 관한 앙케이트 결과를 보고 이야기하고 있습니다. 여학생이 '일하는 것이 당연하니까'라는 대답에 가깝다고 말한 것은 어느 것입니까?

남학생: 이거, 젊은 사람들에게 일하는 목적을 물은 앙케이트 결과인데. 압도적으로 많은 것이 수입을 얻기 위해서. 뭐 당연하지?

여학생: 어, 하지만, 2개까지 대답할 수 있잖아? 대답을 합치면 157.4%이니까, 60퍼센트 가까운 사람이 2개 대답한 거야.

남학생: 그렇네. 생각해보니 달성감이나 삶의 보람과 자신의 능력 발휘는 비슷하지?

여학생: 어째서?

남학생: 양쪽 모두 자기 마음이니까. 자기 능력을 발휘해서 달성감을 얻고 싶다는 마음. 그리고, 주어진 일을 소화하고 달성감을 얻는 경우도 있지.

여학생: 그리고 의외로, 일하는 것이 당연하다는 것과 사회적 지위를 얻기 위해서도 비슷할지도.

남학생: 그거, 재미있네. 사회적으로 일을 하는 것은 당연한 것이고, 하지 않으면 세상의 체면이 신경 쓰이니, 사회적 지위도 세상의 체면과 관계 있다는 거지.

해설

남학생과 여학생의 대화 구분과 질문이 반복되는 구간에 반응 하는 것이 포인트이다. 「働(はたら)くのが当(あ)たり前(まえ)と社会的(しゃかいてき)な地位(ちい)を得(え)るためも近(ちか)いかも('일하는 것이 당연하다'와 '사회적 지위를 얻기 위해서'도 가까울지도)」 부분에서 4번이 정답이라는 것을 알 수 있다. 선택지 1번과 2번이 가깝다고 한 것은 남학생이므로 오답이다.

어휘 圧倒的(あっとうてき) 압도적 | 発揮(はっき) 발휘 | 世間体(せけんてい) 사회적 체면

問題 7 정답 ③ Track 1-7

先生が、経済学の授業で、行動経済学の理論について話しています。この先生が最後にする質問の答えは、どの理論の例ですか。

行動経済学とは、人間の経済活動をより現実的に分析し、研究を行う学問です。行動経済学の理論は、マーケティングにもいかされています。まず、アンカリング効果とは、最初に与えられた印象的な数値に、意思決定が影響を受けることを言います。例えば、通常価格と同時に40%オフという値下げ表示をすると、消費者はお得に感じます。次に、損失回避性とは、利益が得られる可能性のある場面で利益が得られないことを回避しようとする傾向のことです。「本日限り半額」という表示を見た消費者が、今買わなくていいものでも、値下げのメリットを得るために購入してしまう、などがその例です。そして、極端回避性とは、値段が異なる3種類の商品が並んでいる場合、中間の値段の商品を選ぶ傾向にあることです。最後のサンクコスト効果は、それまでに使った時間やお金をもったいないと思って、さらに時間やお金を費やしてしまうことです。では、質問です。5000円の傘を売るために、売り場に1万円の傘と3000円の傘を一緒に並べるのは、どの理論を活用した例ですか。

선생님이 경제학 수업에서, 행동경제학 이론에 관하여 이야기하고 있습니다. 이 선생님이 마지막에 하는 질문의 답은 어느 이론의 예입니까?

행동경제학이라는 것은, 인간의 경제 활동을 보다 현실적으로 분석하고 연구하는 학문입니다. 행동경제학 이론은 마케팅에도 활용되고 있습니다. 우선, 앵커링 효과라는 것은, 처음에 주어진 인상적인 수치에 의사결정이 영향을 받는 것을 말합니다. 예를 들면, 통상가격과 동시에 40% 세일이라는 가격 인하를 표시하면, 소비자는 이득이라고 느낍니다. 다음으로, 손실회피성이라는 것은, 이익을 얻을 수 있는 가능성이 있는 장면에서 이익을 얻을 수 없는 것을 회피하려고 하는 경향을 가리킵니다. '오늘 한정 반액'이라는 표시를 본 소비자가 지금 사지 않아도 되는 것이라도, 가격 인하의 메리트를 얻기 위해서 구입해버린다, 등이 그 예입니다. 그리고, 극단 회피성이라는 것은, 가격이 다른 3종류의 상품이 나열되어 있는 경우, 중간 가격의 상품을 선택하는 경향에 있는 것입니다. 마지막으로, 매몰 비용 효과는 지금까지 사용한 시간과 돈이 아깝다고 생각하고, 더욱 시간과 돈을 소비해 버리는 것입니다. 그럼 질문입니다. 5000엔의 우산을 팔기 위하여, 매장에 1만엔의 우산과 3000엔의 우산을 함께 진열하는 것은, 어느 이론을 활용한 예입니까?

해설

각 항목에 대한 정의 설명을 잘 메모하고 마지막 예시의 포인트를 잘 이해하는 것이 중요하다. '1번 = 최초 인상, 2번 = 이익 손실 3번 = 극단적 예 4번 = 소비한 수고' 등의 메모가 필요하다. 마지막 질문에서 1만엔짜리 우산과 3천엔짜리 우산의 진열은 '극단 회피성'에 속하며 '중간 가격대 5천엔짜리 우산을 팔기 위한' 예시이므로 3번이 정답이다.

어휘 印象的(いんしょうてき) 인상적 | 意思決定(いしけってい) 의사 결정 | 影響(えいきょう) 영향 | 通常価格(つうじょうかかく) 통상 가격 | 値下げ(ねさげ) 가격 인하 | 回避する(かいひする) 회피하다

問題 8 정답 ②

Track 1-8

女子学生と男子学生が、大学のPC教室の使用状況がわかる電子掲示板を見ながら話しています。この男子学生は、このあとすぐどうしますか。	**여학생과 남학생이, 대학 PC교실의 사용 상황을 알 수 있는 전자게시판을 보면서 이야기하고 있습니다. 이 남학생은, 이 이후 우선 어떻게 합니까?**
女子学生：あれ、早いね。授業、午後からじゃなかった？	여학생: 어머, 빠르네. 수업 오후부터 아니었어?
男子学生：うん、そうなんだけど、レポート、印刷してなくて……。	남학생: 응, 그렇긴 한데, 리포트 인쇄하지 않아서……
女子学生：ああ、3限の授業はレポート提出しなきゃいけないもんね。あ、ほら、あの掲示板でPC教室の使用状況がわかるよ。ええと、今だとC館かD館？	여학생: 아, 3교시 수업은 리포트 제출해야 하지! 어, 봐봐, 저 게시판에서 PC교실의 사용 상황을 알 수 있어. 음, 지금이라면 C관이나 D관?
男子学生：本当だ。ここから近いのはC館だけど、D館のほうがすいてるなあ。	남학생: 정말이네. 여기서 가까운 것은 C관이지만, D관 쪽이 비어 있구나.
女子学生：そうだね。でも、2限が終わるまで、あと10分しかないよ。	여학생: 그렇네. 하지만, 2교시가 끝날 때까지 이제 10분밖에 없어.
男子学生：うーん。昼休みになると混むからなあ。D館だと間に合わない気がする。	남학생: 음. 점심 시간이 되면 혼잡하니까. D관이라면 시간을 맞추지 못할 것 같아.
女子学生：確かに昼休みはプリンター使うのに待つもんね。だけど、今から行って並べば大丈夫じゃない？	여학생: 확실히 점심 시간은 프린터 사용하는데 기다려야 하지. 하지만 지금부터 가서 줄 서면 괜찮지 않아?
男子学生：そうだよね。じゃ、A館に行って、待つよ。	남학생: 그렇겠지? 그럼 A관에 가서 기다릴게.
女子学生：え？3限はC館だよね。C館行かないの？	여학생: 어? 3교시는 C관이잖아. C관 안 가?
男子学生：混みそうだから、やめとく。確実に印刷したいから。A館なら二か所だし、プリンターも多いし。	남학생: 붐빌 것 같으니, 그만 둘래. 확실하게 출력하고 싶으니까. A관이라면 2군데고, 프린트도 많고.
女子学生：なるほどね。じゃ、急いだほうがいいね。	여학생: 그렇구나. 그럼 서두르는 편이 좋겠다.

(해설)

여학생과 남학생의 행위 구분, 그리고 이미 한 행위와 앞으로 할 행위의 순서를 구분하는 것이 포인트이다. 1번은 수업보다 우선순위가 리포트 출력이므로 오답이고, 남학생은 시간 문제로 확실하게 출력할 수 있는 A관으로 간다고 하였으므로 2번이 정답이다.

어휘 掲示板(けいじばん) 게시판 | 使用状況(しようじょうきょう) 사용 상황 | やめとく やめておく의 줄임말, 회화체

問題 9 정답 ④ Track 1-9

先生が授業で、動物の飼育環境への取り組みについて話しています。この先生が興味深いと言っている動物の行動は、どの環境エンリッチメントと関係がありますか。

近年、動物園や水族館は、動物の福祉と健康のために、飼育環境の中で動物に良い刺激を与える工夫をしています。こうした取り組みを環境エンリッチメントといいます。代表的なものを挙げると、表のように、エサの種類や与え方を変える採食エンリッチメント、動物のからだを隠せる場所をつくる空間エンリッチメント、生息地で録音された音や音楽を流したりにおいがついた物を置いたりする感覚エンリッチメント、野生の群れの規模に近い頭数で飼育する社会的エンリッチメント、動物の知性を刺激するものを与える認知エンリッチメントがあります。興味深いことに、多くの動物は、皿の上に載ったエサではなく、物陰に隠されたエサや時間と手間がかかる装置に仕込まれたエサのほうを選ぶそうです。的をたたくと、扉が開いて、エサが落ちてくるような装置です。動物も頭を使うことや達成感を味わうことに喜びを感じるのでしょう。

선생님이 수업에서, 동물의 사육 환경에 대한 노력에 관하여 이야기하고 있습니다. 이 선생님이 흥미롭다고 말하고 있는 동물의 행동은, 어떤 환경 인리치먼트와 관계가 있습니까?

최근, 동물원과 수족관은, 동물의 복지와 건강을 위하여, 사육환경 안에서 동물에게 좋은 자극을 줄 생각을 하고 있습니다. 이러한 노력을 환경 인리치먼트라고 합니다. 대표적인 것을 들면, 표와 같이, 먹이의 종류와 주는 방식을 바꾸는 채식 인리치먼트, 동물의 몸을 감추는 장소를 만드는 공간 인리치먼트, 서식지에서 녹음된 소리와 음악을 흐르게 하거나 냄새가 묻은 것을 두거나 하는 감각 인리치먼트, 야생의 무리 규모에 가까운 마리 수로 사육하는 사회적 인리치먼트, 동물의 지성을 자극하는 것을 주는 인지 인리치먼트가 있습니다. 흥미롭게도, 많은 동물은, 접시 위에 놓인 먹이가 아니라, 보이지 않는 그늘에 감춰진 먹이와 시간과 수고가 소요되는 장치에 설치된 먹이 쪽을 선택한다고 합니다. 목표물을 두들기면 문이 열리고, 먹이가 떨어지는 것과 같은 장치입니다. 동물도 머리를 쓰는 것과 달성감을 음미하는 것에 기쁨을 느끼는 거겠죠.

해설

'인리치먼트'라는 전문용어 정의 설명을 잘 듣고, 선생님이 흥미롭다고 강조하는 것과 그렇지 않은 것을 구분하는 것이 포인트이다. 선생님이 흥미롭다는 것은, '감춰진 먹이와 설치된 장치에 넣어진 먹이' → '머리를 사용' → '인지'로 유추할 수 있어, 4번이 정답이다. '공간'은 먹이를 숨기는 것이 아니라 동물 자신이 숨는 것을 의미하므로 오답이다.

어휘 福祉(ふくし) 복지 | 飼育環境(しいくかんきょう) 사육환경 | 刺激(しげき) 자극 | 工夫(くふう)をする 궁리하다, 아이디어를 짜내다 | 隠(かく)す 감추다 | 生息地(せいそくち) 서식지 | 興味深(きょうみぶか)い 흥미롭다 | 手間(てま)がかかる 손이 가다, 수고가 들어가다 | 仕込(しこ)む (장치)속에 넣다, 가르치다 | 達成感(たっせいかん) 달성감

問題 10 정답 ①

Track 1-10

先生が授業で、ロボットに対する親しみの心理現象について話しています。この先生の説明に合うグラフはどれですか。

1990年代に、二足歩行をする人型ロボットが開発されて以来、ロボットの動きはどんどん人に近づいてきました。今は、顔も体も人間にそっくりなロボットが作られて、ずいぶん親しみやすい存在になってきましたが、この親しみの心理現象についての仮説があります。グラフを見てください。縦軸は人がロボットに持つ親しみの感情、横軸はロボットと人との見た目の類似度を示しています。見分けがつかなくなるくらい似ている状態を類似度100としています。機械的で、人とあまり似ておらず、ロボットへの親近感がない状態を出発点として、だんだん人と似てくるにつれて親近感が増していきます。そして、人間と見た目がほとんど同じになる手前で深い谷が現れます。つまり、人間にとても似ているが少しだけ違和感があるロボットに対して、それまで高まってきた親近感がなくなってしまい、不気味に感じるということです。それから、見分けがつかなくなる類似度100になると親近感が回復し、最大になります。

선생님이 수업에서, 로봇에 대한 친근함의 심리현상에 관하여 이야기하고 있습니다. 이 선생님의 설명에 맞는 그래프는 어느 것입니까?

1990년대에, 이족보행을 하는 인간형 로봇이 개발된 이래, 로봇의 움직임은 점점 사람에 가까워져 왔습니다. 지금은 얼굴도 몸도 인간과 똑 닮은 로봇이 만들어져, 상당히 친근해지기 쉬운 존재가 되어왔습니다만, 이 친근함의 심리 현상에 관한 가설이 있습니다. 그래프를 봐주세요. 세로 축은 사람이 로봇에게 갖는 친근함의 감정, 가로 축은 로봇과 사람과의 외관 유사도를 나타내고 있습니다. 외관상 구분이 되지 않을 정도로 닮아 있는 상태를 유사도 100으로 하고 있습니다. 기계적이고 사람과 그다지 닮지 않았고, 로봇에 대한 친근감이 없는 상태를 출발점으로 해서, 점점 사람과 닮아감에 따라 친근감이 더해져 갑니다. 그리고, 인간과 외관이 거의 같아지기 직전에 깊은 계곡이 나타납니다. 즉, 인간에게 매우 닮았지만, 조금 위화감이 있는 로봇에 대하여, 그때까지 높아져왔던 친근감이 없어져 버리고, 왠지 섬뜩함(무서운, 기분 나쁨)을 느낀다고 합니다. 그리고, 구분이 가지 않는 유사도 100이 되면 친근감이 회복되어, 최대가 됩니다.

해설

4개의 그림 선택지에서 공통점과 차이를 체크해 두어야 한다. 2회 이상의 급격한 변화가 있는 3번은 정답이 되기 어렵다. 결국 1번과 4번의 구분이 중요한데, '유사도가 100이 되면, 친근감이 회복 최대가 된다'고 하였으므로, 1번이 정답이다.

어휘 二足歩行(にそくほこう) 이족보행 | 存在(そんざい) 존재 | 縦軸(たてじく) 종축 | 横軸(よこじく) 횡축 | 類似度(るいじど) 유사도 | 親近感(しんきんかん) 친근감 | 不気味(ぶきみ) 이유 모를 기분 나쁨, 찜찜함 | 回復(かいふく)する 회복하다

問題 11 정답 ②

Track 1-11

女子学生と男子学生が、オンライン申請の掲示を見ながら話しています。この男子学生は、証明書を申請するのにいくら払いますか。	**여학생과 남학생이, 온라인 신청 게시를 보면서 이야기하고 있습니다. 이 남학생은, 증명서를 신청하는 데에 얼마 지불합니까?**
女子学生：何か証明書の申請するの？	여학생: 뭔가 증명서 신청하는 거야?
男子学生：うん。成績証明書と卒業見込み証明書。なるべく早くほしいんだよね。	남학생: 응. 성적 증명서와 졸업 예정 증명서. 될 수 있는 한 빨리 받고 싶어.
女子学生：それなら、発行機ですぐ受け取れるんじゃない？	여학생: 그렇다면, 발행기에서 바로 받을 수 있지 않아?
男子学生：あ、ほんとだ。ええと、いくらかかるんだろう。	남학생: 아, 정말이네. 음. 얼마 들까?
女子学生：1100円でしょ。	여학생: 1100엔이잖아?
男子学生：え？システム管理料が要るんだよね？2枚だから200円じゃないの？	남학생: 어? 시스템 관리비가 필요하지 않아? 2장이니까 200엔 아니야?
女子学生：ここ、よく読んで。1回の申請で100円だから、何枚でも100円だよ。	여학생: 여기, 잘 읽어봐. 1회 신청에 100엔이니까, 몇 장이라도 100엔이야.
男子学生：なるほど。そうか、郵送料も印刷料もいらないし、一番お金がかからないんだね。	남학생: 정말이네. 그렇구나. 우송료도 인쇄료도 필요 없고, 가장 돈이 들지 않는 거네.
女子学生：お金は持ってるの？	여학생: 돈 가지고 있어?
男子学生：わ！今、財布の中に1300円しかない。	남학생: 아! 지금 지갑에 1300엔밖에 없어.
女子学生：ぎりぎり足りて、よかったじゃない。	여학생: 아슬 아슬하게 낼 수 있어서 다행이네.

해설

계산 문제는 각 항목의 조건과 소항목의 메모가 포인트이다. 졸업 예정 증명서와 성적 증명서 각각 500엔 + 시스템 관리비 100엔(1회 신청 다회 사용 가능)+우편 수취, 발행기 수취 인쇄료 무료 등을 더하면 1100엔이 되므로 2번이 정답이다.

어휘 証明書(しょうめいしょ) 증명서 | 申請(しんせい) 신청 | 卒業見込み(そつぎょうみこみ) 졸업 예정

問題 12 정답 ②　　Track 1-12

先生が、世界自然遺産の評価基準について話しています。この先生の話によると、屋久島という地域は、どの基準を満たしていますか。

世界自然遺産に登録されるためには、資料にあるような基準のうち、一つ以上を満たしていなければなりません。では、1993年に世界自然遺産に登録された鹿児島県の屋久島は、どの基準を満たしているのでしょうか。

まず、屋久島には標高1000メートルから1400メートルほどのところに、「ヤクスギ」と呼ばれる樹齢1000年を超える天然のスギが多く生育しています。ヤクスギは高さ20メートルほどの大きな木です。この荘厳な森林景観には、世界に類を見ない自然の美しさがあります。さらに、屋久島には標高2000メートルを超える山があることから、亜熱帯から冷温帯までのいろいろな気候帯の植物が見られます。言い換えれば、屋久島という島の中で、南北に長い日本列島の植物の生態系を見ることができるのです。このように、二つの評価基準を満たしていると認められ、屋久島は世界自然遺産に登録されたのです。

선생님이, 세계자연유산의 평가 기준에 관하여 이야기 하고 있습니다. 이 선생님의 이야기에 의하면, 야쿠시마라고 하는 지역은, 어느 기준을 충족하고 있습니까.

세계자연유산에 등록되기 위해서는 자료에 있는 것과 같은 기준 중, 하나 이상을 충족하지 않으면 안됩니다. 그럼, 1993년에 세계자연유산에 등록된 가고시마현의 야쿠시마는, 어떤 기준을 충족하고 있는 것일까요?

우선, 야쿠시마에는 표고 1000미터에서 1400미터정도의 곳에 '야쿠스기'라고 부리는 수령 1000년을 넘는 천연 삼나무가 많이 자라고 있습니다. 야쿠스기는 높이 20미터 정도의 큰 나무입니다. 이 장엄한 삼림 경관에는 세계에서도 유례가 없는 자연의 아름다움이 있습니다. 더욱이, 야쿠시마에는 표고 2000미터를 넘는 산이 있기 때문에, 아열대로부터 냉온대까지의 여러 기후대의 식물을 볼 수 있습니다. 바꿔 말하면, 야쿠시마라는 섬 안에서, 남북으로 긴 일본열대도의 식물의 생태계를 볼 수 있는 것입니다. 이와 같이, 두 개의 평가 기준을 충족하고 있다고 인정받아, 야쿠시마는 세계자연유산으로 등록된 것입니다.

해설

A(자연미) = '자연의 아름다움' C(생태계) = '남북으로 긴 일본 열도의 식물 생태계'를 가리키므로 2번이 정답이다. 1번은 A(자연미) 와 B(지질, 지형) 지질, 지형에 관하여 말하지 않았으므로 오답이고, '생물 다양성'에 관해서는 언급 하지 않았으므로 3번과 4번은 오답이다.

어휘 世界自然遺産(せかいしぜんいさん) 세계자연유산 | 登録(とうろく)する 등록하다 | 樹齢(じゅれい) 수령 | 荘厳(そうごん) 장엄 | 類(るい)を見(み)ない 유례가 없다

問題 13 정답 ③ Track 1-13

セミナーの講師が、スポーツ用品について話しています。この講師は、これからスポーツメーカーの売り上げを後押しするものは何だと言っていますか。

　スポーツ業界を代表する業種の一つに、スポーツメーカーがあります。スポーツメーカーは様々な競技の多様な用品を取り扱う大手メーカーから、テニスやサッカーなど特定の競技に特化した専門メーカーまで、いろいろです。

　最近はこれまでにないほどのランニングブームだと言われています。健康志向の高まりとも相まって、ランニングブームは今後もしばらく続くことが予想されます。このトレンドがスニーカーやウエアなどをはじめとした関連商品の需要を押し上げ、スポーツメーカーにとって強力な追い風となるでしょう。

　この講師は、これからスポーツメーカーの売り上げを後押しするものは何だと言っていますか。

① 多様な商品の取り扱い
② テニスやサッカーの人気
③ ランニングの流行
④ プロ選手のスニーカー

세미나 강사가, 스포츠 용품에 관하여 이야기 하고 있습니다. 이 강사는, 앞으로 스포츠 제조사의 매출을 뒷받침하는 것은 무엇이라고 말하고 있습니까?

스포츠 업계를 대표하는 업종의 하나로, 스포츠 제조사가 있습니다. 스포츠 제조사는 다양한 경기의 용품을 다루는 대형 제조사부터, 테니스와 축구 등 특정경기에 특화된 전문 제조사까지, 여러 가지입니다.

최근에는, 지금까지 없을 정도의 러닝 붐이라고 일컬어지고 있습니다. 건강 지향 고양과 함께 어우러져, 러닝 붐은 향후에도 얼마간은 계속될 거라 예상됩니다. 이 트랜드가 운동화와 운동복을 비롯한 관련 상품의 수요를 밀어 올려, 스포츠 제조사에 있어서 강력한 순풍이 될 것입니다.

이 강사는, 앞으로 스포츠 제조사의 매출을 뒷받침하는 것은 무엇이라고 말하고 있습니까?

① 다양한 상품의 취급
② 테니스와 축구의 인기
③ 러닝의 유행
④ 프로 선수의 운동화

해설

'앞으로' 등의 키워드가 나오면 이전 상태와 그 이후를 구분하는 것이 포인트이다. 이 문제에서는 「これから(지금부터) = 最近(さいきん)(최근)」 부분이며, 「最近(さいきん)」 이후에 러닝을 설명하고 있다. 「後押(あとお)し = 追(お)い風(かぜ)」이며, '트랜드가 수요를 밀어 올려 준다'고 하였으므로 3번이 정답이다. 다양한 용품 = 대형 제조사, 특화된 = 전문 제조사 등을 이야기하는 1번과 2번은 오답이다.

어휘 取(と)り扱(あつか)う 취급하다 | 需要(じゅよう) 수요 | 押(お)し上(あ)げる 밀어 올리다 | 追(お)い風(かぜ) 순풍

問題 14 정답 ① Track 1-14

先生が、観光学の授業でファームステイについて話しています。この先生は、ファームステイの農家側のメリットは何だと言っていますか。

農家に泊まって農業体験をすることをファームステイと言います。現在は、中学校や高校などで教育旅行の一環としてファームステイをすることがありますが、今後は、外国人旅行者などの個人旅行者の間でブームになると予想されています。

イタリアやフランスでは、すでに農家が宿泊先として定着しています。利用客は、採れたての野菜を食べたり、家畜と触れ合ったりして農村の生活や文化を楽しむことができます。一方、農家にも利点があります。宿泊代が入るだけではなく、農家が作る作物や加工品も売れるのです。金銭面での恩恵を受けることができます。また、地元の人と旅行客との交流の機会も増えて、地方の活性化にもつながっているようです。

この先生は、ファームステイの農家側のメリットは何だと言っていますか。

① 収入が増えること
② 野菜や加工品が食べられること
③ 旅行客との交流ができること
④ 学校教育に役立つこと

선생님이, 관광학 수업에서 팜 스테이에 관하여 이야기하고 있습니다. 이 선생님은, 팜 스테이의 농가 측 이점은 무엇이라고 말하고 있습니까?

농가에 숙박하여 농업체험을 하는 것을 팜 스테이라고 합니다. 현재는, 중학교와 고교 등에서 교육 여행의 일환으로 팜 스테이를 하는 경우가 있습니다만, 향후 외국인 여행자 등 개인 여행자 사이에서 붐이 될 것으로 예상되고 있습니다.

이탈리아와 프랑스에서는 이미 농가가 숙박지로 정착되어 있습니다. 이용객은 갓 채취한 야채를 먹거나 가축과 접하거나 하여 농촌의 생활과 문화를 즐길 수 있습니다. 한편, 농가에도 이점이 있습니다. 숙박비가 들어 올뿐만 아니라, 농가가 만드는 작물과 가공품도 팔 수 있는 것입니다. 금전면에서 좋은 혜택을 받을 수 있습니다. 또, 지역 사람과 여행객 사이에 교류할 기회도 늘어나, 지방 활성화로도 이어지고 있는 것 같습니다.

이 선생님은, 팜 스테이의 농가 측 이점은 무엇이라고 말하고 있습니까?

① 수입이 늘어나는 것
② 야채와 가공품을 먹을 수 있는 것
③ 여행객과의 교류가 생기는 것
④ 학교 교육에 도움이 되는 것

해설

농가 측의 이득과 손해를 구분하고, 농가 측이 아닌 다른 입장과 구분하는 것이 포인트이다. 2번은 이용객의 이점이며, 여행객과의 교류가 지방 활성화로 이어지고 있다고 했으므로 3번은 오답이고, 4번은 중, 고등 학교의 이점이므로 오답이다. 「金銭的(きんせんてき)な恩恵(おんけい)を受(う)ける(금전적인 은혜를 입다)」라는 설명에서 수입의 증가라고 유추할 수 있으므로 1번이 정답이다.

어휘 農家(のうか) 농가 | 泊(と)まる 머물다 | 宿泊(しゅくはく) 숙박 | 採(と)れたて 갓 딴, 갓 채취한 | 家畜(かちく) 가축 | 触(ふ)れ合(あ)う 접하다 | 利点(りてん) 이점

問題 15 정답 ②

Track 1-15

セミナーの講師が、面接について話しています。この講師は、オンライン面接を受けるときには何が一番重要だと言っていますか。

最近、多くの企業で会議はもちろん、採用のための試験や面接もオンラインで行われるようになりました。対面の面接と同様に、オンライン面接でも、身だしなみを整え、明るくはきはきと話すことが大切ですが、身だしなみは画面を通すと、少しわかりにくくなりますし、話し方や声でほかの人と大きく差がつくことは少ないと思います。そういったことより、何を話したかが重視されるようになってきたのではないでしょうか。実際に会った場合には、歩き方や座り方などの動作やその人が持つ雰囲気などいろいろな情報が相手に伝わりますが、画面上ではそのような情報は制限されます。その代わり、自己紹介をしたり自分の考えを言ったりしたときの内容が注目されます。話したことが、その人についての情報を補い、印象としてとらえられるのです。

この講師は、オンライン面接を受けるときには何が一番重要だと言っていますか。

① 多くの面接を受けた経験

② 自己紹介や意見の内容

③ 身だしなみや明るい雰囲気

④ 面接の相手についての情報

세미나의 강사가 면접에 관하여 이야기하고 있습니다. 이 강사는 온라인 면접을 받을 때에는 무엇이 가장 중요하다고 말하고 있습니까?

최근, 많은 기업에서 회의는 물론이고, 채용을 위한 시험과 면접도 온라인으로 행해지게 되었습니다. 대면 면접과 마찬가지로, 온라인 면접에서도, 차림새를 단정히 하고, 밝고 활달하게 이야기하는 것이 중요합니다만, 차림새는 화면을 통하면 좀 알기 어려워지고, 말하는 방식과 목소리에서 다른 사람과 크게 차이가 생기는 경우는 적다고 생각합니다. 그러한 것보다, 무엇을 이야기 했는가가 중시되게 된 것은 아닐까요. 실제로 만난 경우에는, 걷는 방식과 앉는 법 등의 동작과 그 사람이 가진 분위기 등 여러 정보가 상대에게 전해집니다만, 화면상으로는 이러한 정보는 제한됩니다. 그 대신에, 자기소개를 하거나 자기 생각을 말하거나 했을 때의 내용이 주목됩니다. 이야기한 것이 그 사람에 관한 정보를 보충하고, 인상으로 받아들여지는 것입니다.

이 강사는 온라인 면접을 받을 때에는 무엇이 가장 중요하다고 말하고 있습니까?

① 많은 면접을 받은 경험

② 자기소개와 의견의 내용

③ 차림새와 밝은 분위기

④ 면접 상대에 관한 정보

해설

일반 대면 면접과 온라인 면접의 차이를 구분하고, 가장 중요하다고 강조하는 부분을 찾는 것이 포인트이다. 이런 유형의 문제는 강조하기 위해서 사용한 접속 표현 주목하면 좋다. 비교 구문은 어느 한쪽을 강조하게 되는데, 「そういったことより～(그런 것보다)」라는 것은 그 이후의 표현이 중요하다는 의미이므로 2번이 정답이다.

어휘 採用(さいよう) 채용 | 身(み)だしなみ 몸가짐, 차림새 | 整(ととの)える 정돈하다 | 重視(じゅうし)する 중시하다 | 補(おぎな)う 보충하다

問題 16 정답 ③ Track 1-16

先生が、食品ロスについて話しています。この先生は、学生たちに今後どのようなことを心掛けてほしいと言っていますか。

「食品ロス」とは、食べられるのに捨てられてしまう食品のことです。スーパーでの売れ残り食品やレストランでの客の食べ残した料理などをイメージするかもしれませんが、実は、捨てられる食品の半分は、家庭から発生しています。

主な発生要因としては、作った料理を食べきれなくて捨ててしまう食べ残しや、古くなったからといって使わずに未開封のまま食品を捨ててしまう直接廃棄などがあります。「食べきれる量だけ料理を作る」や「必要な分だけ買う」などのことは、みなさんすでに気をつけているでしょう。それに加えて、私がこれからみなさんにぜひやっていただきたいのは、「食べられる部分は全部おいしく食べる」ということです。家庭からの食品ロスは、例えばりんごの皮やブロッコリーの茎など食べられる部分まで切って捨ててしまうことも、大きな要因になっているのです。

この先生は、学生たちに今後どのようなことを心掛けてほしいと言っていますか。

① 作り過ぎや食べ残しをなくすこと

② 食品の買い物の仕方を工夫すること

③ 食べられるところまで捨てないこと

④ 食品ロスによる環境問題について調べること

선생님이, 식품 로스에 관하여 이야기하고 있습니다. 이 선생님은, 학생들에게 이후에 어떠한 것을 주의했으면 좋겠다고 말하고 있습니까?

'식품 로스'라는 것은 먹을 수 있는데도, 버려져 버리는 식품을 가리킵니다. 슈퍼에서 팔다 남은 식품과 레스토랑에서 손님이 먹다 남은 요리 등을 상상할지도 모릅니다만, 실은 버려지는 식품 절반은 가정에서 발생하고 있습니다.

주된 발생 요인으로서는, 만든 요리를 다 먹지 못하고 버려 버리는 음식물 쓰레기와 오래되었다고 사용하지 않고 미개봉인 채로 식품을 버려 버리는 직접폐기 등이 있습니다. '먹을 수 있는 양만큼 요리한다'와 '필요한 만큼만 산다' 등은, 여러분은 이미 주의 하고 있겠죠. 그것에 더하여, 제가 이제부터 여러분에게 꼭 해주었으면 하는 것은, '먹을 수 있는 부분은 전부 맛있게 먹는다'라는 것입니다. 가정으로부터의 식품 로스는, 예를 들면 사과 껍질과 브로콜리 줄기 등 먹을 수 있는 부분까지 잘라서 버려 버리는 것도, 커다란 요인이 되고 있는 것입니다.

이 선생님은, 학생들에게 이후에 어떠한 것을 주의했으면 좋겠다고 말하고 있습니까?

① 너무 많이 만드는 것과 음식물 쓰레기를 없애는 것

② 식품 구입 방식을 궁리하는 것

③ 먹을 수 있는 부분까지 버리지 않는 것

④ 식품 로스에 의한 환경문제에 관하여 조사하는 것

해설

"~을 주의했으면 좋겠다고 말하고 있습니까?"와 같은 '어떤 동작을 할지'를 묻는 문제가 나오면, 본문 안에 나오는 '의뢰, 권유, 명령' 등의 표현에 주의하여야 한다. 즉, 「心掛けてほしい(주의해 주기를 바란다)」의 답변이 될 수 있는 표현을 찾아야 한다. 「心掛けてほしい(주의해 주기를 바란다) = やっていただきたいのは~(해 주었으면 하는 것은)」이므로, 그 이후의 '먹을 수 있는 것은 전부 맛있게 먹는다'를 힌트로 하면 정답은 3번이 된다. 1번과 2번은 이미 주의하고 있는 부분이므로 오답이 된다.

어휘 捨てる 버리다 | 食べ残す 먹다 남기다 | 未開封 미개봉 | 廃棄 폐기 | 茎 (식물의)줄기

問題 17 정답 ④ 　　　　Track 1-17

先生が、生物の進化について話しています。この先生が2番目に説明するグループの進化の原因は何ですか。

生物の進化にも、いろいろなものがあります。トラとネコのように、同じ祖先から進化した生物は、その姿や機能に似ているところがあります。トラとネコは、体の大きさや毛の模様が違いますが、顔つきが似ていて、するどい爪を持ち、狩りをして小動物をつかまえるという共通点があります。一方、異なるグループであるのに、体の形が似ていたり同じような動きをしたりする動物がいます。例えば、カンガルーの仲間のフクロモモンガと、ネズミの仲間のニホンモモンガです。フクロモモンガはオーストラリアなどで、ニホンモモンガは日本で、それぞれ独自に進化した違うグループの生物ですが、見た目も、木から木へ飛び移る姿もそっくりです。なぜ、このような進化があるのかというと、住んでいる環境が似ていて、同じような機能が要求されたからなんです。同じ動きをすることにより、結果的に体の一部や動きが似てくるのです。生息地は離れていますが、どちらも森や林の木の上に住んで、同じような生活をしているのです。

この先生が2番目に説明するグループの進化の原因は何ですか。

① 小さい動物をエサにしているという共通点があるから
② もともと同じ祖先からグループが分かれたから
③ 生息地が遠くて、全く違う環境に住んでいるから
④ 生活環境が似ていて、同じような行動をするから

선생님이 생물의 진화에 관하여 이야기하고 있습니다. 이 선생님이 두 번째로 설명하는 그룹의 진화 원인은 무엇입니까?

생물의 진화에도 여러 가지가 있습니다. 호랑이와 고양이처럼, 같은 선조로부터 진화한 생물은 그 모습과 기능에 비슷한 점이 있습니다. 호랑이와 고양이는 몸의 크기와 털 모양이 다릅니다만, 얼굴 생김새가 비슷하고, 날카로운 발톱을 갖고, 사냥을 하여 작은 동물을 잡는다는 공통점이 있습니다. 한편, 다른 그룹인데도 몸의 형태가 비슷하거나 똑같은 움직임을 하는 동물이 있습니다. 예를 들면 캥거루 종류인 유대하늘다람쥐나 쥐 종류인 일본날다람쥐입니다. 유대하늘다람쥐는 오스트레일리아 등에서, 일본날다람쥐는 일본에서, 각각 독자적으로 진화한 다른 그룹의 생물입니다만, 외관도 나무에서 나무로 날아 이동하는 모습도 똑 닮았습니다. 왜, 이와 같은 진화가 있는가 하면, 살고 있는 환경이 유사하여, 같은 기능이 요구되어졌기 때문입니다. 같은 움직임을 하는 것으로 인해, 결과적으로 몸의 일부와 움직임이 비슷해지는 것입니다. 서식지는 떨어져 있지만, 어느 쪽도 삼림과 숲의 나무 위에 살고 비슷한 생활을 하고 있는 것입니다.

이 선생님이 두 번째로 설명하는 그룹의 진화 원인은 무엇입니까?

① 작은 동물을 먹이로 한다는 공통점이 있기 때문에
② 본래 같은 선조로부터 그룹이 나눠졌기 때문에
③ 서식지가 멀어서, 전혀 다른 환경에 살고 있기 때문에
④ 생활환경이 유사하여, 같은 행동을 하기 때문에

해설

문제에서 두 번째라고 했으므로 첫 번째 그룹의 진화 원인과 구분 하는 것이 포인트이다. 1번과 2번은 첫 번째 그룹의 설명이며, 3번은 '살고 있는 환경이 유사'하기 때문에 오답이다. 후반부 「なぜ~かというと」에 이유가 등장할 것을 예상하는 것이 중요 하다. 「同じ機能 = 同じ動き = 同じような行動(같은 기능=같은 움직임 = 비슷한 행동)」으로 4번이 정답이다.

어휘 祖先 선조 | 進化する 진화하다 | 模様 모양 | 離れる (붙어있던 것이)떨어지다

問題 18 정답 ②

Track 1-18

防災センターで講師が、災害時に家から持ち出す物を入れる袋について話しています。この講師は、どのような袋がいいと言っていますか。

大雨や地震などの災害時には、自宅の近くの避難所に避難することがあります。災害時に自宅から逃げるときのために、避難先で必要な物を入れた非常用持ち出し袋を準備しておくといいです。非常用持ち出し袋があれば、それを持って、すぐに避難することができます。

袋の中に入れるものは、水や食料、衣類、救急用品、携帯ラジオ、懐中電灯、電池、現金などですね。そのほかに薬やマスクも必要でしょう。しかし、いろいろな物をたくさん入れてしまうと、重くて運びづらくなってしまうので、重くなり過ぎないように注意が必要です。それから、持ち出し袋は、避難するときに両手が自由に使えるように、片手で持つバッグではなく、リュックにしてください。ポケットが多いリュックにすると、仕分けがしやすくていいと思います。

この講師は、どのような袋がいいと言っていますか。

① すぐに持ち出せる小さくて軽いリュック
② 逃げる時に両手が自由に使えるリュック
③ 重いものが片手で運べる丈夫なバッグ
④ リュックを入れられるポケットがあるバッグ

방재센터에서 강사가, 재해 시 집에서 가지고 나올 것을 넣는 주머니에 관하여 이야기하고 있습니다. 이 강사는 어떠한 주머니가 좋다고 말하고 있습니까?

큰비와 지진 등의 재해 시에는 자택 근처의 피난소에 피난할 경우가 있습니다. 재해 시에 자택에서 도망갈 때를 위하여, 피난소에서 필요한 것을 넣은 비상용 반출 주머니를 준비해두면 좋겠습니다. 비상용 반출 주머니가 있으면, 그것을 가지고 바로 피난할 수 있습니다.

주머니 안에 넣는 것은 물과 먹을 것, 의류, 구급용품, 휴대 라디오, 손전등, 전지, 현금 등입니다. 그 외에 약과 마스크도 필요할 것입니다. 하지만 여러가지 물건을 많이 넣어 버리면, 무거워서 옮기기 어려워지므로, 지나치게 무거워지지 않도록 주의가 필요합니다. 그리고, 반출 주머니는 피난할 때 양손을 자유롭게 사용할 수 있도록, 한쪽 손으로 드는 가방이 아니라, 배낭 가방으로 해주세요. 주머니가 많은 배낭 가방으로 하면, 구분하기 쉬워 좋을 거라 생각합니다.

이 강사는, 어떠한 주머니가 좋다고 말하고 있습니까?

① 바로 꺼낼 수 있는 작고 가벼운 배낭
② 도망갈 때에 양손을 자유롭게 사용할 수 있는 배낭
③ 무거운 것을 한쪽 손으로 운반 할 수 있는 튼튼한 가방
④ 배낭을 넣을 수 있는 주머니가 있는 가방

해설

권하고 있는 가방과 그렇지 않은 가방을 설명하고 있는데, 좋은 쪽의 긍정적 기능을 예상하며 듣는 것이 포인트이다. 가방 자체의 무게와 크기를 얘기한 적은 없으므로 1번은 오답이다. 양손을 자유롭게 사용해야 하므로 2번이 정답이고 3번은 오답이다. 물건을 나눠 담기 위해서 주머니가 많은 가방이 좋다고 했기 때문에 4번도 오답이다.

어휘 災害(さいがい) 재해 | 避難(ひなん)する 피난하다 | 非常用(ひじょうよう) 비상용 | 持(も)ち出(だ)し 가지고 나감, 반출 | 衣類(いるい) 의류 | 懐中電灯(かいちゅうでんとう) 손전등 | リュック 리ュックサック의 준말, 배낭가방 | 仕分(しわ)け 구분, 분류

問題 19 정답 ①

先生が授業で、情報の受け取り方について話しています。この先生は、学生たちにどんな力をつけてほしいと言っていますか。

みなさんは人の話を聞いて、「ああ、なるほどそうだな」と思い、次の日に反対意見の人の話を聞いて、「うん、この人の話ももっともだ」と思ってしまうようなことはありませんか。このようにすぐに同調したり、わかったつもりになったりするのは間違いのもとです。

最近私は、多くの人が安易に答えを求め過ぎる傾向があるように思います。そして、その要求に応じて、インターネット上にも書籍にも、きれいに整えられた一見答えのように思える情報があふれているように感じています。しかし、私たちの住んでいる現実の世界は、そんなにすっきりとはしていません。ぜひみなさんには、多方面から収集した情報を自分の頭で検証して、自分が本当に納得するまで考え抜く、そういう力をつけてほしいと思っています。それは、物事を見誤らないための大切な作業です。

この先生は、学生たちにどんな力をつけてほしいと言っていますか。

① 納得するまで自分で考える力
② 整えられた情報を集める力
③ 様々な意見に共感する力
④ 情報を素早く把握する力

선생님이 수업에서, 정보를 받아들이는 방식에 관하여 이야기하고 있습니다. 이 선생님은, 학생들에게 어떤 힘을 길렀으면 좋겠다고 말하고 있습니까?

여러분은 다른 사람의 이야기를 듣고, '아아, 그렇구나'라고 생각하고, 다음 날, 반대 의견인 사람 이야기를 듣고, "응, 이 사람의 이야기도 이치에 맞아"라고 생각하는 것 같은 경우는 없습니까? 이와 같이 바로 동조하거나, 이해했다고 생각하게 되는 것은 실수의 원인입니다. 최근 저는, 많은 사람이 지나치게 안이하게 답을 구하는 경향이 있는 것 같다고 생각합니다. 그리고, 그 요구에 따라 인터넷상에도 서적에도, 깨끗하게 정돈된 얼핏 답 같은 생각이 드는 정보가 넘쳐나고 있는 것처럼 느끼고 있습니다. 그러나, 우리들이 살고 있는 현실 세계는, 그렇게 깔끔하게는 되어 있지 않습니다. 부디 여러분은 다방면에서 수집된 정보를 자기 머리로 검증하고, 자신이 정말 납득할 때까지 끝까지 생각하는 그러한 힘을 길러주었으면 좋겠다고 생각합니다. 그것은, 사물을 잘못 보지 않기 위한 중요한 작업입니다.

이 선생님은, 학생들에게 어떤 힘을 길렀으면 좋겠다고 말하고 있습니까?

① 납득할 때까지 스스로 생각하는 힘
② 정돈된 정보를 모으는 힘
③ 여러 가지 의견에 공감하는 힘
④ 정보를 재빠르게 파악하는 힘

해설

최근의 일반적인 경향과 이 선생님이 중요하다고 강조하고 있는 부분을 구분하며 듣는 것이 포인트이다. 선생님이 마지막 설명에서 「そういう力(ちから)をつけてほしい(그러한 힘을 길렀으면 좋겠다)」라고 질문을 반복하고 있는데, 여기에서 「そういう」는 앞 부분의 「自分(じぶん)が本当(ほんとう)に納得(なっとく)するまで、考(かんが)え抜(ぬ)く(자신이 정말 납득할 때까지 생각한다)」를 가리키므로 1번이 정답이다.

어휘 同調(どうちょう)する 동조하다 | 安易(あんい) 안이하다 | 整(ととの)える 정돈하다 | あふれる 넘쳐나다 | 収集(しゅうしゅう)する 수집하다 | 検証(けんしょう)する 검증하다 | 納得(なっとく)する 납득하다

問題 20 정답 ③ Track 1-20

男子学生と女子学生が、介護施設でのボランティアについて話しています。この男子学生は、どうしてボランティアを続けていると言っていますか。

男子学生：明日は介護施設のボランティアに行くんだ。

女子学生：介護施設？大学の履修科目と関係があるの？

男子学生：いや、そういうわけじゃないけど、もう1年ぐらい続けてて。

女子学生：介護施設って、お年寄りの歩く練習とか入浴を手伝ったりするんだよね。どれも力の要る仕事だから、ボランティアが来てくれて、みんな助かってるでしょ。

男子学生：いや、そういうのは、専門のスタッフの方がいるから。僕は、お楽しみタイムっていうのに参加して、ギターを弾いたり歌を歌ったりしてるんだよ。

女子学生：へえ、楽しそう。

男子学生：うん。施設に通っているお年寄りだけじゃなくて、近所に住む子どもたちも来て、一緒におしゃべりしたりゲームをしたりするんだ。僕がボランティアを続けているのは、そういういろいろな人と接する機会があるからかな。

女子学生：なるほどね。得意なギターや歌もいかせて、いいね。

この男子学生は、どうしてボランティアを続けていると言っていますか。

① 大学の介護の履修科目の一つだから
② 力仕事をして、お年寄りの役に立てるから
③ ほかの世代の人と交流できるから
④ ギターの演奏や歌が得意だから

남학생과 여학생이 개호(사회 요양) 시설에서의 봉사활동에 관하여 이야기하고 있습니다. 이 남학생은, 왜 봉사활동을 계속하고 있다고 말하고 있습니까?

남학생: 내일은 사회 요양 시설 봉사활동에 가.

여학생: 사회 요양 시설? 대학 이수과목과 관계가 있어?

남학생: 아니, 그런 것은 아니지만, 벌써 1년 정도 계속하고 있고.

여학생: 사회 요양 시설이라는 것은, 어르신들의 걷기 연습이라던가 목욕을 돕거나 하는 거지? 어느 것이나 힘이 필요한 일이니까 봉사활동자가 와 줘서 모두 도움이 되고 있을 거야.

남학생: 아니, 그런 건 전문 스텝이 있어. 나는 즐거운 시간이라는 것에 참가해서 기타를 치거나 노래를 부르거나 하고 있어.

여학생: 오, 즐거울 것 같아.

남학생: 응. 시설에 다니고 있는 어르신뿐만 아니라, 근처에 사는 아이들도 와서 함께 이야기를 하거나 게임을 하거나 하는 거야. 내가 봉사활동을 계속하고 있는 것은, 이러한 여러 사람들과 접할 기회가 있기 때문이야.

여학생: 그렇구나. 잘하는 기타와 노래도 활용하고 좋네.

이 남학생은 왜 봉사활동을 계속하고 있다고 말하고 있습니까?

① 대학교 사회 요양 이수 과목 중 하나이니까
② 힘을 쓰는 일을 하고 어르신의 도움이 되니까
③ 다른 세대 사람들과 교류할 수 있으니까
④ 기타 연주나 노래를 잘하니까

해설

문제에서 남학생과 여학생의 대화를 구분하고, 남학생이 봉사활동을 하고 싶어하는 이유를 찾는 것이 포인트다. 남학생의 마지막 대화 '여러 사람과 접할 기회가 있기 때문'이라는 표현 중에서 「接(せっ)する = 交流(こうりゅう)できる(접하다 = 교류할 수 있다)」라는 유사표현의 의미를 유추할 수 있으면 3번이 정답이라는 것을 알 수 있다.

어휘 介護施設(かいごしせつ) 노인정, 사회복지 시설 | 履修科目(りしゅうかもく) 이수과목 | お年寄(としよ)り 어르신, 노인 | 得意(とくい) 잘 한다

問題 21 정답 ③ Track 1-21

先生が、外国語の勉強法としての多読について話しています。この先生は、多読の最大の効果は何だと言っていますか。

外国語を勉強する一つの方法として多読があります。多読というのは、文字通り「たくさん読む」ことです。でも、ここで言う多読とは、わからない言葉を辞書で調べたり、内容を細かく理解したりしながら読むことではありません。わからない言葉があっても、飛ばしながら楽しく読む方法を身に付けると、知らず知らずのうちに大量の外国語が吸収されていきます。このように、多読によって付随的に語彙の学習効果が促進されることは、よく知られていることです。しかし、私が最大の効果だと思っているのは、多読によって多くの学習者が読むことが好きになったと言ってくれることです。本の世界に没頭していくことで、自然と、話すことや書くことにも良い影響があるのかもしれません。

この先生は、多読の最大の効果は何だと言っていますか。

① 語彙をたくさん覚えることができる。

② 辞書を早く使えるようになる。

③ 本を読むことが好きになる。

④ 自然と読むスピードが速くなる。

선생님이, 외국어 공부법으로서의 다독에 관하여 이야기하고 있습니다. 이 선생님은 다독의 최대 효과는 무엇이라고 말하고 있습니까?

외국어를 공부하는 하나의 방법으로서 다독이 있습니다. 다독이라는 것은, 문자대로 '많이 읽는다'를 가리킵니다. 하지만, 여기서 말하는 다독이라는 것은 모르는 말을 사전으로 찾아보거나, 내용을 상세하게 이해하거나 하면서 읽는 것은 아닙니다. 모르는 말이 있어도, 건너 뛰면서, 즐겁게 읽는 방법을 익히면, 모르는 사이에 대량의 외국어가 흡수되어 갑니다. 이와 같이, 다독에 의해서 부수적으로 어휘의 학습 효과가 촉진되는 것은 잘 알려진 일입니다. 그러나, 내가 최대의 효과라고 생각하고 있는 것은 다독에 의해서 많은 학습자가 읽는 것이 좋아지게 되었다고 말해주는 것입니다. 책의 세계에 몰두해 감으로써, 저절로 말하는 것과 쓰는 것에도 좋은 영향이 있는 것일지도 모르겠습니다.

이 선생님은, 다독의 최대의 효과는 무엇이라고 말하고 있습니까?

① 어휘를 많이 익힐 수 있다.

② 사전을 빨리 사용할 수 있게 된다.

③ 책을 읽는 것을 좋아하게 된다.

④ 저절로 읽는 속도가 빨라지게 된다.

해설

다른 일반적 효과와 최대의 효과를 구분하는 것이 포인트이다. 「私(わたし)が最大(さいだい)の効果(こうか)だと思(おも)っているのは～(내가 최대 효과라고 생각하고 있는 것은~)」과 같은 그대로 질문을 반복하고 있는 부분에 반응하는 것이 중요하다. 이후 표현인 '좋아하게 되는 것'이 최대 효과이므로 3번이 정답이다. 1번은 부수적 효과이고, 2번은 사실관계가 맞지 않으며, 4번은 언급한 적이 없어 오답이다.

어휘 細(こま)かい 세세하다 | 飛(と)ばす 날리다, 건너 뛰다 | 身(み)につける 몸에 익히다 | 吸収(きゅうしゅう)する 흡수하다 | 付随的(ふずいてき) 부수적 | 語彙(ごい) 어휘 | 促進(そくしん)される 촉진되다 | 没頭(ぼっとう)する 몰두하다

問題 22 정답 ④ Track 1-22

講師が、人と対立したときの問題解決のために必要なことについて話しています。この講師は、問題解決のための話し合いでまず何が重要だと言っていますか。

人と対立したとき、自分が相手より強い場合は、相手を負かしてしまえば問題は解決したと思いがちです。負けたほうは不当な扱いを受けたと恨みを持つでしょうが、勝ったほうはそんなことはあまり意に介しません。一方、弱い立場にいると思ったときは、自分の主張を引っ込めたほうが得だと思い込んだり、同等の力だと判断したら、妥協の線を選んだりするかもしれません。

しかし、このように立場が強いかどうかで決めてしまっては、強いほうに都合のよい意見が通るだけで、問題が解決したとは言えません。同じ立場に立って、問題解決に向けて歩み寄るためには、まず互いへの信頼と尊重の精神がなければなりません。それがあれば、互いに本音を打ち明けて、手の内をさらけ出すことが可能になり、解決への妙案が作り出せます。

この講師は、問題解決のための話し合いでまず何が重要だと言っていますか。

① 相手を思いやって、妥協案を考えること
② どちらの方が強い立場なのか判断すること
③ 相手の立場を考えて、一緒に行動すること
④ 相手を信頼し、尊重する姿勢を持つこと

강사가 다른 사람과 대립했을 때의 문제해결을 위하여 필요한 것에 관하여 이야기하고 있습니다. 이 강사는, 문제해결을 위한 대화에서 우선 무엇이 중요하다고 말하고 있습니까?

다른 사람과 대립했을 때, 자신이 상대보다 강한 경우는, 상대를 이겨버리면 "문제를 해결했다"라고 생각하기 십상입니다. 진 쪽은 부당한 취급을 받았다고 원망을 가질 테지만, 이긴 쪽은 그런 것은 그다지 개의치 않습니다. 한편, 약한 입장에 있다고 생각했을 때는 자신의 주장을 접어 넣는 것이 득이라고 착각하거나, 동등한 힘이라고 판단한다면, 타협의 선을 선택하거나 할 지도 모릅니다.
하지만 이렇게 입장이 강한지 어떨지로 결정해 버리면 강한 쪽에 유리한 의견이 통과되는 것뿐이고, 문제가 해결되었다고는 말할 수 없습니다. 같은 입장에 서서, 문제 해결을 향하여 서로 다가서기 위해서는, 우선 서로에 대한 신뢰와 존중의 정신이 없으면 안됩니다. 그것이 있다면, 서로의 진심을 털어놓고, 속내를 드러내는 것이 가능해지고, 해결의 묘안을 만들어 낼 수 있습니다.

이 강사는 문제 해결을 위한 대화에서 우선 무엇이 중요하다고 말하고 있습니까?

① 상대를 배려하여 타협안을 생각하는 것
② 어느 쪽이 강한 입장인가를 판단하는 것
③ 상대의 입장을 생각하고 함께 행동하는 것
④ 상대를 신뢰하고 존중하는 자세를 갖는 것

해설

문제의「まず～」라는 표현 이후에 중요도의 우선순위가 있음을 예상하고 구분하는 것이 포인트이다. 1번과 2번은 문제 해결이라 할 수 없다고 하였으므로 오답이며, 3번은 언급하지 않아 오답이다.「まず互(たが)いへの信頼(しんらい)と尊重(そんちょう)の精神(せいしん)がなければなりません(우선 서로에 대한 신뢰와 존중 정신이 있어야 합니다)」에서 정답을 유추할 수 있는데, '신뢰와 존중'의 표현을 힌트로 하면 4번이 정답이라고 알 수 있다.

어휘 負(ま)かす 이기다 | 不当(ふとう)だ 부당하다 | 扱(あつか)う 취급하다 | 恨(うら)み 원망 | 意(い)に介(かい)しない 개의치 않다 | 引(ひ)っ込(こ)める 접어두다, 뒤로 물리다 | 妥協(だきょう) 타협하다 | 歩(あゆ)み寄(よ)る 서고 다가서다, 양보하다 | 信頼(しんらい) 신뢰 | 尊重(そんちょう) 존중 | 本音(ほんね) 진심(에서 나온 말) | 打(う)ち明(あ)ける 털어놓다, 밝히다 | さらけ出(だ)す 들어내 놓다 | 妙案(みょうあん) 묘안

問題 23 정답 ③ Track 1-23

先生が、発酵食品について話しています。この先生は、醤油をおいしく感じるのはどんな成分が入っているからだと言っていますか。

日本では醤油やみそなどの発酵食品がよく食べられていますが、近年、その「おいしさ」がどこから生まれるのか、研究が進められています。おいしさのための重要な役割を担っているのは微生物です。その微生物が作る物質の中においしさのもとになるものがあります。それはアミノ酸やペプチドです。そのアミノ酸が結合してできたものがタンパク質です。私たちの体はタンパク質でできていますから、アミノ酸の働きは非常に重要です。また、このような物質が体にとって必要な物質であると同時に、うまみやコクを生み出しているということがわかってきました。ただの塩水よりも発酵食品である醤油のほうがおいしく感じられるのは、この二つの成分が含まれているからなのです。

和食の味に欠かせないかつお節や、体にいいねばり成分が含まれている納豆のような発酵食品にうまみやコクがあるのも、同じ理由です。

この先生は、醤油をおいしく感じるのはどんな成分が入っているからだと言っていますか。

① 微生物とタンパク質

② うまみとコク

③ アミノ酸とペプチド

④ かつお節と納豆

선생님이 발효식품에 관하여 이야기 하고 있습니다. 이 선생님은 간장을 맛있게 느끼는 것은 어떤 성분이 들어있기 때문이라고 말하고 있습니까?

일본에서는 간장과 된장 등의 발효식품을 자주 먹고 있습니다만, 최근, 그 '맛'이 어디서 생기는지 연구가 진행되고 있습니다. 맛을 위한 중요한 역할을 담당하고 있는 것은 미생물입니다. 그 미생물이 만드는 물질 중에 맛의 토대가 되는 것이 있습니다. 그것은 아미노산과 펩티드입니다. 그 아미노산이 결합하여 생긴 것이 단백질입니다. 우리들의 몸은 단백질로 만들어져 있기 때문에, 아미노산의 작용은 대단히 중요합니다. 또, 이와 같은 물질이 몸에 있어서 필요한 물질임과 동시에, 감칠맛과 깊은 맛을 만들어 내고 있다는 것을 알게 되었습니다. 단순한 소금물보다 발효식품인 간장 쪽을 맛있게 느끼는 것은, 이 두 개의 성분이 포함되어 있기 때문인 것입니다.

일식의 맛에 빼놓을 수 없는 가츠오부시와 몸에 좋은 찰기 있는 성분이 포함되어 있는 낫또와 같은 발효식품에 감칠맛과 깊은 맛이 있는 것도 같은 이유입니다.

이 선생님은 간장을 맛있게 느끼는 것은 어떤 성분이 들어있기 때문이라고 말하고 있습니까?

① 미생물과 단백질

② 감칠맛과 깊은 맛

③ 아미노산과 펩티드

④ 가츠오부시와 낫또

해설

간장의 여러 성분 중 맛있다고 느끼게 하는 성분과 그렇지 않은 성분을 구분하는 것이 포인트이다. 「おいしく感(かん)じる(맛있다고 느끼다)」라는 표현이 반복되는 부분에 반응해야 한다. '맛의 근간'이 되는 것이 '아미노산'과 '펩티드'라 하였고, '맛있게 느껴지는 것은 이 두 개의 성분이 포함되어 있기 때문이다'는 부분을 힌트로 이 두 개의 성분 '아미노산'과 '펩티드'가 있는 3번이 정답이라고 알 수 있다.

어휘 発酵食品(はっこうしょくひん) 발효식품 | 担(にな)う 담당하다 | 微生物(びせいぶつ) 미생물 | 結合(けつごう)する 결합하다 | 和食(わしょく) 일식

問題 24 정답 ②

Track 1-24

先生が、人の味覚について話しています。この先生が話す思い出は、何の例ですか。

基本的に、人が食べ物や飲み物を口に入れたときに舌で感じる味覚には、甘味、塩味、苦味、酸味、うまみの五つの味があります。人間は、甘味と塩味とうまみを好ましい味に感じ、苦味と酸味は嫌な味に感じます。また、舌だけでなく、これまでの経験によって、味の感じ方が変化することがあります。例えば、コーヒーは基本的に苦味が強いですが、そのコーヒーを飲みながら友だちと楽しく話したり、仕事の合間に飲んでリラックスしたりした経験があると、コーヒーをおいしいと感じるようになるのです。逆に、特定の食べ物や飲み物に関して嫌な思い出があれば、それをおいしいと感じにくくなるのです。嫌な思い出といえば……私は甘いものが大好きなのですが、ドーナツを喉に詰まらせて苦しい思いをして以来、どのお店のドーナツを食べてもおいしいと感じません。実はドーナツを見ただけで、食欲がなくなってしまうのです。

この先生が話す思い出は、何の例ですか。

① いい思い出があると、おいしく感じるようになる。

② 嫌な思い出があると、おいしく感じなくなる。

③ 苦いものを食べると、食欲がなくなる。

④ 甘いものを食べると、リラックスできる。

선생님이 사람의 미각에 관하여 이야기하고 있습니다. 이 선생님이 이야기하는 추억은 어떠한 예입니까?

기본적으로 사람이 먹을 것과 마실 것을 입에 넣었을 때에 혀로 느끼는 미각에는, 단맛, 짠맛, 쓴맛, 신맛, 감칠맛 5개의 맛이 있습니다. 인간은 단맛과 짠맛, 감칠맛을 바람직한 맛으로 느끼고, 쓴맛과 신맛을 싫은 맛으로 느낍니다. 또 혀뿐만 아니라, 지금까지의 경험에 의해서 맛을 느끼는 방식이 변화하는 경우도 있습니다. 예를 들면, 커피는 기본적으로 쓴맛이 강합니다만, 그 커피를 마시면서 친구와 즐겁게 이야기하거나, 일하는 사이에 마시고 릴렉스하거나 한 경험이 있으면 커피를 맛있다고 느끼게 되는 것입니다. 반대로, 특정한 먹을 것과 마실 것에 관하여 싫은 기억이 있으면, 그것을 맛있다고 느끼기 어렵게 되는 것입니다. 싫은 기억으로 말하자면……. 나는 단 것을 매우 좋아하지만, 도너츠가 목에 걸려서 고통스러운 경험을 한 이후로, 어느 가게의 도너츠를 먹어도 맛있다고 느끼지 않습니다. 실은 도너츠를 보는 것만으로 식욕이 없어져 버리는 것입니다.

이 선생님이 이야기하는 추억은 어떠한 예입니까?

① 좋은 기억이 있으면, 맛있게 느끼게 된다.

② 싫은 기억이 있으면, 맛있게 느끼지 않게 된다.

③ 쓴 것을 먹으면, 식욕이 없어진다.

④ 단것을 먹으면, 릴렉스 할 수 있다.

해설

질문문에서 예시를 정확하게 이해하는 것이 필요하다고 예상하고, 예시를 듣고 일반화, 개념화해야 하는 문제로 다소 사고력이 필요하다. '경험에 따라서 맛을 느끼는 방식이 변화'의 예시인 '커피 = 쓴맛 → 친구와의 대화 → 맛있게 느낌' '특정의 먹을 것과 마실 것 → 안 좋은 경험 = 맛있게 느끼기 어려움'에서 유추해 보면 도너츠가 목에 걸린 것은 힘든 경험이므로 2번이 정답이다.

어휘 舌(した) 혀 | 甘味(あまみ) 단맛 | 塩味(しおあじ) 짠맛 | 苦味(にがみ) 쓴맛 | 酸味(さんみ) 신맛 | 合間(あいま) 잠깐의 짬 | 食欲(しょくよく) 식욕

問題 25 정답 ②

先生が、心理学の授業で話しています。この先生は、悲しい出来事によるショックから立ち直るために何が必要だと言っていますか。

悲しい出来事にショックを受け、苦しむ過程から、どのように回復し、立ち直っていくかについて調査や分析を行う研究があります。悲しい出来事に対する反応は、孤独感、罪悪感、怒りなどの心理的反応、体重減少、睡眠障害、めまいなどの肉体的反応、ひきこもりなどの行動的反応など様々です。このように人によって起こる反応は違いますが、ショックから立ち直るには自分の悲しみに向き合うことが欠かせません。我慢をしないで、泣きたいだけ泣いていいのです。悲しむ時間を自分で切り上げてしまうと、ほかの反応が強く出てしまい、なかなか回復できなくなることがあります。回復のためにも悲しむことがとても重要なのです。十分に悲しんだあとには、やがて気持ちが落ち着いたり体調が良くなってきたりします。そのきっかけも家族や友人からのサポートや仕事や趣味や旅行など、本当に様々です。

この先生は、悲しい出来事によるショックから立ち直るために何が必要だと言っていますか。

① 回復するまでの期間を決めること
② 悲しい感情を認めて表に出すこと
③ 家族や友人と長い時間話すこと
④ 体調がいいときに旅行に行くこと

선생님이 심리학 수업에서 이야기하고 있습니다. 이 선생님은, 슬픈 일에 의한 쇼크에서 다시 일어서기 위해서는 무엇이 필요하다고 말하고 있습니까?

슬픈 일에 쇼크를 받아 힘들어 하는 과정에서 어떻게 회복하고, 다시 일어서 나가는가에 관하여 조사와 분석을 행한 연구가 있습니다. 슬픈 일에 대한 반응은 고독감, 죄악감, 분노 등의 심리적 반응, 체중 감소, 수면 장애, 어지러움 등의 신체적 반응, 히키코모리(은둔형 외톨이) 등의 행동적 반응 등 다양합니다. 이처럼 사람에 따라서 일어나는 반응은 다릅니다만, 쇼크로부터 다시 일어서려면 자신의 슬픔과 마주하는 것을 빼놓을 수 없습니다. 참지 않고 울고 싶은 만큼 울어도 되는 것입니다. 슬퍼하는 시간을 스스로 일단락 지어 버리면, 다른 반응이 강하게 일어나 버려서, 좀처럼 회복할 수 없게 되는 경우가 있습니다. 회복을 위해서라도, 슬퍼하는 것이 대단히 중요한 것입니다. 충분히 슬퍼한 후에는, 머지않아 마음이 안정되거나 몸 상태가 좋아지거나 합니다. 그 계기도 가족과 친구로부터의 서포트와 일과 취미와 여행 등, 정말로 다양합니다.

이 선생님은, 슬픈 일에 의한 쇼크에서 다시 일어서기 위해서는 무엇이 필요하다고 말하고 있습니까?

① 회복하기까지의 기간을 결정하는 것
② 슬픈 감정을 인정하고 겉으로 들어내는 것
③ 가족이나 친구와 오랜 시간 이야기하는 것
④ 컨디션 좋을 때 여행 가는 것

해설

질문문에 나오는 키워드의 반복에 주목하면 좋다. 즉, 「立ち直るためには～が必要だ(다시 일어서기 위해서는~이 필요하다)」의 유사 표현에 반응하는 것이 중요하다. 「立ち直るためには～が必要だ(다시 일어서기 위해서는~이 필요하다)」「立ち直るには自分の悲しみに向き合うことが欠かせません(다시 일어서려면 슬픔과 마주보는 것을 빠뜨릴 수 없습니다)」, 「回復のためにも悲しむことがとても重要なのです(회복을 위해서도 슬퍼하는 것이 중요합니다)」에서 「必要＝欠かせない＝重要(필요＝빠뜨릴 수 없다＝중요)」라는 유사표현을 찾을 수 있고, 여기에서 공통의 표현 「悲しみ/悲しむ(슬픔/슬퍼하다)」를 유추해 낼 수 있으므로 2번이 정답이다.

어휘 悲しい 슬프다 | 過程 과정 | 回復する 회복하다 | 立ち直る 다시 일어서다 | 分析 분석 | 孤独感 고독감 | 罪悪感 죄책감 | 睡眠障害 수면장애 | 我慢する 참다 | 切り上げる 일단락 짓다, 매듭을 짓다 | 落ち着く 안정되다

問題 26 정답 ④ Track 1-26

先生が、講演会で学際研究について話しています。この先生は、専門家が学際研究を成功させるのには何が必要だと言っていますか。

どんな人でもはじめは素人です。素人からはじめてプロになる。プロというのはその道の専門家で、能力も知識も抜きんでていますが、そんなプロでもときには素人にかなわないときがある。素人の考え方が役に立つときがある。だからどんなに習熟したプロであっても、素人を甘く見てはいけないのです。

私たちの世界では学際研究が進んでいますが、お互いに専門の違う人間が共同研究する場合、どちらも自分の専門分野以外に関しては素人に近いわけです。そういう人間が一つのテーマを一緒に研究すると、そこにすばらしいものが生まれてくる。学際研究がしばしばよい成績を上げるのは、そこに素人発想が入り込んでくるからとも言えるのです。

この先生は、専門家が学際研究を成功させるのには何が必要だと言っていますか。

① いろいろな分野の専門家が集まること

② 専門家が高い能力と深い知識を持つこと

③ 専門家ではない人に研究を見てもらうこと

④ 他の分野の専門家の意見をいかすこと

선생님이 강연회에서 학제연구에 관하여 이야기 하고 있습니다. 이 선생님은 전문가가 학제연구를 성공시키려면 무엇이 필요하다고 말하고 있습니까?

어떠한 사람이라도 처음에는 아마추어입니다. 아마추어부터 시작해서 프로가 된다. 프로라고 하는 것은 그 길의 전문가로, 능력도 지식도 출중합니다만, 그런 프로라도 때로는 아마추어에게 상대가 되지 않을 때가 있다. 아마추어의 사고방식이 도움이 될 때가 있다. 그러니까 어떤 능숙한 프로라 하더라도, 아마추어를 안이하게 봐서는 안 되는 것입니다.

우리들 세계에서는 학제연구가 진행되고 있습니다만, 서로에게 전문이 다른 인간이 공동 연구를 할 경우, 어느 쪽도 자기 전문 분야 이외에 관해서는 아마추어에 가까운 셈입니다. 그러한 인간이 하나의 테마를 함께 연구하면, 거기에 훌륭한 것이 생겨난다. 학제연구가 종종 좋은 성적을 올리는 것은 거기에 아마추어적인 발상이 들어가기 때문이라고도 말할 수 있는 것입니다.

이 선생님은 전문가가 학제연구를 성공시키는 것에는 무엇이 필요하다고 말하고 있습니까?

① 여러 가지 분야의 전문가가 모이는 것

② 전문가가 높은 능력과 깊은 지식을 갖는 것

③ 전문가가 아닌 사람에게 연구를 봐달라고 하는 것

④ 다른 분야의 전문가의 의견을 활용하는 것

해설

질문에 나온 단어가 반복되는 구간에 반응하는 것이 중요하다. 마지막 부분「よい成績(せいせき)を上(あ)げるのは、そこに素人発想(しろうとはっそう)が入(はい)り込(こ)んでくるから(좋은 성적을 올리려면, 거기에 아마추어 발상이 들어오기 때문에)」라는 이유 표현으로부터「素人発想(しろうとはっそう)」가 중요하며,「お互(たが)いに~」이후의 부분에 주목하면「素人(しろうと)」= '전문이 다른 사람'을 의미한다는 것을 알 수 있으므로 4번이 정답이다.

어휘 素人(しろうと) 아마추어, 서투른 사람 | 習熟(しゅうじゅく)する 배워 능숙해지다 | 共同研究(きょうどうけんきゅう) 공동 연구

問題 27 정답 ④

Track 1-27

先生が、洗濯に使う洗剤が環境に与える影響について話しています。この先生の話によると、洗剤による環境汚染に対して、洗剤メーカーはどんなことをしましたか。

1960年代ごろから急激に普及した合成洗剤は、その後洗剤メーカー各社によって、より洗浄力が強く、洗うものに合った洗剤になるよう開発されていきました。しかし、合成洗剤の普及とともに、自然環境への害が指摘されるようになりました。家庭や工場から出る水が流れ込んだ川や湖に、たくさんの泡が消えずに残って、魚などに悪影響を与えました。それから、洗剤に含まれる養分をエサにしてプランクトンが増え過ぎてしまうという問題も起きました。プランクトンの厚い層が水面に浮くことによって水中の酸素が不足して、水の中の生態系が崩れてしまったのです。こうした問題を解決するために、洗剤メーカーは微生物に分解されやすい成分や、プランクトンのエサにならない成分を使うようになりました。行政も生活排水の処理をするための下水道や下水処理場の整備を進めたりして、汚染を改善してきました。

この先生の話によると、洗剤による環境汚染に対して、洗剤メーカーはどんなことをしましたか。

① 洗剤の全ての成分の表示をするようにした。

② 行政と協力して下水道などの整備をした。

③ より洗浄力の強い洗剤を開発した。

④ 洗剤の成分を分解されやすいものにした。

선생님이 세탁에 사용하는 세제가 환경에 주는 영향에 관하여 이야기하고 있습니다. 이 선생님 이야기에 의하면, 세제에 의한 환경오염에 대해서 세제 제조사는 어떤 일을 했습니까?

1960년대 경부터 급속하게 보급된 합성세제는 그 이후 세제 제조사에 의해서, 보다 세정력이 강하고 세탁물에 맞는 세제가 되도록 개발되어 갔습니다. 그러나, 합성세제의 보급과 함께 자연환경에 대한 해가 지적되게 되었습니다. 가정과 공장에서 나오는 물이 흘러 들어간 강과 호수에, 많은 거품이 사라지지 않고 남아, 물고기 등에 악영향을 주었습니다. 그리고, 세제에 포함되어 있는 양분을 먹이로 삼는 플랑크톤이 지나치게 증가해 버린다는 문제도 일어났습니다. 플랑크톤의 두꺼운 층이 수면이 떠 있는 것에 의해서 물 속의 산소가 부족하여, 물 속 생태계가 무너져 버린 것입니다. 이러한 문제를 해결하기 위하여, 세제 제조사는 미생물에 분해되기 쉬운 성분과 플랑크톤의 먹이가 되지 않는 성분을 사용하게 되었습니다. 행정기관도 생활 배수를 처리하기 위한 하수도와 하수 처리 정비를 진행하거나 하여, 오염을 개선해 왔습니다.

이 선생님의 이야기에 의하면, 세제에 의한 환경오염에 대하여 세제 제조사는 어떤 일을 했습니까?

① 세제의 모든 성분의 표시를 하게 했다.

② 행정기관과 협력하여 하수도 등을 정비했다.

③ 보다 세정력이 강한 세제를 개발했다.

④ 세제의 성분을 분해되기 쉬운 것으로 했다.

해설

설명 중에서 환경오염에 의한 문제와 대책을 구분하는 것이 중요하다. 마지막 설명「こうした問題(もんだい)を解決(かいけつ)するために～(이러한 문제를 해결하기 위해서)」 부분의 여기서의 문제란 '환경오염에 의한 영향'을 가리키므로 환경오염을 해결하기 위한 방법인 '미생물에 분해되기 쉬운 성분과 플랑크톤의 먹이가 되는 성분 사용'을 힌트로 하면 4번이 정답이 된다.

어휘 急激(きゅうげき)に 급격하게 | 普及(ふきゅう)する 보급하다 | 洗浄力(せんじょうりょく) 세정력 | 泡(あわ) 거품 | 養分(ようぶん) 양분

실전모의고사 2회 정답

청독해		
문제	해답 번호	정답
1番	1	③
2番	2	②
3番	3	②
4番	4	③
5番	5	③
6番	6	②
7番	7	②
8番	8	①
9番	9	②
10番	10	③
11番	11	②
12番	12	④

청해		
문제	해답 번호	정답
13番	13	②
14番	14	③
15番	15	④
16番	16	③
17番	17	④
18番	18	①
19番	19	①
20番	20	④
21番	21	②
22番	22	②
23番	23	③
24番	24	②
25番	25	③
26番	26	②
27番	27	④

問題 1 정답 ③ Track 2-1

先生が，企業がメセナ活動を行う際に支障となる事柄について話しています。この先生は，学生たちにどの項目を解決するための具体例を集めるように言っていますか。

企業メセナとは，企業による芸術文化支援活動を指します。企業によるメセナ活動はうまくいくことばかりではありません。このグラフは，メセナ活動を行う際に「支障があった」という企業に対して，どんな支障があったのかを調査した結果です。ご覧の通り，予算やスタッフが足りていないと答えた企業が多く，また，少数ですが，支援したい芸術活動が少ないという声もあります。みなさんに注目してほしいのは，メセナ活動の情報やノウハウが欠けている企業が少なくないという点です。だとすると，実際にメセナ活動を続け，成功した体験を持っている企業の取り組みの事例を明らかにすれば，ほかの企業のメセナ活動の後押しができると思いませんか。そこで，この点について具体的事例を集めて，来週発表してもらいたいと思います。

① 予算額が少ない
② スタッフ数の不足
③ 情報やノウハウがない
④ 担当部署がない

선생님이 기업이 메세나(문화지원)활동을 할 때 지장이 되는 일에 관하여 이야기하고 있습니다. 이 선생님은 학생들에게 어느 항목을 해결하기 위한 구체적 사례를 모으도록 말하고 있습니까?

기업 메세나라는 것은, 기업에 의한 예술문화 지원활동을 가리킵니다. 기업에 의한 메세나 활동은 잘 되는 것뿐만은 아닙니다. 이 그래프는, 메세나 활동을 행할 때에 '지장이 있었다'라고 말한 기업에게 어떤 지장이 있었는가를 조사한 결과입니다. 보시는 바와 같이 예산이나 스텝이 부족하다고 답한 기업이 많고, 또 소수입니다만, 지원하고 싶은 예술활동이 적다는 의견도 있습니다. 여러분이 주목했으면 하는 것은, 메세나 활동의 정보와 노하우가 부족한 기업이 적지 않다는 점입니다. 그렇다면, 실제로 메세나 활동을 계속하고, 성공한 체험을 갖고 있는 기업의 노력 사례를 명확하게 한다면 다른 기업의 메세나 활동 지원도 가능하다고 생각하지 않으십니까? 그래서, 이 점에 관하여 구체적 사례를 모아 다음주 발표해 주었으면 합니다.

① 예산액이 적다
② 스텝수가의 부족
③ 정보와 노하우가 없다
④ 담당부서가 없다

해설

해결해야 하는 항목과 그렇지 않은 항목 중에서 가장 주목해야 할 만한 부분을 놓치지 않는 것이 포인트이다. '주목했으면 하는 것은~' 부분에 주장과 생각이 담겨 있으므로 그 부분에 집중하자. '정보와 노하우가 부족한 기업이 많다는 점'에 관하여 '구체적 사례를 모았으면 좋겠다'라고 하고 있으므로 3번이 정답이다.

어휘 事柄(ことがら) 일, 사항 | 支障(ししょう) 지장 | 支援(しえん)する 지원하다 | 後押(あとお)し 뒷 받침, 후원

問題 2 정답 ②　　Track 2-2

女子学生と男子学生が，アンケートの結果について話しています。この男子学生が意外だと言っているのはどの項目ですか。すべて答えてください。

女子学生：ねえ，これ，保護者が学校に期待することは何かっていうアンケートの結果なんだけど，小学生の保護者と中学生の保護者に分けてあって面白いよ。

男子学生：ふーん。やっぱり，学校には「基礎的な学力を伸ばす」ことを望んでいる保護者が多いんだね。

女子学生：でも，いざ受験となると，子どもが小学生なのか中学生なのかによって，保護者の期待はずいぶん違うみたい。中学生の保護者のほうが３倍ぐらい高くなってるでしょ。

男子学生：そうだね。中学生は高校受験を控えているしね。ただ，受験に関しては，学校じゃなくて塾に期待している保護者が多いと思っていたから，意外だったよ。あと，意外といえば，「規則正しい生活習慣を身に付ける」っていうのは，家庭で教えるものだと思っていたから，学校に期待する人がこんなに多いのにはびっくりするな。

女子学生：社会のルールやマナーを教えるのも学校への期待が高いね。

여학생과 남학생이 앙케이트의 결과에 관하여 이야기하고 있습니다. 이 남학생이 의외라고 말하고 있는 것은 어느 항목입니까? 모두 답해주세요.

여학생: 저기, 이거, 보호자가 학교에 기대하는 것은 무엇인가라는 앙케이트 결과인데, 초등학생의 보호자와 중학생의 보호자로 나뉘어져 있어서 재미 있어.

남학생: 음, 역시, 학교에는 '기초적인 학력을 기르는' 것을 바라고 있는 보호자가 많구나.

여학생: 하지만, 막상 입시가 되면, 아이들이 초등학생인가 중학생인가에 따라서, 보호자 기대는 상당히 다른 것 같아. 중학생 보호자 쪽이 30%정도 높아져 있잖아.

남학생: 그렇네. 중학생은 고교 입시를 앞두고 있으니 말이야. 다만, 입시에 관해서는, 학교가 아니고 학원에 기대하고 있는 보호자가 많다고 생각하고 있어서, 의외였어. 또 의외라고 하자면, '규칙적인 생활습관을 익힌다'라는 것은, 가정에서 가르치는 것이라고 생각했기 때문에, 학교에 기대하는 사람이 이렇게 많은 것에 깜짝 놀랐어.

여학생: 사회의 룰과 매너를 가르치는 것도 학교에 대한 기대가 높네.

해설

여학생과 남학생의 생각과 주장을 구분하는 것이 포인트이다. 남학생이 '의외'라고 한 부분에 반응하는 것이 중요하다. '의외'라는 것은 '수험에 관하여 학교가 아니고 학원에 기대하는 부모가 많다고 생각했다 = 학교에, 수험에 도움이 되는 학력을 길러 주기를 바라는 부모가 많다'는 점과 '규칙적인 생활 습관을 익히다'라는 점을 의미하므로 2번이 정답이다.

어휘 保護者(ほごしゃ) 보호자 | 基礎的(きそてき) 기초적 | 規則正(きそくただ)しい 규칙적이다 | 期待(きたい)する 기대하다

問題 3 정답 ②

Track 2-3

先生が，接ぎ木という農業の方法について説明しています。この先生の話によると，キュウリをカボチャに接ぎ木することによってできるものはどれですか。

接ぎ木とは，異なる植物の地上部分と根の部分をつなぐ技術で，2000年以上前から行われてきました。これは，病気に強い植物と，大きな花が咲いたりおいしい実がなったりする植物を使って，両方の長所を人間に役立つように利用する方法です。例えば，一般的なキュウリの苗を，栄養吸収率の高いカボチャの根とつなぎ合わせることで，成長するスピードが上がり，生産性を向上させることができます。品種自体の改良をしなくても，植物を早く成長させて，今までより短期間で収穫できるようにするのです。1年に1回のキュウリの収穫が2回になれば，量産化が可能になります。

① 病気になりにくいキュウリ

② 早く成長するキュウリ

③ カボチャの栄養もあるキュウリ

④ キュウリとカボチャ

선생님이 접목이라는 농업의 방법에 관하여 설명하고 있습니다. 이 선생님의 이야기에 의하면, 오이를 호박에 접목하는 것에 의해서 가능해지는 것은 어느 것입니까?

접목이라는 것은, 다른 식물의 지상 부분과 뿌리 부분을 잇는 기술로, 2000년 이상 전부터 행해져 왔습니다. 이것은 병에 강한 식물과, 큰 꽃을 피우거나 맛있는 열매가 열리거나 하는 식물을 사용하여, 양쪽의 장점을 인간에게 도움이 되도록 이용하는 방법입니다. 예를 들면 일반적인 오이의 모종을 영양흡수율이 높은 호박 뿌리와 이음으로써, 성장하는 속도가 올라가 생산성을 향상시킬 수 있습니다. 품종 자체의 개량을 하지 않아도, 식물을 빨리 성장시켜서 지금까지보다 단기간에 수확할 수 있도록 하는 것입니다. 1년에 한 번인 오이 수확이 2번이 된다면 양산화가 가능해집니다.

① 병에 걸리기 어려운 오이

② 빨리 성장하는 오이

③ 호박의 영양도 있는 오이

④ 오이와 호박

해설

질문에서 나온 단어가 반복되는 구간을 듣는 것이 포인트이다. 또한 선택지의 그림보다는 텍스트 정보에 집중하는 것이 중요하다. 질문문의 「キュウリをカボチャに(오이를 호박에)」는 본문 「キュウリ(の苗)を(栄養吸収率の高い)カボチャ(の根)(오이(모종)를 (영양 흡수율이 높은)호박(뿌리))」 부분과 같은 의미를 나타내고 질문의 「接ぎ木することによって(접목을 하는 것에 의해)」와 「つなぎ合わせることで(서로 잇는 것에 의해)」가 같은 의미라고 유추 가능하므로 '성장속도가 빠르다'는 2번이 정답이다.

어휘 接ぎ木 접목 | 異なる 다르다 | 苗 모종 | 栄養吸収 영양 흡수 | 品種 품종 | 向上させる 향상시키다 | 量産化 양산화

問題 4 정답 ③ Track 2-4

セミナーの講師が，語学力の自己評価と仕事についてのアンケート結果を見て，話しています。この講師は，セミナーに参加している学生はグラフのどの部分に当てはまると言っていますか。

このグラフは，大学生を対象にしたアンケート調査で，将来海外で仕事をしたいというグループと国内で仕事をしたいというグループに分けて，語学力について質問したものです。質問では，自分の語学力を総合的にみて，四つの段階で評価してもらいました。結果を見ると，海外で仕事をしたいグループのほうが，語学力が「十分ある」，「まあまあある」と答えた割合が多いことがわかります。その一方で，「全然足りない」と答えた人が30%近くいます。これは，実際に能力が低いわけではなく，目標が高いために，今の自分の能力が目標までには至っていないという厳しい自己評価をした人たちだろうと考えられます。そして，今，この上級コースのセミナーに参加しているみなさんも，この学生たちと同じなのではないかと思います。すでに，ある程度の能力を身に付けているのに「全然足りない」と思うからこそ，課題が多くてつらいことで有名なこのセミナーに参加しようと思ったのではないでしょうか。

① 海外で仕事をしたい：まあまあある

② 海外で仕事をしたい：少し足りない

③ 海外で仕事をしたい：全然足りない

④ 国内で仕事をしたい：少し足りない

세미나의 강사가 어학력의 자기 평가와 일에 관한 앙케이트 결과를 보고 이야기하고 있습니다. 이 강사는 세미나에 참가하고 있는 학생은 그래프의 어느 부분에 해당한다고 말하고 있습니까?

이 그래프는 대학생을 대상으로 한 앙케이트조사로, 장래 해외에서 일하고 싶다는 그룹과 국내에서 일하고 싶다는 그룹으로 나누어, 어학력에 관하여 질문한 것입니다. 질문에서는, 자신의 어학력을 종합적으로 보고 4개의 단계로 평가하도록 했습니다. 결과를 보면, 해외에서 일을 하고 싶은 그룹 쪽이, 어학력이 '충분하다', '그럭저럭 있다'라고 대답한 비율이 많은 것을 알 수 있습니다. 그런 한편 '아직 전혀 부족하다'라고 대답한 사람이 30% 가까이 있습니다. 이것은 실제로 능력이 낮은 것이 아니라, 목표가 높기 때문에, 지금 자기 능력이 목표까지는 다다르지 않았다는 엄격한 자기 평가를 한 사람들일 것이라고 생각할 수 있습니다. 그리고, 지금 이 상급코스의 세미나에 참가하고 있는 여러분도, 이 학생들과 같은 것은 아닐까라고 생각합니다. 이미, 어느 정도의 능력을 익히고 있는데도, '아직 전혀 부족하다'라고 생각하기 때문에, 과제가 많아서 힘든 것으로 유명한 이 세미나에 참가하려고 생각한 것은 아닐까요?

① 해외에서 일을 하고 싶다 : 그럭저럭 있다

② 해외에서 일을 하고 싶다 : 조금 부족하다

③ 해외에서 일을 하고 싶다 : 완전 부족하다

④ 국내에서 일을 하고 싶다 : 조금 부족하다

해설

세미나에 참석하려고 생각한 학생의 그룹과 그렇지 않은 그룹을 구분하는 것이 중요하다. 설명 마지막 부분에서 '이 상급 코스 세미나에 참여하고 있는 여러분도 이 학생들과 같다'라는 부분에서 '세미나 참가'라는 단어가 반복되고 있는데, 여기서 가리키는 '이 학생'은 바로 앞에서 설명하고 있는 해외에서 일하고 싶다고 생각하고 있으며 '실력은 있어도 목표가 높아 아직도 부족하다'라고 느끼는 그룹을 말한다. 따라서 3번이 정답이다. 1번은 '실력이 그럭저럭 있다'이므로 오답이며, 2번은 '조금 부족하다'이므로 오답이고, 4번은 '국내에서 일을 하고 싶다'이므로 오답이다.

어휘 総合的(そうごうてき) 종합적 | 評価(ひょうか)する 평가하다 | 至(いた)る 다다르다 | 参加(さんか)する 참가하다

問題 5 정답 ③ Track 2-5

先生が，深海の生物について話しています。この先生が研究しているのは，図のどの生物ですか。

深海とは，海面から200メートルより深い場所です。深海は，この図のように海面からの距離によって，中層，漸深層，深層，超深層，と分けられます。深海は太陽の光が届かなくなるので，暗く，低温になります。光合成ができず，植物は生きられません。また，高い水圧がかかりますから，深海に生きる生物たちの体には空気が少なく，その代わりに体の中を油で満たすことで，深海に適応しています。

私の専門は，水深1000mから3000mの漸深層に住む生物です。今，研究しているのは，ピンポンツリースポンジという枝を広げた木のような姿の生物です。エサとなるカニやエビなどの甲殻類が寄ってくると，それにからみつき，3日間くらいかけて，ゆっくりと消化していきます。その消化の過程を観察して分析しています。

① クリオネ

② カグラザメ

③ ピンポンツリースポンジ

④ センジュナマコ

선생님이 심해 생물에 관하여 이야기 하고 있습니다. 이 선생님이 연구하고 있는 것은 그림의 어느 생물입니까?

심해라는 것은 해수면으로부터 200미터 보다 깊은 장소입니다. 심해는 이 그림과 같이 해수면으로부터의 거리에 따라서 중층, 점심층, 심층, 초심층으로 나뉘어집니다. 심해는 태양 빛이 닿지 않기 때문에, 어둡고 저온이 됩니다. 광합성을 할 수 없어, 식물은 살 수 없습니다. 또, 높은 수압이 가해지기 때문에, 심해에 사는 생물들의 몸에는 공기가 적고, 그 대신에 몸 안을 기름으로 채움으로써, 심해에 적응하고 있습니다.

나의 전문은, 수심 1000미터에서 3000미터의 점심층에 사는 생물입니다. 지금 연구하고 있는 것은 핑퐁트리스폰지(육식성 해면동물)라는 가지를 펼친 나무 같은 모습의 생물입니다. 먹이가 되는 게와 새우 등의 갑각류가 다가오면, 그것에 달라붙어 3일간 정도에 걸쳐서 천천히 소화해 갑니다. 그 소화 과정을 관찰하고 분석하고 있습니다.

① 클리오네

② 카구라자메

③ 핑퐁트리스폰지

④ 센쥬나마코

해설

각각의 그림 선택지를 설명할 때, 그림에는 없는 추가 정보를 메모해 두는 것이 중요하다. 「私(わたし)の専門(せんもん)は、～(나의 전문은~)」 이후 나열되는 정보를 체크해야 한다. 수심 1000~3000미터이므로 선택지 2번과 3번으로 범위를 좁힐 수 있고, '가지를 펼친 나무 같은 생물' 설명 부분에서 3번이 가깝다는 것을 알 수 있으므로 정답은 3번이다.

어휘 深海(しんかい) 심해 | 距離(きょり) 거리 | 届(とど)く 닿다, 당도하다 | 低温(ていおん) 저온 | 甲殻類(こうかくるい) 갑각류

問題 6 정답 ②

Track 2-6

先生が，心理学の授業で，自己概念と経験について説明しています。この先生が説明する自己概念が強化されたときの図は，どれですか。

自己概念とは，「私はこういう人間だ」と自分が思っていることです。また，経験とは，私たちが日常生きているということ，または生活しているということそのものです。さて，私たちは，自分の自己概念と一致した経験をしたとき，あるいは自分の自己概念に合った人と出会ったとき，それをすんなりと受け入れることができます。この図でいうと，自己概念と経験が重なっている部分が，一致しているところです。例えば，「私は司会進行が得意だ」と思っている人が，会議で，時間通りに議事を進行して結論が出たという経験をします。自己概念と一致する経験ができたことにより，「私は司会進行が得意だ」という自己概念が強化されます。

逆に，自己概念と一致しない経験をすることもあります。例えば，会議がうまく進行できず何も決められなかったという経験です。

① 自己概念と経験が重なっている部分

② この図でいうと、自己概念と経験が重なっている部分

③ 経験と経験が重なっている

④ 自己概念と自己概念が重なっている

선생님이 심리학 수업에서 자기 개념과 경험에 관하여 설명하고 있습니다. 이 선생님이 설명하는 자기 개념이 강화되었을 때의 그림은 어느 것입니까?

자기 개념이라는 것은, '나는 이러한 인간이다'라고 자신이 생각하고 있는 것입니다. 또, 경험이라는 것은 우리들이 일상 살고 있는 것, 또는 생활하고 있는 그 자체입니다. 그런데, 우리들은 자신의 자기 개념과 일치하는 경험을 했을 때, 혹은 자신의 자기 개념에 맞는 사람을 만났을 때, 그것을 쉽게 받아들일 수 있습니다. 이 그림에서 말하면, 자기 개념과 경험이 겹쳐지는 부분이 일치하는 부분입니다. 예를 들면, '나는 사회 진행을 잘한다'라고 생각하고 있는 사람이 회의에서 시간대로 의사를 진행하여 결론이 나왔다는 경험을 합니다. 자기 개념과 일치하는 경험을 할 수 있었던 것에 의해, '나는 사회 진행을 잘한다'는 자기 개념이 강화됩니다.

반대로, 자기 개념과 일치하지 않는 경험을 하는 경우도 있습니다. 예를 들면, 회의가 잘 진행되지 않아, 아무것도 결정되지 않았다는 경험입니다.

① 자기개념과 경험이 겹쳐지는 부분이 없다.

② 이 그림에서 말하면, 자기개념과 경험이 겹쳐있는 부분

③ 경험과 경험이 겹쳐 있다.

④ 자기개념과 자기개념이 겹쳐 있다.

해설

자기 개념이라는 전문용어의 의미가 설명될 것을 예상하고 강화되는 경우와 그렇지 않은 것을 구분하며 듣는 것이 포인트이다. '자기 개념'과 '경험'이 겹쳐지는 부분에서 강화된다고 하였으므로 2번이 정답이다. 1번은 자기 개념과 경험이 겹쳐지는 부분이 없어 오답이고 3번은 자기 개념이 없어 오답이다. 4번은 경험이 없으므로 오답이다.

어휘 自己概念(じこがいねん) 자기개념 | 重(かさ)なる 겹쳐지다 | 一致(いっち)する 일치하다

問題 7 정답 ②

Track 2-7

講師が，人が自分の行動を変える段階について話しています。この講師が説明する最後の段階に必要なことは，どれですか。

人がある体験をして自分の問題に気付いてから，自分の行動を修正していくまでの過程を，3段階に整理することができます。まず初めに，問題を意識化する段階です。例えば，大事なミーティングに遅れて，ほかのメンバーに迷惑をかけたという出来事により，いつも待ち合わせに遅れている自分に気付き，時間にルーズだという問題を意識します。次に，行動を修正していく段階です。例えば，事前に，カレンダーに赤字で待ち合わせの時間を書き，家を出る1時間前にアラームが鳴るようセットすることで，遅刻がなくなり，周りの人からも「最近遅れなくなったね」と言われます。そして最後に，変化した状態を固定する段階となります。遅刻が多くの人に迷惑をかけることや，計画的な行動が遅刻しないために重要だということを認識し，時間を守るための行動が身についてきます。変化を定着させるためには，その体験の意味を整理して，一つの考えにまとめることが有効かつ必要です。それが自分の考えとなり，行動をするときの基準となっていくのです。

① 問題に気付くこと
② 体験したことを一般化して考えること
③ 他人からの評価を受け入れること
④ 行動を変えようという気持ちを保つこと

강사가 사람이 자신의 행동을 바꾸는 단계에 관하여 이야기하고 있습니다. 이 강사가 설명하는 마지막 단계에 필요한 것은 어느 것입니까?

사람이 어떤 체험을 하여 자신의 문제를 깨닫고 나서, 자신의 행동을 수정해 갈 때까지의 과정을 3단계로 정리할 수 있습니다. 우선 처음으로 문제를 의식화하는 단계입니다. 예를 들면, 중요한 미팅에 늦어서 다른 멤버에게 폐를 끼쳤다고 하는 사건에 의해서, 항상 약속에 늦는 자신을 깨닫고, 시간에 루즈(허술)하다는 문제를 의식합니다. 다음에, 행동을 수정해 가는 단계입니다. 예를 들면, 미리 캘린더에 빨간 글씨로 약속 시간을 쓰고, 집을 나서기 1시간 전에 알람이 울리도록 셋팅함으로써, 지각이 없어지고 주변 사람에게 "요즘 늦지 않네"라고 듣습니다. 그리고 마지막으로, 변화한 상태를 고정하는 단계가 됩니다. 지각이, 많은 사람에게 폐를 끼치는 것과 계획적인 행동이 지각하지 않기 위하여 중요하다는 것을 인식하고, 시간을 지키기 위한 행동이 몸에 베이게 됩니다. 변화를 정착시키기 위해서는, 그 체험의 의미를 정리하여, 하나의 생각으로 정리하는 것이 유효하고 필요합니다. 그것이 자신의 생각이 되어, 행동을 할 때의 기준이 되어 가는 것입니다.

① 문제를 깨닫는 것
② 체험한 것을 일반화하여 생각하는 것
③ 타인으로부터의 평가를 받아들이는 것
④ 행동을 바꾸려고 하는 마음을 유지하는 것

해설

각 단계 설명 중 추가적으로 부여되는 청각 정보를 메모하고 각 단계의 마지막 단계를 파악하는 것이 포인트이다. 마지막 단계는 '변화한 상태를 고정하는 단계'이며 여기서 필요한 것은 '체험을 하나의 생각으로 모으는 것' → '체험의 일반화'로 볼 수 있으므로 2번이 정답이다. 1번은 1단계, 3번은 2단계의 설명으로 오답이다.

어휘 修正(しゅうせい)する 수정하다 | 段階(だんかい) 단계 | 整理(せいり)する 정리하다 | 待(ま)ち合(あ)わせ (만날)약속 | 固定(こてい)する 고정하다 | 定着(ていちゃく)させる 정착시키다

問題 8 정답 ①

Track 2-8

先生が，商品のパッケージの効果について話しています。この先生の説明に合う被験者の評価は，どの組み合わせですか。

店に行くと様々な商品が並んでいますが，その入れ物やパッケージのデザイン効果について考えたことがありますか。パッケージのデザインが商品の中身に対する考え方や感じ方に影響を与えることを，感覚転移といいます。例えば，飲み物のパッケージについて考えてみます。2種類のオレンジジュースの味を点数化するという実験をしました。まず，被験者に，A社とB社のオレンジジュースのパッケージを見せずに，グラスに注いで飲んでもらいます。その結果，2つのジュースは，ほぼ同じ点数でした。次に，ブランド名を見せて飲んでもらうと，A社のほうがおいしいと答える人が半数を超えました。最後に，パッケージを見せて飲んでもらうとB社のほうがおいしいと答えた人が大幅に増えたのです。多くの消費者は「パッケージは関係ありません。大事なのは味です」と答えるかもしれません。しかし現実には，消費者はパッケージデザインの影響を大きく受けて味の評価をしているのです。

선생님이 상품의 패키지효과에 관하여 이야기하고 있습니다. 이 선생님의 설명에 맞는 피실험자의 평가는, 어느 조합입니까?

가게에 가면 여러 상품이 진열되어 있는데, 그 용기와 패키지(포장)의 디자인 효과에 관하여 생각한 적이 있습니까? 패키지의 디자인이 상품 내용에 대한 사고 방식이나 느낌에 영향을 주는 것을 감각 전이라고 합니다. 예를 들면, 음료 패키지에 관하여 생각해 보겠습니다. 2종류의 오렌지 주스 맛을 점수화하는 실험을 했습니다. 우선, 피실험자에게 A사와 B사의 오렌지 주스 패키지를 보여주지 않고, 컵에 따라 마시도록 합니다. 그 결과, 2개의 주스는 거의 같은 점수였습니다. 이어서, 브랜드 이름을 보여주고 마시도록 하면 A사 쪽이 맛있다고 대답한 사람이 반수를 넘었습니다. 마지막으로, 패키지를 보여주고 마시도록 하면 B사 쪽이 맛있다고 대답한 사람이 대폭 증가하는 것입니다. 대부분의 소비자는, '패키지는 관계없습니다. 중요한 것은 맛입니다'라고 답할 지도 모릅니다. 그러나 현실에서는 소비자의 패키지 디자인의 영향을 크게 받아 맛 평가를 하고 있는 것입니다.

실험 1: 거의 같은 점수
실험 2: A사 쪽이 맛있다
시험 3: B사 쪽이 맛있다

해설

질문문을 듣고 상품의 패키지 효과에 관한 실험 내용이라는 것을 예상하고, 조건에 따른 결론 부분에 반응하는 것이 포인트이다. 브랜드를 보여주지 않았을 때와 보여주었을 때, 패키지 디자인을 보여주었을 때와 보여주지 않았을 때의 조건에 따른 각각의 결과를 메모해 두어야 한다. 첫 번째 조건에서는 '거의 같은 점수'였다고 하였으므로 1번과 3번으로 압축할 수 있고, 브랜드를 알았을 때 A가 맛있다고 했으므로 1번이 정답이다.

어휘 効果(こうか) 효과 | 中身(なかみ) 알맹이, 내용물 | 点数化(てんすうか) 점수화 | 大幅(おおはば) 큰 폭

問題 9 정답 ② Track 2-9

先生が，子どもの言語が発達する段階について話しています。この先生が最後にする質問の答えはどれですか。

子どもの言語形成期は，図のような時代に分けられます。まず，生まれてから2歳までの「ゆりかご時代」は，親の一方的な話しかけの時代で，小さいゆりかごの中だけの世界です。

実際には，1歳ごろから，ゆりかごを出て歩き回れるようになりますが，言語の面ではまだ狭いかごの中ということです。2歳から4歳の「子ども部屋時代」は，自分から言葉を使って，まわりの世界に働きかける時代で，主に過ごす場所が子ども部屋だということです。5歳から6歳の「遊び友だち時代」は，子ども部屋を出て，子ども同士で遊んでいる間に言葉を交わすようになる時代で，7歳から8歳の「学校友だち時代」は，学校に通い始めて友だちの影響を多く受ける時代です。このころ親からの影響が少なくなってきます。そして，9歳からは親からの影響がますます減り，主に学校生活の中で言語が形成されていきます。

では，質問です。図の中で子どものコミュニケーションが活発化して，社会性が発達し始めるのは1から4の中のどの時代ですか。

① 「子ども部屋時代」

② 「遊び友だち時代」

③ 「学校友だち時代前半」

④ 「学校友だち時代後半」

선생님이 아이들의 언어가 발달하는 단계에 관하여 이야기하고 있습니다. 이 선생님이 마지막으로 하는 질문의 답은 어느 것입니까?

아이들의 언어형성기는 그림과 같은 시대로 나뉘어집니다. 우선, 태어나서 2세까지의 '요람시대'는 부모가 일방적으로 말을 거는 시대로, 작은 요람 안이 전부인 세계입니다.

실제로는 1세 무렵부터 요람을 나와 걷고 돌아다니게 됩니다만, 언어 면에서는 아직 좁은 요람의 안이라는 뜻입니다. 2세부터 4세의 '아이 방 시대'는 스스로 말을 사용하여 주변 세계에 작용을 가하는 시대로, 주로 보내는 장소가 아이 방이라는 의미입니다. 5세부터 6세의 '놀이 친구 시대'는 아이 방을 나와 아이들끼리 놀고 있는 사이에 말을 나누게 되는 시대이고, 7시부터 8세의 '학교친구 시대'는 학교에 다니기 시작하고 친구들의 영향을 많이 받는 시대입니다. 이 시절 부모로부터의 영향이 적어지게 됩니다. 그리고, 9세부터는 부모로부터의 영향이 점점 줄고, 주로 학교생활 속에서 언어가 형성되어 갑니다.

그럼, 질문입니다. 그림 안에서 아이의 커뮤니케이션이 활발해지고, 사회성이 발달하기 시작하는 것은 1부터 4중에 어느 시대입니까?

① 아이 방 시대

② 놀이 친구 시대

③ 학교 친구 시대 전반

④ 학교 친구 시대 후반

해설

선택지의 각 단계에 추가로 부여되는 청각 정보에 주목하고 선생님의 마지막 질문을 놓치지 않는 것이 포인트이다. 선생님이 질문에서 커뮤니케이션과 사회성이 발달하기 시작하는 시기를 묻고 있으므로 2번이 정답이다. '놀이 친구 시대'는 '말을 서로 나누게 되는 시기'이므로, 말(언어)하기 시작하는 시기라 볼 수 있다. 3번과 4번은 사회성이 발달하기 시작하는 시기가 아니므로 오답이 된다.

어휘 形成期(けいせいき) 형성기 | ゆりかご 요람 | ～同士(どうし) ~끼리, ~사이 | 交(か)わす 주고받다, 교환하다

問題 10 정답 ③

Track 2-10

先生が，人間工学の授業で，テーブルと椅子の最適な差尺について話しています。この先生が最後に挙げる例では，どの計算方法を使いますか。

テーブルの天板と椅子の座る面の高さの差を差尺といいます。人が椅子に座ってテーブルで食事をしたり作業をしたりするとき，最適な差尺にすると，姿勢が悪くなったり肩こりが起こったりすることを防ぐことができます。体への負担が軽減されるのです。どのようにすれば，最適な差尺を知ることができるのでしょうか。座る人の身長に応じた差尺の数値を得るには，いくつか計算方法があります。まず，身長に0.55をかけると平均的な座高が割り出せます。座高というのは，イラストのように，椅子の座る面から頭の上までの高さですが，それを3で割るのが基本的な方法です。身長150センチから177センチまでの人は，28センチから32センチになります。

それから，テーブルでパソコン作業をする場合は，食事をする場合とは少し違ってきます。パソコン作業では，食事よりも天板が低いほうがタイピングしやすくなります。そのため，差尺が狭くなります。

선생님이 인간공학 수업에서 테이블과 의자의 최적 높이 차에 관하여 이야기하고 있습니다. 이 선생님이 마지막에 드는 예는 어느 계산방법을 사용합니까?

테이블의 상판과 의자 앉는 면의 높이 차이를 사샤쿠라고 합니다. 사람이 의자에 앉아서 테이블에서 식사를 하거나 작업을 하거나 할 때 최적의 높이 차로 하면, 자세가 나빠지거나 어깨 결림이 생기거나 하는 것을 막을 수 있습니다. 몸에 주는 부담이 경감되는 것입니다. 어떻게 하면, 최적의 높이 차를 알 수 있는 걸까요. 앉는 사람의 신장에 따른 높이 차의 수치를 얻으려면 몇 개인가 계산 방법이 있습니다. 우선, 신장에 0.55를 곱하면 평균적인 앉은 키를 산출해 낼 수 있습니다. 앉은 키라는 것은 일러스트와 같이 의자 앉는 면에서 머리까지의 높이입니다만, 그것을 3으로 나누는 것이 기본적인 방법입니다. 신장 150센티부터 177센티까지의 사람은 28센티부터 32센티가 됩니다.

그리고, 테이블에서 컴퓨터 작업을 할 경우는 식사를 하는 경우와 조금 다릅니다. 컴퓨터 작업은 식사보다도 상판이 낮은 쪽이 타이핑하기 쉬워집니다. 그 때문에 사샤쿠가 좁아집니다.

해설

문제에서 계산방법을 묻고 있으니 계산을 하기 위한 기준이 되는 단위 등을 메모해두는 것이 포인트이다. 우선 1) 신장에 0.55를 곱한다. 2) 그것을 3으로 나누는 것이 '기본적 방법'이라고 했으며, 마지막 예시는 컴퓨터 작업의 경우 책상 높이를 낮추는 것이 적합하다고 했으므로 '기본적 방법'에서 높이를 낮춘 3번이 정답이다.

어휘 天板(てんいた) (책상 등의)상판 | 椅子(いす) 의자 | 肩(かた)こり 어깨 결림 | 平均的(へいきんてき) 평균적 | 割(わ)り出(だ)す 산출하다, (결론 등을)이끌어 내다

問題 11 정답 ②

Track 2-11

先生が，外国人宿泊者数の増加率について話しています。この先生が最も注目すべきだと言っているのは，グラフのどの県ですか。

このグラフは，2013年から2017年の外国人宿泊者数の増加率で，3つの県と全国の平均を比較したものです。2013年の120%という値は，2012年を基準とした増加率のことです。2017年の全国の外国人宿泊者数は，前年と比べ14.8%の増加率となっています。このグラフでは増加率が高い大分県と香川県を取り上げて，東京都や全国の増加率と比較しています。東京都はこの5年間，全国の値とほぼ同じ伸び率ですが，大分県は2015年と2017年にそれを大きく上回っています。しかし，最も注目すべきなのは，香川県です。グラフでは一見，2014年と2017年に宿泊者が減ったように見えますが，前年比の増加率は常に30%以上を維持していて，宿泊者数は伸び続けているのです。海外からのアクセスがいいとは言えないのに，このような大きな増加が見られるのは，県の取り組みが成功した例として注目されています。

선생님이 외국인 숙박자 수의 증가율에 관하여 이야기하고 있습니다. 이 선생님이 가장 주목해야 한다고 말하고 있는 것은 그래프의 어느 현입니까?

이 그래프는 2013년부터 2017년까지 외국인 숙박자 수 증가율로 3개의 현과 전국 평균을 비교한 것입니다. 2013년의 120%라는 값은, 2012년을 기준으로 한 증가율을 의미합니다. 2017년 전국 외국인 숙박자 수는 전년과 비교하여 14.8%의 증가율이 되었습니다. 이 그래프에서는 증가율이 높은 오오이타현과 카가와현을 들어서 도쿄도와 전국 증가율을 비교하고 있습니다. 도쿄도는 최근 5년간 전국의 값과 거의 같은 신장률입니다만, 오오이타현은 2015년과 2017년에 그것을 크게 웃돌고 있습니다. 그러나, 가장 주목해야 하는 것은 카가와현입니다. 그래프에서는 얼핏 2014년과 2017년에 숙박자가 감소한 것처럼 보입니다만, 전년도와 비교해 증가율이 항상 30%이상을 유지하고 있고, 숙박자 수는 계속 늘고 있는 것입니다. 해외로부터의 접근성이 좋다고는 할 수 없는데도, 이처럼 많이 증가하고 있는 것은 현의 노력이 성공한 예로서 주목받고 있습니다.

해설

일반적 사항과 가장 주목해야 해야 사항을 구분하는 것이 포인트이다. 역접 표현「しかい～」이후에 '가장 주목해야 하는 것은'이라고 말하고 있으므로 그 이후의 '2014년과 2017년에 숙박자가 감소한 것처럼 보인다'를 힌트로 그래프를 보면 1, 3, 4번은 2017년에 증가 추세를 보이고 있으므로 오답이고 2번이 정답이 된다.

어휘 宿泊者数(しゅくはくしゃすう) 숙박자수 | 増加(ぞうか) 증가 | 値(あたい) 값 | 減(へ)る 줄다 | 比較(ひかく)する 비교하다 | 伸(の)び率(りつ) 신장률 | 維持(いじ)する 유지하다

問題 12 정답 ④ Track 2-12

先生が，心理学の授業で，援助を求めるときの心理について話しています。この先生が最後にする質問の答えはどれですか。

誰かに援助してほしいとき，自分が抱えている問題を誰に頼めばうまく解決してくれるかを考えると思います。しかし，うまく解決してくれる人が頭に浮かんだとして，その人にすぐに援助を求めるかというと，そういうわけにはいきません。例えば，みなさんが提出課題について書かれた紙をなくしてしまったとき，その課題を出題した先生の研究室に行って，また紙をもらえばいいのですが，そのような行動を選ぶ人はなかなかいません。多くの学生は同じ授業を受けている人に連絡をとって，その紙をコピーさせてもらうのではないでしょうか。これは，援助を受けようとするときに，相手から受けるストレスをできるだけ少なくしようという心理が働いている例で，社会的インパクト理論によって説明できます。社会的インパクト理論では，人間関係の中で受ける衝撃の強さは，相手の力，相手との距離，相手の数という三つの要因によって決まるとされています。

では，質問です。先ほどと同じ状況で，もし学生が先生にメールで連絡をとった場合は，三つの要因の何を弱めたと言えますか。

① A（力）

② A（力）とB（距離）

③ A（力）とC（数）

④ B（距離）

선생님이 심리학 수업에서 원조를 구할 때의 심리에 관하여 이야기하고 있습니다. 이 선생님이 마지막에 하는 질문의 답은 어느 것입니까?

누군가에게 원조(도움)를 받고 싶을 때, 자신이 떠안고 있는 문제를 누구에게 부탁하면, 잘 해결해 줄까를 생각할 것입니다. 그러나, 잘 해결해 주는 사람이 머리 속에 떠오른다고 하더라도, 그 사람에게 바로 원조를 구할까 하면, 그럴 수는 없습니다. 예를 들면, 여러분이 제출 과제에 관하여 쓰여진 종이를 잃어버렸을 때, 그 과제를 출제한 선생님의 연구실에 가서 또 종이를 받으면 됩니다만, 이러한 행동을 선택하는 사람은 그다지 없습니다. 대부분의 학생은 같은 수업을 듣고 있는 사람에게 연락을 취하여 그 종이를 복사하지 않을까요? 이것은 원조를 받으려고 할 때에, 상대로부터 받을 스트레스를 될 수 있는 한 줄이려는 심리가 작용하고 있는 예로, 사회적 임팩트 이론으로 설명할 수 있습니다. 사회적 임팩트 이론에서는, 인간 관계 속에서 받는 충격의 세기는 상대의 힘, 상대와의 거리, 상대의 수라는 3개의 요인에 의해서 결정된다고 여겨지고 있습니다.

그럼 질문입니다. 방금 전과 같은 상황에서, 만약에 학생이 선생님에게 메일로 연락을 취한 경우는, 3개의 요인의 무엇을 약하게 했다고 말할 수 있습니까?

① A (힘)

② A (힘)과 B (거리)

③ A (힘)과 C (수)

④ B (거리)

해설

각각의 심리 요인의 설명에서 주어지는 정보를 메모해 두는 것이 포인트이다. 마지막 질문은 '학생이 선생님에게 메일로 연락을 취한 경우'이므로 상대 즉 선생님과의 거리를 멀리한 것이므로 4번이 정답이다. 학생이 선생님에게 문의를 하는 상황이기 때문에 상대의 수, 즉 선생님의 수와 선생님의 힘에는 변화가 없으므로 다른 선택지는 오답이다.

어휘 援助(えんじょ)する 원조하다 | 抱(かか)える 떠안다 | 提出課題(ていしゅつかだい) 제출과제 | 頼(たの)む 부탁하다 | 連絡(れんらく)をとる 연락을 취하다 | 弱(よわ)める 약하게 하다

청해

問題 13 정답 ②

Track 2-13

先生が，食品に含まれる油について話しています。この先生は，油を多く含む食品を食べたくなる理由は何だと言っていますか。

スナック菓子やドーナツ，ケーキ，ラーメンなど油を多く含んだ食品はいろいろありますが，純粋な油はそれだけを口にしても味も匂いもしません。それ自体には味も匂いもしないのに，油を「おいしい」と感じたり，油が多く含まれた食品が食べたくなったりするのは，どうしてなのでしょうか。

動物実験を行ったところ，油を摂取すると脳からドーパミンという神経伝達物質が分泌されることがわかりました。ドーパミンは快楽や期待感をもたらすことから，人間もドーパミンのために油脂を欲していると考えられます。それから，別の実験では，口ではなく胃のほうでも，エネルギー源として油を必要としているという結果が得られました。このように，心にも体にもプラスになる油脂を，人が脳で「好きだ」とか「おいしい」と考えるようになったのです。

この先生は，油を多く含む食品を食べたくなる理由は何だと言っていますか。

① 油を含む食品は脳の働きにとって重要だから
② 油が人の心や体にいい影響をもたらすから
③ 油は味も匂いもしなくて，何にでも合うから
④ 油の味や匂いによってドーパミンが出るから

선생님이 식품에 포함되어 있는 기름에 관하여 이야기 하고 있습니다. 이 선생님은 기름을 많이 포함한 식품이 먹고 싶어지는 이유는 뭐라고 말하고 있습니까?

스낵 과자와 도너츠, 케익, 라면 등 기름을 많이 포함한 식품은 여러 가지 있습니다만, 순수한 기름은 그것만을 입에 넣어도 맛도 냄새도 나지 않습니다. 그 자체에는 맛도 냄새도 없는데도 기름을 '맛있다'고 느끼거나 기름이 많이 포함된 식품을 먹고 싶어지거나 하는 것은 왜일까요?

동물실험을 행했더니, 기름을 섭취하면 뇌에서 도파민라는 신경전달물질이 분비되는 것을 알았습니다. 도파민은 쾌락이나 기대감을 가져다 주기 때문에, 인간도 도파민 때문에 기름(유지)을 원하고 있다고 생각되어져 왔습니다. 그리고, 또 다른 실험에서는 입이 아니라 위 쪽에서도 에너지원으로 기름을 필요로 하고 있다는 결과가 얻어졌습니다. 이처럼, 마음에도 몸에도 플러스가 되는 기름을 사람이 뇌에서 '좋아한다'라던가 '맛있다'라고 생각하게 된 것입니다.

이 선생님은 기름을 많이 포함한 식품을 먹고 싶어지는 이유는 뭐라고 말하고 있습니까?

① 기름을 포함한 식품은 뇌의 작용에 있어서 중요하기 때문에
② 기름이 사람의 마음과 몸에 좋은 영향을 가져오기 때문에
③ 기름은 맛도 냄새도 나지 않아서, 어떤 것하고도 맞기 때문에
④ 기름의 맛과 냄새에 의해서 도파민이 나오기 때문에

해설

「快楽(かいらく)や期待感(きたいかん)をもたらすことから(쾌락이나 기대감을 가져다주니까)」、「ドーパミンのため(도파민 때문에)」 등과 같은 이유 표현에 반응을 보이는 것이 중요하다. 1번과 4번은 내용과 사실 관계가 틀렸으므로 오답이다. 3번은 언급하지 않았으므로 2번이 정답이 된다.

어휘 スナック菓子(がし) 스낵과자 | 含(ふく)む 포함하다 | 純粋(じゅんすい)な 순수한 | 摂取(せっしゅ)する 섭취하다 | 分泌(ぶんぴつ)する 분비하다

問題 14 정답 ③

先生が，地球温暖化の生物への影響について話しています。この先生が最後にする質問の答えはどれですか。

世界中の様々な場所で問題になっている地球温暖化は，日本に生息している生物にも影響を与えています。ある調査で，1980年代と2010年代の日本の生物の分布を比較したところ，鳥類は平均して約85キロメートル北に移動していることがわかりました。2010年代の一年の平均気温は，1980年代より1.08度高くなっています。1.08度というと，わずかな差のように聞こえますが，これは，距離に換算すると，南北約120キロメートルの気温差に相当しているのです。このほか，チョウやトンボなどの昆虫類も分布地域が変化しているということです。そして，海の中の生物は，もっと長い距離を北に移動する傾向が見られます。では，温暖化に伴って分布域を変えているこのような生物に共通している特徴は，何だと言えますか。

この先生が最後にする質問の答えはどれですか。

① 温暖化の影響を受けにくいこと

② 昆虫類をエサにしていること

③ 空や海を移動する能力があること

④ 陸上を移動する能力が高いこと

선생님이 지구온난화 생물에 관한 영향에 관하여 이야기 하고 있습니다. 이 선생님이 마지막에 하는 질문의 답은 어느 것입니까?

전세계 여러 장소에서 문제가 되고 있는 지구온난화는 일본에 서식하고 있는 생물에도 영향을 주고 있습니다. 어떤 조사에서 1980년대와 2010년대의 일본의 생물의 분포를 비교했더니, 조류는 평균 약 85킬로미터 북으로 이동하고 있는 것을 알았습니다. 2010년대의 1년 평균기온은 1980년대 보다 1.08도 높아졌습니다. 1.08도라고 하면 약간의 차이인 것처럼 들립니다만, 이것은 거리로 환산하면, 남북 약 120킬로미터의 기온차에 상당하는 것입니다. 이 밖에 나비와 잠자리 등의 곤충류도 분포 지역이 변화하고 있다고 합니다. 그리고, 바다 속 생물은, 더 긴 거리를 북으로 이동하는 경향이 보여집니다. 그럼, 온난화에 따라서 분포 영역을 바꾸고 있는 생물에 공통된 특징은 무엇이라고 말할 수 있습니까?

이 선생님이 마지막에 하는 질문의 답은 어느 것입니까?

① 온난화의 영향을 받기 어려운 것

② 곤충류를 먹이로 하고 있는 것

③ 하늘과 바다를 이동하는 능력이 있는 것

④ 육상을 이동하는 능력이 높은 것

해설

마지막 질문에 대비하여 사실 관계를 메모 해두는 것이 포인트이다. 특히, 설명 중에서 숫자나 수치가 나오는 부분은 수치를 꼼꼼하게 메모해 두는 것이 좋다. '지구 온난화가 생물의 서식지에 영향' → '조류: 북으로 이동', '곤충: 분포영역이 변화', '해양생물: 북으로 이동', 즉 북으로 이동하고 있다는 것을 알 수 있다. 따라서 이동과 관련 있는 3번이 정답이다. 1번은 영향을 받았으므로 오답이며 2번은 언급하지 않았고, 4번은 해양생물은 해당되지 않으므로 오답이다.

어휘 地球温暖化(ちきゅうおんだんか) 지구온난화 | 分布(ぶんぷ) 분포 | 比較(ひかく)する 비교하다 | 鳥類(ちょうるい) 조류 | 移動(いどう)する 이동하다 | わずかな差(さ) 얼마 안 되는(근소한) 차이 | 換算(かんさん)する 환산하다 | 共通(きょうつう)する 공통하다

問題 15 정답 ④ Track 2-15

先生が，アンケート調査をする時の注意点について説明しています。この先生は，何に一番時間をかけるべきだと言っていますか。

アンケート調査は，比較的簡単に行うことができ，非常に身近な調査方法です。結果をまとめる際にもグラフや図を用いれば，一見科学的で見栄えのいいデータを作成できますが，注意すべき点があります。例えば，みなさんがレポートでアンケート調査を行う場合は，回答者への報酬もありませんし，回答者が何時間もかけて回答してくれることは期待できません。とするならば，可能な限り調査の目的や課題が明確な，よい選択肢を準備しておくことが重要になります。ですが，その前にそもそも，アンケートを実施することが一番よい方法なのか，しっかりと検討する必要があります。私は実は，そこが最も重要で時間がかかるところだと思っています。アンケート調査以外の方法を検討することも必要です。

この先生は，何に一番時間をかけるべきだと言っていますか。

① 最後にグラフを作成すること

② 丁寧に回答してくれる人を探すこと

③ 回答しやすい質問や選択肢を作ること

④ アンケートをするかどうか考えること

선생님이 앙케이트 조사를 할 때의 주의점에 관하여 설명하고 있습니다. 이 선생님은 무엇에 가장 시간을 소모해야 한다고 말하고 있습니까?

앙케이트 조사는 비교적 간단히 행할 수 있어, 대단히 친근한 조사 방법입니다. 결과를 정리할 때에도 그래프와 그림을 이용하면 얼핏 과학적이고 보기 좋은 데이터를 작성할 수 있습니다만, 주의해야 할 점이 있습니다. 예를 들면, 여러분이 리포트로 앙케이트 조사를 행하는 경우는 답변자에 대한 보수도 없고, 답변자가 몇 시간이나 들여서 대답해 줄 것을 기대할 수 없습니다. 그렇다면, 가능한 한 조사의 목적과 과제가 명확한 좋은 선택지를 준비해 두는 것이 중요하게 됩니다. 하지만, 그 전에 본래 앙케이트를 실시하는 것이 가장 좋은 방법인가, 제대로 검토할 필요가 있습니다. 나는 실은, 그 부분이 가장 중요하고 시간이 소요되는 부분이라고 생각하고 있습니다. 앙케이트조사 이외의 방법을 검토하는 것도 필요합니다.

이 선생님은 무엇에 가장 시간을 소모해야 한다고 말하고 있습니까?

① 마지막에 그래프를 작성하는 것

② 꼼꼼하게 대답해주는 사람을 찾는 것

③ 대답하기 쉬운 질문과 선택지를 만드는 것

④ 앙케이트를 할지 하지 않을지 생각하는 것

해설

여러 주의사항 중 가장 시간을 들여야 하는 것과 그렇지 않은 것을 구분하는 것이 포인트이다. 1번은 언급하지 않았으며, 2번은 기대할 수 없다고 하였으므로 오답이며 3번은 가장 시간을 들여야 하는 것이 아니라 오답이다. 「ですが、その前に(하지만, 그 전에)」에서 우선순위가 있다는 것을 알 수 있으며, 그 이후 표현 「アンケートを実施～検討する(앙케이트를 실시~검토하다)」에서 4번이 정답이라고 알 수 있다.

어휘 比較的 비교적 | 身近な 일상에 가까운 | 見栄え 겉으로 보임, 외관 | 報酬 보수 | 検討する 검토하다

問題 16 정답 ③ Track 2-16

ラジオで，社長が，弁当作りについてインタビューを受けています。この社長は，弁当を作ることの一番のメリットは何だと言っていますか。

聞き手：社長は毎日お弁当作りをされていると伺いました。手作りのお弁当のメリットといえば，やはり外食するよりもお金がかからず，節約できるという点かと思いますが……。

社　長：はい。でも，コンビニの弁当やパンでもそれほどお金はかからないでしょうね。

聞き手：では，社長がお考えになる弁当作りのメリットは，どのようなことでしょうか。

社　長：一つには，手際がよくなるということです。朝の忙しい時間に短時間で弁当を作るためには，前の日からの下準備が必要です。また，冷蔵庫の中の材料を把握した上で，何をいつどこで買うか考えますから，準備の重要性や現状把握の必要性を普段の生活から認識することができ，仕事にいかせます。ですが，何といっても，社員同士はもちろん，私と社員の距離が近くなり，会話が増え，社内のコミュニケーションが活発になったことが一番の収穫です。今まで話したことのなかった社員と，昼休みに弁当を囲んで楽しく話せるようになったことが日頃の仕事にもプラスになっています。

この社長は，弁当を作ることの一番のメリットは何だと言っていますか。

① 外食するより安く済むようになったこと

② 効率的に仕事の準備ができるようになったこと

③ 社員のコミュニケーションが増えたこと

④ 食材や料理の知識が得られたこと

라디오에서 사장이 도시락 만들기에 관하여 인터뷰를 받고 있습니다. 이 사장은 도시락을 만드는 것의 가장 큰 메리트는 무엇이라고 말하고 있습니까?

질문자: 사장님은 매일 도시락을 만들고 계시다고 들었습니다만, 손수 도시락을 만드는 메리트로 말하자면, 역시 외식을 하는 것보다도 돈이 들지 않고, 절약할 수 있다는 점이라고 생각합니다만……

사장: 네. 하지만, 편의점 도시락과 빵이라도 그다지 돈이 들지는 않겠죠.

질문자: 그럼, 사장님이 생각하시는 도시락을 만드는 메리트는 어떤 것입니까?

사장: 하나는, 일하는 요령이 좋아진다는 것입니다. 아침 바쁜 시간에 짧은 시간에 도시락을 만들기 위해서는, 전날부터 밑 작업이 필요합니다. 또 냉장고 안의 재료를 파악한 후에, 무엇을 언제 어디서 살지 생각하니까, 준비 중요성과 현재상황 파악의 필요성을 평소 생활부터 인식할 수 있고, 일에 활용할 수 있습니다 하지만, 뭐니 뭐니 해도, 사원끼리는 물론이고 나와 사원의 거리가 가까워지고 대화가 늘어나 사내의 커뮤니케이션이 활발해진 것이 가장 큰 수확입니다. 지금까지 얘기한 적 없던 사원과 점심에 도시락을 둘러싸고 즐겁게 이야기할 수 있게 된 것이 평소의 일에도 플러스가 되고 있습니다.

이 사장은 도시락을 만드는 것의 가장 큰 메리트는 무엇이라고 말하고 있습니까?

① 외식하는 것보다 싸게 해결 된 것

② 효율적으로 일의 준비를 할 수 있게 된 것

③ 사원의 커뮤니케이션이 늘어난 것

④ 식 재료와 요리 지식을 얻은 것

해설

여러 이점 중에서 가장 강조되는 것을 찾는 것이 포인트이다. 「ですが、何(なん)といっても(하지만, 뭐니 뭐니 해도)」 이후, 「～が一番(いちばん)の収穫(しゅうかく)(~이 가장 큰 수확)」 등의 부분에서 '사원과 커뮤니케이션이 증가한 것'을 강조하고 있다. 따라서 3번이 정답이다. 2번은 이점이기는 하나, '가장 큰 메리트'가 아니기 때문에 오답이다.

어휘 手作(てづく)り 수제 | 節約(せつやく) 절약 | 手際(てぎわ) 솜씨, 요령 | 把握(はあく)する 파악하다 | 認識(にんしき)する 인식하다 | 距離(きょり) 거리 | 活発(かっぱつ) 활발 | 収穫(しゅうかく) 수확

問題 17 정답 ④ Track 2-17

講師が，カフェインについて話しています。この講師は，子どものカフェイン摂取について何と言っていますか。

カフェインとは，コーヒー豆や茶葉，カカオ豆などに天然に含まれている食品成分の一つです。健康な成人がカフェインを適度に摂取した場合，集中力が向上したり，頭がすっきりしたり，眠気が覚めたりする良い効果があるとされています。しかし，一度に多量に摂取した場合，カフェインが神経や消化器官を刺激して，体に有害な影響を与え，めまい，不安，震え，心拍数の増加，不眠，吐き気や下痢といった症状を引き起こしかねません。

子どもは健康な成人よりもカフェインのリスクが高いとされており，これらの症状に加え，成長が妨げられる可能性があると言われています。では，子どもはいつからカフェインを摂取してもよいのでしょうか。これには明確な答えはありません。3歳まで摂取を控えたほうがよいという研究もあれば，年齢や体重によって摂取する量を変えたほうがよいという研究もあります。

この講師は，子どものカフェイン摂取について何と言っていますか。

① 何歳から摂取してもいい。
② 3歳で摂取するのは非常に危険だ。
③ 大人になるまで摂取しない方がいい。
④ はっきりと決まっていない。

강사가 카페인에 관하여 이야기하고 있습니다. 이 강사는 어린이의 카페인 섭취에 관하여 뭐라고 말하고 있습니까?

카페인이라고 하는 것은 커피 콩이나 차 잎, 카카오 콩 등에 포함되어 있는 천연식품 성분 중 하나입니다. 건강한 성인이 카페인을 적절하게 섭취할 경우, 집중력이 향상되기도 하고 머리가 개운해지기도 하고 잠이 깨기도 하는 효과가 있다고 여겨지고 있습니다. 그러나, 한 번에 다량으로 섭취한 경우, 카페인이 신경이나 소화기관을 자극하여 몸에 유해한 영향을 주어 어지러움, 불안, 떨림, 심박수 증가, 불면, 매스꺼움과 설사 등과 같은 증상을 일으킬지도 모릅니다.

아이들은 건강한 성인보다도 카페인의 위험성이 높다라고 여겨지고 있으며, 이들 증상에 더하여, 성장이 방해될 가능성이 있다고 일컬어지고 있습니다. 그럼, 아이들은 언제부터 카페인을 섭취해도 좋은 것일까요? 이것에는 명확한 답은 없습니다. 3세까지 섭취를 삼가는 편이 좋다고 하는 연구도 있고, 연령과 체중에 따라서 섭취하는 양을 바꾸는 편이 좋다고 하는 연구도 있습니다.

이 강사는 어린이의 카페인 섭취에 관하여 뭐라고 말하고 있습니까?

① 몇 살부터라도 섭취해도 괜찮다.
② 3세에 섭취하는 것은 대단히 위험하다.
③ 성인이 될 때까지 섭취하지 않는 편이 좋다.
④ 확실하게 정해져 있지 않다.

해설

성인 일반과 어린이의 카페인 섭취에 어떤 영향이 있는지 구분하며 메모하는 것이 포인트이다. 2번은 부정적인 방향은 맞으나, 「非常(ひじょう)に(대단히)」라고 까지는 하지 않아 오답이며, 마지막 설명 「これには明確(めいかく)な答(こた)えはありません(여기에는 명확한 대답은 없습니다)」을 힌트로 4번이 정답이라고 알 수 있다.

어휘 茶葉(ちゃば) 차 잎 | 摂取(せっしゅ)する 섭취하다 | 眠気(ねむけ) 졸음 | 消化器官(しょうかきかん) 소화기관 | 刺激(しげき)する 자극하다 | 震(ふる)え 떨림, 경련 | 不眠(ふみん) 불면 | 吐(は)き気(け) 매스꺼움, 구토 | 下痢(げり) 설사 | 引(ひ)き起(お)こす 일으키다

問題 18 정답 ① Track 2-18

先生が魚をとる鳥について話しています。この先生は，魚をとる鳥のどんな行動が賢いと言っていますか。

鳥類の多くは，昆虫やミミズなどの無脊椎動物や，植物の実や種，花の蜜を食べていますが，中には，魚をとって食べる鳥もいます。魚をとるために，川や池に面した枝などにじっと止まって水中の様子をうかがい，魚を見つけると，まっすぐに水中に飛び込んで魚を捕まえます。食べるときには，くわえなおして，魚の向きを変えて頭から食べます。尾から飲みこむと，うろこやえらが喉にひっかかるからです。また，繁殖期になると，オスがメスの気を引くために，とった魚をメスにプレゼントすることがあります。

さらに，漁をする賢い鳥もいます。昆虫やミミズなどを水面に投げたり置いたりして，それに寄ってきた魚を捕まえるのです。人が魚を釣るときのように，鳥が魚にエサを与えて捕まえるのです。私たちが思っているよりもずっと，鳥類は賢いと言えるのではないでしょうか。

この先生は，魚をとる鳥のどんな行動が賢いと言っていますか。

① エサでだまして，魚を近くに引き寄せること
② 魚を見つけて，水中に飛び込むこと
③ 魚を喉にひっかけないで，飲み込むこと
④ オスがメスに魚をあげて，気を引くこと

선생님이 물고기를 잡는 새에 관하여 이야기하고 있습니다. 이 선생님은 물고기를 잡는 새의 어떤 행동이 똑똑하다고 말하고 있습니까?

조류의 대부분은 곤충이나 지렁이 등의 무척추 동물과, 식물의 열매와 씨, 꽃의 꿀을 먹고 있습니다만, 그 중에는 물고기를 먹고 있는 새도 있습니다. 물고기를 잡기 위하여, 강과 연못에 면한 가지 등에 잠자고 멈춰서 물 속의 모습을 들여다 보고, 물고기를 발견하면, 똑바로 수중에 뛰어들어 물고기를 잡습니다. 먹을 때에는, 다시 물어 물고기의 방향을 바꿔서 머리부터 먹습니다. 꼬리부터 삼키면 비늘과 아가미가 목에 걸리기 때문입니다. 또 번식기가 되면, 수컷이 암컷의 마음을 끌기 위하여, 잡은 물고기를 암컷에게 선물을 하는 경우도 있습니다.

더욱이 사냥을 하는 똑똑한 새도 있습니다. 곤충과 지렁이 등을 수면에 던지거나 두거나 하여, 거기에 가까이 온 물고기를 잡는 것입니다. 사람이 물고기를 낚을 때처럼, 새가 물고기에게 먹이를 주고 잡는 것입니다. 우리들이 생각하고 있는 것보다도 훨씬 조류는 똑똑하다고 말할 수 있는 것은 아닐까요?

이 선생님은 물고기를 잡는 새의 어떤 행동이 똑똑하다고 말하고 있습니까?

① 먹이로 속여서, 물고기를 가까이 끌어 모으는 것
② 물고기를 발견하여, 수중으로 뛰어 드는 것
③ 물고기를 목에 걸리지 않게 삼키는 것
④ 수컷이 암컷에게 물고기를 주고, 마음을 끄는 것

해설

조류가 먹이를 잡는 일반적인 방법과 물고기를 잡아서 먹는 조류를 구분하여 정리하는 것이 중요하다. '똑똑하다'는 질문에 나오는 키워드가 반복되는 구간에 반응 하는 것이 포인트이다. 2번 3번, 4번은 일반적인 조류의 행동을 설명 할 뿐, '똑똑하다'고 하지 않았으므로 오답이고, 마지막 부분의 「餌(えさ)を与(あた)えて捕(つか)まえる(먹이를 주고 잡는다)」, 「鳥類(ちょうるい)は賢(かしこ)いと言える(조류는 똑똑하다고 할 수 있다)」을 힌트로 1번이 정답이라고 알 수 있다.

어휘 無脊椎動物(むせきついどうぶつ) 무척추동물 | 蜜(みつ) 꿀 | 飛(と)び込(こ)む 뛰어들다 | 捕(つか)まえる 잡다 | 尾(お) 꼬리 | 鱗(うろこ) 비늘 | 繁殖期(はんしょくき) 번식기 | 気(き)をひく 신경(이목)을 끌다 | 釣(つ)る 낚시하다

問題 19 정답 ①

先生が，美術館での作品の鑑賞方法について話しています。この先生は，美術作品をどのようにして鑑賞するのがいいと言っていますか。

美術館で展示作品を鑑賞するとき，知識は必要ですかという質問を受けることがあります。以前，ある有名な評論家が「絵は目で見て楽しむものであり，頭でわかるかどうかは問題ではない。つまり知識は必要ない」と話していました。確かに，作品がもたらす感動は，一人ひとり違って当然です。しかし，私は作品に関する背景知識があれば，美術鑑賞はより楽しくなると思います。作品の制作には，多くの場合，その国の芸術運動や政治体制などが関連しています。また，古典文学の有名な一場面が描かれていることもあります。ですから，そのような知識を持って作品を見ると，作者の思いや描かれた時代などについても思いをはせることができ，作品を見る楽しさが増すと思うのです。作品について一切の情報を持たないで鑑賞するのは，少々残念な気がします。

この先生は，美術作品をどのようにして鑑賞するのがいいと言っていますか。

① あらかじめ，ある程度の作品知識を持つ
② 自分の感性を大事にしながら見て楽しむ
③ 作品がもたらす感動をほかの人と話し合う
④ 作品を見たあとで制作背景について調べる

선생님이 미술관에서의 작품의 감상 방법에 관하여 이야기하고 있습니다. 이 선생님은, 미술작품을 어떻게 감상하는 것이 좋다고 말하고 있습니까?

미술관에서 전시작품을 감상할 때, "지식은 필요합니까?" 라는 질문을 받을 때가 있습니다. 이전, 어느 유명한 평론가가 "그림은 눈으로 즐기는 것이고, 머리로 아느냐 모르느냐는 문제가 되지 않는다. 즉 지식은 필요 없다"라고 했습니다. 분명, 작품이 가져오는 감동은 한 사람 한 사람 달라 당연합니다. 그러나, 나는 작품에 관한 배경지식이 있으면, 미술 감상은 보다 즐거워질 것이라고 생각합니다. 작품의 제작에는, 많은 경우 그 나라의 예술운동과 정치체제 등이 관련되어 있습니다. 또, 고전문학의 유명한 한 장면이 그려져 있는 경우도 있습니다. 때문에, 그와 같은 지식을 가지고 작품을 보면, 작가의 생각과 그려진 시대 등에 관해서도 생각을 펼칠 수 있어, 작품을 보는 즐거움이 늘어날 거라 생각하는 것입니다. 작품에 관하여 일절 정보를 갖지 않고 감상하는 것은, 조금 아쉬운 느낌이 듭니다.

이 선생님은, 미술작품을 어떻게 감상하는 것이 좋다고 말하고 있습니까?

① 미리, 어느 정도의 작품 지식을 갖는다.
② 자신의 감성을 소중히 하면서 보고 즐긴다
③ 작품이 가져오는 감동을 다른 사람과 이야기한다.
④ 작품을 본 후에 제작 배경에 관하여 조사한다.

해설

일반적인 감상법과 이 선생님의 감상법을 구분하는 것이 포인트이다. '유명 평론가의 감상법 = 지식이 필요 없다' → '이 선생님의 감상법 = 지식이 필요 있다'를 구분하면, 지식의 필요성을 얘기 하는 1번이 정답이라고 알 수 있다. 4번은 감상 이후 지식 조사로 오답이다.

어휘 鑑賞(かんしょう)する 감상하다 | 背景知識(はいけいちしき) 배경지식 | 古典文学(こてんぶんがく) 고전문학 | 関連(かんれん)する 관련하다 | 増(ま)す 한층 더하다, 늘다

問題 20 정답 ④ Track 2-20

先生が，日本語の食感表現について話しています。この先生は，日本語に食感の表現が多いのはどうしてだと言っていますか。

日本人は，食べ物を食べたときにその食べ物から受ける感覚を，いろいろな言い方で表現します。例えば，同じ野菜でも，「パリパリ」「しゃきしゃき」などと表現すれば，その歯ごたえの違いがわかりますね。日本語には，このような食感を表す擬音語や擬態語が多いと言われています。それは，日本人の食感に対するこだわりの強さの表れかもしれません。日本列島は海や山に囲まれていて新鮮な食材が手に入りやすいため，魚にしろ野菜にしろ，食材そのものの食感を大事にした調理方法が好まれる傾向にあります。こうした食感へのこだわりが，日本語の表現を豊かにしていると考えられます。

この先生は，日本語に食感の表現が多いのはどうしてだと言っていますか。

① 擬音語や擬態語は言いやすいため

② 食べ物の味を詳しく説明するため

③ 調理方法によって表現が変わるため

④ 日本人は食感に対する関心が強いため

선생님이 일본어의 식감 표현에 관하여 이야기하고 있습니다. 이 선생님은, 일본어에 식감 표현이 많은 것은 왜라고 말하고 있습니까?

일본인은 음식을 먹을 때, 그 음식으로부터 받은 감각을, 여러 방법으로 표현합니다. 예를 들면, 같은 야채라도 '바삭바삭' '아삭아삭' 등으로 표현하면, 그 씹는 느낌의 차이를 알 수 있습니다. 일본어에는 이러한 식감을 나타내는 의성어나 의태어가 많다고 말해지고 있습니다. 그것은 일본인의 식감에 대한 집착이 강한 것의 표시일지도 모릅니다. 일본 열도는 바다와 산으로 둘러싸여 있어 신선한 식 재료를 얻기 쉽기 때문에, 생선이라 하더라도 야채라 하더라도, 식 재료 그 자체의 식감을 중시한 조리 방법이 선호되는 경향이 있습니다. 이러한 식감에 대한 집착이, 일본어의 표현을 풍부하게 하고 있다고 생각됩니다.

이 선생님은, 일본어에 식감표현이 많은 것은 왜 그렇다고 말하고 있습니까?

① 의성어나 의태어는 말하기 쉽기 때문에

② 음식의 맛을 자세하게 설명하기 때문에

③ 조리 방법에 따라서 표현이 변하기 때문에

④ 일본인은 식감에 대한 관심이 강하기 때문에

해설

질문문에 나오는 단어가 반복되는 구간에 반응 하는 것이 포인트이다. 선생님의 마지막 설명「こうした食感へのこだわりが、日本語の表現を豊かにしている(이러한 식감에 대한 집착이 일본어 표현을 풍요롭게 하고 있다)」즉, '일본인의 강한 식감에 대한 집착'을 원인으로 유추할 수 있다.「食感へのこだわり(식감에 대한 집착)」=「食感への関心が強い(식감에 대한 관심이 높다)」에서 4번이 정답이라고 알 수 있다.

어휘 食感 식감 | ぱりぱり (딱딱한 것을 씹는 소리)아드득 | しゃきしゃき (시원스럽게 잘리는 소리)아삭아삭 | 擬音語 의성어 | 擬態語 의태어 | 新鮮 신선

問題 21 정답 ② Track 2-21

男子学生が，レポートの構成について先生に相談しています。この男子学生は，このあとどうしますか。

男子学生：先生，レポートの構成メモを見ていただけましたでしょうか。

先　　生：はい，留学生が日本語の何を難しいと感じているかをアンケートで調べるのですね。面白いテーマだと思います。

男子学生：ありがとうございます。

先　　生：ただ，調査目的があいまいなので，その点をもっと明確にしてください。アンケートを取って，「一番難しいのは文法です。次は漢字です」と並べるだけではレポートになりません。何のための調査なのか，調査結果や考察を何に役立てたいのか。それによって，調査の項目で何が必要か，考察の視点をどこにおくかが変わってきます。

男子学生：わかりました。早速考えてみます。あのう，先生。調査対象はこの大学の留学生だけにしようと思うんですが，よろしいでしょうか。

先　　生：そうですね。確かに対象は限定したほうが傾向が見えやすいと思います。

この男子学生は，このあとどうしますか。

① レポートのテーマを決める
② 調査目的をはっきりさせる
③ 調査対象を広げる
④ 考察を書き加える

남학생이 리포트의 구성에 관하여 선생님에게 상담하고 있습니다. 이 남학생은, 이 이후에 어떻게 합니까?

남학생: 선생님, 리포트 구성메모를 봐 주셨나요?

선생님: 네, 유학생이 일본어의 무엇을 어렵다고 느끼고 있는가를 앙케이트로 조사한 것이네요. 재미있는 테마라고 생각합니다.

남학생: 감사합니다.

선생님: 다만, 조사목적이 애매하기 때문에 그 점을 더 명확하게 해 주세요. 앙케이트를 할 때, '가장 어려운 것은 문법입니다. 다음은 한자입니다' 나열하는 것만으로는 리포트가 되지 않습니다. 무엇을 위한 조사인지, 조사결과와 고찰을 무엇에 도움이 되게 하고 싶은지. 그것에 따라서, 조사의 항목에서 무엇이 필요한지 고찰 시점을 어디에 둘지가 바뀌게 됩니다.

남학생: 알겠습니다. 바로 생각해보겠습니다. 저, 선생님, 조사대상은 이 대학의 유학생만으로 하려고 생각합니다만, 괜찮겠지요?

선생님: 그렇네요. 확실히 대상은 한정하는 편이 경향이 보이기 쉽다고 생각합니다.

이 남학생은, 이 이후에 어떻게 합니까?

① 리포트의 테마를 결정한다
② 조사 목적을 확실하게 한다.
③ 조사 대상을 넓힌다.
④ 고찰을 추가하여 쓴다.

해설

대화의 주도권은 주로 상하 관계에서 결정된다. 이러한 대화문의 경우 선생님의 요청과 지시하는 말을 좀 더 주목해서 듣는 것이 포인트이다. 「調査目的(ちょうさもくてき)があいまいなので、明確(めいかく)にしてください(조사 목적이 애매하니까 명확하게 해 주세요)」에서 조사 목적이 중요하다는 것을 알 수 있으므로, 2번이 정답이다. 3번은 선생님의 마지막 대화에서 대상을 한정하는 편이 좋다고 하였으므로 오답이다.

어휘 曖昧(あいまい)だ 애매하다 | 明確(めいかく)にする 명확히 하다 | 考察(こうさつ) 고찰 | 早速(さっそく) 바로, 즉시 | 限定(げんてい)する 한정하다

Track 2-22

問題 22 정답 ②

講師が，目上の人の自宅を訪問するときのマナーについて説明しています。この講師は，どのようなことが失礼になると言っていますか。

目上の方の自宅を訪問する場合は，失礼にならないように，次の点に注意してください。まず，事前にいつ伺ったらいいか相手の都合を教えてもらい，そのときに訪問の目的も伝えておきましょう。次に訪問する時間についてですが，基本的には午前10時から11時か，午後2時から4時が迷惑にならなくていいでしょう。つまり，食事の時間を避けるということです。当日は約束の時刻から2，3分遅れて着くようにしましょう。約束の時間の前に伺ってはいけません。ただし，10分以上遅れてしまいそうな場合は，連絡をしたほうがいいです。それから，念のために前日に連絡をして，約束の日時に間違いがないか確認してください。

この講師は，どのようなことが失礼になると言っていますか。

① 訪問する前に確認の連絡をすること

② 約束の時間より前に訪問すること

③ 約束の時間より少し遅れて訪問すること

④ 午前中に訪問すること

강사가 손 윗사람의 자택을 방문할 때의 매너에 관하여 설명하고 있습니다. 이 강사는 어떠한 것이 실례가 된다고 말하고 있습니까?

손 윗사람의 자택을 방문할 경우는 실례가 되지 않도록, 다음과 같은 점에 주의해 주세요. 우선, 사전에 언제 방문하면 좋을지 상대의 사정을 듣고, 그 때에 방문 목적을 전달 해 둡시다. 다음으로 방문하는 시간에 관해서입니다만, 기본적으로는 오전 10시부터 11시나, 오후 2시부터 4시가 폐가 되지 않아서 좋겠지요. 즉, 식사 시간을 피한다는 뜻입니다. 당일은, 약속 시간으로부터 2,3분 늦게 도착하도록 합시다. 약속시간 전에 방문해서는 안됩니다. 다만, 10분 이상 늦을 것 같은 경우는, 연락을 하는 편이 좋겠습니다. 그리고, 만약을 위해 전날 연락을 하여, 약속 날짜와 시간이 틀림 없는지 확인해 주세요.

이 강사는 어떠한 것이 실례가 된다고 말하고 있습니까?

① 방문하기 전에 확인의 연락을 할 것

② 약속시간보다 전에 방문하는 것

③ 약속시간보다 조금 늦게 방문하는 것

④ 오전 중에 방문하는 것

해설

실례가 되는 것과 그렇지 않은 것을 구분하며 듣는 것이 포인트이다. '실례가 되는 것' = '해서는 안 되는 일'이므로 「約束の時間の前に伺ってはいけません(약속 시간 전에 방문해서는 안됩니다)」를 힌트로 2번이 정답이라고 알 수 있다.

어휘 伺う 방문하다 의 겸양표현 | 避ける 피하다 | 念のため 만약을 위해, 더 확실하게 다지기 위해 | 連絡する 연락하다

問題 23 정답 ③ Track 2-23

先生が，国際交流について話しています。この先生は，国際交流で最も大切なことは何だと言っていますか。

国際交流において語学力の向上は，不可欠の課題と言われます。しかし，言葉の前に，皆さん自身の中に「伝えたいこと」がなければ，「交流」は成り立ちません。自分自身の文化や歴史，社会について知識や理解を深め，日頃から身の周りの様々なことに対して興味を持って「伝えたいこと」を探しておきましょう。

さらに重要なのは，相手の文化，歴史，習慣についても十分な敬意を払うことです。なぜなら，「相手を知りたい，理解したい」という気持ちで接することは，交流の第一歩であり，相手をもてなすことの基礎になるからです。したがって，このことが語学力を向上させたり，伝えたいことを探したりすること以上に大切なことだと言えるでしょう。

この先生は，国際交流で最も大切なことは何だと言っていますか。

① 「伝えたいこと」を探すこと
② 語学力を高めること
③ 相手の文化などを尊重すること
④ 自分自身の文化についての知識や理解

선생님이 국제 교류에 관하여 이야기하고 있습니다. 이 선생님은 국제 교류에서 가장 중요한 것은 무엇이라고 말하고 있습니까?

국제 교류에 있어서 어학력의 향상은, 불가피한 과제라고 일컬어집니다. 그러나, 말 이전에 여러분 자신 안에 '전하고 싶은 것'이 없다면 '교류'는 성립하지 않습니다. 자기 자신의 문화와 역사, 사회에 관하여 지식과 이해를 깊게 하고, 평소부터 주변의 여러 가지 것에 대하여 흥미를 갖고 '전하고 싶은 것'을 찾아둡시다.
더욱 중요한 것은 상대의 문화, 역사, 습관에 관해서도 충분히 경의를 표하는 것입니다. 왜냐하면, '상대를 알고 싶다, 이해하고 싶다'라는 마음으로 접하는 것은 교류의 첫걸음이며, 상대를 대접하는 것의 기초가 되기 때문입니다. 따라서, 이것이 어학력을 향상시키거나, 전하고 싶은 것을 찾거나 하는 것 이상으로 중요한 것이라고 말 할 수 있겠죠.

이 선생님은 국제교류에서 가장 중요한 것은 무엇이라고 말하고 있습니까?

① '전하고 싶은 것'을 찾는 것
② 어학력을 높이는 것
③ 상대의 문화 등을 존중하는 것
④ 자기 자신의 문화에 대한 지식과 이해

해설

여러 중요한 사항 중에 가장 중요한 사항을 구분 하는 것이 포인트이다. 「さらに重要(じゅうよう)なのは～(더욱이 중요한 것은~)」을 힌트로 그 이후가 더 중요한 사항임을 알 수 있다. 「相手(あいて)を知(し)りたい、理解(りかい)したいという気持(きも)ち(상대를 알고 싶다, 이해하고 싶다는 기분)」에서 3번이 정답이다. 4번은 대상이 자신의 문화이기 때문에 오답이다.

어휘 向上(こうじょう) 향상 | 成(な)り立(た)つ 성립하다 | 興味(きょうみ) 흥미 | 敬意(けいい) 경의 | 基礎(きそ) 기초

問題 24 정답 ②

Track 2-24

先生が，フューチャー・デザインという手法について話しています。この先生が紹介するフューチャー・デザインを取り入れた町の水道料金は，どうなりましたか。

フューチャー・デザインというのは，社会の将来像を決めるために将来世代の視点を取り入れる手法です。この手法を取り入れた町づくりでは，住民が現代の世代と将来の世代のグループに分かれて話し合い，主体的に町づくりの計画に参加します。将来世代のグループの人たちは未来人になったつもりで未来の生活を想像して，今何をしておくべきかを話し合います。岩手県のある町では，現代世代グループと40年後の将来世代グループが町の水道料金について話し合いました。現代世代は水道料金の値下げを主張し，将来世代は40年後の老朽化した水道管の取り換えに必要な費用を確保するため，現在の水道料金の値上げを提案しました。それから，両グループが議論した上で，値上げの提案を町に提出しました。その提案は町の議会に受け入れられ，実現しました。その後も，フューチャー・デザインを用いて，多くの住民が積極的に町づくりに参加しているそうです。

この先生が紹介するフューチャー・デザインを取り入れた町の水道料金は，どうなりましたか。

① 現代世代が提案した通り，値下げした。

② 将来世代が提案した通り，値上げした。

③ 議会で，40年後の値上げが決められた。

④ 水道設備を修理する予算が決められた。

선생님이 퓨처 디자인이라는 방법에 관하여 이야기하고 있습니다. 이 선생님이 소개하는 퓨처 디자인을 접목시킨 수도 요금은 어떻게 되었습니까?

퓨처 디자인이라는 것은, 사회의 미래상을 결정하기 위하여 미래 세대의 시점을 접목하는 방법입니다. 이 방법을 접목시킨 도시 정비에서는 주민이 현재 세대와 미래 세대의 그룹으로 나뉘어 서로 이야기하고, 주체적인 도시정비 계획에 참가합니다. 미래 세대 그룹의 사람들은 미래인이 된 작정으로 미래의 생활을 상상하고, 지금 무엇을 해 두어야만 하는가를 서로 이야기합니다. 이와테현의 어느 마을에서는, 현재 세대 그룹과 40년 후의 미래 세대 그룹이 마을의 수도 요금에 관하여 서로 이야기했습니다. 현재 세대는 수도 요금의 인하를 주장하고, 미래 세대는 40년 후의 노후화된 수도관 교체에 필요한 비용을 확보하기 위하여, 현재 수도요금의 인상을 제안했습니다. 그리고, 양쪽 그룹이 논의한 후에, 인상 제안을 마을에 제출했습니다. 그 제안은 마을의 의회에 받아들여져 실현되었습니다. 그 이후도, 퓨처 디자인을 이용하여, 많은 주민이 적극적으로 마을 만들기에 참가하고 있다고 합니다.

이 선생님이 소개하는 퓨처 디자인을 접목시킨 수도 요금은 어떻게 되었습니까?

① 현재 세대가 제안한대로, 인하했다.

② 미래 세대가 제안한대로, 인상했다.

③ 의회에서, 40년 후의 인상이 결정되었다.

④ 수도설비를 수리하는 예산이 결정되었다.

해설

퓨처 디자인의 접목 전과 후를 비교하거나 변화를 나타내고 있는 표현 등에 주의하며 듣는 것이 포인트이다. 「その提案(ていあん)は~実現(じつげん)した(그 제안은~실현했다)」에서 그 제안이 변화된 부분이 나오는데, 그 제안 = '가격인상'이므로 2번이 정답이다. 3번은 40년 후 가격인상이어서 오답이며, 1번은 가격인하여서 오답이다.

어휘 将来(しょうらい) 장래 | 値下(ねさ)げ 가격인하 | 値上(ねあ)げ 가격인상 | 取(と)り入(い)れ 수용, 도입 | 取(と)り換(か)え 교체 | 確保(かくほ)する 확보 | 積極的(せっきょくてき) 적극적

問題 25 정답 ③ Track 2-25

先生が，インターンシップ教育について話しています。この先生は，日本におけるインターンシップ教育の問題点はどんなことだと言っていますか。

現在，日本では春休みや夏休みなどを利用して，企業などで職業体験をするインターンシップ教育が行われています。たくさんの学生が参加していますが，日本におけるインターンシップ教育にはいくつかの問題点があると言われています。例えば，あいさつや言葉遣いなどの基本的なビジネスマナーは，アルバイトでも身に付けられます。また，インターンシップの多くは1週間程度というデータがあり，そのような短い期間に体験できることには限りがあります。したがって，インターンシップに行ったからといって，短期間で専門的な技能を身に付けることは難しいのではないでしょうか。このような理由から，インターンシップが学生にとって本当に必要かどうか疑問の声があります。

この先生は，日本におけるインターンシップ教育の問題点はどんなことだと言っていますか。

① 春休みや夏休みに行われること
② ビジネスマナーが身に付かないこと
③ 教育期間が短すぎること
④ 職業体験ができないこと

선생님이 인턴쉽 교육에 관하여 이야기하고 있습니다. 이 선생님은 일본에서의 인턴쉽 교육의 문제점은 어떠한 것이라고 말하고 있습니까?

현재, 일본에서는 봄방학과 여름방학을 이용하여, 기업 등에서 직업체험을 하는 인턴쉽 교육이 행해지고 있습니다. 많은 학생이 참가하고 있습니다만, 일본에서의 인턴쉽 교육에는 몇 개인가 문제점이 있다고 일컬어지고 있습니다. 예를 들면, 인사와 말씀씀이 등의 기본적 비즈니스 매너는, 아르바이트로도 익힐 수 있습니다. 또, 인턴쉽의 대부분은 1주일 정도라는 데이터가 있으며, 이처럼 짧은 기간에 체험할 수 있는 것에는 한계가 있습니다. 따라서, 인턴쉽에 갔다고 해서, 단기간에 전문적인 기능을 익힌다는 것은 어려운 것이 아닐까요? 이와 같은 이유로 인턴쉽이 학생에게 있어서 정말로 필요한지 아닌지 의문이라는 의견이 있습니다.

이 선생님은, 일본에서의 인턴쉽 교육의 문제점은 어떠한 것이라고 말하고 있습니까?

① 봄방학과 여름방학에 행해지는 것
② 비즈니스 매너를 익히지 않는 것
③ 교육기간이 지나치게 짧은 것
④ 직업체험을 할 수 없는 것

해설

인턴쉽 교육의 문제점을 묻고 있으므로 부정적인 설명에 반응하는 것이 포인트이다. 문제점은 크게 2가지로 '비즈니스 매너 등은 다른 것과도 대체 가능'하다는 것과 '단기간의 체험'으로 설명하고 있으므로, 기간의 문제를 지적한 3번이 정답이다. 2번은 대체 가능하다고 했으므로 오답이며, 1번은 사실이긴 하나 문제점으로 지적한 사항은 아니므로 오답이다.

어휘 言葉遣い(ことばづかい) 말 씀씀이 | 身(み)につける (몸에)익히다 | 限(かぎ)りがある 한계가 있다 | 専門的(せんもんてき) 전문적 | 技能(ぎのう) 기능

問題 26 정답 ②

Track 2-26

先生が，ゴミ箱ロボットについて話しています。この先生が説明しているゴミ箱ロボットを見たときの人の行動と同じような例はどれですか。

最近では，ロボットと人との直接的な関わりが増えてきました。床を掃除するロボットは人気があり，ずいぶん家庭に普及してきているのではないでしょうか。さて，このゴミ箱ロボットはゴミ箱の下に車輪があり，床の上を移動します。カメラとセンサーがゴミを発見すると，近くにいる人のほうに体を傾けます。ロボットは自分でゴミを拾うことはできません。それを見た人はどうするかというと，足元にあるゴミを拾って，そのゴミ箱ロボットに入れるのです。このロボットの動きは，スムーズというよりは，よちよち歩きの赤ちゃんのようなのです。ゴミ箱ロボットは，人の助けを引き出して，ゴミを拾い集めるという目的を達成し，逆に人は，ロボットを助けてあげたくなり，ゴミを拾う行動をするというわけです。赤ちゃんのように頼りなく，かわいらしい動きによって，ロボットと人とのコミュニケーションが成立していると言えます。

この先生が説明しているゴミ箱ロボットを見たときの人の行動と同じような例はどれですか。

① ゴミを拾った子どもを，ほめること

② 困っている人に，声をかけること

③ かわいい赤ちゃんを見て，笑顔になること

④ 行列に並んでいる人を見て，自分も並ぶこと

선생님이 쓰레기통 로봇에 관하여 이야기하고 있습니다. 이 선생님이 설명하고 있는 쓰레기통 로봇을 봤을 때의 사람의 행동과 비슷한 예는 어느 것입니까?

최근에는, 로봇과 사람과의 직접적인 관여가 늘어나게 되었습니다. 복도를 청소하는 로봇은 인기가 있고, 아주 많이 가정에 보급된 것은 아닐까요. 그런데, 이 쓰레기통 로봇은 쓰레기통 밑에 차 바퀴가 있어, 복도 위를 이동합니다. 카메라와 센서가 쓰레기를 발견하면, 가까운 곳에 있는 사람 쪽으로 몸체를 기울입니다. 로봇은 스스로 쓰레기를 주울 수가 없습니다. 그것을 본 사람은 어떻게 하냐 하면, 발 밑에 있는 쓰레기를 주워서, 그 쓰레기통 로봇에 넣는 것입니다. 이 로봇의 움직임은, 원활하다기보다는, 아장아장 걷는 아이와 같은 것입니다. 쓰레기통 로봇은, 사람의 도움을 이끌어내어, 쓰레기를 주워 모은다는 목적을 달성하고, 반대로 사람은 로봇을 도와주고 싶어져서, 쓰레기를 줍는 행동을 한다는 것입니다. 아이와 같이 어설프고 귀여운 움직임에 의해서, 로봇과 사람과의 커뮤니케이션이 성립되고 있다고 말할 수 있습니다.

이 선생님이 설명하고 있는 쓰레기통 로봇을 봤을 때의 사람의 행동과 비슷한 예는 어느 것입니까?

① 쓰레기를 줍는 아이를 칭찬하는 것

② 곤란한 사람에게 말을 거는 것

③ 귀여운 아이를 보고 웃는 얼굴이 되는 것

④ 줄지어 서 있는 사람을 보고 자신도 줄 서는 것

해설

로봇 행동의 특징을 정리해 두는 것이 포인트이다. 인간이 로봇을 '돕고 싶어 진다' 따라서, '쓰레기를 줍는 행위를 한다'고 하였으므로 '돕다'라는 의미가 담긴 선택지를 찾아 보면, 2번이 정답이 된다. 1번은 칭찬이며, 3번은 웃는 얼굴, 4번 줄서기는 로봇의 행동을 돕는 것은 될 수 없으므로 오답이다.

어휘 直接的(ちょくせつてき) 직접적 | 関(かか)わり 관계, 관여 | 床(ゆか) 바닥 | 掃除(そうじ)する 청소하다 | 普及(ふきゅう)する 보급하다 | 車輪(しゃりん) 차 바퀴 | よちよち 아장아장 | 達成(たっせい)する 달성하다

問題 27 정답 ④ Track 2-27

男子学生と女子学生が，学校に通うことの意義について話しています。この女子学生は，大学に通う意義は何だと言っていますか。

男子学生：学校に通うことの意義って何だと思う？日本の若者の答えで一番多いのは，「友だちとの友情をはぐくむこと」なんだって。でも，外国では，「知識を身に付けること」とか「自分の才能を伸ばすために通う」って答えが日本より多いみたい。

女子学生：私は中学，高校のときは部活動でバレーボールを頑張っていたけど，友だちと一緒にいるのが楽しくて頑張っていただけで，才能を伸ばしたいっていう意識はなかったな。

男子学生：友だちといるのが好きなんだね。大学だと「自由な時間を楽しむ」ってことも一つの意義だと思うけど。

女子学生：うーん，そうだよね。私は大学ならではっていったら，いろんな先生方のこれまでの様々な経験を聞いて，すごく感動したよ。

男子学生：あ，それは，「先生の人柄や生き方から学ぶ」っていう意義だね。

女子学生：そうそう。それだね，私は。

この女子学生は，大学に通う意義は何だと言っていますか。

① 友だちとの友情をはぐくむこと

② 自分の才能を伸ばすこと

③ 自由な時間を楽しむこと

④ 先生の人柄や生き方から学ぶこと

남학생과 여학생이 학교에 다니는 것의 의의에 관하여 이야기하고 있습니다. 이 여학생은 대학에 다니는 의의는 무엇이라고 말하고 있습니까?

남학생: 학교에 다는 것의 의의는 뭐라고 생각해? 일본의 젊은 사람의 대답에서 가장 많은 것은 '친구와의 우정을 키우는 것'라고 하더라. 하지만, 외국에서는, '지식을 몸에 익히는 것'이라던가 '자신의 재능을 키우기 위해 다닌다'라는 답이 일본보다 많은 것 같아.

여학생: 나는 중학교, 고등학교 때는 동아리 활동으로 배구를 열심히 했었는데, 친구들과 함께 있는 것이 즐거워서 열심히 했던 것뿐이고 재능을 키우고 싶다는 의식은 없었어.

남학생: 친구들과 있는 것을 좋아하지. 대학이면 '자유로운 시간을 즐긴다'는 것도 하나의 의의라고 생각하는데.

여학생: 음~, 그렇네. 나는 대학만의 의의라고 한다면, 여러 선생님들의 지금까지의 다양한 경험을 듣고 대단히 감동했어.

남학생: 아, 그것은, '선생님의 인품과 삶의 방식에서 배운다'라는 의의구나.

여학생: 맞아 맞아, 그거야, 나는.

이 여학생은 대학에 다니는 의의는 무엇이라고 말하고 있습니까?

① 친구들과의 우정을 키우는 것

② 자신의 재능을 키우는 것

③ 자유로운 시간을 즐기는 것

④ 선생님의 인품과 삶의 방식에서 배우는 것

해설

남학생과 여학생의 초등 학교와 대학을 다니는 의의를 구분하며 듣는 것이 포인트이다. 남자가 3가지의 보기를 주고 여자가 설명하고 있는데, 1번은 중, 고등학교에 가까우므로 오답이고, 2번은 의식은 없었다고 하였으므로 오답이다. 3번은 남학생의 말이므로 오답이다. '선생님의 경험을 듣고 감동'했다는 표현을 힌트로 4번이 정답이라고 알 수 있다.

어휘 通(かよ)う 다니다 | 意義(いぎ) 의의 | ～ならでは ~만의 고유(특색) | 人柄(ひとがら) 인품, 성품

실전모의고사 3회 정답

청독해		
문제	해답 번호	정답
1番	1	②
2番	2	②
3番	3	②
4番	4	④
5番	5	①
6番	6	③
7番	7	③
8番	8	④
9番	9	①
10番	10	④
11番	11	②
12番	12	③

청해		
문제	해답 번호	정답
13番	13	①
14番	14	④
15番	15	①
16番	16	④
17番	17	③
18番	18	④
19番	19	①
20番	20	③
21番	21	③
22番	22	①
23番	23	①
24番	24	④
25番	25	①
26番	26	③
27番	27	④

청독해

問題 1 정답 ②

Track 3-1

先生が，東京に人口が集中する要因について説明しています。この先生がこのあと説明すると言っているのは，資料のどの部分ですか。

大都市の東京に人口が集中するのには，複数の要因があると考えられます。まず，東京には多くの企業があり，就職口が多いことが挙げられます。大学や専門学校などの数も多いですから，進学のために若者が東京へやって来るということも要因の一つでしょう。また，レジャーや娯楽施設が充実しているといった魅力や，公共交通機関をはじめとする日常生活の利便性，そして地元にはない自由を求めて，ということもあるでしょう。さらには，東京で就職した人たちが家庭を持ち，子どもが生まれて小中学校に通うようになれば，親は子どもの教育環境を優先させて，地方への移住を考えにくくなるということもあるようです。

では，これから，大企業に対して行った意識調査の結果から，東京に本社を置く理由を明らかにし，人口一極集中との関連について詳しく話したいと思います。

① 高等教育機関への修学のため

② 就職のために大企業の多い東京へ流入

③ 魅力・利便性・自由度の高さを求めて

④ 地方に移住しにくい環境

선생님이 도쿄에 인구가 집중하는 원인에 관하여 설명하고 있습니다. 이 선생님이 이 뒤에 설명한다고 하는 것은 자료의 어느 부분입니까?

대도시인 도쿄에 인구가 집중하는 것에는, 복수의 요인이 있다고 생각됩니다. 우선, 도쿄에는 많은 기업이 있고, 취직 처가 많다는 것을 들 수 있습니다. 대학이나 전문학교 등의 수도 많기 때문에, 진학을 위하여 젊은 사람이 도쿄에 몰려온다는 것도 요인의 하나이겠지요. 또 레저와 오락시설이 충실한 것과 같은 매력과 공공교통기관을 비롯한 일상생활의 편리성, 그리고 출신 도시에는 없는 자유를 찾아서, 라는 것도 있겠죠. 더욱이, 도쿄에서 취직한 사람들이 가정을 갖고, 아이가 태어나서 초중학교에 다니게 되면, 부모는 아이의 교육환경을 우선하여, 지방으로 이주를 생각하기 어렵게 된다는 경우도 있는 것 같습니다. 그럼, 지금부터, 대기업에 대하여 행한 의식 조사의 결과에서, 도쿄에 본사를 두는 이유를 명확하게 하고, 인구 일극 집중과의 관련에 관하여 상세하게 이야기하겠습니다.

① 고등교육기관으로의 수학을 위하여

② 취직을 위하여 대기업이 많은 도쿄에 유입

③ 매력, 편리성, 자유도가 높은 것을 구하여

④ 지방에 이주하기 어려운 환경

해설

그림의 어느 부분을 이야기 하고 있는지 흐름을 놓치지 말고 추가적인 청각 정보를 메모하는 것이 포인트이다. 마지막 설명「これから~詳(くわ)しく話(はな)したい(지금부터~자세히 이야기하고 싶다)」에서 '동경에 본사를 두는 이유'와 '인구 일극 집중'의 두 가지를 다 만족시키는 선택지는 2번이다. 1번 3번 4번은 인구의 도시집중에 관한 내용은 있으나, '기업에 관한' 내용이 빠져 있어 오답이다.

어휘 集中(しゅうちゅう)する 집중하다 | 複数(ふくすう) 복수 | 要因(よういん) 요인 | 娯楽施設(ごらくしせつ) 오락시설 | 充実(じゅうじつ)する 충실하다 | 利便性(りべんせい) 편리성

問題 2 정답 ②

Track 3-2

先生が，高齢者の感覚機能の低下について話しています。この先生が最後に挙げる例は，どの項目に当てはまりますか。

目，耳，舌，鼻などの感覚器から入力される感覚とその認識機能は，加齢とともに低下します。個人差はあるものの，視力は40代半ば以降，聴覚は50代以降に急速に衰えることが知られています。また，味覚も60代以降には衰え始め，特に苦いものやすっぱいものの味を感じにくくなります。このうち，日常生活においては，視覚や聴力といった感覚機能の低下が意識されやすいと言われています。例えば，混雑したレストランなどの背景に雑音がある環境では，相手の声が聞き取りにくくなり，食卓を囲んで行われる通常の会話が加齢に伴って難しくなります。

① 字がぼやけて見える。

② 相手の声が小さく感じる。

③ 苦さやすっぱさを感じにくい。

④ 匂いがよくわからない。

선생님이 고령자의 감각 기능 저하에 관하여 이야기하고 있습니다. 이 선생님이 마지막으로 드는 예는 어느 항목에 해당합니까?

눈, 귀, 혀, 코 등의 감각기에서 입력되는 감각과 그 인식기능은, 가령(나이를 먹는 것과)과 함께 저하됩니다. 개인차는 있지만, 시력은 40대 중반 이후, 청각은 50대 이후에 급속하게 쇠퇴하는 것이 알려져 있습니다. 또, 미각도 60대 이후에는 쇠퇴하기 시작해서, 특히 쓴 것과 신 것의 맛을 느끼기 어려워집니다. 이 중에, 일상생활에서는, 시각과 청각 등과 같은 감각 기능의 저하가 의식되기 쉽다고 일컬어지고 있습니다. 예를 들면, 혼잡한 레스토랑 등의 배경에 잡음이 있는 환경에서는 상대의 목소리가 들리기 어려워지고, 가령에 따라 식탁을 둘러싸고 행해지는 통상의 대화가 어려워집니다.

① 글자가 희미하게 보인다.

② 상대의 목소리를 작게 느낀다.

③ 쓴맛이나 신맛을 느끼기 어렵다.

④ 냄새를 잘 맡지 못한다.

해설

텍스트로 이루어진 선택지를 미리 읽고 파악해 두는 것이 중요하다. 마지막 부분에서는, '잡음 속에서 상대의 목소리를 듣기 어려워진다'는 것을 설명하고 있으므로 '청각'에 관한 예시이므로, 2번이 정답이다. 1번은 시각, 3번은 미각, 4번은 후각으로 오답이다.

어휘 加齢(かれい) 가령(연령이 증가하는 것) | 低下(ていか)する 저하되다 | 個人差(こじんさ) 개인 차 | 半(なか)ば 중반 | 衰(おとろ)える 쇠퇴하다, 쇠약하다

問題 3 정답 ②

Track 3-3

先生が，海の恵みを損なう要因について話しています。この先生は，このあと資料のどの部分について詳しく話すと言っていますか。

海は私たちに様々な恵みを提供してくれています。この恵みを生態系サービスと言いますが，近年，これが損なわれつつあります。その原因として次のようなことが言われています。まず，埋め立てや工事などによって，海の生き物が住みづらい環境に変わっているということです。次に，もともと地域に生息していなかった生物が，在来の生物を食い荒らしてしまうという外来種の存在も原因の一つです。また，魚の獲り過ぎによって生態系のバランスが崩れる漁業の問題もあります。そして，産業排水や家庭からの生活排水などによる海洋汚染などです。今日は，食料として輸入された貝が日本各地の海で野生化して急速に拡がり，アサリなどの二枚貝が食い荒らされる事例を取り上げ，被害状況の詳細とどうすれば被害の拡大を防げるかについて，詳しく話したいと思います。

① 物理的改変

② 外来種の流入

③ 漁業に関する問題

④ 海洋汚染

선생님이 바다의 혜택을 헤치는 요인에 관하여 이야기하고 있습니다. 이 선생님은 이 뒤에 자료의 어느 부분에 관하여 자세하게 이야기한다고 말하고 있습니까?

바다는 우리들에게 여러가지 혜택을 제공해주고 있습니다. 이 혜택을 생태계 서비스라고 합니다만, 최근, 이것이 손상되고 있습니다. 그 원인으로서 다음과 같은 것이 일컬어지고 있습니다. 우선, 매립과 공사 등에 의해서, 바다 생물이 살기 어려운 환경으로 바뀌고 있다는 것입니다. 다음으로, 원래 지역에 서식하지 않았던 생물이, 재래생물을 마구 잡아먹어버린다는 외래종의 존재도 원인의 하나입니다. 또, 물고기의 난획에 의해서 생태계의 밸런스가 무너져버리는 어업의 문제도 있습니다. 그리고, 농업배수와 가정에서의 생활배수 등에 의한 해양오염 등입니다. 오늘은, 식재료로서 수입된 조개가 일본 각지의 바다에서 야생화하여 급속하게 퍼져서 바지락 등의 조개류가 마구 먹히는 사례를 들어, 피해상황의 상세와 어떻게 하면 피해의 확대를 막을 수 있는가에 관하여 자세하게 얘기하겠습니다.

① 물리적 개변

② 외래종의 유입

③ 어업에 관한 문제

④ 해양오염

해설

일반적 서술과 자세하게 이야기 할 부분을 구분하는 것이 포인트이다. 마지막 설명 부분 「今日(きょう)は~詳(くわ)しく話(はな)したい(오늘은~자세히 이야기하고 싶다)」에서 수입된 조개의 사례를 들어 이야기 하고 있는데, '수입된 조개' = '외래종의 유입'이므로 2번이 정답이다. 각각 1번은 '매립지와 공사', 2번은 '난획', 4번은 '농어배수' '생활배수'의 이야기로 오답이다.

어휘 損(そこ)なう 해치다 | 埋(う)め立(た)て 매립 | 食(く)い荒(あ)らす 잠식하다, 먹어 치우다 | 外来種(がいらいしゅ) 외래종 | 産業排水(さんぎょうはいすい) 산업배수 | 被害状況(ひがいじょうきょう) 피해상황 | 防(ふせ)ぐ 막다

問題 4 정답 ④ Track 3-4

女子学生と男子学生が,「留学して仕事に特に役に立っているもの」に関するアンケートの結果を見ながら話しています。この女子学生は,グラフのどの項目について調査をすることにしましたか。

女子学生：今度のレポートで書くテーマを探してるんだけど,これ,どうかな?この,留学した結果仕事に特に役に立っているものは何かっていうアンケート。

男子学生：へえ,面白いね。最近は留学を希望する学生が減ってるって聞くけど……。

女子学生：そうそう。でも,留学すると将来こんなに役に立つっていう結果を見れば,留学を希望する学生も増えるんじゃないかな。私もずっと留学したいと思っていたし。だから,留学経験者に話を聞いて,それをレポートにまとめたいんだ。

男子学生：なるほどね。それなら,留学で身に付いたコミュニケーション能力や異文化理解の具体的な例を聞くなんて,どう?

女子学生：それは,何かの本に書いてありそう。

男子学生：そっか。じゃあ,留学から帰ってきた人の,積極性とか行動力とかがどう変わったかを調べたら面白いんじゃない?

女子学生：そうだね。日本に帰ってきてから,今まで以上にいろんなことに挑戦するようになった人の話を聞けたらいいな。

① 語学力

② 異文化理解能力・活用力

③ コミュニケーション能力

④ チャレンジ精神

여학생과 남학생이 '유학해서 일에 특히 도움이 되는 것'에 관한 앙케이트 결과를 보면서 이야기 하고 있습니다. 이 여학생은 그래프의 어느 항목에 관하여 조사하기로 했습니까?

여학생: 이번 리포트에서 쓸 테마를 찾고 있는데, 이거, 어때? 이 유학한 결과 일에 특히 도움이 된 것은 무언가? 라는 앙케이트.

남학생: 오~ 재미있네. 최근에는 유학을 희망하는 학생이 줄었다고 들었는데…….

여학생: 맞아 맞아. 하지만, 유학하면 이렇게 장래에 도움이 된다는 결과를 보면, 유학을 희망하는 학생도 늘지 않을까? 나도 계속 유학하고 싶다고 생각했었고. 그러니까, 유학 경험자에게 이야기를 듣고, 그것을 리포트로 정리하고 싶은 거야.

남학생: 그렇구나. 그렇다면, 유학으로 배운 커뮤니케이션 능력과 이문화 이해의 구체적인 예를 묻는다는 것은 어때?

여학생: 그것은 어딘가 책에 쓰여있던 것 같아.

남학생: 그렇구나. 그럼, 유학에서 돌아온 사람의 적극성이라던가 행동력이라던가가 어떻게 바뀌었는지를 조사하면 재미있지 않을까?

여학생: 그렇네. 일본에 돌아오고 나서, 지금까지 이상으로 여러 일에 도전하게 된 사람의 이야기를 들을 수 있으면 좋겠다.

① 어학력

② 이문화 이해력, 활용력

③ 커뮤니케이션 능력

④ 도전정신

해설

텍스트로 제시된 선택지를 미리 파악하여 그래프에 표기 해두는 것이 포인트이다. 남학생과 여학생의 조사 항목을 구분하는 것이 중요하다. 남학생이 「積極性(せっきょくせい)とか行動力(こうどうりょく)とか～面白(おもしろ)いんじゃない(적극성이라던가 행동력이라던가~재미있지 않을까?)」라고 제안하고 여학생이 그 제안에 대해서 「挑戦(ちょうせん)するようになった人(ひと)の話(はなし)を聞(き)けたらいいな(도전하게 된 사람의 이야기를 들을 수 있으면 좋겠다)」라고 긍정하는 마지막 대화에서 「挑戦(ちょうせん)＝チャレンジ(도전＝챌린지)」라고 생각할 수 있으므로 4번이 정답이다.

어휘 調査(ちょうさ)する 조사하다 | 希望(きぼう)する 희망하다 | 減(へ)る 줄어들다 | 具体的(ぐたいてき) 구체적 | 積極性(せっきょくせい) 적극성 | 挑戦(ちょうせん)する 도전하다

問題 5 정답 ①

Track 3-5

先生が，コンビニエンス・ストアと自治体との連携について説明しています。この先生が最後にする質問の答えはどれですか。

コンビニエンス・ストアは，多くの人に利用されています。人口が多い都市では駅の周りだけでなく，住宅地や道路沿いでもよく見かけますし，地方の町や村にもコンビニが増えてきました。これに伴ってコンビニは，物を売るだけの店ではなくなってきました。多くのコンビニが全国の自治体との間の連携を強化し，新たな役割を担うようになっているのです。その役割とは，まず，その地域の住民に対するサービスの向上や，地域社会の活性化を図る取り組みです。次に，地域の子どもや高齢者などを犯罪や事故から守る取り組みです。それから，災害時の物資供給や帰宅困難者への支援です。

では，質問です。県や市町村の特産品を商品として開発して，全国のコンビニで販売するのは，このうちのどの役割になるでしょうか。

① 地域活性化

② 見守り

③ 災害時の物資供給

④ 災害時の帰宅困難者の支援

선생님이 편의점과 지자체와의 연계에 관하여 설명하고 있습니다. 이 선생님이 마지막에 하는 질문의 답은 어느 것입니까?

편의점은 많은 사람들에게 이용되고 있습니다. 인구가 많은 도시에서는 역 주변뿐만 아니라, 주택지와 도로를 따라서도 많이 볼 수 있고, 지방 도시와 마을에서도 편의점이 늘어나 왔습니다. 이것에 따라서 편의점은, 물건을 팔 뿐인 가게가 아니게 되어왔습니다. 대부분의 편의점이 전국 지자체와의 사이에서 연계를 강화하고, 새로운 역할을 담당하게 된 것입니다. 그 역할이라는 것은 우선, 그 지역의 주민에 대한 서비스 향상과 지역사회의 활성화를 꾀하는 노력입니다. 다음으로, 지역 아이들과 고령자 등을 범죄와 사고로부터 지키는 노력입니다. 그리고, 재해 시의 물자 공급과 집으로 돌아가지 못하는 사람에 대한 지원입니다.

그럼, 질문입니다. 현과 시정촌의 특산품을 상품으로서 개발하여 전국 편의점에서 판매하는 것은, 이 중에 어느 역할이 될까요?

① 지역활성화

② 지켜보기

③ 재해시의 물자공급

④ 재해시의 귀택곤란자에 대한 지원

해설

선택지의 항목에 추가되는 청각 정보를 주의 깊게 들으며 메모해 두고 마지막 질문을 놓치지 않는 것이 중요하다. 마지막 질문은 편의점의 역할 중 '특산품의 상품화' = '지역활성화'에 관하여 이야기 하고 있으므로 1번이 정답이다. 특산품의 판매는 '재해 시'의 문제가 아니므로 3번과 4번은 오답이고, 범죄나 사고와 무관하므로 2번도 오답이다.

어휘 連携(れんけい) 연계 | 強化(きょうか)する 강화하다 | 担(にな)う 담당하다 | 図(はか)る 도모하다, 꾀하다 | 物資供給(ぶっしきょうきゅう) 물자공급

問題 6 정답 ③ Track 3-6

先生が，ゼミで使う経済学の参考書について学生に説明しています。この先生が前期に読むように勧めているのはどの本ですか。

資料を見てください。最後のページに参考書を表にして載せてあります。この中でみなさんにまず推薦したいのは，山崎先生の本です。ここに挙げた山崎先生の本はどれも，ほかの本に比べると初学者にもわかりやすく，経済学の基礎について書かれています。ただ，一番下の山崎先生の本は専門用語が難しいです。ですから，これは少しあとで読んだほうがいいと思います。ほかに大石先生の本も経営学についてわかりやすく書かれていますが，前期は経済学の概要から勉強していきましょう。前期の授業では，今言った2冊に目を通しておくといいと思います。

① 1（『経営学概論』大石隆）と7（『理論経済学』山崎修）

② 1（『経営学概論』大石隆）と5（『経済学概論』山崎修）

③ 5『経済学概論』山崎修）と6（『経済史』山崎修）

④ 2（『金融論』加藤純子）と7（『理論経済学』山崎修）

선생님이 세미나 수업에서 사용하는 경제학 참고서에 관하여 학생에게 설명하고 있습니다. 이 선생님이 전기에 읽도록 권하고 있는 것은 어느 책입니까?

자료를 봐 주세요. 마지막 페이지에 참고서를 표로 게재했습니다. 이 안에서 우선 여러분에게 추천하고 싶은 것은, 야마자키 선생님의 책입니다. 여기에 든 야마자키 선생님의 책은 모두 다른 책과 비교하면 초심자도 알기 쉽게, 경제학의 기초에 관하여 쓰여 있습니다. 다만 가장 밑에 있는 야마자키 선생님의 책은 전문 용어가 어렵습니다. 때문에, 이것은 조금 나중에 읽는 편이 좋다고 생각합니다. 그 외에 오오이시 선생님 책도 경영학에 관하여 알기 쉽게 쓰여있습니다만, 전기는 경제학의 개요부터 공부해 갑시다. 전기의 수업에서는 지금 말한 2권을 훑어 봐 두면 좋을 거라 생각합니다.

① 1(경영학 개론)과 7(이론 경제학)

② 1(경영학 개론)과 5(경제학 개론)

③ 5(경제학 개론)과 6(경제사)

④ 2(금융론)과 7(이론 경제학)

해설

문제에서 권하는 책이 전기와 전기가 아닌 것으로 구분될 것을 예상해 두는 것이 중요하다. 야마자키 선생님의 책을 추천한다고 하였고, 5. 6 .7번의 3권 중 「一番下(いちばんした)の～少(すこ)しあとで読(よ)んだほうがいい(가장 밑에~조금 뒤에 읽는 편이 좋다)」고 하였으므로 7번이 제외되어 3번이 정답이다.

어휘 参考書(さんこうしょ) 참고서 | 載(の)せる 게재하다 | 推薦(すいせん)する 추천하다 | 基礎(きそ) 기초 | 専門用語(せんもんようご) 전문 용어

問題 7 정답 ③

Track 3-7

先生が，保健機能食品について説明しています。この先生が説明した3種類を科学的な根拠が重視されている順に並べると，どうなりますか。

健康の維持や増進のための機能を持つ保健機能食品は3種類あり，内容の表示の仕方が違います。まずAの特定保健食品は健康増進に役立つ食品で，食品ごとに国が審査するので，表示内容が細かく多いです。Bの栄養機能食品は一日に必要な栄養成分を含む食品で，何の届け出も必要ありません。販売されている食品の数はBが一番多いです。Cの機能性表示食品は機能性を表示した食品で，販売前に安全性や機能性について国への届け出が必要です。Aほどではありませんが Cも，届け出のために，しっかりとした根拠が必要で表示しなければいけないものが決められています。

① A < B < C

② A < C < B

③ B < C < A

④ C < A < B

선생님이 보건 기능식품에 관하여 설명하고 있습니다. 이 선생님이 설명한 3종류를 과학적인 근거가 중시되는 순으로 나열하면 어떻게 됩니까?

건강 유지와 증진을 위한 기능을 가진 보건기능식품은 3종류가 있고, 내용 표시방식이 다릅니다. 우선 A의 특정보건식품은 건강증진에 도움이 되는 식품으로 식품마다 국가가 심사하기 때문에, 표시 내용이 상세하고 많습니다. B의 영양 기능식품은 하루에 필요한 영양 성분을 포함한 식품으로, 아무런 신고도 필요 없습니다. 판매되고 있는 식품의 수는 B가 가장 많습니다. C의 기능성표시식품은 기능성을 표시한 식품으로, 판매전에 안전성과 기능성에 관하여 나라에 신고가 필요합니다. 제대로 된 근거가 필요하며 표시되어야만 하는 것이 정해져 있습니다.

① A < B < C

② A < C < B

③ B < C < A

④ C < A < B

해설

유사 어휘가 반복적으로 등장하는 비교설명 표현에 주의해야 하므로 집중력이 필요하다. 또 과학적 근거가 중시되는 순서이므로 다른 기준과 혼동하지 않는 것이 중요하다. '과학적 근거 중시' = '신고와 표시내용'으로 볼 수 있다. 따라서, 신고가 필요 없는 B가 가장 근거가 중시되지 않는 것이므로 이것만으로 3번이 정답이 된다. '판매량'과 '과학적 근거'는 다른 내용이므로 4번을 선택하지 않는 것이 중요하다.

어휘 維持(いじ) 유지 | 増進(ぞうしん) 증진 | 表示(ひょうじ) 표시 | 審査(しんさ)する 심사하다 | 含(ふく)む 포함하다 | 届(とど)け出(で) (행정적)신고 | 根拠(こんきょ) 근거

女子学生と男子学生が，水害に関わる地名について話しています。この女子学生がこれから調べるのは，どのような地名ですか。

女子学生：この辺って，昔から水害が多くて，大変だったらしいね。それで，家や畑に被害を受けた人たちが，地名に「水とか川」の字を使って，被害を後世に伝えようとしたんだって。

男子学生：へえ。そうすると，「池や沢」みたいなサンズイの漢字も水に関係がありそうだね。

女子学生：うん。あと，「谷や島」が名前に付いている場所も水に関係する地形が多いみたい。「蛇や竜」なんかは水害の被害が由来っていうのを聞いたことがあるよ。

男子学生：そうなんだ。水に関係する地名って「水や川」とかサンズイだけじゃないんだね。

女子学生：うん。でも，サンズイ以外の漢字だと地形や被害をイメージしづらいよね。そういう地名を調べて，まとめようかな。

男子学生：いいね。その地域の人たちに防災意識を持ってもらうのに役立ちそうだね。

여학생과 남학생이, 수해와 관련된 지명에 관하여 이야기하고 있습니다. 이 여학생이 이제부터 조사하는 것은 어떠한 지명입니까?

여학생: 이 주변은 말이야, 옛날부터 수해가 많아서 힘들었다라고 하더라고. 그래서 집이나 밭에 피해를 받은 사람들이 지명에 '물 이라던가 강'의 글자를 사용해서 피해를 후세에 전하려고 했었다고 하더라.

남학생: 오~ . 그러면, '지와 택' 같은 삼수변의 한자도 물에 관련이 있을 것 같네.

여학생: 응. 그리고, '곡이나 도'가 지명에 붙어 있는 장소도 물에 관계된 지형이 많은 것 같아. '뱀과 용'같은 것은 수해의 피해가 유래라는 것을 들은 적이 있어.

남학생: 그렇구나. 수해에 관계된 지명이라는 것은 '물과 강'이라던가, 삼수변만이 아니었구나.

여학생: 응. 하지만, 삼수변 이외의 한자라면 지형과 피해를 이미지 하기 어렵잖아. 그러한 지명을 조사해서 정리해 볼까나.

남학생: 좋네. 그 지역의 사람들에게 방재의식을 갖도록 하는 데에 도움이 될 것 같다.

해설

남학생과 여학생이 말한 내용의 구분과, 앞으로 조사 할 내용과 이미 조사된 내용을 구분하는 것이 포인트이다. 여학생의 마지막 대화 「そういう地名を調べて～(그러한 지명을 조사해서~)」에서 「そういう＝サンズイ以外の漢字(그러한＝삼수변 이외의 한자)」를 의미하므로 A와 B를 제외하면 4번이 정답이다.

어휘 畑 밭 | 被害 피해 | 水害 수해 | 由来 유래 | 防災意識 방재 의식

問題 9 정답 ①

Track 3-9

講師が, マナー講座で, 席に座るときの上下関係について話しています。この講師が最後にする質問の答えは, イラストのどの席ですか。

部屋や乗り物の座る席にも上下関係があります。上下関係の上は上座といって, お客様や目上の方に勧める席です。もし, みなさんがお客様をもてなす側である場合は, 相手に上座を勧めて, 自分は下座に座るのがマナーです。椅子や座席の配置は様々ですが, 基本的には, 人の出入りが少なく静かな席が上座となります。部屋だったら床の間, 新幹線のような座席の乗り物だったら窓に近いほうです。ドアの開け閉めや人の行き来が頻繁にあるような落ち着かない場所を避け, 眺めが良い席で, 快適に過ごしていただくということです。

このイラストは電車の座席ですが, 席が向かい合っています。ここで質問ですが, このイラストの四つの席では, お客様に勧めるのに, どの席が一番いいでしょうか。進行方向と逆の方向を向いていると乗り物酔いすることがあるので, 進行方向を向いて座るほうが快適だと考えてください。

강사가 매너 강좌에서 자리에 앉을 때의 상하관계에 관하여 이야기하고 있습니다. 이 강사가 마지막에 하는 질문의 답은, 일러스트의 어느 자리입니까?

방과 탈 것의 앉는 자리에도 상하관계가 있습니다. 상하관계의 상은 상좌라고 해서, 손님과 윗사람에게 권하는 자리입니다. 만약, 여러분이 손님을 대접하는 측인 경우는, 상대에게 상좌를 권하고, 자신은 하좌에 앉는 것이 매너입니다. 의자와 좌석의 배치는 여러 가지입니다만, 기본적으로는 사람의 출입이 적고 조용한 자리가 상좌가 됩니다. 방이라면 토코노마, 신칸센과 같은 좌석의 교통 기관이라면 창문에 가까운 쪽입니다. 문을 열고 닫거나 사람이 빈번하게 오고 가는 것과 같은 안정되지 않는 장소를 피하고, 전망이 좋은 자리에서 쾌적하게 보내도록 한다는 의미입니다.

이 일러스트는 전철의 좌석입니다만, 좌석이 서로 마주보고 있습니다. 여기서 질문입니다만, 이 일러스트의 4개의 좌석에서는 손님에게 권하는 데에, 어느 좌석이 가장 좋겠습니까? 진행 방향과 반대 방향을 향하고 있으면 멀미할 경우가 있기 때문에, 진행 방향을 향하여 앉는 편이 쾌적하다고 생각해 주세요.

해설

그림을 통해서 창문과 진행 방향이 조건이 될 것을 미리 예상해 두는 것이 포인트이다. 좋은 자리의 조건으로 '창가'와 '진행 방향을 향하여 앉는 것'이라고 했으므로, 1번이 정답이다. 창가가 아니므로 3번과 4번은 오답이고, 2번은 진행 방향과 반대 방향이어서 오답이다.

어휘 乗(の)り物(もの) 탈것, 교통수단 | 上下関係(じょうげかんけい) 상하관계 | 上座(かみざ) 상석 | もてなす 대접하다, 대우하다 | 頻繁(ひんぱん) 빈번 | 眺(なが)め 전경, 전망 | 快適(かいてき)だ 쾌적하다

問題 10 정답 ④

Track 3-10

講師が，セミナーで，「職場の人間関係」について話しています。この講師が説明しているグラフはどれですか。

仕事をする人の悩みの中で一番多いのは，「職場の人間関係」だと言われています。これはどの職場にも共通するテーマではないでしょうか。これは，ある年に国の機関が全国の労働者を対象に調査した結果です。現在の仕事や職業に関することで強い不安，悩み，ストレスを抱えている労働者の割合は，労働者全体の6割に達していますが，その理由の第1位が「職場の人間関係」です。次いで，「仕事の質」，それから「仕事の量」となっています。この結果から，働く人の意識は仕事の内容や会社の状態などよりも社内の人間関係のほうに注がれているとも言えるでしょう。どのように人間関係を円滑に進められるかは，心の健康にも大きな影響を与え，さらには組織の業績向上にもつながる大きな問題だということがわかります。

강사가 세미나에서 '직장의 인간관계'에 관하여 이야기하고 있습니다. 이 강사가 설명하고 있는 그래프는 어느 것입니까?

일을 하는 사람의 고민 중에서 가장 많은 것은, '직장의 인간관계'라고 일컬어지고 있습니다. 이것은, 어느 직장에도 공통된 테마가 아닐까요? 이것은, 어느 해에 국가 기관이 전국 노동자를 대상으로 조사한 결과입니다. 현재의 일과 직업에 관한 것으로 강한 불안, 고민, 스트레스를 떠안고 있는 노동자의 비율은 노동자 전체의 60%에 달하고 있습니다만, 그 이유의 1위가 '직장의 인간관계'입니다. 이어서, '일(업무)의 질', 그리고 '일(업무)의 양'으로 되어 있습니다. 이 결과에서, 일하는 사람의 의식은 일의 내용과 회사의 상태 등보다도 사내의 인간관계 쪽에 집중되어 있다고도 말할 수 있겠지요. 어떻게 인간관계를 원만하게 진행시킬 수 있는지는 마음의 건강에도 커다란 영향을 미치고 나아가서는, 조직의 업적 향상으로도 이어지는 커다란 문제라는 것을 알 수 있습니다.

해설

선택지 그래프 중에 공통점과 차이점을 찾아 두어 시선의 이동을 최소화 하는 것이 포인트이다. 설명하고 있는 그래프의 조건을 정리하면, 가장 많은 것은 '직장의 인간관계', 이어서 '일(업무)의 질', 그리고 이어서 '일(업무)의 양', 이므로 모든 조건을 충족하는 4번이 정답이다.

어휘 共通(きょうつう)する 공통되다 | 悩(なや)み 고민 | 抱(かか)える 떠 안다 | 次(つ)いで 이어서 | 注(そそ)ぐ (쏟아)붓다 | 円滑(えんかつ)に 원할히 | 業務向上(ぎょうむこうじょう) 업무 향상

問題 11 정답 ②

Track 3-11

男子学生と女子学生が，発表の資料を見ながら話しています。この男子学生が，女子学生のアドバイスをもとに作り直した資料はどれですか。	**남학생과 여학생이, 발표 자료를 보면서 이야기하고 있습니다. 이 남학생이 여학생의 조언을 근거로 다시 만든 자료는 어느 것입니까?**
男子学生：ねえ，ちょっと時間あるかな？プレゼンの資料を見てもらいたいんだけど。	남학생: 저기, 좀 시간 있을까? 프레젠테이션 자료를 봐 줬으면 좋겠는데.
女子学生：うん。いいよ。どれ？	여학생: 응, 좋아, 어떤 거?
男子学生：これなんだけど。字が多くて見にくいよね……。レイアウトとか自信なくてさ。	남학생: 이건데. 글씨가 많아서 보기 어렵지…… 레이아웃 같은 게 자신이 없어서.
女子学生：うーん，そうだね。まず，2回目の「本研究」は省略したほうがいいんじゃない？それから，余白を作ったら，もっと見やすくなると思うよ。	여학생: 음… 우선, 2번째의 '본 연구'는 생략하는 편이 좋지 않을까? 그리고, 여백을 만들면 좀더 보기 쉬워질 거라 생각해.
男子学生：なるほど。まず，この「本研究」が2回出てて……，最後も繰り返しの言葉を使っているから，こっちの文はいらないんだね。ああ，すっきりしてきた。	남학생: 그렇구나. 우선, 이 '본 연구'가 2번 나와서……… 마지막도 반복되고 있으니까, 이 문장은 필요 없겠지. 아, 깔끔해졌어.
女子学生：あと，「日常生活」と「活動範囲」で左右に分けてみるのは，どう？	여학생: 그리고, '일상생활' 과 '활동범위'로 좌우를 나눠보는 것은 어때?
男子学生：うん，わかった。……こんな感じで，どうかな？	남학생: 응. 알았어. ……이런 느낌, 어떨까?
女子学生：いいねえ。すごく見やすくなったと思うよ。	여학생: 좋은데, 굉장히 보기 좋아졌다고 생각해.

해설

자료 변경 전과 후의 변화 표현에 주의하며 4개 선택지의 공통점과 차이점을 구분하며 보는 것이 중요하다. 여학생의 충고이므로 여학생의 말에 집중하여 들어야 한다. 우선, '일상생활과 활동범위로 나누기'라고 했으므로 1번은 오답이고, '마지막 반복 문구 삭제'로 3번과 4번도 오답이 되어 2번이 정답이 된다.

어휘 省略(しょうりゃく)する 생략하다 | 余白(よはく) 여백 | 繰(く)り返(かえ)し 반복 | 活動範囲(かつどうはんい) 활동 범위

問題 12 정답 ③ Track 3-12

先生が，介護と仕事の問題について話しています。この先生が女性の回答を見て驚いたと言っているのは，どの項目ですか。

このグラフは，介護をきっかけに仕事を辞めた人が，具体的にどんな理由で辞めたのかをまとめたものです。男女ともに「仕事と介護の両立が難しい職場だったため」という人が6割を超えています。一方，「自分の心と体の健康状態が悪化したため」，「自分自身の希望として「手助け・介護」に専念したかったため」という理由を挙げた人は，2割から3割にとどまっていますが，どちらも女性の割合が多くなっています。反対に「老人ホームなどの施設へ入所できず「手助け・介護」の負担が増えたため」という理由を挙げたのは男性のほうが多くなっています。また，男性で4番目に多いのは介護の負担が増えたことですが，女性は，「「家族からの協力が十分に得られなかった」または「家族が介護に専念することを希望した」」というのが4番目です。現在でも女性が仕事を辞めて，介護に専念することを求める家族が多いことに驚かされます。

① 自身の希望として「手助・介護」に専念したかったため
② 施設へ入所できず「手助・介護」の負担が増えたため
③ 家族や親族からの理解・協力が十分に得られなかったまたは家族や親族が「手助・介護」に専念することを希望したため
④ 要介護者が「手助・介護」に専念することを希望したため

선생님이 개호(사회요양)와 일의 문제에 관하여 이야기하고 있습니다. 이 선생님이 여성의 대답을 보고 놀랐다고 말하고 있는 것은 어느 항목입니까?

이 그래프는 개호를 계기로 일을 그만 둔 사람이, 구체적으로 어떤 이유로 그만두었는가를 정리한 것입니다. 남녀 모두 '일과 개호의 양립이 어려운 직장이었기 때문에'라는 사람이 60%를 넘고 있습니다. 한편, '자신의 마음과 몸의 건강 상태가 악화되었기 때문에', '자기 자신이 희망하여 도움, 개호에 전념하고 싶었기 때문에'라는 이유를 든 사람은 20~30%에 그치고 있습니다만 어느 쪽도 여성의 비율이 많아졌습니다. 반대로 '노인 요양 시설에 입소할 수 없어 도움, 개호의 부담이 늘었기 때문에'라는 이유를 들은 사람은 남성 쪽이 많아졌습니다. 또 남성에서 4번째로 많은 것은 개호의 부담이 늘어난 것입니다만, 여성은, '가족으로부터 충분히 협력을 얻을 수 없었다' 또는 '가족이 개호에 전념하는 것을 희망한다'라는 것이 4번째입니다. 현재도 여성이 일을 그만두고, 개호에 전념하는 것을 요구하는 가족이 많은 것에 놀랐습니다.

① 자신이 희망하여 '도움, 개호'에 전념하고 싶어 했기 때문에
② 시설에 입소할 수 없어 '도움, 개호'의 부담이 늘었기 때문에
③ 가족과 친족으로부터 이해, 협력을 충분히 얻을 수 없었다 또는 가족과 친족이 '도움, 개호'에 전념하는 것을 희망했기 때문에
④ 개호를 필요로 하는 자가 '도움, 개호'에 전념하는 것을 희망했기 때문에

해설

일반적 설명과 선생님이 놀랐다고 하는 부분을 구분하는 것이 포인트이다. 설명 마지막 부분 「現在(げんざい)でも～驚(おどろ)かされます(지금도~놀랍니다)」에서 '여성에게 개호를 요구하는 가족이 현재도 많다'라는 것에 놀랐다고 했으므로, 3번이 정답이다. 개호에 전념하는 것이 스스로의 희망이 아니므로 1번은 오답이고, 2번은 일반적 사실이어서 오답이며, 4번은 언급하지 않아 오답이다.

어휘 介護(かいご) 개호(간호/사회요양) | 辞(や)める (일)그만두다 | 超(こ)える 넘다, 초월하다 | 専念(せんねん)する 전념하다 | 施設(しせつ) 시설 | 負担(ふたん) 부담 | 希望(きぼう)する 희망하다

問題 13 정답 ①

Track 3-13

先生が，キャリア教育について話しています。この先生が最後にする質問の答えは何ですか。

最近では「キャリア」という言葉は特定の職業や組織の中での働き方だけでなく，広い意味を持つようになりました。キャリア教育でも，職業の選択が単なる仕事探しではなく，他者や社会との関わりの中で自己実現を目指すという観点が意識されています。では，より具体的に「キャリア」という言葉の意味を考えてみましょう。「キャリア」は仕事を選択するだけでなく，人生の全体の中での「働くこと」を意味します。つまり「自分の力を発揮して社会あるいはそれを構成する個人や集団に貢献すること」という意味を含んでいるということです。そして，この言葉には，社会生活を送る上での様々な地位や役割が含まれるということです。では，様々な役割とは，例えばどんなことですか。

この先生が最後にする質問の答えは何ですか。

① 職業以外の学生，市民，地域ボランティアなどの役割
② 運転手として安全に運転するという職業上の役割
③ 自己実現を目標とした新しい言葉の役割
④ 仕事探しをしている人に教育や訓練をする役割

선생님이 캐리어교육에 관하여 이야기하고 있습니다. 이 선생님이 마지막에 하는 질문의 답은 무엇입니까?

최근에는 '캐리어'라는 말은 특정 직업과 조직 안에서 일하는 방식 뿐만 아니라, 넓은 의미를 갖게 되었습니다. 캐리어 교육에서도, 직업의 선택이 단순한 일 찾기가 아니라, 다른 사람과 사회와의 관계 속에서 자기 실현을 목표로 한다는 관점이 의식되고 있습니다. 그럼, 보다 구체적으로 '캐리어'라고 하는 말의 의미를 생각해봅시다. '캐리어'는 일을 선택하는 것뿐만 아니라, 인생의 전체 안에서 '일하는 것'을 의미합니다. 즉, '자신의 힘을 발휘하여 사회 혹은 그것을 구성하는 개인과 집단에 공헌하는 것'이라는 의미를 포함하고 있다는 것입니다 그리고, 이 말에는, 사회생활을 보내는데 있어서 여러 지위와 역할이 포함된다는 것입니다. 그럼, 여러 역할이라는 것은, 예를 들면 어떤 것입니까?

이 선생님이 마지막에 하는 질문의 답은 무엇입니까?

① 직업 이외의 학생, 시민, 지역봉사 등의 역할
② 운전수로서의 안전하게 운전한다고 하는 직업상의 역할
③ 자기실현을 목표로 한 새로운 말의 역할
④ 일을 찾고 있는 사람에게 교육과 훈련을 하는 역할

해설

캐리어 교육이라는 전문 용어의 정의 설명을 듣고 메모 해두는 것이 포인트이다. 마지막 질문이 캐리어에 포함된 의미를 찾는 것이고 이에 대한 예시는 '사회생활 속에서 여러 지위와 역할'이라는 의미를 포함하고 있어야 하므로 1번이 정답이다. 2번은 직업상의 역할이므로 오답이고, 3번은 '새로운 말의 역할'이므로 오답이다. 4번은 지위와 역할이 없는 상태이므로 오답이다.

어휘 組織(そしき) 조직 | 発揮(はっき)する 발휘하다 | 構成(こうせい)する 구성하다 | 貢献(こうけん)する 공헌하다 | 含(ふく)む 포함하다

問題 14 정답 ④

Track 3-14

女子学生と学生課の職員が話しています。この女子学生は，この会話のあとどうしますか。

女子学生：すみません，学生証をなくしてしまって，再発行したいのですが。

職　　員：学生証ですね。再発行ですと，1,500円かかりますがよろしいですか。

女子学生：はい，大丈夫です。

職　　員：じゃ，まずこの再発行願いに記入して，それから顔写真の付いた身分証明書と写真を一緒に提出してください。

女子学生：すみません，身分証明書は健康保険証しかなくて。今日中にお願いしたいんですけど，運転免許は家に置いてきてしまって。取りに帰る時間が……。

職　　員：ほかには，パスポートとか住民票とかお持ちでないですか。

女子学生：パスポートも家だし……。あ，パスポートを写真に撮ったものならあります。

職　　員：じゃ，その画像のコピーでもいいですよ。

女子学生：わかりました。図書館でプリントアウトして，また来ます。

この女子学生は，この会話のあとどうしますか。

① 家に免許証を取りに行く。

② 身分証明書の写真を撮る。

③ 住民票を提出する。

④ パスポートの写真を印刷する。

여학생과 학생과 직원이 이야기하고 있습니다. 이 여학생은 이 대화 후에 어떻게 합니까?

여학생: 실례합니다, 학생증을 잃어버려서 재발행하고 싶습니다만.

직원: 학생증 말이죠. 재발행이면, 1500엔 드는데 괜찮으시겠습니까?

여학생: 네, 괜찮습니다.

직원: 그럼, 우선 여기 재발행 신청서에 기입하시고, 얼굴사진이 붙은 신분증과 사진을 함께 제출해주세요.

여학생: 죄송합니다. 신분증은 건강보험증 밖에 없어요, 오늘 중으로 부탁 드리고 싶은데, 운전면허는 집에 두고 와버려서. 가지러 갈 시간이…….

직원: 그 밖에는, 여권이라든가, 주민표라든가 안 갖고 계십니까?

여학생: 여권도 집이고……. 아, 여권을 사진으로 찍은 것이라면 있습니다.

직원: 그럼, 그 화면의 복사라도 좋아요.

여학생: 알겠습니다. 도서관에서 프린트 아웃(출력)해서, 또 오겠습니다.

이 여학생은, 이 대화 후에 어떻게 합니까?

① 집에 면허증을 가지러 간다.

② 신분증 사진을 찍는다.

③ 주민표를 제출한다.

④ 여권의 사진을 인쇄한다.

해설

대화 이전과 이후의 행동을 구분하고 이후의 행동에 주목하는 것이 포인트이다. 학생증 재발행 과정 절차 중, 신분증의 미지참이 문제인데, 여권을 사진으로 찍은 것도 가능하다고 했고, 「図書館(としょかん)でプリントアウトしてまた来(き)ます(도서관에서 프린트해서 또 오겠습니다)」라고 여학생이 말하고 있으므로 그 다음 행동은, '사진을 인쇄한다'의 4번이라고 알 수 있다.

어휘 再発行(さいはっこう) 재발행 | 身分証明書(みぶんしょうめいしょ) 신분증 | 提出(ていしゅつ)する 제출하다

問題 15 정답 ①

先生が，言葉によるコミュニケーションについて説明しています。この先生は，言葉で伝え合うときに，どんなことを意識したほうがいいと言っていますか。

私たちは言葉を使って人とコミュニケーションをするときに，事実，推測，判断の三つをあまり区別せず話すことが多いのではないでしょうか。事実をそのまま伝えることを報告と言い，その事実とその周辺で起こっていることをつなぎ合わせて言うのが推測です。さらに，推測したことに評価を加えるのが判断です。

言葉で何かを伝えるときに，この三つのレベルを意識して話すことが大切です。例えば，「このような事実があります。そのことに関して私は次のように推測しますが，判断を求められるならば，それは駄目だと思います」というように区別して，段階を追って話すわけです。そうすれば，相手はわかりやすいし，途中で質問や意見を挟むこともできて，会話が豊かになるでしょう。人と会話しているときには，お互いに今どのレベルで話しているのか意識してみることで新しい発見があるかもしれません。

この先生は，言葉で伝え合うときに，どんなことを意識したほうがいいと言っていますか。

① 事実か推測か判断かを区別すること
② 事実をできるだけ正確に細かく伝えること
③ 相手が質問しやすいように話すこと
④ 意見を言い合える関係をつくること

선생님이 말에 의한 커뮤니케이션에 관하여 설명하고 있습니다. 이 선생님은, 말로 서로 전달할 때 어떤 것을 의식하는 편이 좋다고 말하고 있습니까?

우리들은, 말을 사용하여 타인과 커뮤니케이션을 할 때 사실, 추측, 판단 3가지를 그다지 구별하지 않고 이야기하는 경우가 많은 것은 아닐까요? 사실을 그대로 전달하는 것을 보고라고 하고, 그 사실과 그 주변에서 일어나고 있는 것을 서로 이어 맞추는 것이 추측입니다. 더욱이 추측한 것에 평가를 더하는 것이 판단입니다.

말로 무언가를 전달할 때에, 이 3개의 레벨을 의식하여 말하는 것이 중요합니다. 예를 들면, '이와 같은 사실이 있습니다. 그것에 관하여 나는 다음과 같이 추측합니다만 판단이 요구된다면, 그것은 안 된다고 생각합니다'라는 것처럼 구별해서, 단계를 따라서 이야기하는 것입니다. 그렇게 하면, 상대는 알기 쉽고, 도중에 질문과 의견을 끼워 넣을 수 있고, 대화가 풍부해질 것입니다. 타인과 대화하고 있을 때에는, 서로 지금 어느 레벨에서 이야기하고 있는지 의식해 봄으로써 새로운 발견이 있을지도 모릅니다.

이 선생님은, 서로 말로 전달할 때에, 어떤 것을 의식하는 편이 좋다고 말하고 있습니까?

① 사실인지 추측인지 판단인지를 구별할 것
② 사실을 될 수 있는 한 정확하고 세세하게 전하는 것
③ 상대가 질문하기 쉽도록 이야기하는 것
④ 의견을 서로 이야기할 수 있는 관계를 만드는 것

해설

반복되는 표현 중 「～意識したほうがいい(~의식하는 편이 좋다)」의 유사표현에 반응하는 것이 포인트이다. 「～この三つのレベルを意識して話すことが大切です(이 세 개의 레벨을 의식해서 이야기하는 것이 중요합니다)」를 유사표현으로 볼 수 있으며 「三つのレベル＝事実、推測、根拠(세 개의 레벨＝사실, 추측, 근거)」이므로 1번이 정답이다. 3번과 4번은 언급하지 않아 오답이고, 2번은 '추측과 판단'의 내용이 없어 오답이다.

어휘 推測 추측 | 判断 판단 | 区別 구별 | 報告 보고 | 評価 평가 | 駄目 소용없음

問題 16 정답 ④

Track 3-16

男子学生と女子学生が，自転車の利用について話しています。この男子学生は，自転車の利用を増やすために何が必要だと言っていますか。

男子学生：最近，都内でも通勤や通学に自転車を使う人，結構見るよね。

女子学生：確かに！交通費も節約できるし，気持ちいいけど，危ない道も多くない？

男子学生：そうなんだよね。バスや電車から降りて歩く時間も考えると，うちから目的地まで自転車で行ったほうが早い場合もあるから，自転車にしたい気もするけど，安全性がね……。自転車専用道路がもっと増えたら，自転車を選ぶ人も増えるんじゃないかな。

女子学生：そうだよね。うちから大学まで，安全，快適に来られるなら，自転車のほうがいいな。燃料は要らないし，二酸化炭素の排出もないし，運動にもなるから。

男子学生：みんな自転車の良さはわかっているから，あとは道だね。

この男子学生は，自転車の利用を増やすために何が必要だと言っていますか。

① 自転車の長所を知ってもらうこと
② 電車の中に自転車を持ち込めるようにすること
③ 大学の中に安全な道をつくること
④ 自転車のための専用道路を整備すること

남학생과 여학생이, 자전거의 이용에 관하여 이야기하고 있습니다. 이 남학생은 자전거의 이용을 늘리기 위하여 무엇이 필요하다고 말하고 있습니까?

남학생: 최근, 도쿄도 내에서도 통근과 통학에 자전거를 사용하는 사람, 꽤 있지?

여학생: 확실히! 교통비도 절약할 수 있고 기분도 좋지만, 위험한 길도 많지 않나?

남학생: 그렇다니까? 버스와 전철에서 내려서 걷는 시간도 생각을 하면, 집에서 목적지까지 자전거로 가는 편이 빠른 경우도 있으니까, 자전거를 타고 싶은 마음도 들지만, 안전성이………자전거 전용 도로가 더 는다면 자전거를 고르는 사람도 늘지 않을까?

여학생: 그렇지. 집에서 대학까지, 안전하고 쾌적하게 올 수 있다면, 자전거 쪽이 좋지. 연료도 필요 없고, 이산화탄소 배출도 없고, 운동도 되니까.

남학생: 모두 자전거의 장점을 알고 있으니, 남은 건 길이구나.

이 남학생은, 자전거의 이용을 늘리기 위하여 무엇이 필요하다고 말하고 있습니까?

① 자전거의 장점을 알게 하는 것
② 전철 안에 자전거를 가지고 탈 수 있도록 하는 것
③ 대학 안에 안전한 길을 만드는 것
④ 자전거를 위한 전용도로를 정비하는 것

해설

남학생과 여학생 대화 구분이 필요하다. 남학생이 묻고 있으므로 남학생의 말의 주목하면, 남학생의 마지막 대화 「～あとは道(みち)だね(～나머지는 길이군)」으로 길 이외에 나머지는 해결이 되었음을 알 수 있다. 따라서 길과 관계 있는 선택지 4번이 정답이다.

어휘 節約(せつやく) 절약 | 二酸化炭素(にさんかたんそ) 이산화탄소 | 排出(はいしゅつ) 배출

問題 17 정답 ③ Track 3-17

先生が，授業で話しています。この先生は，夜型人間に対して，社会はどんな対応をするべきだと言っていますか。

「朝型人間」「夜型人間」という表現がありますが，朝活動するのが得意か，夜活動するのが得意かは，人によって違います。どちらが優れているというのではなく，ヒトの体内に備わっている生物時計には個人差があり，また，年齢的な変化もあります。思春期から青年期，すなわち10代後半から20代にかけての若い時期は夜型の傾向が強くなるのです。朝型は健康で夜型は不健康といったイメージは根強くあります。しかし，朝早い時間に中学校や高校で，多くの生徒が眠くて頭も体もうまく働かない状況であることのほうが問題ではないでしょうか。学校の始業時間を遅くすることで，睡眠不足が解消され，学習効果が上がったという調査結果もあります。社会は，学校や会社の開始時間を遅らせる等，夜型にも配慮した対応をするべきでしょう。社会全体が夜型のメリットにも目を向ける必要があると思います。

この先生は，夜型人間に対して，社会はどんな対応をするべきだと言っていますか。

① 社会全体で夜型を優先させる

② 朝型の良さを皆に理解させる教育をする

③ 学校や会社が夜型にも対応する制度を作る

④ 朝型人間の健康に十分に配慮する

선생님이 수업에서 이야기하고 있습니다. 이 선생님은, 저녁형 인간에 대하여, 사회는 어떤 대응을 해야 한다고 말하고 있습니까?

'아침형 인간' '저녁형 인간'이라는 표현이 있습니다만, 아침에 활동하는 것이 숙련되어 있는지, 밤에 활동하는 것이 숙련되어 있는지는, 사람에 따라서 다릅니다. 어느 쪽이 뛰어나다라는 것이 아니라, 사람의 체내에 갖춰져 있는 생체 시계에는 개인차가 있고, 또, 연령적인 변화도 있습니다. 사춘기부터 청년기, 즉 10대 후반부터 20대에 걸쳐서의 젊은 시기는 저녁형의 경향이 강해지게 되는 것입니다. 아침형은 건강하고 저녁형은 건강하지 않다와 같은 이미지는 뿌리 깊게 있습니다. 하지만, 아침 이른 시간에 중학교와 고등학교에서, 많은 학생이 졸려서 머리도 몸도 잘 작동하지 않는 상황인 쪽이 문제가 아닐까요? 학교 시작 시간을 늦게 함으로써, 수면부족이 해소되고, 학습효과가 오른다는 조사결과도 있습니다. 사회는 학교와 회사의 시작 시간을 늦추는 등, 저녁형에게도 배려해야만 하겠습니다. 사회 전체가 저녁형의 메리트에도 시선을 돌일 필요가 있다고 생각합니다.

이 선생님은, 저녁형 인간에 대하여, 사회는 어떤 대응을 해야 한다고 말하고 있습니까?

① 사회전체에서 저녁형을 우선시킨다.

② 아침형의 장점을 모두에게 이해시키는 교육을 한다.

③ 학교와 회사가 저녁형에도 대응하는 제도를 만든다.

④ 아침형 인간의 건강에 충분히 배려한다.

해설

저녁형 인간과 그 외 인간의 구분이 필요한 부분과 그렇지 않은 부분을 구분해서 듣는 것이 중요하다. 1번은 배려가 아니고 우선이어서 오답이며, 저녁형의 이점에도 주목하라 하였으므로 2번도 오답이다. '저녁형에게도 배려한 대응이 필요'하다고 하였으므로 3번이 정답이다.

어휘 表現(ひょうげん) 표현 | 優(すぐ)れる 뛰어나다, 훌륭하다 | 備(そな)わる 갖춰지다 | 思春期(ししゅんき) 사춘기 | 根強(ねづよ)い 뿌리 깊다, 끈끈하다 | 配慮(はいりょ)する 배려하다

問題 18 정답 ④

Track 3-18

先生が，心理学の授業で，ステレオタイプについて話しています。この先生は，ステレオタイプの長所を用いて，何ができると言っていますか。

ステレオタイプというのは，特定の属性を持つ人などに対する単純化されたイメージや強い思い込みのことです。例えば，「都会の人はおしゃれだ」とか「血液型がA型の人は几帳面でまじめだ」というような画一化された固定観念です。一方で，ステレオタイプには，情報を効率的に処理する際に役立つという面があります。私たちは現実のすべてのことを把握するのは不可能ですが，ステレオタイプを使うことで，情報を整理して，相手の行動や気持ちを予測し，速やかに適切な行動をとることができます。例えば，初めて会った人と雑談をする場面で，関心がありそうな話題を選んだり，相手が嫌がるような話題を避けたりして，ステレオタイプをいかした無難な会話をすることは，よくあるのではないでしょうか。

この先生は，ステレオタイプの長所を用いて，何ができると言っていますか。

① 画一化された固定観念を持つこと
② 現実のすべての情報を理解すること
③ 関心がありそうな話題を聞き出すこと
④ 人の反応を予測して適切に対応すること

선생님이 심리학 수업에서, 스테레오 타입에 관하여 이야기하고 있습니다. 이 선생님은 스테레오 타입의 장점을 이용하여, 무엇을 할 수 있다고 말하고 있습니까?

스테레오 타입이라는 것은, 특정 속성을 가진 사람 등에 대한 단순화 된 이미지와 강한 착각을 말합니다. 예를 들면, '도시 사람은 멋쟁이다'라던가 '혈액형이 A인 사람은 꼼꼼하고 성실하다'와 같은 획일화된 고정관념입니다. 한편으로 스테레오 타입에는, 정보를 효율적으로 처리할 때에 도움이 되는 면이 있습니다. 우리들은 현실의 모든 것을 파악 하는 것은 불가능하지만, 스테레오 타입을 사용함으로써, 정보를 정리하고, 상대의 행동과 마음을 예측하고, 신속하고 적절한 행동을 취할 수가 있습니다. 예를 들면, 처음 만난 사람과 잡담을 하는 장면에서, 관심이 있을 것 같은 화제를 고르기도 하고, 상대가 싫어할 것 같은 화제를 피하기도 하여, 스테레오 타입을 활용한 무난한 대화를 하는 것은 자주 있는 것이 아닐까요?

이 선생님은, 스테레오 타입의 장점을 이용하여 무엇을 할 수 있다고 말하고 있습니까?

① 획일화된 고정관념을 갖는 것
② 현실의 모든 정보를 이해하는 것
③ 관심이 있을 것 같은 화제를 묻는 것
④ 사람의 반응을 예측하여 적절하게 대응하는 것

해설

전문용어의 정의 설명을 잘 들어 두어야 한다. 여기에서는 장점을 묻고 있으므로 긍정적 측면에 반응하는 것이 중요하다. 1번은 부정적 측면으로 오답이고, 2번은 극단적 표현 '모든 것을 파악하는 것은 불가능'이라고 설명하고 있으므로 오답이다. 3번은 언급하지 않았으며, '상대의 행동과 마음을 예측'할 수 있다는 표현에서 4번이 정답이라고 알 수 있다.

어휘 長所(ちょうしょ) 장점 | 属性(ぞくせい) 속성 | 単純化(たんじゅんか) 단순화 | 画一化(かくいつか) 획일화 | 固定観念(こていかんねん) 고정관념 | 処理(しょり)する 처리하다 | 把握(はあく)する 파악하다 | 整理(せいり)する 정리하다 | 予測(よそく)する 예측하다 | 雑談(ざつだん) 잡담 | 無難(ぶなん)だ 무난하다

問題 19 정답 ①

Track 3-19

先生が，イルカという動物について話しています。この先生の説明によると，イルカがストレスを受けている原因は何ですか。

イルカは海の中で，人間には聞こえない超音波などでコミュニケーションをとっています。同じグループ内でいくつかの音を共有して言葉のように用いているのです。このように，イルカにとって音を聞くことはとても重要なことですが，最近，イルカが海の中でストレスを受けていることが問題になっています。どうして問題なのかというと，その原因が人間の出す音だということがわかってきたからです。貨物船や旅客船といった船の音や，風力発電の音などの周波数がイルカの出す音の周波数と重なっているために，イルカ同士のコミュニケーションの妨げとなってしまうのです。人間が出す音と周波数が似ているせいで，イルカが被害を受けてしまうのは，見過ごせません。

この先生の説明によると，イルカがストレスを受けている原因は何ですか。

① 周波数が人間の出す音とイルカで重なっているから
② 出す音の周波数が生物間で似ているから
③ 人間の出す音が大きすぎるから
④ 様々なタイプの音をイルカ同士で共有しているから

선생님이 돌고래라는 동물에 관하여 이야기하고 있습니다. 이 선생님의 설명에 의하면 돌고래가 스트레스를 받고 있는 원인은 무엇입니까?

돌고래는 바다 속에서, 인간에게는 들리지 않는 초음파 등으로 커뮤니케이션을 하고 있습니다. 같은 그룹 내에서 몇 개인가의 소리를 공유하여 말처럼 이용하고 있습니다. 이와 같이, 돌고래에게 있어서 소리를 듣는 것은 매우 중요한 일입니다만, 최근, 돌고래가 바다 속에서 스트레스를 받고 있는 것이 문제가 되고 있습니다. 어째서 문제인가 하면, 그 원인이 인간이 내는 소리라는 것을 알았기 때문입니다. 화물선과 여객선 등과 같은 배 소리와, 풍력발전 소리 등의 주파수가 돌고래가 내는 소리의 주파수와 겹치기 때문에, 돌고래끼리의 커뮤니케이션의 방해가 되어 버리는 것입니다. 인간이 내는 소리와 주파수가 유사한 탓에, 돌고래가 피해를 받아 버리는 것은, 간과할 수 없습니다.

이 선생님의 설명에 의하면, 돌고래가 스트레스를 받고 있는 원인은 무엇입니까?

① 인간이 내는 소리와 돌고래의 주파수가 겹치기 때문에
② 내는 소리의 주파수가 생물 사이에서 유사하기 때문에
③ 인간이 내는 소리가 지나치게 크기 때문에
④ 여러 가지 타입의 소리를 돌고래끼리 공유하고 있기 때문에

해설

'원인'이나 '이유'를 찾으라는 문제에서는 '원인'이나 '이유'를 나타내는 표현에 반응하는 것이 중요하다.「その原因(げんいん)が～」,「～ために」,「～せいで」등의 전후를 체크하면, 공통적으로 '인간이 내는 소리가 주파수가 유사하다, 겹쳐지다'가 원인이 되므로 1번과 3번으로 압축할 수 있는데, 소리의 크기의 문제가 아니므로 1번이 정답이다.

어휘 超音波(ちょうおんぱ) 초음파 | 用(もち)いる 이용하다 | 貨物船(かもつせん) 화물선 | 周波数(しゅうはすう) 주파수 | 重(かさ)なる 겹쳐지다 | 妨(さまた)げる 방해하다

問題 20 정답 ③ Track 3-20

先生が，経済学の授業で，「金融教育に関するアンケート調査の結果」について話しています。この先生は，日本の大学生の問題は何だと言っていますか。

「金融教育」つまり「お金に関する教育」について日本の大学生にアンケート調査を行ったところ，「難しそう」という回答が比較的多くなっていました。みなさんは，どのように感じていますか。私がこの調査を通して気付いた日本の学生の問題点は，「金融トラブル」に関する情報を手に入れようと考える学生が少なく，無関心であるということです。そうすると，知識や情報がないために，様々なトラブルに巻き込まれやすくなります。また，学生たちはそういった知識や情報を集めるための方法を持っておらず，持っていないことに危機感がないことも，この問題の原因の一つだと感じています。金融に関する知識が増えることで，その知識が必要だという認識が高まることがわかっています。ぜひみなさんには，関心を持って情報を集め，金融に関する知識を増やしていってほしいです。

この先生は，日本の大学生の問題は何だと言っていますか。

① 金融教育を十分に受けていないこと

② 金融教育を難しいと思っていること

③ 金融トラブルに対する関心が低いこと

④ 金融の知識を生活にいかせていないこと

선생님이 경제학 수업에서, '금융교육에 관한 앙케이트 조사 결과'에 관하여 이야기하고 있습니다. 이 선생님은 일본의 대학생의 문제는 무엇이라고 말하고 있습니까?

'금융교육' 즉 '돈에 관한 교육'에 관하여 일본의 대학생에게 앙케이트 조사를 행했더니, '어려울 것 같다'라는 대답이 비교적 많았습니다. 여러분은, 어떻게 느끼고 있습니까? 내가 이 조사를 통해서 깨달은 일본 학생의 문제점은, '금융 트러블'에 관한 정보를 손에 넣으려고 생각하는 학생이 적고, 무관심하다는 것입니다. 그러면, 지식이나 정보가 없기 때문에, 여러 가지 트러블에 휘말리기 쉽게 됩니다. 또 학생들은 그러한 지식과 정보를 모으기 위한 방법을 가지고 있지 않고, 가지고 있지 않은 것에 위기감이 없는 것도, 이 문제의 원인 중에 하나라고 느끼고 있습니다. 금융에 관한 지식이 늘어남으로써, 그 지식이 필요하다는 인식이 높아지는 것을 알고 있습니다. 여러분은 꼭 관심을 가지고 정보를 모아 금융에 관한 지식을 늘렸으면 좋겠습니다.

이 선생님은, 일본 대학생의 문제는 무엇이라고 말하고 있습니까?

① 금융교육을 충분히 받고 있지 않은 것

② 금융교육을 어렵다고 생각하고 있는 것

③ 금융트러블에 대한 관심이 낮은 것

④ 금융지식을 생활에 활용하고 있지 않은 것

해설

일본대학생의 문제점으로 한정하여 듣는 것이 중요하다. '일본의 학생의 문제점은~ 무관심'이라고 했으므로 「無関心(むかんしん)＝関心(かんしん)が低(ひく)い(무관심＝관심이 낮다)」로 3번이 정답이다.

어휘 金融(きんゆう) 금융 | 比較的(ひかくてき) 비교적 | 巻(ま)き込(こ)む 말려들게 하다, 휩쓸리게 하다 | 危機感(ききかん) 위기감 | 増(ふ)やす 늘리다

問題 21 정답 ③ Track 3-21

あるボランティア団体の女性が，インタビューを受けています。この女性がボランティアをする上で大切にしているのは，どんな気持ちですか。

聞き手：これまで長くボランティアを続けていらっしゃいますが，ボランティアをする上で大切になさっていることは，どのようなことですか。

女　性：そうですね……。ボランティアというと，社会の役に立ちたいとか困っている人を助けたいといった志を持っている方が多いと思うんですが。

聞き手：ええ。

女　性：でも，私は，他人のためではなく，自分が楽しくて面白いからするものだと思っています。親切心を押し付けるようなことになれば，相手が迷惑に思う可能性があります。ですから，やらせてもらってありがたいという気持ちをいつも忘れないようにしています。

聞き手：なるほど。確かに，してあげていると思うのではなく，自分にとって意味のある活動だからすると思うのは大事なことですね。

この女性がボランティアをする上で大切にしているのは，どんな気持ちですか。

① 社会の役に立ちたいという気持ち
② 困っている人を助けたいという気持ち
③ 好きなことをさせてもらっているという気持ち
④ 仲間に迷惑をかけたくないという気持ち

어느 봉사활동 단체의 여성이 인터뷰에 응하고 있습니다. 이 여성이 봉사활동을 하는데 있어서 중요하게 여기고 있는 것은 어떤 마음입니까?

질문자: 지금까지 오래 봉사활동을 계속하고 계십니다만, 봉사활동을 하는데 있어서 중요하게 여기고 계시는 것은, 어떤 것입니까?

여성: 글쎄요……. 봉사활동이라고 하면 사회의 도움이 되고 싶다던가, 곤란한 사람을 돕고 싶다 등과 같은 뜻을 가지고 계신 분이 많다고 생각합니다만.

질문자: 예예

여성: 하지만, 저는, 타인을 위해서가 아니라, 자신이 즐겁고 재미있기 때문에 하는 것이라고 생각하고 있습니다. 친절한 마음을 강요하는 것이 되면, 상대가 성가시다고 생각할 가능성이 있습니다. 그러니까 "하게 해주셔서 감사합니다" 라는 마음을 언제나 잊지 않도록 하고 있습니다.

질문자: 그렇군요. 확실히, 해주고 있다라고 생각하는 것이 아니라, 자신에게 있어서 의미가 있는 활동이기 때문에 한다라고 생각하는 것은 중요하죠.

이 여성이 봉사활동을 하는데 있어서 중요하게 여기고 있는 것은, 어떤 마음입니까?

① 사회에 도움이 되고 싶다는 마음
② 곤란해 하는 사람을 돕고 싶다는 마음
③ 좋아하는 것을 (스스로)하고 있다는 마음
④ 동료에게 폐를 끼치고 싶지 않다는 마음

해설

일반적 사고와 여성의 생각을 구분하는 것이 포인트이다. 여성의 마지막 대화 「自分(じぶん)が楽(たの)しくて面白(おもしろ)い(자신이 즐겁고 재밌다)」와 같이 자기 주도적이며, 「やらせてもらってありがたいという気持(きも)ち(하게 해 주어서 고맙다는 기분)」처럼, 자기가 좋아서 하고 있다는 마음이 중요하다고 했으므로 3번이 정답이 된다.

어휘 志(こころざし) 마음, 뜻 | 親切心(しんせつしん) 친절한 마음, 선심 | 押(お)し付(つ)ける 밀어붙이다, 강요하다, 들이밀다

問題 22 정답 ①

Track 3-22

先生が，小論文の評価について説明しています。この先生は，最も重視して採点するのはどんな点だと言っていますか。

今回の小論文の採点基準となる四つのポイントを説明します。まず，課題をきちんと理解し，問題を的確にとらえられているかという点です。次に，その課題について調べた知識をわかりやすく表現できているかという点です。また，論旨に矛盾がなく，筋が通っているかという点も大事です。最後に，オリジナリティ，つまり自分が一番伝えたいところを表現できているかという点を見ます。この中で，私が一番重視しているのは，課題に対する最も基本的な部分です。出された課題を正確に理解した上で，問題意識を持って取り組んでください。どんなに文章表現がうまくても，筋が通っていても，課題とずれていたら，ここで評価が下がりますから，気を付けてください。

この先生は，最も重視して採点するのはどんな点だと言っていますか。

① 課題を的確にとらえ，問題意識があるか
② 論旨の一貫性があり，筋が通っているか
③ 課題に対する知識を表現できているか
④ 自分の強調したいところが書けているか

선생님이 소논문의 평가에 관하여 이야기하고 있습니다. 이 선생님이 가장 중시하여 채점하는 것은 어떤 점이라고 말하고 있습니까?

이번 소논문의 채점기준이 되는 4가지 포인트를 설명하겠습니다. 우선, 과제를 제대로 잘 이해하고 문제를 적절하게 파악하고 있는가라는 점입니다. 다음으로, 그 과제에 관하여 조사한 지식을 알기 쉽게 표현하고 있는가라는 점입니다. 또 논지에 모순이 없고, 맥락이 통하고 있는가라는 점도 중요합니다. 마지막으로, 오리지널리티, 즉 자신이 가장 전하고 싶은 부분이 표현되어 있는가라는 점을 보겠습니다. 이 중에서, 제가 가장 중시하는 것은, 과제에 대한 가장 기본적인 부분입니다. 주어진 과제를 정확하게 이해한 후에, 문제의식을 가지고 임해 주세요. 아무리 문장 표현이 훌륭해도, 맥락이 통해도, 과제와 어긋나 있다면, 여기에서 평가가 내려가니까, 주의해 주세요.

이 선생님은, 가장 중시하여 채점하는 것은 어떤 점이라고 말하고 있습니까?

① 과제를 정확하게 파악하고, 문제의식이 있는가
② 논지의 일관성이 있고, 맥락이 통하고 있는가
③ 과제에 대한 지식을 표현할 수 있는가
④ 자신이 강조하고 싶은 부분이 쓰여져 있는가

해설

여러 기준 가운데 가장 중시하는 기준을 구분하는 것이 포인트이다. 설명 마지막 부분에서 「私が一番重視しているのは～(내가 가장 중시하고 있는 것은~)」라고 강조하고 있으므로 그 이후의 표현이 중요한데, 「的確に理解(정확하게 이해)」하는 것과, 「問題意識を持つ(문제 의식을 갖는다)」는 것이 필요하다고 했으므로 정답은 1번이 된다. 3번은 과제에 대한 이해가 아닌 지식이므로 오답이다.

어휘 採点基準 채점기준 | 的確に 적확하게(딱 맞게) | 論旨 논지 | 矛盾 모순 | 筋が通る 이치에 맞다

問題 23 정답 ①

Track 3-23

先生が，ホテルの経営について話しています。この先生は，ホテル経営にはどんな考え方が必要だと言っていますか。

ホテルというのは，単なる建築物，宿泊施設であるだけでなく，その地域のイメージを担うシンボル的な存在にもなります。ですから，ホテルを建設する際には，その地域の行政と積極的に対話を行い，建設計画を調整するなどして，十分に理解を得なければなりません。また，リゾートやエコツーリズムなどの拠点となる自然豊かな地域では，自然破壊や公害などにつながらないように細心の注意を払わなくてはなりません。このように，ホテルを経営するということは，自分たちが利益を上げることだけではなく，その地域の未来を見すえ，その地域と深く関わっていくことが必要です。そのような信念をもって建てられたホテルは，やがて地域に溶け込み，ホテルを含めた地域全体のイメージが出来上がり，利用者をひきつける魅力となるのです。

この先生は，ホテル経営にはどんな考え方が必要だと言っていますか。

① その地域の将来の姿を考えること
② ホテルのイメージを重視すること
③ 利用者を増やして利益を上げること
④ 自然豊かなリゾート地を選ぶこと

선생님이 호텔경영에 관하여 이야기하고 있습니다. 이 선생님은 호텔경영에는 어떤 사고방식이 필요하다고 말하고 있습니까?

호텔이라는 것은 단순한 건축물, 숙박시설일 뿐만 아니라, 그 지역의 이미지를 담당하는 심볼적인 존재가 되기도 합니다. 때문에, 호텔을 건설할 때에는 그 지역의 행정기관과 적극적으로 대화하고, 건설계획을 조정하는 등 하여, 충분히 이해를 얻어야만 합니다. 또 리조트와 에코투어리즘 등의 거점이 되는 자연이 풍부한 지역에서는 자연 파괴와 공해 등으로 이어지지 않도록 세심한 주의를 기울이지 않으면 안됩니다. 이와 같이, 호텔을 경영한다고 하는 것은 자신들이 이익을 올리는 것뿐만 아니라, 그 지역의 미래를 내다보고, 그 지역과 깊게 관여 해가는 것이 필요합니다. 이와 같은 신념으로 세워진 호텔은 이윽고 지역에 녹아 들어 호텔을 포함한 지역전체의 이미지가 완성되어, 이용자를 끌어당기는 매력이 되는 것입니다.

이 선생님은, 호텔경영에는 어떤 사고방식이 필요하다고 말하고 있습니까?

① 그 지역의 미래의 모습을 생각하는 것
② 호텔의 이미지를 중시 하는 것
③ 이용자를 늘려서 이익을 올리는 것
④ 자연이 풍부한 리조트지를 고르는 것

해설

호텔에 요구되는 일반적 사고와 선생님이 필요하다고 생각하고 있는 사고방식을 구분하는 것이 포인트이다. 선생님의 설명에서 「このように～」 이후 강조 되는 부분인, 「その地域(ちいき)の未来(みらい)を見(み)すえ、その地域(ちいき)と深(ふか)く関(かか)わっていくこと(그 지역의 미래를 내다보고, 그 지역과 깊이 관여해 가는 것)」에서 '지역의 미래를 내다보고, 지역과 관계를 중시'하는 것이 필요하다는 것을 알 수 있다. 따라서 1번이 정답이다. 3번 '이익을 올리는 것'은 이미 이루어지고 있는 것으로 필요한 것이 아니므로 오답이다.

어휘 宿泊施設(しゅくはくしせつ) 숙박 시설 | 担(にな)う 담당하다 | 拠点(きょてん) 거점 | 破壊(はかい) 파괴 | 細心(さいしん) 세심(하다) | 見(み)すえる 눈여겨보다 | 溶(と)け込(こ)む 녹아 들다, 동화되다 | 魅力(みりょく) 매력

問題 24 정답 ④

Track 3-24

先生が，人間関係の作り方について話しています。この先生は，相手と深く付きあうために，まず必要なのは何だと言っていますか。

どのようにすれば人間関係がよくなるかという，人間関係をつくる方法について書いてある本は，世の中にたくさんあります。こういう本も場合によっては役に立ちますし，そこから考えが広がっていくこともあるでしょう。しかし，もっと根本的に必要なことは，「自分がどんな人間であるかを知る」ということだと思います。それは，自分を知るためにどういう方法があるのかを考えることにつながります。人間関係は，やはり，自分を知ることからしか始まりません。人との関係を考え，相手と本当に付きあっていこうと思ったら，自分が相手と関わっているときに，どうふるまっているのか，それを知ることからしか始まらないのです。

この先生は，相手と深く付きあうために，まず必要なのは何だと言っていますか。

① 人間関係をつくる基本的な型を身につけること
② 本を読んで自分の考え方を広げていくこと
③ 相手とどのくらい深く付きあいたいかを考えること
④ 相手と関わっているときの自分を知ること

선생님이 인간관계를 만드는 방식에 관하여 이야기하고 있습니다. 이 선생님은 상대와 깊게 관계하기 위하여, 우선 필요한 것은 무엇이라고 말하고 있습니까?

어떻게 하면 인간관계가 좋아질까라는 인간관계를 만드는 방법에 관하여 쓰여진 책은, 세상에 많이 있습니다. 이러한 책도 경우에 따라서는 도움이 되고, 거기에서 생각이 확대되어가는 경우도 있겠지요. 그러나, 더 근본적으로 필요한 것은 '자신이 어떤 인간인가를 안다'라는 것이라고 생각합니다. 그것은, 자신을 알기 위하여 어떠한 방법이 있는가를 생각하는 것으로 이어집니다. 인간관계는, 역시 자신을 아는 것에서부터 시작됩니다. 사람과의 관계를 생각하고, 상대와 정말로 교류해 나가려고 생각한다면, 자신이 상대와 관여되어 있을 때 어떻게 행동하고 있는지, 그것을 아는 것에서 시작되는 것입니다.

이 선생님은, 상대와 깊게 관계하기 위하여, 우선 필요한 것은 무엇이라고 말하고 있습니까?

① 인간관계를 만드는 기본적인 틀을 익히는 것
② 책을 읽고 자신의 사고 방식을 넓혀가는 것
③ 상대와 어느 정도 깊게 관계하고 싶은가를 생각하는 것
④ 상대와 관여되어 있을 때의 자신을 아는 것

해설

상대와의 관계에서 필요한 것 중 우선순위가 있다는 것을 예상하고 듣는 것이 중요하다. 「もっと根本的(こんぽんてき)に必要(ひつよう)なことは~(더 근본적으로 필요한 것은~)」이후 표현이 우선순위가 되며, 「~からしか始(はじ)まりません(~에서 밖에 시작되지 않습니다)」에서 '자신을 아는 것'이 가장 우선순위에 있다는 것을 알 수 있으므로, 4번이 정답이다.

어휘 根本的(こんぽんてき) 근본적 | 関(かか)わる 관여(관계)하다

問題 25 정답 ①

Track 3-25

先生が，日本式の建築について話しています。この先生は，縁側という場所の何がファジーだと言っていますか。

日本式の建築の特徴の一つに，ファジーな空間が存在していることが挙げられます。ファジーとは，本来「あいまいな」という意味ですが，和風建築の特徴についていう場合のあいまいさには二つの意味があります。まず，一つの空間を特定の目的に限定することなく，多目的に使うという発想を意味します。例えば畳の和室は，布団やテーブルなど動かせる家具を片付けたり移動したりするだけで，寝室としても居間としても，またダイニングとしても使え，小さい家でも快適に暮らせます。そして，もう一つの意味は，建物の内と外をつなげるスペースが存在するということです。縁側はその最も代表的なものです。縁側とは，部屋と庭の間にある板張り空間のことを指します。まさに，部屋の一部でありながら，庭の一部でもある，ファジーな空間なのです。近年では，省エネ効果も期待でき，環境にやさしいと注目されています。

この先生は，縁側という場所の何がファジーだと言っていますか。

① 建物の中でも外でもあること
② 小さくても快適であること
③ いろいろな目的に使えること
④ 省エネで環境にやさしいこと

선생님이 일본식 건축에 관하여 이야기하고 있습니다. 이 선생님은 툇마루라는 장소의 무엇이 퍼지하다고 말하고 있습니까?

일본식 건축의 특징 중 하나에, 퍼지한 공간이 존재하고 있다는 것을 들 수 있습니다. 퍼지라는 것은, 본래 '애매한'이라는 의미입니다만, 일본풍 건축의 특징에 관하여 말하는 경우의 애매함에는 2개의 의미가 있습니다. 우선, 하나의 공간을 특정 목적으로 한정하는 것이 아니라, 다목적으로 사용한다는 발상을 의미합니다. 예를 들면 다타미의 일본식 방은, 이불과 테이블 등 움직일 수 있는 가구를 정리하거나, 이동하거나 하는 것만으로 침실로서도 거실로서도, 또 식당으로서도 사용할 수 있고, 작은 집이라도 쾌적하게 생활할 수 있습니다. 그리고, 또 하나의 의미는 건물의 안과 밖을 이어주는 스페이스가 존재한다는 것입니다. 툇마루는 그 가장 대표적인 것입니다. 툇마루라는 것은, 방과 정원 사이에 있는 판자가 깔린 공간을 가리킵니다. 그야말로 방의 일부이면서, 정원의 일부이기도 한, 퍼지한 공간인 것입니다. 최근에는, 에너지 절약 효과도 기대되어, 친환경적이라고 주목 받고 있습니다.

이 선생님은 툇마루 라는 장소의 무엇이 퍼지하다 라고 말하고 있습니까?

① 건물의 안이기도 밖이기도 한 것
② 작아도 쾌적한 것
③ 여러 가지 목적으로 사용할 수 있는 것
④ 에너지 절약으로 친환경적인 것

해설

일본식 건축의 특징 중에서 툇마루가 예시로 나오는 특징을 잘 메모하고 다른 특징과 구분하는 것이 포인트이다. '퍼지'의 2개의 의미를 설명하고 있는데, '퍼지' = '애매하다' = '일본식건축 특징' = '하나의 공간을 특정 목적에 한정하지 않는 것' = '건물의 내부와 외부를 이어주는 공간'으로 볼 수 있고, 툇마루는 후자의 대표라고 했으므로 1번이 정답이다.

어휘 和風建築(わふうけんちく) 일본풍(식) 건축 | 限定(げんてい)する 한정하다 | 発想(はっそう) 발상 | 和室(わしつ) 일본식 방, 다다미 방 | 片付(かたづ)ける 정리하다 | 寝室(しんしつ) 침실 | 縁側(えんがわ) 툇마루 | 板張(いたば)り 판자를 침 | 省(しょう)エネ 에너지 절약

問題 26 정답 ③

Track 3-26

先生が，アグライアという植物について話しています。この先生は，アグライアが森の中で生き残れるのはどうしてだと言っていますか。

植物は自分で種を運ぶことができませんが，雨に流されたり風に飛ばされたりして運ばれるほか，鳥に実を食べてもらって運んでもらうことがあります。その一例が，東南アジアに分布するアグライアという植物です。この植物の種子は，サイチョウという鳥によって遠くに運ばれます。この鳥はアグライアの実を丸飲みにして，栄養を吸収してから，1時間後に種だけを吐き出します。その1時間ほどの間にサイチョウは数十メートルから1キロを超える距離を移動することで，アグライアの種を遠くに運ぶ手助けをするのです。サイチョウが実を食べなければ，アグライアの実は木の下に落ちます。実がその木の下だけにたくさん落ちていたら，動物たちが集まってきて，ほとんどの種を食べてしまい，発芽しにくくなります。サイチョウによって，動物たちがあまり集まってこない場所に種が運ばれることで，アグライアは森の中で分布を広げて，生き残ることができるのです。

この先生は，アグライアが森の中で生き残れるのはどうしてだと言っていますか。

① 風や水があるから

② 動物が種を食べるから

③ 鳥が種を運ぶから

④ 木の下に種が落ちるから

선생님이 아글라이아라는 식물에 관하여 이야기하고 있습니다. 이 선생님은 아글라이아가 숲 속에서 살아남은 것은 왜라고 말하고 있습니까?

식물은 스스로 씨를 운반할 수 없습니다만, 비에 흘러가거나 바람에 날리거나 하여 운반되어 것 외에, 새에게 열매를 먹게 하여 운반하도록 하는 경우가 있습니다 이 일례가, 동남아시아에 분포하는 아글라이아라는 식물입니다 이 식물의 씨는, 코뿔새라는 새에 의해서 멀리 운반됩니다. 이 새는 아글라이아의 열매를 통째로 삼켜, 영양을 흡수하고 나서, 1시간 후에 씨만을 토해냅니다. 그 1시간 정도 사이에 코풀새는 수십 미터에서 1킬로미터를 넘는 거리를 이동함으로써, 아글라이아의 씨를 먼 곳으로 운반하는 도우미를 하고 있는 것입니다. 코뿔새가 열매를 먹지 않으면, 아글라이아의 열매는 나무 밑에 떨어집니다. 열매가 그 나무 밑에만 많이 떨어져 있으면 동물들이 모여와, 거의 씨를 먹어버려, 발아 하기 어려워집니다. 코뿔새에 의해서, 동물들이 그다지 모이지 않는 장소에 씨가 운반됨으로써, 아글라이아는 숲 속에서 분포를 넓혀, 살아 남을 수 있는 것입니다.

이 선생님은, 아글라이아가 숲 안에서 살아남은 것은 왜라고 말하고 있습니까?

① 바람과 물이 있기 때문에

② 동물이 씨를 먹기 때문에

③ 새가 씨를 운반하기 때문에

④ 나무 밑에 씨가 떨어지기 때문에

해설

다른 식물과 아글라이아라는 식물이 분포를 넓히는 방식을 구분하고, 이유 원인을 나타내는 표현에 반응하는 것이 포인트이다. 설명 마지막 부분「サイチョウによって、～種(たね)が運(はこ)ばれることで～(코뿔새에 의해서~ 씨가 운반되는 것으로 인해~)」에서 '새에 의해서 씨가 운반된다'라는 이유를 도출하면 3번이 정답이라고 알 수 있다. 1번은 아글라이아에 관한 내용이 아니어서 오답이고, 2번과 4번은 번식이 어려운 경우이므로 오답이다.

어휘 種(たね) 씨앗 | 丸飲(まるの)み 통으로 삼키다 | 栄養(えいよう) 영양 | 吸収(きゅうしゅう)する 흡수하다 | 距離(きょり) 거리 | 移動(いどう)する 이동하다 | 発芽(はつが)する 발아하다, (싹이)트다

問題 27 정답 ④ Track 3-27

男子学生と女子学生が，ゼミの発表について話しています。この男子学生は，次回の発表でどんなことに注意すると言っていますか。

男子学生：昨日のゼミの発表，無事終わったよ。質問も出なかったし，ほっとした。

女子学生：えっ，質問出なかったの？それじゃ，聞いている人たちが理解してくれたかどうかわからないじゃない。

男子学生：質問がないってことは，全部わかってくれたってことじゃないかな。今回は，調査結果をグラフにして発表資料もわかりやすく作ったし，事前に話す練習も何回もやって，時間内にうまく終わらせることもできたよ。

女子学生：私は質問してくれる人がいないと，みんな私の発表に興味がないのかな，私の話は理解してもらえてないのかなって，不安になっちゃうな。

男子学生：なるほどね。確かに，今回は自分がうまく話すことばかり気にして，質問のことなんて考えてなかった。

女子学生：前に先生が，質疑応答はとても大事な時間で，発表者も理解を深められるんだから，質問者に感謝しなさいって言ってたしね。

男子学生：そうだね。次回はもっと意識してみるよ。

この男子学生は，次回の発表でどんなことに注意すると言っていますか。

① わかりやすい資料を準備すること
② 決められた時間内に発表を終えること
③ 間違えないように繰り返し練習すること
④ 質疑応答が活発になるようにすること

남학생과 여학생이 전공수업 발표에 관하여 이야기 하고 있습니다. 이 남학생은, 다음 발표에서 어떤 것에 주의한다고 말하고 있습니까?

남학생: 어제 전공수업 발표, 무사히 끝났어. 질문도 없었고, 한숨 돌렸어.

여학생: 앗, 질문이 없었어? 그럼, 듣고 있는 사람들이 이해해 주었는지 아닌지 모르잖아.

남학생: 질문이 없었다는 것은, 전부 이해해 주었다는 것이 아닐까? 이번에는 조사결과를 그래프로 해서 발표자료도 알기 쉽게 만들었고, 사전에 말하는 연습도 몇 번이고 해서, 시간 내에 잘 끝낼 수 있었어.

여학생: 나는 질문해주는 사람이 없으면, 모두 나의 발표에 흥미가 없는 건가, 내 얘기는 이해해 주지 못하는 건가 해서 불안해지던데.

남학생: 그렇구나. 확실히, 이번에는 자신이 잘 말하는 것만 신경 써서, 질문 같은 것은 생각하지 못했어.

여학생: 전에 선생님이, 질의응답은 매우 중요한 시간으로, 발표자도 이해를 깊게 할 수 있으니까, 질문자에게 감사하라고 말씀하시기도 했고.

남학생: 그렇네. 다음은 더 의식해 볼게.

이 남학생은, 다음 발표에서 어떤 것에 주의 한다고 말하고 있습니까?

① 알기 쉬운 자료를 준비하는 것
② 정해진 시간 내에 발표를 끝내는 것
③ 틀리지 않도록 반복하여 연습하는 것
④ 질의 응답이 활발해지도록 하는 것

해설

남학생과 여학생의 대화 구분과, 이전 발표와 다음 발표의 주의 사항을 구분하는 것이 포인트이다. 주의해야 할 것은 이번에 이루어지지 않았다는 뜻이므로, 1번, 2번, 3번은 오답이다. 남학생이 「～質疑応答はとても大事な時間(질의 응답은 매우 소중한 시간)」, 「質問者に感謝しなさい(질문자에게 감사하라)」 등의 여성의 지적에 대해서 공감하였으므로 4번이 정답이다.

어휘 無事 무사히 | 質疑応答 질의응답 | 感謝する 감사하다

실전모의고사 4회 정답

청독해		
문제	해답 번호	정답
1 番	1	①
2 番	2	②
3 番	3	③
4 番	4	③
5 番	5	③
6 番	6	②
7 番	7	②
8 番	8	③
9 番	9	①
10 番	10	④
11 番	11	②
12 番	12	②

청해		
문제	해답 번호	정답
13 番	13	③
14 番	14	④
15 番	15	④
16 番	16	①
17 番	17	③
18 番	18	②
19 番	19	④
20 番	20	②
21 番	21	③
22 番	22	①
23 番	23	①
24 番	24	③
25 番	25	②
26 番	26	①
27 番	27	②

청독해

問題 1 정답 ①

Track 4-1

言語学の先生が、敬語の地域差について話しています。この先生は、どのグラフを見て話していますか。

一般的に日本語では、自分の家族の行動を他人に対して話す場合には尊敬語を用いないという敬語のルールがあります。ところが、そのルールに反して、他人に身内のことを話す場合にも尊敬語を用いる地域があります。例えば、関西では、他人に自分の父親の居場所を聞かれたときに、「もうすぐ帰らはります」のように、軽い尊敬を表す「ハル」を使って答えます。同じ関西でも、京都と大阪ではその運用や意味に差があります。グラフを見てください。自分の父親の行動について「ハル」を使う人は、大阪よりも京都のほうがかなり多くなっています。逆に、自分の父親の行動について「ハル」を使うのはおかしいと考える人は、大阪より京都のほうがかなり少ないです。また、京都の女性は男性よりも「ハル」を多く使う傾向にあるようです。

언어학 선생님이 존경어의 지역 차에 관해서 이야기하고 있습니다. 이 선생님은 어느 그래프를 보고 이야기하고 있습니까?

일반적으로 일본어에는 자기 가족의 행동을 타인에게 이야기할 경우에는 존경어를 사용하지 않는다는 존경어 법칙이 있습니다. 그런데, 그 규칙에 어긋나게 타인에게 자기 가족 이야기를 할 경우에도 존경어를 사용하는 지역이 있습니다. 예를 들자면 관서에서는 타인에게 자기 아버지가 있는 장소를 이야기할 때 "금방 돌아오십니다"처럼 가벼운 존경을 나타내는 「ハル」를 사용하여 대답합니다. 같은 관서지방이라도, 교토와 오사카에서는 그 운용이나 의미에 차이가 있습니다. 그래프를 봐 주세요. 자기 아버지의 행동에 관해서 「ハル」를 사용하는 사람은 오사카보다도 교토가 상당히 많습니다. 반대로, 자기 아버지 행동에 관해서 「ハル」를 사용하는 것은 이상하다고 생각하는 사람은, 오사카보다도 교토가 상당히 적습니다. 또한, 교토의 여성은 남성보다도 「ハル」를 많이 사용하는 경향이 있는 것 같습니다.

해설

그래프 문제는 선택지에서 정확한 수치를 보는 것보다, 대략적인 대소를 파악해 두는 것이 중요하다. 「ハルを使(つか)う人(ハル를 사용하는 사람)」은 오사카보다 교토 쪽이 많고, 「おかしいと考(かんが)える人(ひと)(이상하다고 생각하는 사람)」은 오사카보다 교토 쪽이 적다고 했으므로 1번과 2번으로 압축할 수 있다. 그리고, 교토는 '남성보다 여성이 많이 사용'한다는 부분을 힌트로 1번이 정답이라고 알 수 있다.

어휘 尊敬語(そんけいご) 존경어 | 用(もち)いる 사용하다, 이용하다 | 身内(みうち) 가족, 친척

問題 2 정답 ②

Track 4-2

男子学生と女子学生が、休講の掲示板を見ながら話しています。この男子学生が出席するつもりだったのはどの授業ですか。	**남학생과 여학생이 휴강 게시판을 보면서 이야기하고 있습니다. 이 남학생이 출석할 생각이었던 것은 어느 수업입니까?**
男子学生：おはよう。	남학생: 안녕!
女子学生：おはよう。あれ、今日はずいぶん早く来たんだね。どうしたの？	여학생: 안녕! 어라? 오늘은 상당히 일찍 왔네? 무슨 일이야?
男子学生：うん。先生に授業前に質問したくて、早く来たんだ。社会学の基礎がわかる本も教えてもらいたかったんだけど、1限休講だって。今から授業？	남학생: 응. 선생님한테 수업 전에 질문하고 싶어서 일찍 왔어. 사회학 기초를 알 수 있는 책도 가르쳐 달라고 하고 싶었는데 첫 시간 휴강이래. 지금부터 수업이야?
女子学生：ううん、1限はないけど、2限に英語のテストがあるから、図書館で勉強するんだ。	여학생: 아니, 첫 시간은 없는데, 두 번째 시간에 영어 시험이 있어서 도서관에서 공부할 거야.
男子学生：図書館か。じゃ、一緒に行こうかな。レポート書くスペースもあるよね。	남학생: 도서관? 그럼 같이 가자. 레포트 쓸 공간도 있지?
女子学生：あ！そういえば、今、図書館に社会学の本の特集コーナーができてて、いろいろ並べてあったよ。何かいい本あるかも。	여학생: 아 그러고보니 지금 도서관에 사회학 책 특집 코너가 만들어져서 여러 가지 진열되어 있었어. 뭔가 좋은 책이 있을지도 몰라!
男子学生：ほんとに？ラッキー。早く行こうよ。	남학생: 정말? 운이 좋네! 빨리 가자!

해설

대화문에서는 남학생과 여학생의 대화와 행위를 구분하는 것이 중요한데, 여기에서는 남학생이 출석하려고 한 수업과 여학생이 하려고 한 행동을 구분하는 것이 포인트이다. 남학생이 '출석할 생각'이었다는 것은 출석하지 못했다는 것이고, 첫 번째 대화에서 수업 전에 「社会学(しゃかいがく)の基礎(きそ)(사회학 기초)」를 알 수 있는 책을 선생님에게 물어보려고 했다는 것은 '사회학' 수업에 출석하려고 했다는 것을 의미한다. 또한, 「1限休講(げんきゅうこう)(첫 째 시간 휴강)」이라는 것은 출석하려고 했던 수업이 첫 째 시간이었다는 것을 나타내므로 정답은 2번이다.

어휘 基礎(きそ) 기초 | 休講(きゅうこう) 휴강 | 特集(とくしゅう) 특집

問題 3 정답 ③ Track 4-3

先生が、消費者を守る法律について話しています。この先生の話によると、新しく追加されたのは、どの条件ですか。

近年、不正なビジネス手法の増加により、消費者を守る法律がだんだん整ってきました。今から話す条件に当てはまれば、売買契約を取り消すことができます。例えば、家を買うとき、隣に高いマンションが建って日当たりが悪くなることがわかっていたのに、その情報が知らされないまま買ってしまった場合です。また、家にセールスマンが来て、何度も帰ってほしいと言ったのに帰らないで契約させられた場合も契約を取り消せます。無理に買わされたと判断されるからです。そして、新しく追加された条件ですが、例えば、就職活動中で、なかなか就職先が決まらない大学生が「このままでは就職できないよ。就職したいなら必ずこのセミナーに参加しなさい」などと誘われてセミナー料金を払った場合です。このように、心配事を持つ人の気持ちにつけこむのも、悪質な商法に含まれるのです。

선생님이 소비자를 지키는 법률에 대해서 이야기하고 있습니다. 이 선생님 이야기에 따르면, 새롭게 추가되는 것은 어떤 조건입니까?

근래, 불법 비즈니스 수법이 증가함에 따라 소비자를 지키는 법률이 점점 정비되어 왔습니다. 지금부터 이야기하는 조건에 해당된다면, 매매 계약을 취소할 수가 있습니다. 예를 들자면, 집을 살 때, 옆 건물에 높은 맨션이 생겨서 일광이 나빠진다는 것을 알고 있었는데, 그 정보를 듣지 못한 채 사 버린 경우입니다. 또한, 집에 세일즈맨이 와서 몇 번이나 돌아가 달라고 말했는데 가지 않아 어쩔 수 없이 강제로 계약한 경우에도 계약을 취소할 수 있습니다. 무리하게 억지로 샀다고 판단되기 때문입니다. 그리고, 새롭게 추가된 조건인데, 예를 들자면, 취직 활동 중에 좀처럼 취직 처가 정해지지 않은 대학생이 "이대로는 취직을 못해. 취직하고 싶다면 반드시 이 세미나에 참가해" 등이라고 듣고 세미나 요금을 지불한 경우입니다. 이렇게, 걱정거리를 갖고 있는 사람 마음의 허점을 이용하는 것도 악질적인 장사 수법에 포함됩니다.

해설

새롭게 추가되는 조건과 이미 있던 조건을 구분하는 것이 포인트이다. 1번은 언급하지 않아 오답이고, 2번과 4번은 새롭게 추가된 것이 아니므로 오답이다. 새롭게 추가된 조건의 예시 설명에서 「心配事(しんぱいごと)をもつ人(ひと)の気持(きも)ちにつけこむ(걱정거리를 가지고 있는 사람 마음의 허점을 이용하다)」= '불안'을 부추기는 것에 해당하므로 3번이 정답이다.

어휘 手法(しゅほう) 수법 | 増加(ぞうか) 증가 | 法律(ほうりつ) 법률 | 契約(けいやく) 계약 | 取(と)り消(け)す 취소하다 | 追加(ついか)する 추가하다 | 悪質(あくしつ)な 악질적인 | 商法(しょうほう) 장사방법, 판매수법

問題 4 정답 ③ Track 4-4

女子学生と男子学生が、生涯学習について話しています。この男子学生が意外だと言っているのは、どの項目ですか。	**여학생과 남학생이 평생교육에 관해서 이야기하고 있습니다. 이 남학생이 의외라고 말하고 있는 것은, 어느 항목입니까?**
女子学生：ねえ、見て。これ、生涯学習のことを聞いたアンケートの結果。もしこれから学習するチャンスがあったら、どんなことを学びたいかって質問したんだって。	여학생: 저기, 이거 좀 봐봐. 평생교육에 관한 것을 질문한 앙케이트 결과야. 만약에 지금부터 학습할 기회가 있다면, 어떤 것을 배우고 싶은가 질문했대.
男子学生：生涯学習って、学校を卒業したあともずっと学び続けるってことだよね？	남학생: 평생교육이란, 학교를 졸업한 후에도 계속 배우는 거지?
女子学生：うん。やっぱり、年代に関わらず趣味的なものについて学びたいと思っている人が多いね。私も茶道や書道を習ってみたいな。	여학생: 응. 역시, 연대(나이 대)에 상관 없이, 취미적인 것을 배우고 싶다고 생각하는 사람이 많아. 나도 다도나 서도를 배워 보고 싶어.
男子学生：ボランティア活動のために必要な知識・技能っていうのは年代の差があるね。	남학생: 봉사활동을 위해서 필요한 지식, 기능이라는 것은 나이대에 차이가 있지.
女子学生：そうだね。確かに、60代のほうが3倍近く高い。	여학생: 맞아. 확실히 60대가 3배 가까이 높아.
男子学生：うん。ボランティア活動をしている人の数も高齢者のほうが多いって聞くし、そういう人たちがさらに学びたいって考えてるんだろうね。でも、このインターネットに関することっていう項目が、30代と60代で変わらないのは意外だな。	남학생: 응. 봉사활동을 하고 있는 사람 숫자도 고령자가 많다고 들었고, 그러한 사람들이 더욱 더 배우고 싶다고 생각하고 있는 것 같네. 하지만, 이 인터넷에 관한 것이라는 항목이 30대와 50대에서 차이가 나지 않는 건 의외네.
女子学生：インターネットは世代に関係なく日常的に必要なものだからかもしれないね。	여학생: 인터넷은 세대에 관계 없이 일상적으로 필요한 것일지도 몰라.

해설

여학생과 남학생의 대화 구분과 남학생이 의외라고 생각하는 것과 그렇지 않은 것을 구분하는 것이 포인트이다. 남학생의 마지막 대화에서 '인터넷에 관한 항목이 30대와 60대가 차이가 나지 않는 것'이 의외라고 했으므로 3번이 정답이다. '의외이다'라고 질문을 반복하는 구간에 반응을 하는 것이 중요하다.

어휘 生涯学習(しょうがいがくしゅう) 평생교육 | 趣味(しゅみ) 취미 | 茶道(さどう) 다도 | 書道(しょどう) 서도, 서예

問題 5 정답 ③

Track 4-5

先生が、建物のユニバーサルデザインについて話しています。この先生が、競技場の中で最も注目しているユニバーサルデザインはどれですか。

ユニバーサルデザインとは、できるだけ多くの人が利用できるようにデザインされた建築や製品、そして、わかりやすく工夫された情報などの設計のことです。今回競技場の整備にあたって、「世界最高のユニバーサルデザインを目指す」という理念のもとで設計が進められました。設計の初期段階からワークショップを複数回開催し、どんな人でも楽しめる競技場づくりが検討されてきました。改善された主な項目としては、まず、3階の観客席にしかなかった車いす席を各階にバランスよく配置しなおしました。また、視覚に障害がある人に向けて、補助犬用のトイレを設置、トイレブース内にあるボタンの配置も見直しました。そしてエレベーターの数を増やし、車いすの人でも使いやすいようスロープを設置しました。そして、私が一番注目したのが、スタンドの通路の段差部分の色です。段差を色分けすることで、踏み外しやつまずきを防止する構造になっています。誰もが使いやすい空間を目指したことがよくわかるデザインなのではないでしょうか。

선생님이 유니버설 디자인에 관해서 이야기하고 있습니다. 이 선생님이 경기장 중에서 가장 주목하고 있는 유니버설 디자인은 어느 것입니까?

유니버설 디자인이란, 가능한 많은 사람이 이용할 수 있도록 디자인된 건축이나 제품, 그리고, 알기 쉽게 궁리된 정보 등의 설계입니다. 이번 경기장 정비에 있어서 '세계 최고의 유니버설 디자인을 목표로 한다'는 이념 하에서 설계가 추진되었습니다. 설계 초기단계부터 워크숍을 여러 번 개최하여, 어떤 사람이라도 즐길 수 있는 경기장 만들기를 검토해 왔습니다. 개선된 주된 항목으로서는, 우선, 3층의 관객석에 밖에 없었던 휠체어석을 각 층에 균형 좋게 다시 배치했습니다. 또한, 시각 장애가 있는 사람을 위해, 안내견용 화장실을 설치, 화장실 부스 안에 있는 버튼 배치도 고쳤습니다. 그리고 엘리베이터 숫자를 늘리고, 휠체어를 탄 사람이라도 사용하기 쉽도록 슬로프를 설치했습니다. 그리고, 제가 가장 주목한 것이 스탠드 통로의 단차 부분 색입니다. 단차 색상을 나누어서 헛디디거나 넘어지는 것을 방지하는 구조로 되어 있습니다. 누구나가 사용하기 쉬운 공간을 목표로 한 것을 잘 알 수 있는 디자인이 아닐까요?

해설

'가장 주목하고 있는 것'을 찾는 문제에서는 여러 설명 중 '주목, 중요' 등의 강조를 나타내고 있는 단어나 질문문이 패러프레이징된 부분을 놓치지 않고 메모해 두는 것이 중요하다. 마지막 부분에서 「私(わたし)が一番注目(いちばんちゅうもく)したのが、～(내가 가장 주목한 것이, ~)」라고 강조하고 있으므로, 그 이후 부분에 주의하면 정답을 찾을 수 있다. '통로 단차 부분의 색'에 주목하고 있으며, '단차 색상을 나누어 구분'한다고 했으므로 '색 구분'이 나오는 3번이 정답이다.

어휘 整備(せいび) 정비 | 目指(めざ)す 목표로 하다 | 開催(かいさい)する 개최하다 | 改善(かいぜん)される 개선되다 | 踏(ふ)み外(はず)し 헛디딤 | 防止(ぼうし)する 방지하다

問題 6 정답 ②

Track 4-6

先生が、健康科学の授業で、平均寿命と健康寿命について話しています。この先生が最後にする質問の答えはどれですか。

我が国では現在、平均寿命が80歳を超えて、男女ともに世界有数の長寿国となりました。さて、健康科学の観点からすると、寿命には平均寿命と健康寿命という二種類の値があります。平均寿命は、何歳まで生きられるかということです。それに対して健康寿命は、何歳まで健康で生きられるかということで、男性は72歳、女性は75歳で、こちらは世界2位です。男性と女性を比べると、女性のほうが平均寿命と健康寿命の差が大きいことがわかります。健康寿命と平均寿命との差は不健康な期間、つまり、寝たきりなどで、日常生活に制限が出てくる期間を表しています。では、介護にかかる費用や医療費の削減のためには、平均寿命と健康寿命がどのようになることを目指せばいいでしょうか。

선생님이 건강과학 수업에서 평균 수명과 건강 수명에 대해서 이야기하고 있습니다. 이 선생님이 마지막에 하는 질문 대답은 어느 것입니까?

우리 나라에서는 현재, 평균 수명이 80세를 넘어서 남녀 모두 세계 유수의 장수국이 되었습니다. 그런데, 건강 과학 관점에서 보면, 수명에는 평균 수명과 건강 수명이라는 두 종류의 수치가 있습니다. 평균 수명은 몇 살까지 살 수 있을까? 라는 것입니다. 이에 대해서 건강 수명은, 몇 살까지 건강하게 살 수 있을까? 라는 것으로 남성은 72세, 여성은 75세로 세계 2위입니다. 남성과 여성을 비교해 보면, 여성이 평균 수명과 건강 수명 차이가 크다는 것을 알 수 있습니다. 건강 수명과 평균 수명 차이는 건강하지 못한 기간, 즉, 거동을 못해 누워 있는 등으로 일상 생활에 제한이 생기는 기간을 나타냅니다. 그러면, 개호에 관련된 비용이나 의료비 삭감을 위해서는, 평균 수명과 건강 수명이 어떻게 되도록 하면 좋을까요?

해설

텍스트로 되어 있는 선택지를 미리 읽어보고 평균 수명과 건강 수명의 관계에 대한 이해가 필요하다는 것을 예상하는 것이 포인트이다. '평균 수명'과 '건강 수명'의 차이는 곧 '건강하지 못한 기간의 증가' = '의료비의 증가'이고, '의료비의 감소'는 곧 '평균 수명'과 '건강 수명'의 차이가 줄어들어야 한다는 것을 의미하므로 2번이 정답이다. 남녀 차이와는 무관하므로 4번은 오답이다. 1번은 차이가 변화하지 않으므로 오답이다. 3번의 차이가 증가한다는 것은 비용의 증가를 의미하므로 오답이다.

어휘 平均寿命(へいきんじゅみょう) 평균 수명 | 長寿国(ちょうじゅこく) 장수국 | 寝(ね)たきり 병과 노화 등으로 계속 누워있음 | 削減(さくげん) 삭감

問題 7 정답 ②

Track 4-7

先生が、教育学の授業で、小学校での授業の組み立て方について話しています。この先生がこのあと説明すると言っているのは、資料のどの部分ですか。

小学校の授業における学習にはいくつかの段階があります。授業を組み立てるときには、その段階を念頭に置いてください。授業は、まず導入部で、その授業の目的や目標を明確にすることが大切です。目標達成のための課題をわかりやすく提示して、これから何をすればいいのか予測させます。その上で、課題解決のために必要な学習活動を展開していきます。ここでは、アクティブラーニングとよばれる主体的な学習が効果的です。そして、授業の最後には、子どもが学習を振り返る段階をつくります。ここで、課題に対するまとめをして、学習内容が理解できているかを教師が確かめます。この段階のあと、各自が家で復習することにより、子どもは授業で学んだことを身に付けることができるのです。それではこれから、今まで述べた段階のうち、子どもたちが主体となり、提示された目標を実現させるための学習活動の方法について説明していきたいと思います。

선생님이 교육학 수업에서 초등학교에서 수업을 짜는 법에 관해서 이야기하고 있습니다. 이 선생님이 이 뒤에 설명한다고 하는 것은 자료의 어느 부분입니까?

초등학교 수업에 있어서의 학습에는 몇 개인가 단계가 있습니다. 수업을 짤 때, 그 단계를 염두에 둬 주세요. 수업은, 우선 도입부에서, 그 수업 목적이나 목표를 명확히 하는 것이 중요합니다. 목표 달성을 위한 과제를 알기 쉽게 제시하고, 지금부터 무엇을 하면 될지를 예측하게 합니다. 그 후에, 과제 해결을 위해서 필요한 학습 활동을 전개해 가야 합니다. 여기에는, 액티브러닝이라고 불리는 주체적인 학습이 효과적입니다. 그리고 수업 마지막에는, 아이가 학습을 되돌아보는 단계를 만듭니다. 여기에서, 과제에 대한 정리를 해서 학습 내용을 이해하고 있는지를 교사가 확인합니다. 이 단계 뒤에 각자가 집에서 복습하는 것에 의해, 아이들은 수업에서 배운 것을 익힐 수가 있습니다. 그러면 지금부터, 지금까지 말한 단계 중에서, 아이들이 주체가 되고, 제시된 목표를 실현하기 위한 학습활동 방법에 관해서 설명해 가겠습니다.

해설

앞서 설명한 것과 이후 설명할 것을 구분하는 것이 중요하다. 각 선택지에 추가로 부여되는 청각 정보를 메모해 두는 것이 포인트인데, 「それではこれから～(그러면, 지금부터~)」에서 '제시된 목표를 실현하기 위한 학습활동'에 관하여 말한다고 하였고, '제시된 목표' = '과제'를 위한 학습을 가리키므로, 2번이 정답이다. 1번, 3번은 학습활동이기는 하나 과제해결을 위한 것이 아니므로 오답이다.

어휘 組み立て(くみたて) 조립 | 念頭に置く(ねんとうにおく) 염두에 두다 | 導入部(どうにゅうぶ) 도입부 | 明確にする(めいかく) 명확히 하다 | 展開する(てんかい) 전개하다 | 振り返る(ふりかえる) 되돌아 보다

問題 8 정답 ③

Track 4-8

講師が、会議の時の机と椅子の並べ方について話しています。この講師が最後にする質問の答えはどれですか。

会議室の机と椅子の配置は、会議の種類によって異なります。よく使われる配置は、図1と図2のニの字型と、図3のロの字型と、図4のコの字型の3種類で、カタカナのニ、ロ、コの形に机を並べることです。ニの字型は日本の学校教室型ともよばれ、参加者全員が主催者のほうを向いて座るスタイルで、主催者の話を聞くのに適しています。ロの字型は参加者全員が見える形で座るので、対等に話し合えます。そして、コの字型は主催者を独立した机で権威づけ、参加者は平等の立場で情報交換がしやすくなります。では、さらに具体的に考えてみましょう。参加者がアイディアを出し合って新たなものを生み出す創造的な会議には、この図の中で、どのレイアウトが最も適しているでしょうか。

강사가, 회의 때의 책상과 의자 배치법에 관해서 이야기하고 있습니다. 이 강사가 마지막에 하는 질문 대답은 무엇입니까?

회의실 책상과 의자 배치는, 회의 종류에 따라서 달라집니다. 자주 사용되는 배치는 그림 1과 그림 2의 二자 형과 ロ자 형과 그림 4의 コ자 형 3종류로, 가타카나 二、ロ、コ 형태로 책상을 배치하는 것입니다. 二자 형은 일본 학교 교실형이라고도 불리며, 참가자 전원이 주최자 쪽을 향해서 앉는 스타일로, 주최자의 이야기를 듣는데 적합합니다. ロ자 형은 참가자 전원이 보이는 형태로 앉기 때문에 대등하게 서로 이야기할 수 있습니다. 그리고 コ자 형은 주최자를 독립된 책상으로 배치해 권위를 주고, 참가자는 평등한 입장에서 정보 교환을 하기 쉬워집니다. 그러면, 더욱 구체적으로 생각해 봅시다. 참가자가 아이디어를 서로 내어 새로운 것을 만들어 내는 창조적인 회의에는, 이 그림 중에서 어느 레이아웃이 가장 적합한 걸까요?

해설

그림 선택지의 어느 부분에 어떤 청각적 정보를 부여하는지 메모하는 것이 포인트이다. 마지막 질문에서 '창조적 회의'에 적합한 구조를 묻고 있고, '창조적 회의' = '평등한 입장에서 정보교환' = '참가자가 서로 아이디어 창출' = '주최자가 개입하지 않는 형태' = '대등한 관계' = 'ロ자 형'이라고 볼 수 있으므로 3번이 정답이다.

어휘 配置(はいち) 배치 | 並(なら)べる 나열하다 | 主催(しゅさい) 주최 | 適(てき)する 적합하다 | 独立(どくりつ)する 독립하다 | 情報交換(じょうほうこうかん) 정보교환 | 創造的(そうぞうてき) 창조적

問題 9 정답 ①

Track 4-9

先生が、自治体のスポーツへの取り組みについて話しています。この先生が最後に挙げる例は、どの取り組みですか。

東京都のある区では、スポーツを「一部の人のものではなく、みんなのものである」として、日々の暮らしの中に、スポーツをする・見る・支える・つながる環境をつくり出す取り組みを行っています。まず、「するスポーツ」への取り組みとして、日々の散歩のような軽い運動から本格的なスポーツまで多様な運動の機会を増やします。次に「見るスポーツ」への取り組みとしてプロスポーツなどの観戦の環境を整えます。そして、「支えるスポーツ」への取り組みとして指導や育成、イベントのボランティアなどスポーツとの様々な関わりを支援します。さらに、「つながるスポーツ」では、子どもから高齢者まで全世代が利用できるスポーツ施設を充実させることなどに取り組み、地域コミュニティの活性化を推進します。こうした4つの観点から施策を行っていますが、「自転車に乗れる街づくり」もその取り組みのひとつの例になります。

선생님이 지자체 스포츠에 대한 노력에 대해서 이야기하고 있습니다. 이 선생님이 마지막에 든 예시는 어느 것입니까?

도쿄도의 어떤 구에서는 스포츠를 '일부 사람의 것이 아니고, 모두의 것이다'고 하여, 일상 생활 속에서 스포츠를 한다, 본다, 지탱한다, 연결된다는 환경을 만들어 내는 노력을 하고 있습니다. 우선 '하는 스포츠'에 대한 노력으로서, 매일 하는 산책 같은 가벼운 운동에서 본격적인 스포츠까지 다양한 운동 기회를 늘립니다. 그 다음으로 '보는 스포츠'에 대한 노력으로서 프로 스포츠 등의 관전 환경을 정비합니다. 그리고, '지탱하는 스포츠'에 대한 노력으로서 지도나 육성, 이벤트 봉사 활동 등 스포츠와 여러 관여를 지원합니다. 또한, '연결하는 스포츠'에서는 아이들부터 고령자까지 모든 세대가 이용할 수 있는 시설을 충실하게 하는 것 등에 임해 지역 커뮤니티 활성화를 추진합니다. 이러한 4개의 관점에서 시책을 실시하고 있는데, '자전거를 탈 수 있는 마을 만들기'도 그 노력 중 하나의 예시입니다.

해설

각 선택지 단계에 첨가 되는 청각적 정보를 메모 해두는 것이 포인트이다. 선생님이 마지막에 든 예시, '자전거를 탈 수 있는 마을'은 직접 행동으로 하는 것이므로 1번이 정답이다. 2번은 보는 것, 3번은 지도와 육성, 4번은 스포츠 시설에 관한 것으로 오답이다.

어휘 取り組み(とりくみ) 노력, 애씀 | 本格的(ほんかくてき) 본격적 | 観戦(かんせん) 관전 | 支援(しえん)する 지원하다 | 高齢者(こうれいしゃ) 고령자 | 施設(しせつ) 시설 | 推進(すいしん)する 추진하다

問題 10 정답 ④

Track 4-10

先生が、環境問題について話しています。この先生が注意しなければならないと言っているのは、どの部分ですか。

フードマイレージというのは図の丸で囲んだ食料の「重量×輸送距離」のことで、食べ物を運んでいるときに排出される二酸化炭素、CO_2が環境に与える影響に着目したものです。二酸化炭素の排出量は、このようにフードマイレージに輸送手段をかけて計算しますが、輸送手段によってCO_2の排出量がずいぶん違います。飛行機やトラックより船や鉄道などを選べば、排出量が抑えられるのです。それなら、海外から大きな船で大量に運んでくれば、国産のものをトラックで運ぶよりCO_2が削減できるのではないかと思うかもしれませんが、そこは注意が必要です。大きな船が泊まる港から小分けにしてトラックで運ぶので、結局この部分が減るわけではないのです。

선생님이 환경 문제에 대해서 이야기하고 있습니다. 이 선생님이 주의해야 한다고 말하고 있는 것은 어느 부분입니까?

푸드 마일리지라는 것은, 그림의 원으로 둘러싼 식량의 '중량 × 운반 거리'로, 음식물을 나를 때 배출되는 이산화탄소, CO_2가 환경에 주는 영향에 착안한 것입니다. 이산화탄소 배출량은 이렇게 푸드 마일리지에 운반 수단을 곱해서 계산하는데, 운반 수단에 따라서 CO_2 배출량이 상당히 달라집니다. 비행기나 트럭보다 배나 철도 등을 고르면, 배출량을 억제할 수 있는 것입니다. 그렇다면, 해외에서 큰 배로 대량으로 날라 오면, 국산 물건을 트럭으로 나르는 것보다 CO_2를 삭감할 수 있는 것이 아닐까라고 생각할지도 모르지만, 거기에는 주의가 필요합니다. 큰 배가 정박하는 항구에서 작게 나누어 트럭으로 나르기 때문에, 결국 이 부분이 주는 것은 아닙니다.

해설

각 항목의 단순 설명과 주의를 필요로 하는 부분을 구분하고 반응 하는 것이 포인트이다. 마지막 설명 부분에서 「そこは注意が必要(거기에는 주의가 필요)」라고 질문에 나온 문장을 반복하고 있는데, 여기에서 지시어가 가리키는 것은 '해외에서 대량 운반해서 배로 소분하여 국산 트럭으로 운반'이므로 운송에 관한 것임을 알 수 있어 4번이 정답이라고 알 수 있다.

어휘 重量(じゅうりょう) 중량 | 輸送距離(ゆそうきょり) 수송거리 | 排出(はいしゅつ)される 배출되다 | 着目(ちゃくもく)する 착안하다 | 削減(さくげん)する 삭감하다 | 小分(こわ)けにする 소분하다

問題 11 정답 ②

Track 4-11

先生が、経営学の授業で、ダイバーシティ経営について話しています。この先生が説明した効果は、どの組み合わせですか。

ダイバーシティ経営では、多様な人材をいかし、その能力を最大限発揮できるような機会を提供することで、今までとは異なる取り組みや新しい商品を生み出していくことを目指しています。この経営戦略を実現するためには、職場風土や働き方の仕組みを整備しなくてはいけません。その一つとしてテレワークの採用が挙げられます。テレワークというのは、場所や時間の制約を受けずに柔軟に働くことができる形態のことです。テレワークの効果として、社内から、「通勤が困難な社員が継続して働くことが可能になった」とか、「生産性の向上につながった」などという意見が多く挙がり、社員の満足度も高くなっています。それだけではなく、残業時間やオフィスの維持によって発生するコストの軽減にもつながっており、業務の効率化の面でも効果が出ていると言えます。

선생님이 경영학 수업에서 다이버 시티 경영에 관해서 이야기하고 있습니다. 이 선생님이 설명한 효과는 어느 조합입니까?

다이버 시티 경영에서는 다양한 인재를 활용하고 그 매력을 최대한 발휘할 수 있을 것 같은 기회를 제공하는 것으로, 지금까지와는 다른 대처나 새로운 상품을 만들어 가는 것을 목표로 하고 있습니다. 이 경영 전략을 실현하기 위해서는, 직장 풍토나 일하는 방식의 구조를 정비해야 합니다. 그 중 하나로서 재택근무 채용을 들 수 있습니다. 재택근무라는 것은, 직장이나 시간 제약을 받지 않고 유연하게 일할 수 있는 형태입니다. 재택근무 효과로서 사 내에서 '통근이 곤란한 사원이 계속해서 일할 수 있게 되었다'라든가 '생산성 향상에 연결되었다' 등이라는 의견이 많이 올라와, 사원 만족도도 높아지고 있습니다. 그것뿐만이 아니고, 잔업 시간이나 사무실 유지로 인해 발생하는 비용 경감에도 연결되어, 업무 효율화 면에서도 효과가 나오고 있다고 할 수 있습니다.

해설

생소한 용어가 나올 경우, 키워드가 되는 전문용어의 설명을 잘 듣고 파악해 두는 것이 중요하다. 특히, 청독해 문제에서는 그림 부분에 제시되어 있는 정보를 미리 읽어두는 것이 좋다. 선택지에 '직접'과 '간접', '회사 내'와 '회사 외'로 나누어져 있으므로 듣는 정보를 그 항목에 대입해 가며, 사고하고 정리해야 한다. 우선 '다이버 시티 경영'은 '다양한 인재, 기회제공, 새로운 상품 창출'을 목표로 한다고 했는데, 그 형태 중 하나가 '재택 근무'라고 설명하고 있다. 또한, '재택 근무' 효과는 '지속 가능, 생산성 향상, 업무 효율화'라고 했으므로 정답은 2번이다. 재택 근무는 '회사 외'적인 부분이 아니므로 B와 D가 포함되어 있는 1번, 3번, 4번은 오답으로 제외할 수 있다. 이런 문제에서는 정답에서 제외되는 항목을 소거법으로 제거해 나가며 정답을 찾는 것도 좋다.

어휘 提供(ていきょう)する 제공하다 | 生(う)み出(だ)す 만들어내다 | 実現(じつげん)する 실현하다 | 風土(ふうど) 풍토 | 仕組(しく)み 시스템, 구조 | 整備(せいび)する 정비하다 | 採用(さいよう) 채용 | 制約(せいやく) 제약 | 満足度(まんぞくど) 만족도 | 維持(いじ) 유지

問題 12 정답 ②

Track 4-12

先生が、水資源のための社会システムについて話しています。この先生が最後に挙げる例は、どの機能に当たりますか。

水は、私たちにとって極めて重要な資源ですから、大規模な災害下においても最低限必要な水を確保するために、「幅をもった社会システム」を構築する必要があります。それは例えば、主な水源以外にいくつかの水源を確保しておいたり、少量の水を合理的に使用できるように工夫しておいたりする仕組みのことです。

この「幅をもった社会システム」には5つの機能があるとされています。まず一つ目は設備の二重化です。安全装置を設け、何かあったときには迅速に切り替わります。二つ目は致命的な破壊を避けるための構造を持つことです。三つ目は、破壊された際も復元しやすいように設計することです。四つ目はその時々の事態に応じて融通が利く構造を備えておくことです。五つ目は、その4つの機能を結び付けて、統合する機能です。では、例えば、地震の大きな揺れで水道管が折れてしまわないように、柔軟性のある素材を使用して耐震化することは、どの機能に当たりますか。

선생님이 수자원을 위한 사회 시스템에 관해서 이야기 하고 있습니다. 이 선생님이 마지막에 드는 예시는 어느 기능에 해당됩니까?

물은 우리들에게 있어서 지극히 중요한 자원이니까, 대규모 재해 하에 있어서도, 최소한의 필요한 물을 확보하기 위해서, '폭을 가진 사회 시스템'을 구축할 필요가 있습니다. 그것은 예를 들자면, 주된 수원 이외에 몇 개인가의 수원을 확보해 두거나, 소량의 물을 합리적으로 사용할 수 있도록 궁리해 두거나 하는 시스템입니다.

이 '폭을 가진 사회 시스템'에는 5개의 기능이 있습니다. 우선 첫 번째는 설비의 이중화입니다. 안전 장치를 설치하고, 무언가 있을 때에는 신속하게 전환합니다. 두 번째는 치명적인 파괴를 피하기 위한 구조를 갖는 것입니다. 세번째는 파괴되었을 때에도 복원하기 쉽도록 설계하는 것입니다. 네번째는 그 때마다의 사태에 따라서 융통성이 있는 구조를 구비해 두는 것입니다. 다섯번 째는 이 4개의 기능을 연결하여, 결합하는 기능입니다. 그러면, 예를 들자면, 지진의 큰 흔들림으로 수도관이 부러지지 않도록, 유연성이 있는 소재를 사용하여 내진화 하는 것은 어느 기능에 해당합니까?

해설

각 선택지의 설명에 첨가되는 청각 정보를 메모 해두는 것이 중요하다. 마지막 예시는 재해의 피해를 최소화하기 위한 '물리적 내구성(부러지지 않도록)' = '부러지지 않는 것(유연성 있는 소재 사용)' = '치명적 파괴를 피하는 것' = '망가지기 어려움'을 가리키므로 2번이 정답이다.

어휘 資源(しげん) 자원 | 確保(かくほ)する 확보하다 | 幅(はば) 폭 | 構築(こうちく)する 구축하다 | 設(もう)ける 설치하다, 마련하다 | 迅速(じんそく)に 신속히 | 致命的(ちめいてき) 치명적 | 破壊(はかい) 파괴 | 柔軟性(じゅうなんせい) 유연성 | 素材(そざい) 소재 | 耐震化(たいしんか) 내진화

청해

問題 13 정답 ③

Track 4-13

先生が、心理学の授業で、子どもの発達について話しています。この先生は、なぜ乳児期が重要だと言っていますか。

エリクソンという心理学者によると、人生は8つの発達段階に分けられます。生まれてから約1歳半ごろまでの乳児期から、65歳以降の老年期までの8段階です。その中で人生の一番初めの段階である乳児期は、その後の人生に影響する大切な時期だと言うことができます。養育者との関係を築き、基本的信頼感を得ることが、安心して生きていく上で必要だからです。不快、不安、恐怖などの感情を取り除き、養育者が安心を与えることで、子どもは希望や信頼感といったものを持つことができるようになります。8つの段階の中で一番短い期間ですが、その期間に得たことが、そのあと長い間影響するとされています。まだやりとりする言葉は少ないですが、慎重に言葉を選んで接していく必要があるのです。

この先生は、なぜ乳児期が重要だと言っていますか。

① やりとりする言葉が少ない時期だから
② 不快、不安、恐怖などがある時期だから
③ 人との信頼関係を築くことを覚える時期だから
④ 自分に必要な言葉を身につけていく時期だから

선생님이 심리학 수업에서 아이들 발달에 관해서 이야기하고 있습니다. 이 선생님은 왜 유아기가 중요하다고 말하고 있습니까?

에릭슨이라는 심리학자에 의하면, 인생은 8개의 발달 단계로 나뉘어집니다. 태어나서 약 1살 중반 무렵까지의 유아기에서 65세 이후의 노년기까지의 8단계입니다. 그 중에서 인생의 가장 첫 단계인 유아기는 그 후의 인생에 영향을 주는 중요한 시기라고 할 수 있습니다. 양육자와 관계를 쌓고 기본적인 신뢰감을 얻는 것이, 안심해서 살아가는 데 필요하기 때문입니다. 불쾌, 불안, 공포 등의 감정을 제거하고, 양육자가 안심을 주는 것으로 인해 아이들은 희망이나 신뢰감이라는 것을 갖을 수 있게 됩니다. 8개의 단계 중에서 제일 짧은 기간이지만, 그 기간에 얻은 것이 그 후 오랫동안 영향을 준다고 합니다. 아직 대화하는 말은 적지만, 신중하게 말을 골라서 접할 필요가 있는 것입니다.

이 선생님은 왜 유아기가 중요하다고 말하고 있습니까?

① 대화하는 말이 적은 시기이니까
② 불쾌, 불안, 공포 등이 있는 시기이니까
③ 사람과 인간관계를 쌓는 것을 기억하는 시기이니까
④ 자신에게 필요한 말을 익혀가는 시기이니까

해설

유아기와 다른 시기와의 구분을 예상하고, 이유 표현에 반응하는 것이 포인트이다. 「幼児期は～基本的信頼感を得ることが～必要だからです(유아기는~기본적 신뢰감을 얻는 것이~필요하니까입니다)」에서 '신뢰감이 필요하기 때문'이라고 설명하고 있으므로 3번이 정답이다. 1번은 유아기의 일반적 설명이며, 2번은 유아기의 특징이 아니므로 오답이다.

어휘 発達段階 발달단계 | 信頼感 신뢰감 | 養育者 양육자 | 恐怖 공포 | 取り除く 제거하다 | 希望 희망 | 慎重に 신중히

問題 14 정답 ④

Track 4-14

先生が、一人で食事をする「孤食」について話しています。この先生が最も言いたいことは何ですか。

近年、一人で食事をする「孤食」が社会問題化されています。特に、子どもが一人で食事をとることは、心身の発達に関わる問題だとも言われています。例えば、好きなものばかり食べて栄養が偏り、健康に影響すること、また、家族とのコミュニケーションが乏しいことで社会性や協調性が育ちにくくなることなどが指摘されています。もちろん、家族がそろって楽しく食事することは人間らしい食事のあり方として望まれるでしょう。しかし、「孤食」には共働き世帯の増加や家電機器の発達といった社会環境の変化が大きく関係しています。こうしたことを抜きに、「孤食」を単によくないものとして否定的に捉えてはいけないと思うのです。

この先生が最も言いたいことは何ですか。

① 子どもの孤食は、体の成長に悪影響がある。

② 孤食によって協調性が育ちにくくなると言われている。

③ 便利な家電製品を使って一人で調理すればいい。

④ 単に家族の問題として孤食を否定するべきではない。

선생님이 혼자서 식사를 하는 '고식(孤食)'에 관해서 이야기하고 있습니다. 이 선생님이 가장 하고싶다고 하는 것은 무엇입니까?

근래, 혼자서 식사를 하는 '고식'이 사회 문제가 되고 있습니다. 특히, 아이가 혼자서 식사를 하는 것은, 심신의 발달에 관련된 문제라고도 말해지고 있습니다. 예를 들자면, 좋아하는 것만 먹어서 영양이 치우쳐서 건강에 영향을 주는 것, 또한 가족과 커뮤니케이션이 빈곤해서 사회성이나 협조성이 자라기 어려워지는 등이 지적되고 있습니다. 물론, 가족이 함께 즐겁게 식사하는 것은 인간다운 식사 방법으로써 바람직하겠죠. 하지만, '고식'에는 맞벌이 세대의 증가나 가전기기 발달이라는 사회환경 변화가 크게 관여되어 있습니다. 이러한 것을 빼고, '고식'을 단순히 좋지 않은 것으로 부정적으로 파악해서는 안된다고 생각합니다.

이 선생님이 가장 말하고 싶은 것은 무엇입니까?

① 아이들의 고식은 신체 성장에 악영향이 있다.

② 고식에 의해 협조성이 자라기 어려워진다고 말해지고 있다.

③ 편리한 가전제품을 사용하여 혼자서 조리하면 된다.

④ 단순히 가족 문제로서 고식을 부정해서는 안된다.

해설

선생님의 일반적 설명과 가장 말하고 싶은 강조 되는 부분을 구분하는 것이 포인트이다. 「もちろん、〜(일반적 사실 서술)、しかし、〜(주장 강조)」 구조의 문장이다. 역접 이후의 표현 중, 「〜を抜きに、〜てはいけない」와 같은 이중부정 표현으로 주장을 강조하고 있는 부분에 주목해야 한다. 이 선생님은 '사회환경이 관여'되어 있으므로 단순한 문제로 파악 해서는 안 된다고 했으므로 4번이 정답이다.

어휘 偏る 치우치다 | 乏しい 부족하다 | 協調性 협조성 | 育つ 자라다 | 指摘する 지적하다 | 共働き 맞벌이 | 捉える 파악하다

問題 15 정답 ④ Track 4-15

先生が、図を使って説明する方法について話しています。この先生は、図の矢印がわかりにくくなる原因は何だと言っていますか。

発表する資料に図を使って整理して示すと、説明がしやすくなります。ただ、「一目で見てわかる」という形に単純化した結果、図にしにくい概念を捨ててしまったり、省略してしまったりしがちです。この場合、どこまでなら単純化が許されるかを判断できる力をつけなければなりません。また、意味がかえってわかりにくくなることがあります。例えば、図によく使われる矢印です。多くの場合、この矢印の意味が漠然としてしまう可能性があります。論理の流れを説明するものなのか、単に時間経過を意味するものなのか、あるいは、あることの影響でこうした結果が出るという因果関係を示すものなのか。矢印ひとつとっても、これほど使い方が多様なので、矢印が示す内容が漠然となってしまうのです。意味が明確でない矢印は安易に使うべきではありません。

この先生は、図の矢印がわかりにくくなる原因は何だと言っていますか。

① 矢印によって内容が単純になるから

② 矢印は時間経過を意味するだけだから

③ 矢印は因果関係を示せないから

④ 矢印の意味が一つだけではないから

선생님이 그림을 사용하여 설명하는 방법에 관해서 이야기하고 있습니다. 이 선생님은 그림의 화살표가 알기 어려워지는 원인은 무엇이라고 말하고 있습니까?

발표할 자료에 그림을 사용하여 정리해 나타내면, 설명하기 쉬워집니다. 단지 '한 눈에 봐도 알 수 있다'는 형태로 단순화한 결과, 그림으로 하기 어려운 개념을 버려 버리거나, 생략해 버리거나 하는 경향이 있습니다. 이 경우, 어디까지라면 단순화가 용서될지를 판단할 수 있는 힘을 길러야 합니다. 또한 의미가 오히려 알기 어려워지는 경우가 있습니다. 예를 들자면, 그림에 자주 사용되는 화살표입니다. 대부분의 경우, 이 화살표 의미가 막연해질 가능성이 있습니다. 논리 흐름을 설명하는 것인지, 단순히 시간 경과를 의미하는 것인지, 혹은, 어떤 일의 영향으로 이러한 결과가 나왔다는 인과관계를 나타내는 것인지, 화살표 하나를 봐도, 이 정도로 사용법이 다양하기 때문에, 화살표가 나타내는 내용이 막연해져 버리는 것입니다. 의미가 명확하지 않은 화살표를 안이하게 사용해서는 안됩니다.

이 선생님은 그림의 화살표가 알기 어려워지는 원인은 무엇이라고 말하고 있습니까?

① 화살표에 의해서 내용이 단순해지니까

② 화살표는 시간 경과를 의미하는 것뿐이니까

③ 화살표는 인과관계를 나타내지 못하니까

④ 화살표 의미는 한 가지가 아니니까

해설

원인이나 이유를 찾으라는 문제는 우선, 원인이나 이유를 나타내는 표현이 나오는 부분에 재빨리 반응하여 메모해 두는 것이 중요하다. 선생님 설명 중 「意味がかえってわかりにくくなります(의미가 오히려 알기 어려워집니다)」라고 질문문이 반복되는 부분에 반응하여 그 다음 예시에 집중해서 이유를 유추해 내야 한다. 「矢印ひとつとっても~これほど使い方が多様なので(화살표 하나 보아도 ~이 정도로 사용법이 다양하니까)」 부분에서 화살표가 알기 어려운 원인을 설명하고 있다. 즉 '다양하다' = '한 가지가 아니다'를 의미하므로 4번이 정답이다.

어휘 整理する 정리하다 | 示す 나타내다 | 単純化する 단순화하다 | 概念 개념 | 捨てる 버리다 | 省略する 생략하다 | 許す 허락하다 | 矢印 화살표 | 漠然とする 막연하다 | 多様だ 다양하다

問題 16 정답 ①

先生が、未来技術遺産について説明しています。この先生は、未来技術遺産の選定基準を満たすのは、どんな技術だと言っていますか。

国立科学博物館は、国内の企業や大学が生み出してきた製品や技術を文化財と考え、毎年「未来技術遺産」に登録しています。未来技術遺産の選定は、まず、人々の生活に大きな影響を与える技術であることが条件になります。例えば、第1回目の2008年には、世界初のテレビ番組を録画できる家庭用のビデオや無線の携帯電話などが登録されました。家庭用ビデオは、それまでに放送局などで番組を録画するのに使っていたビデオの機械を小型化、軽量化したものです。家庭用ビデオは製品化され、多くの家庭に急速に普及して、新しい生活文化をつくりました。今では家庭でテレビ番組を録画して、見たいときにいつでも楽しめるようになりました。さらに、その後DVDにビデオの技術が引き継がれました。今みなさんが持っている携帯電話やスマホも、無線電話から技術が引き継がれています。つまり、技術の成果が次世代に受け継がれているということで、これがもう一つの選定基準になります。

この先生は、未来技術遺産の選定基準を満たすのは、どんな技術だと言っていますか。

① 生活文化として次の世代に継承される技術
② 短期間で企業や大学に広まる技術
③ 幅広い年代の人に役立つ技術
④ 小さく軽くして家庭用に商品化する技術

선생님이 미래기술유산에 관해서 설명하고 있습니다. 이 선생님은 미래기술유산의 선정 기준을 충족한 것은 어떤 기술이라고 말하고 있습니까?

국립과학박물관은 국내 기업이나 대학이 만들어 온 제품이나 기술을 문화재로 생각하고 매년, '미래기술유산'에 등록하고 있습니다. 미래기술유산 선정은, 우선, 사람들의 생활에 큰 영향을 주는 기술이라는 것이 조건이 됩니다. 예를 들자면, 제1회째인 2008년에는 세계 첫 텔레비전 프로그램을 녹화할 수 있는 가정용 비디오나 무선 휴대폰 전화 등이 등록되었습니다. 가정용 비디오는 지금까지 방송국 등에서 프로그램을 녹화하는데 사용하고 있었던 비디오 기계를 소형화, 경량화한 것입니다. 가정용 비디오는 제품화 되어 많은 가정에 급속도로 보급되어 새로운 생활문화를 만들었습니다. 지금은 가정에서 텔레비전 프로그램을 녹화해서 보고싶을 때 언제라도 즐길 수 있게 되었습니다. 더욱이, 그 뒤에 DVD에 비디오 기술이 계승되어, 지금 여러분이 가지고 있는 휴대폰 전화나 스마트폰도 무선전화에서 기술이 계승되었습니다. 즉, 기술의 성과가 차세대에 계승된다는 것, 이것이 또 하나의 선정 기준이 됩니다.

이 선생님은 미래기술유산의 선정 기준을 충족한 것은 어떤 기술이라고 말하고 있습니까?

① 생활 문화로서 다음 세대에 계승되는 기술
② 단기간에 기업이나 대학에 확산되는 기술
③ 폭 넓은 연대의 사람에게 도움이 되는 기술
④ 작고 가볍게 만들어서 가정용으로 상품화하는 기술

해설

질문문에 '~을 하는 기준'이나 '~의 조건'을 찾으라고 나오면, 그 조건이나 기준을 충족하는 것이 무엇인지 정리하며 들어야 한다. 특히, 순서를 나타내는 표현이 나올 경우, 그 부분에 주의하며 들으면 좋다. 이 문제에서는 '미래기술유산 선정 기준'이 몇 개인지를 잘 정리해 두는 것이 중요하다. 본문에서 「まず、人々の生活に大きな影響(우선, 사람들의 생활에 큰 영향)」「つまり、技術の成果が次世代に受け継がれている(즉, 기술 성과가 다음 세대에 계승된다)」라는 2개의 조건을 들고 있으므로 이 조건을 충족하는 1번이 정답이 된다. 2번, 3번, 4번 모두 '사람들의 생활에 영향'을 끼쳤다고 볼 수 있으나 '다음 세대에 계승' 된다는 조건을 충족하지 못하므로 오답이 된다.

어휘 生み出す 만들어내다 | 文化財 문화재 | 登録する 등록하다 | 選定 선정 | 録画 녹화 | 番組 방송프로그램 | 小型化 소형화 | 軽量化 경량화 | 引き継ぐ 이어받다, 계승하다

問題 17 정답 ③ Track 4-17

先生が、社会心理学の授業でコミュニケーションについて話しています。この先生は、コミュニケーションにおいて重要なのは何をすることだと言っていますか。

私たちはコミュニケーションをとる上で、言葉以外の要素からも多くのことを読みとったり伝えたりしています。ある実験によると、「話し手」が「聞き手」に与える印象の中で、話している言葉そのものが影響している部分は全体のわずか7％だったそうです。それ以外の93％は非言語の要素で、表情や服装などの影響が55%、声の大きさ、速さなどの影響が38%です。この実験は印象について調べたものですから、目や耳から入る情報がイメージと結びつきやすいのは当然だと思います。しかし、だからといって、話す内容をおろそかにしていいということではありません。印象がいいからといって内容が薄ければ、何も得るものはなく、あとには何も残らないのです。逆に、見た目の印象が良くなくても、内容をわかりやすく伝えるために工夫をしたり、相手に配慮して優しい言葉を使ったりすることで、聞き手の心に響くことがあります。

この先生は、コミュニケーションにおいて重要なのは何をすることだと言っていますか。

① 言葉以外のものから理解すること
② 表情や服装などの見た目をよくすること
③ 相手にどう伝わるか考えて話すこと
④ いい印象を与える話し方をすること

선생님이 사회심리학 수업에서 커뮤니케이션에 대해서 이야기하고 있습니다. 이 선생님은 커뮤니케이션에 있어서 중요한 것은 무엇을 하는 것이라고 하고 있습니까?

우리들은 커뮤니케이션을 하는데 있어서, 말 이외의 요소에서도 많은 것을 읽거나 전하거나 하고 있습니다. 어떤 실험에 의하면, '화자'가 '청자'에게 주는 인상 중에서 이야기하고 있는 단어 그 자체가 영향을 주고 있는 부분은 전체의 고작 7%였다고 합니다. 그 이외의 93%는 언어 이외의 요소로, 표정이나 복장 등의 영향이 55%, 목소리 크기, 빠르기 등의 영향이 38%입니다. 이 실험은 인상에 대해서 조사한 것이기 때문에 눈이나 귀로 접하는 정보가 이미지와 연결되기 쉬운 것은 당연하다고 생각합니다. 하지만, 그렇다고 해서, 이야기하는 내용을 소홀히 해도 된다는 것은 아닙니다. 인상이 좋다고 해도 내용이 얕으면, 아무것도 얻을 수 있는 것이 없고, 나중에 아무것도 남지 않습니다. 반대로, 겉보기의 인상이 좋지 않아도 내용을 알기 쉽게 전하기 위해서 궁리를 하거나, 상대에게 배려해서 자상한 말을 사용하거나 하면, 청자의 마음에 닿는 것이 있습니다.

이 선생님은 커뮤니케이션에 있어서 중요한 것은 무엇을 하는 것이라고 하고 있습니까?

① 말 이외의 것부터 이해 하는 것
② 표정과 복장 등의 외관을 좋게 하는 것
③ 상대에게 어떻게 전달될지 생각하고 이야기 하는 것
④ 좋은 인상을 주는 말하는 방식을 하는 것

해설

EJU 청해 문제는 전체 내용의 요지를 파악해 두면 정답을 찾을 수 있는 경우가 많으므로, 역접의 표현이나 전체 내용을 요약, 정리하는 부분에 주목하는 것이 포인트이다. 이 문제에서는 커뮤니케이션에서 중요한 것과 중요하지 않은 것을 구분하며 들어야 한다. '중요한 것 = 해야 하는 것 = 긍정적인 것'이라고 생각할 수 있으므로 '내용을 알기 쉽게 전달하는 것'이 중요하다는 것을 알 수 있다. 또한, 「内容(ないよう)をわかりやすく伝(つた)えるために工夫(くふう)をしたり、相手(あいて)に配慮(はいりょ)～(내용을 알기 쉽게 전하기 위해서 궁리하거나, 상대에게 배려~)」 하는 것이 중요하다고 했으므로 정답은 3번이 된다. 마지막 부분에서 '겉보기'보다 '말하는 내용'에 대해서 설명하고 있으므로 1번과 2번은 오답이며, '말하는 방식'이 아닌 '말하는 내용'이 중요하다고 설명하고 있으므로 4번도 오답이 된다.

어휘 要素(ようそ) 요소 | 表情(ひょうじょう) 표정 | 服装(ふくそう) 복장 | 響(ひび)く 울리다

問題 18 정답 ②

Track 4-18

先生が、栄養学の授業で、魚を食べることについて話しています。この先生の話によると、最近は、どんなことが勧められていますか。

20年ぐらい前まで、妊娠中は魚を食べないようにと指導されることが一般的でした。それは、魚に含まれる水銀が子どもに悪影響を与えると懸念されていたからです。しかし、最近ではそれよりも、魚の栄養によるメリットのほうが大きいのではないかと注目されています。魚には「オメガ3脂肪酸」という物質が含まれていますが、これは簡単にいうと、体にいい油のことです。EPAやDHAという、ほかの食品からはなかなかとれない栄養が含まれているのです。それで、妊娠中の体のためにも、魚を食べることが推奨されるようになりました。また、いくつかの研究によって、魚をよく食べている妊婦から生まれた子どもは、脳の発達レベルが高くなるという傾向が報告されました。こうして現在では、妊娠中にも多様な魚を毎週2食前後食べることが勧められています。ただし、大型の魚は水銀の量が多くなるので、注意したほうが良さそうです。

この先生の話によると、最近は、どんなことが勧められていますか。

① 妊娠している人が魚を食べないようにすること
② 妊娠している人が継続的に魚を食べること
③ 子どもに魚からとれる油を毎週食べさせること
④ 子どもにいろいろな種類の魚を食べさせること

선생님이 영양학 수업에서 물고기를 먹는 것에 관해서 이야기하고 있습니다. 이 선생님의 이야기에 의하면, 최근에는 어떤 것을 추천하고 있습니까?

20년 정도전까지, 임신 중에는 생선을 먹지 않도록 지적하는 것이 일반적이었습니다. 그것은, 생선에 포함되는 수은이 아이에게 악영향을 준다고 우려되고 있었기 때문입니다. 그러나, 최근에는 그것보다 생선 영양에 의한 장점이 큰 것이 아닐까라고 주목받고 있습니다. 생선에는 '오메가3 지방산'이라는 물질이 포함되어 있는데, 이것은 간단히 말하자면, 몸에 좋은 기름입니다. EPA나 DHA라는, 다른 식품에서는 좀처럼 섭취할 수 없는 영양이 포함되어 있는 것입니다. 그래서 임신 중인 몸을 위해서라도 생선을 먹는 것이 장려되게 되었습니다. 또한, 몇 개인가의 연구에 의해서 생선을 자주 먹고 있는 임산부에게서 태어난 아이는 뇌 발달이 활발해진다는 경향이 보고되었습니다. 이렇게 현재는, 임신 중에도 다양한 생선을 매주 2끼 전후로 섭취할 것을 권장하고 있습니다. 단, 대형 물고기는 수은 양이 많아지니까, 주의하는 편이 좋을 것 같습니다.

이 선생님의 이야기에 의하면, 최근에는 어떤 것을 추천하고 있습니까?

① 임신 중인 사람이 생선을 먹지 않도록 하는 것
② 임신 중인 사람이 계속적으로 생선을 먹을 것
③ 아이에게 생선에서 취할 수 있는 기름을 매주 먹게 하는 것
④ 아이에게 여러 종류의 생선을 먹게 하는 것

해설

예전과 지금, 이전과 최근 등을 '비교, 대조'를 하며 설명하는 문제에서는 시간을 나타내는 표현에 주의하며 들어야 한다. 이 문제에서는 「最近(さいきん)では~(최근에는)」「現在(げんざい)では~(현재는)」 등 '최근'을 나타내는 표현에 반응하는 것이 중요하다. 본문에서 최근에는 '영양에 의한 장점'이 주목받고 있으며, '매주 2끼 전후 먹는 것을 장려'하고 있다고 하였으므로 2번이 정답이다. 3번과 4번은 임산부와 무관한 아이가 주어가 되어 있으므로 오답이고, 임산부에게 생선을 먹지 말라고 했던 것은 '최근'이 아닌 '이전'이므로 1번도 오답이 된다.

어휘 妊娠(にんしん) 임신 | 指導(しどう)する 지도하다 | 水銀(すいぎん) 수은 | 懸念(けねん)する 우려하다, 걱정하다 | 推奨(すいしょう)される 권장되다

問題 19 정답 ④

先生が、落語という日本の伝統芸能について話しています。この先生は、落語の一番の特徴は何だと言っていますか。

落語では、落語家がお客さんの前で一人で話します。話の多くは昔の庶民の生活をもとにしていて、人間のダメなところを笑いにします。また、落語は温かいユーモアが中心で、あまり政治や社会を悪く言ったりはしません。さらに、落語のもう一つの特徴として、お笑いではタブーとされる人の死もテーマにすることが挙げられます。

落語には話の初めに導入の部分がありますが、落語家はその間にお客さんの様子をよく観察します。お客さんのリアクションを見ながら、話の内容や流れを組み立てていくのです。何と言っても、これが落語の最も大きな特徴です。お客さんの様子によっては、その場で予定を変えて違う話をすることもあります。落語は話す人が聞く人に与えるものではなく、「聞く人と一緒に作り上げる芸能」だと言えます。

この先生は、落語の一番の特徴は何だと言っていますか。

① 人が死ぬことをテーマにすること
② 人間のダメなところを笑いにすること
③ 政治や社会を批判すること
④ 聞く人の反応によって話を変えること

선생님이 '만담(落語(らくご))'이라는 일본 전통예능에 관해서 이야기하고 있습니다. 이 선생님은 '만담'의 가장 큰 특징은 무엇이라고 말하고 있습니까?

만담에서는 만담가가 손님 앞에서 혼자서 이야기합니다. 이야기의 대부분은 옛날 서민 생활을 토대로 해서, 인간의 안 좋은 부분을 웃음거리로 합니다. 또한 만담은 따뜻한 유머가 중심이고, 정치나 사회를 별로 나쁘게 말하거나 하지 않습니다. 또한, 만담의 또 하나의 특징으로서 개그에서는 금기시 되어 있는 사람의 죽음도 테마로 하는 경우가 있습니다.
만담에는 이야기 초반에 도입 부분이 있는데, 만담가는 그 사이에 손님 모습을 잘 관찰합니다. 손님 반응을 보면서 이야기 내용이나 흐름을 짜 가는 것입니다. 뭐라고 해도, 이것이 만담의 가장 큰 특징입니다. 손님의 모습에 따라서는, 그 장소에서 예정을 바꿔서 다른 이야기를 하는 경우도 있습니다. 만담은 이야기하는 사람이 듣는 사람에게 주는 것이 아니고 '듣는 사람과 함께 만들어 내는 예술'이라고 할 수 있습니다.

이 선생님은 '만담'의 가장 큰 특징은 무엇이라고 말하고 있습니까?

① 사람이 죽는 것을 테마로 하는 점
② 인간의 안 좋은 부분을 개그로 만드는 것
③ 정치나 사회를 비판하는 것
④ 듣는 사람의 반응에 따라서 이야기를 바꾸는 것

해설

지시어의 내용을 묻는 문제이다. 청해에서 지시어의 내용을 묻는 문제가 나올 경우, 지시어 앞 문장에서 간단히 설명을 한 후, 지시어 다음 문장에서 다시 한번 지시어 내용을 설명하는 경우가 많으니, 지시어 내용을 놓쳤다고 해서 당황하지 말고, 그 다음 내용을 잘 듣고 메모해 두는 것이 중요하다. 이 문제에서는 질문에서 제시된 '특징'이 반복되는 부분에 주목하는 것도 중요하다. '만담'에 관한 설명 중 '가장 큰 특징'은 '손님 반응을 보면서 이야기 내용이나 흐름을 짜 나가는 것'이라고 했는데, 「何(なん)といっても、これが落語(らくご)の最(もっと)も大(おお)きな特徴(とくちょう)です～(뭐라고 해도 이것이 만담의 가장 큰 특징입니다)」 부분에서 지시어 「これ」가 가리키는 것이 '손님의 반응을 보'는 것이다. 즉, '듣는 사람의 반응을 보며 이야기를 바꾸는 것'이 만담의 가장 큰 특징이라고 볼 수 있으므로 정답은 4번이다.

어휘 庶民(しょみん) 서민 | 導入(どうにゅう) 도입 | 観察(かんさつ)する 관찰하다 | 組(く)み立(た)てる 조립하다

問題 20 정답 ②

Track 4-20

先生が、社会学の授業で話しています。この先生の話によると、ひきこもりと呼ばれるのは、どの人ですか。

仕事をしていない若者のことをフリーターやニートと呼んでいます。フリーター、ニートとも年齢は15歳から34歳で、フリーターはアルバイトかパートで働いている人のことを言います。それに対してニートは、家事も通学もしていない人のことを指します。

さらに現在、社会問題になっているのが、ひきこもりです。ひきこもりとは仕事をしたり学校へ行ったりせず、家族以外の人との交流もなく、6か月以上続けてほとんど自宅から出ない状態の人のことを言います。仕事はしていなくても友人と会ったり、外出したりしている場合はひきこもりではありません。

この先生の話によると、ひきこもりと呼ばれるのは、どの人ですか。

① 週に2日だけアルバイトをしている大学生

② 1年以上自宅にいて他人と交流していない高校生

③ 友人と会わずに3か月勉強ばかりしている人

④ 仕事が忙しくて半年間休みがない人

선생님이 사회학 수업에서 이야기하고 있습니다. 이 선생님 이야기에 의하면, 히키코모리(은둔형 외톨이)라고 불리는 것은 어떤 사람입니까?

일을 하지 않는 젊은이를 프리터라고 부르고 있습니다. 프리터나 니트 모두 연령은 15세부터 34세로, 프리터는 아르바이트나 파트로 일하고 있는 사람을 말합니다. 이에 대해서 니트는 집안일도 통학도 하지 않는 사람을 말합니다.

또한, 현재, 사회문제가 되고 있는 것이 히키코모리입니다. 히키코모리는 일을 하거나 학교에 가거나 하지 않고, 가족 이외의 사람과 교류도 없고, 6개월 이상 계속해서 자택에서 나오지 않는 상태인 사람을 말합니다. 일은 하지 않아도 친구와 만나거나, 외출하거나 하고 있는 경우에는 은둔형 외톨이는 아닙니다.

이 선생님 이야기에 의하면, 히키코모리(은둔형 외톨이)라고 불리는 것은 어떤 사람입니까?

① 일주일에 2일만 아르바이트를 하고 있는 대학생

② 1년 이상 집에 있고 타인과 교류하지 않은 고등학생

③ 친구와 만나지 않고 3개월 공부만 하고 있는 사람

④ 일이 바빠서 반년간 휴가가 없는 사람

해설

구체적 예시를 찾는 문제에서는 질문문에 나온 '용어 = 키워드'의 개념 혹은 정의를 내리고 있는 부분을 놓치지 않고 잘 듣는 것이 포인트이다. 본문에서 '히키코모리'의 조건을 '1) 일이나 학교를 가지 않는다. 2)가족 이외에 교류가 없다. 3) 6개월 이상 거의 집에서 나가지 않는 사람'이라고 정의하고 있으므로 정답은 2번이 된다. 1번은 일을 하고 있고, 3번은 '3개월'이고, 4번은 반년간 쉬지 않고 있다고 했으므로 히키코모리의 조건에 맞지 않아 오답이 된다.

어휘 家事(かじ) 가사 | ひきこもり 은둔형 외톨이 | 交流(こうりゅう) 교류

問題 21 정답 ③ Track 4-21

先生が、食品衛生学の授業で話しています。この先生は、賞味期限についてどのように言っていますか。

賞味期限というのは、その食品がおいしく味わえる期間のことです。品質が悪くなるのが比較的遅く、ある程度の期間は保存がきく食品に賞味期限の表示があります。それに対して、品質が悪くなるのが早くて、5日以内に急速な品質低下が起こる食品には、消費期限の表示がされています。私は、賞味期限の日付にとらわれ過ぎている人が多いのではないかと思っています。保管方法によっては食品の劣化が早まることがありますし、反対に、賞味期限が過ぎたからといって急に食べられなくなるわけではありません。適切に保管していた食品ならば、賞味期限が多少過ぎても、食べられるものが多いはずです。匂いや見た目、触った感触など、自分の感覚を頼りに食べられるものは食べるということが大切なのではないでしょうか。

この先生は、賞味期限についてどのように言っていますか。

① 賞味期限より消費期限のある食品を選ぶべきだ。
② 賞味期限より早く食べなければならない。
③ 賞味期限の日付だけにとらわれるべきではない。
④ 賞味期限を気にせず食べたいものを食べたほうがいい。

선생님이 식품 위생학 수업에서 이야기하고 있습니다. 이 선생님은 상미기한에 관해서 어떻게 말하고 있습니까?

상미기한이라는 것은, 그 식품을 맛있게 맛볼 수 있는 기한입니다. 품질이 나빠지는 것이 비교적 늦고, 어느 정도 기간은 보존할 수 있는 식품에 상미기한 표시가 있습니다. 이에 대해서 품질이 나빠지는 것이 빠르고, 5일 이내에 급속한 품질 저하가 일어나는 식품에는, 소비기한 표시가 되어 있습니다. 저는 상미기한 날짜에 너무 집착하는 사람이 많은 것은 아닐까 생각하고 있습니다. 보관 방법에 따라서는 식품 열화가 빨라지는 경우도 있고, 반대로 상미기한이 지났다고 해서 갑자기 먹지 못하게 되는 것은 아닙니다. 적절하게 보관한 식품이라면, 상미기한이 다소 지나도, 먹을 수 있는 경우가 많을 터입니다. 냄새나 겉보기, 만진 감촉 등, 자신의 감각에 의존해서 먹을 수 있는 것은 먹는다는 것이 중요한 게 아닐까요?

이 선생님은 상미기한에 관해서 어떻게 말하고 있습니까?

① 상미기한보다 소비기한이 있는 식품을 골라야 한다.
② 상미기한보다 빨리 먹어야 한다.
③ 상미기한 날짜에 집착해서는 안된다.
④ 상미기한을 신경 쓰지 말고, 먹고 싶은 것을 먹는 편이 좋다.

해설

대화문이 아닌 독백, 연설 타입의 청해 문제에서는 '필자의 주장'이나 '전체 요지'를 파악해 두는 것이 가장 중요하다. 덧붙여, 본문 안에 '전문 용어'가 나올 경우, 그 용어를 필자가 어떻게 정의하고 있는지 파악하는 것도 중요한데, 일반 상식이나 개인적으로 알고 있는 지식에 의존해서는 안된다. 선생님은 상미기한에 대해서 「賞味期限が多少過ぎても、食べられる(상미기한이 다소 지나도 먹을 수 있다)」고 하였으므로 정답은 3번이다.

어휘 味わう 맛보다, 음미하다 | 急速な 급속한 | 品質低下 품질저하 | 劣化 열화, 상하다 | 早まる 빨라지다 | 保管する 보관하다 | 頼りに 의존하여

問題 22 정답 ①

Track 4-22

先生が、道路に沿って木が植えられた並木道について話しています。この先生は、今、街の並木が増えているのは何のためだと言っていますか。

日本では古くから並木道がつくられてきました。海沿いの道の松の並木を見たことがありませんか。海沿いには松、山では杉というように、その土地の自然環境に適した樹木が植えられています。並木は約1200年前に始まったとされていて、400年ほど前の江戸幕府も、大きな町や主要な土地を結ぶ、重要な道路に沿って木を植えることを命じました。並木は、暑い夏には旅人に日陰を与え、冬は吹きつける風や雪から人を守ります。また、風雨や日差しから道そのものを守る役割もありました。民俗学者の研究によると、並木は標識の役割も果たしたそうです。道が雪に埋まって行先がわからなくなったとしても、並木に沿って歩けば迷うことがないからです。

最近では、並木は道路標識としての役割ではなく、別の観点で注目されており、年々その数を増やしています。現代の街の並木には、街に緑を取り入れたり車の排気ガスや騒音の緩和をしたりする役割があるのです。

この先生は、今、街の並木が増えているのは何のためだと言っていますか。

① 街の景観や環境に配慮するため

② 道路を広く見せるため

③ 並木に沿って歩けるようにするため

④ 道路標識として活用するため

선생님이 도로를 따라서 나무가 심어진 가로수길에 관해서 이야기하고 있습니다. 이 선생님은 지금 거리의 가로수가 늘고 있는 것은 왜라고 말하고 있습니까?

일본에서는 옛날부터 가로수길이 만들어져 왔습니다. 바다를 따라 있는 길의 소나무를 본 적이 있습니까? 바다길에는 소나무, 산에는 삼나무라는 식으로, 그 지역의 자연환경에 적합한 나무가 심어져 왔습니다. 가로수는 약 1200년 전에 시작되었다고 전해져, 400년 정도 전에 에도막부도 큰 마을이나 주요 토지를 묶어서 중요한 도로에 나무를 심을 것을 명령했습니다. 가로수는 더운 여름에는 여행자에게 그늘을 주고, 겨울에는 불어오는 바람이나 눈에서 사람을 지켜줍니다. 또한, 비바람이나 햇살로부터 길 그 자체를 지키는 역할도 있습니다. 민속학자 연구에 따르면, 가로수는 표식 역할도 한다고 합니다. 길이 눈에 묻혀서 행선지를 모르게 되었다고 해도, '가로수를 따라서 걸어 가면 헤매는 일이 없으니까'입니다.

최근에는, 가로수는 도로 표식으로서 역할을 하는 것이 아니고, 다른 관점에서 주목받고 있으며, 매년 그 숫자를 늘려가고 있습니다. 현대 거리의 가로수는 거리에 녹음을 넣거나, 차의 배기가스를 완화하거나 하는 역할이 있는 것입니다.

이 선생님은 지금 거리의 나무가 늘고 있는 것은 왜라고 말하고 있습니까?

① 거리 경관이나 환경에 배려하기 위해서.

② 도로를 넓게 보이기 위해서.

③ 가로수를 따라서 걷게 하기 위해서.

④ 도로 표식으로 활용하기 위해서.

해설

과거와 지금의 이야기가 대조되며 설명될 것을 예상하고, 구분하여 듣고 메모해 두는 것이 포인트이다. 3번과 4번은 400년 전의 일이므로 오답이다. 「最近(さいきん)では～(최근에는)」 이후 부분에서 최근 가로수가 늘고 있는 이유를 설명하고 있는데, '거리에 녹음(푸르름)을 넣거나=거리 경관', '차의 배기 가스를 완화=환경에 배려'라고 생각할 수 있으므로 1번이 정답이 된다.

어휘 海沿(うみぞ)い 해안 | 並木(なみき) 가로수 | 樹木(じゅもく) 수목(나무) | 日陰(ひかげ) 그늘 | 風雨(ふうう) 비와 바람 | 埋(う)まる 매워지다 | 緩和(かんわ)する 완화되다

問題 23 정답 ①

Track 4-23

先生が、運動機能を高める作業について話しています。この先生が説明する作業について、ほかにどのような例が考えられますか。	**선생님이 운동 기능을 높이는 작용에 관해서 이야기하고 있습니다. 이 선생님이 설명하는 작업에 관해서 이 외에 어떤 예시를 생각할 수 있습니까?**
嗅覚、つまり匂いの感覚は脳と体をつなぐ大事なものですが、近年、匂いによって体を健康にできるのではないかという研究が進んでいます。例えば、匂いを嗅いだ直後の運動機能について調査した結果、醤油の匂いを嗅いだあとに腕の動きなどの運動機能の向上が見られました。	미각, 즉 냄새 감각은 뇌와 몸을 연결하는 중요한 것인데, 근래, 냄새에 의해서 몸을 건강하게 할 수 있는 것은 아닐까, 하는 연구가 진행되고 있습니다. 예를 들자면, 냄새를 맡은 직후의 운동 기능에 관해서 조사한 결과, 간장 냄새를 맡은 뒤에 뇌 움직임 등의 운동 기능 향상이 보였습니다.
このことから、手の動きに障害がある人に対してリハビリを行う場合、箸を使ったり包丁で食材を切ったりする作業より、醤油を使ってフライパンで食材を炒めるといった調理をするほうが運動機能に良い影響があり、リハビリの効果が高まると予測されます。	이 사실에서 손의 움직임에 장애가 있는 사람에게 재활을 한 경우, 젓가락을 사용하거나 식칼로 재료를 자르거나 하는 작업보다, 간장을 사용해서 후라이팬으로 식재료를 볶는다는 조리를 하는 편이 운동기능에 좋은 영향이 있으며, 재활 효과가 높아질 것이라고 예측할 수 있습니다.
この先生が説明する作業について、ほかにどのような例が考えられますか。	이 선생님이 설명하는 작업에 관해서 이 외에 어떤 예시를 생각할 수 있습니까?
① 醤油をかけて魚を焼く。	① 간장을 뿌려서 생선을 굽는다.
② レモンをしぼる。	② 레몬을 짠다.
③ 包丁で肉を細かく切る。	③ 식칼로 고기를 잘게 다진다.
④ 重たいなべを運ぶ。	④ 무거운 냄비를 나른다.

해설

'예시'를 찾는 청해 문제의 경우, 본문은 '개념과 구체적 예시'라는 구조로 이루어져 있는 경우가 많다. 따라서, 개념 설명과 예시를 듣고 선생님이 말한 예시와 유사한 예시를 찾아야 하는데, 이 때 '개념' 부분을 확실히 이해해야 정답을 찾을 수 있다. 선생님이 설명한 '예시' 부분에 나온 유의 표현에 휘말리지 말고, 개념을 정확하게 이해해 두자. 본문에서 '냄새를 맡은 뒤에 뇌 움직임 등의 운동 기능이 향상'된다고 하였으므로, '냄새 + 조리 방식'의 조합인 1번이 정답이다. 이 문제에서는 후각이 운동 능력에 미치는 영향을 이야기하고 있으므로, 후각과 관련이 없는 2번, 3번, 4번을 소거하는 것이 포인트이다.

어휘 嗅覚(きゅうかく) 후각 | 匂い(におい) 냄새 | 感覚(かんかく) 감각 | 嗅ぐ(かぐ) (냄새)맡다 | 炒める(いためる) 볶다 | 焼く(やく) 굽다, 볶다

問題 24 정답 ③ Track 4-24

先生が、スポーツ心理学の授業で、スポーツ選手のスランプについて話しています。この先生は、選手がスランプを抜け出すために必要なことは何だと言っていますか。

スポーツ選手のほとんどがその選手生活の中で、記録が伸びなくなったり勝てなくなったりして、うまくいかない状態から抜け出せなくなる時期を経験します。この状態をスランプと言います。そのようなときには、気持ちを切り替えることや、いいパフォーマンスをしたときのイメージを自分の体に思い出させることが大切だと言われています。それから、周りの人も結果だけでその選手の将来性を決めつけたり、非難したりしてはいけません。私は特に、普段のトレーニングから少し離れることが必要だと思います。例えば、一日練習を休んで自宅で過ごしてみたり、ほかの競技の人と普段やらないような練習をしてみたりするのです。そうすることで自分が今まで気付かなかったことに気付く機会が生まれ、気持ちを切り替えることができ、スランプから脱出できるのです。

この先生は、選手がスランプを抜け出すために必要なことは何だと言っていますか。

① 自分のいい記録を見て自信を取り戻すこと

② 周りの人と将来について話し合うこと

③ いつものトレーニングをしないで少し休むこと

④ トレーニングの種類を増やすこと

선생님이 스포츠 심리학 수업에서, 스포츠 선수의 슬럼프에 대해서 이야기하고 있습니다. 이 선생님은 선수가 슬럼프를 빠져나오기 위해서 필요한 것은 무엇이라고 말하고 있습니까?

스포츠 선수 대부분이 그 선수생활 속에서 기록이 늘지 않게 되거나, 이기지 못하는 상태에서 빠져나오지 못하게 되는 시기를 경험합니다, 이 상태를 슬럼프라고 합니다. 그러한 때에는 기분을 전환하는 것이나, 좋은 퍼포먼스를 했을 때의 이미지를 자신의 몸에 떠올리게 하는 것이 중요하다고 합니다. 그리고, 주위 사람도 결과만으로 그 선수의 장래성을 단정짓거나, 비난하거나 해서는 안 됩니다. 저는 특히, 평소 트레이닝에서 조금 멀어지는 것이 필요하다고 생각합니다, 예를 들자면, 하루 연습을 쉬고, 집에서 지내거나, 다른 경기 사람과 평소 하지 않는 것 같은 연습을 해 보거나 하는 것입니다. 그렇게 하면, 자신이 지금까지 깨닫지 못한 것을 깨닫는 기회가 생겨, 기분을 전환할 수 있고, 슬럼프에서 빠져나올 수 있는 것입니다.

이 선생님은 선수가 슬럼프를 빠져나오기 위해서 필요한 것은 무엇이라고 말하고 있습니까?

① 자신의 좋은 기록을 보고 자신감을 되찾는 것.

② 주위 사람과 장래에 대해서 이야기하는 것.

③ 평소에 하는 트레이닝을 하지 말고 조금 쉬는 것.

④ 트레이닝 종류를 늘리는 것.

해설

'필요한 것'이나 '가장 중요한 것'을 찾는 청해 문제를 풀 때에는, 「特に、重要だ、必要だ、注目すべきは(특히, 중요하다, 필요하다. 주목해야 하는 것은)」 등, 강조하는 표현이 나오는 부분에 주목해서 들어야 한다. 이 문제에서는 「私は特に、普段のトレーニングから少し離れることが必要だと思います (나는 특히 평소 트레이닝에서 조금 떨어지는 것이 필요하다고 생각합니다)」 부분을 놓치지 않고 들으면 3번이 정답이라고 알 수 있다.

어휘 記録 기록 | 抜け出す 벗어나다 | 切り替える 전환하다 | 決めつける 단정짓다 | 非難する 비난하다

問題 25 정답 ②

Track 4-25

先生が、植物学の授業で、ソメイヨシノという種類の桜の花について話しています。この先生は、ソメイヨシノの一番の特徴は何だと言っていますか。

今日本で一番多く見られるソメイヨシノという桜は、実は江戸時代に生まれた比較的新しいものです。ソメイヨシノはヒカンザクラなど、ほかの種類の桜に比べて、花びらのピンクの色が薄いという特徴があります。また、花が散ってから葉っぱが出てくるというのも特徴の一つです。ですから、花が咲いているときはピンクだけで緑色は見られません。しかし、最も大きな特徴は、何と言っても、いっせいに咲いていっせいに散るということです。1年の中できれいに咲いている期間は、ほんの1週間程度です。このはかない美しさがソメイヨシノの人気の理由だと言えます。

この先生は、ソメイヨシノの一番の特徴は何だと言っていますか。

① 花びらの色が薄いこと

② 花が長く楽しめないこと

③ 比較的新しい品種であること

④ 花が散ってから葉っぱが生えること

지금 일본에서 가장 많이 볼 수 있는 왕벚나무라는 종류의 벚꽃에 관해서 이야기하고 있습니다. 이 선생님은 왕벚나무의 가장 큰 특징은 무엇이라고 말하고 있습니까?

지금 일본에서 가장 많이 볼 수 있는 왕벚나무라는 벚꽃은 실은 에도시대에 태어난 비교적 새로운 것입니다. 왕벚나무는 히칸자쿠라 등, 다른 종류 벚꽃에 비해서 꽃 잎의 핑크색이 옅다는 특징이 있습니다. 또한, 꽃이 지고 나서 잎이 나온다는 것도 특징 중 하나입니다. 그러니까, 꽃이 피어 있을 때에는 핑크만이고 녹색을 볼 수 없습니다. 하지만, 가장 큰 특징은 뭐라고 해도, 일제히 피고 일제히 진다는 것입니다. 일년 내내 예쁘게 피어 있는 기간은 고작 1주일 정도입니다. 이 덧없는 아름다움이 왕벚나무가 인기가 있는 이유라고 할 수 있습니다.

이 선생님은 왕벚나무의 가장 큰 특징은 무엇이라고 말하고 있습니까?

① 꽃잎 색이 옅은 것.

② 꽃을 오래 즐기지 못하는 것.

③ 비교적 새로운 품종인 것.

④ 꽃이 지고 나서 꽃잎이 나는 것.

해설

'~의 가장 큰 특징을 찾아라'는 타입의 문제는, 본문에 질문문이 패러프레이징 된 부분이 나오므로 그 부분을 놓치지 않는 것이 중요하다. 이 문제는 여러 특징 중 가장 큰 특징이라고 강조하고 있는 부분과 그 외의 특징을 구분하는 것이 포인트이다. 「最も大きな特徴は、何といっても~(가장 큰 특징은, 뭐라고 해도)」 이후에서, 가장 큰 특징은 '일제히 피고 진다는 것'이라고 설명하고 있다. 즉, '개화 기간이 일주일 정도로 짧다'는 것이 가장 큰 특징이라고 했으므로 정답은 2번이 된다.

어휘 比較的 비교적 | 散る (꽃)지다 | はかない 덧없다 | 生える 자라다

問題 26 정답 ①

Track 4-26

先生が、地球温暖化対策として、二酸化炭素の排出を減らす方法について話しています。この先生が説明する「街の森」は、具体的に何を指していますか。

地球温暖化が進む中、都市から離れた森林が酸素を作り出しているのに対して、街は二酸化炭素を排出するだけなのでしょうか。実は、近年、「街の森」が二酸化炭素の削減に寄与できると考えられています。これは、木材を腐らせたり燃やしたりせずに保管すれば、木材に含まれる炭素はそのまま固定されることになり、結果的に二酸化炭素の削減に寄与したことになるという考え方です。森の木は腐ったり燃やされたりすれば二酸化炭素を出しますが、木造の建築物や木製家具は、そのままである限り二酸化炭素を出すことはないのです。このように、市街地の公園の木や街路樹などの緑地だけではなく、木造建築物が建ち並ぶ都市も二酸化炭素の排出を減らすのに役立つと考えることもできるのです。

この先生が説明する「街の森」は、具体的に何を指していますか。

① 木でつくられた建物や家具

② 公園や道路沿いに植えられた木

③ 大きな建物のまわりを囲む木

④ 都市の中に作られた植物園

선생님이 지구 온난화 대책으로서, 이산화 탄소의 배출을 줄이기 위한 방법에 관해서 이야기하고 있습니다. 이 선생님이 설명하는 '거리의 숲'은 구체적으로 무엇을 지시하고 있습니까?

지구 온난화가 진행되는 와중에, 도시에서 떨어진 삼림이 산소를 만들어 내고 있는데 반해서, 거리는 이산화탄소를 배출하는 것뿐일까요? 실은, 근래, '거리의 숲'이 이산화 탄소 삭감에 기여할 수 있다고 생각되고 있습니다. 이것은 목재를 썩게 하거나 태우거나 하지 않고 보관하면, 목재에 포함된 탄소는 그대로 고정되게 되고, 결과적으로 이산화탄소 삭감에 기여하게 된다는 사고 방식입니다. 숲의 나무는 썩거나 하면 이산화탄소를 배출하지만, 목조 건축물이나 목재 가구는 그대로인 한 이산화탄소를 배출하는 일은 없는 것입니다. 이렇게, 시가지 공원의 나무나 가로수 등의 녹음뿐만이 아니고, 목조 건축물이 늘어서 있는 도시도 이산화탄소 배출량을 줄이는 데 도움이 된다고 생각할 수 있는 것입니다.

이 선생님이 설명하는 '거리의 숲'은 구체적으로 무엇을 지시하고 있습니까?

① 나무로 만들어진 건물이나 가구

② 공원이나 도로를 따라 심어진 나무

③ 큰 건물 주위를 둘러싼 나무

④ 도시 속에 만들어진 식물원

해설

'거리의 숲'과 '숲, 삼림'의 차이를 잘 파악하는 것이 포인트이다. '거리의 숲'은 '목재를 썩게 하거나 태우지 않고 보관'하는 역할을 함으로서 '이산화탄소를 삭감'하고 있다고 설명하고, 그 예시로 '목조 건축물과 목조 가구'를 들고 있으므로 정답은 1번이다.

어휘 酸素(さんそ) 산소 | 二酸化炭素(にさんかたんそ) 이산화탄소 | 削減(さくげん) 삭감 | 腐(くさ)る 썩다 | 寄与(きよ)する 기여하다 | 街路樹(がいろじゅ) 가로수 | 排出(はいしゅつ)する 배출하다

問題 27 정답 ②

Track 4-27

学生課の職員が、緊急事態が発生した際の対応と通報の仕方について話しています。この職員は、交通事故でけがをした人がいる場合は、どのように電話するといいと言っていますか。

では、交通事故に遭遇した場合の対処と通報の仕方について説明します。交通事故が発生した際に、最初にやるべきことは、けがをした人がいるかどうかの確認と救護です。けが人などの救護が必要でない場合は、110番に通報してください。けが人がいる場合は、まず消防署の119番に電話をかけて救急車を要請します。電話で聞かれたことについて、落ち着いて簡潔に答えましょう。119番に交通事故だと伝えれば、消防署から警察に連絡がいき、情報を共有することになっています。ですから、その後110番の警察に通報する必要はありません。

この職員は、交通事故でけがをした人がいる場合は、どのように電話するといいと言っていますか。

① 110番に電話するだけでいい。

② 119番に電話するだけでいい。

③ まず110番に電話してから、119番にかけるといい。

④ まず119番に電話してから、110番にかけるといい。

학생과 직원이 긴급사태가 발생했을 때의 대응과 신고 방법에 대해서 이야기하고 있습니다. 이 직원은 교통사고로 부상을 당한 사람이 있는 경우에는 어떻게 전화하면 된다고 하고 있습니까?

그러면, 교통사고를 당했을 경우의 대처와 신고 방법에 관해서 설명하겠습니다. 교통사고가 발생했을 때, 처음으로 해야 하는 것은 부상을 당한 사람이 있는지 어떤지 확인과 구호입니다. 부상을 당한 사람 등의 구호가 필요하지 않을 경우에는 110번으로 신고해 주세요. 부상당한 사람이 있는 경우에는, 우선 소방서 119번에 전화를 걸어서 구급차를 요청합니다. 전화로 질문 받은 것에 차분하고 간결하게 대답합시다. 119번으로 교통사고라고 전하면, 소방서에서 경찰에 신고를 하여, 정보를 공유하게 되어 있습니다. 그러니까, 그 뒤에 110번 경찰에 신고할 필요는 없습니다.

이 직원은 교통사고로 부상을 당한 사람이 있는 경우에는 어떻게 전화하면 된다고 하고 있습니까?

① 110번에 전화하는 것만으로 된다.

② 119번에 전화하는 것만으로 된다.

③ 우선 110번에 전화하고 나서 119번에 걸면 된다.

④ 우선 119번에 전화하고 나서 110번에 걸면 된다.

해설

교통사고의 부상자가 있는 경우와 없는 경우의 대응을 구분하는 것이 포인트이다. 부상자가 없는 경우에는 110번, 부상자가 있는 경우는 119번에 전화하라고 했으므로 2번과 4번으로 압축할 수 있다. 마지막 부분에서 「110番(ばん)の警察(けいさつ)に通報(つうほう)する必要(ひつよう)はありません(110번 경찰에 신고할 필요는 없습니다)」라고 하였으므로 2번이 정답이다.

어휘 遭遇(そうぐう)する 조우하다 | 対処(たいしょ) 대처 | 通報(つうほう)する 신고하다 | けがをする 부상을 입다 | 救護(きゅうご) 구호 | 要請(ようせい)する 요청하다 | 簡潔(かんけつ)に 간결하게

실전모의고사 5회 정답

청독해		
문제	해답 번호	정답
1 番	1	③
2 番	2	④
3 番	3	③
4 番	4	②
5 番	5	④
6 番	6	③
7 番	7	①
8 番	8	③
9 番	9	③
10 番	10	②
11 番	11	④
12 番	12	④

청해		
문제	해답 번호	정답
13 番	13	①
14 番	14	②
15 番	15	③
16 番	16	③
17 番	17	③
18 番	18	①
19 番	19	②
20 番	20	④
21 番	21	④
22 番	22	①
23 番	23	③
24 番	24	②
25 番	25	②
26 番	26	③
27 番	27	①

청독해

問題 1 정답 ③ Track 5-1

先生が、日本の米について話しています。この先生は、今一番多いのはどのような種類のブランド米だと言っていますか。

昔は食べ物が不足していたので、お米を作る人にとっては、面積に対してどのくらいたくさん米ができるかが重要でした。しかし、食べ物があふれる現代では、どれくらい高く売れるかがより重要になりました。ブランド米がそのいい例です。ブランド米というのは、品種改良をしたおいしいお米のことで、普通のお米の数倍の値段です。最近の日本人の食の傾向としては、甘くて柔らかい食べ物が好まれています。ブランド米も甘みが強くて、柔らかくもちもちした食感のものに人気が集まっているようです。一方で、甘みが少ない歯ごたえのあるブランド米も数多く開発されています。実は、甘くてもちもちした品種よりこのような品種のほうが数が多く、味と食感をもとにした四つの区分では、これが一番多いのです。お米に関しては、案外好みが分かれているのかもしれません。

선생님이 일본의 쌀에 대해서 이야기하고 있습니다. 이 선생님은 지금 제일 많은 것은 어떠한 종류의 브랜드 쌀이라고 말하고 있습니까?

옛날에는 먹을 것이 부족해서, 쌀을 만드는 사람에게 있어서는, 면적에 대해서 어느 정도 쌀을 많이 만들 수 있는지가 중요했습니다. 하지만, 먹을 것이 흘러넘치고 있는 현대에는, 어느 정도 비싸게 팔 수 있을지가 보다 중요해졌습니다. 브랜드 쌀이 그 좋은 예시입니다. 브랜드 쌀이라는 것은 품종 개량을 한 맛있는 쌀로, 일반 쌀 몇 배의 가격입니다. 최근 일본인의 식 경향으로서는 달고 부드러운 음식물이 선호되고 있습니다. 명품 쌀도 단맛이 강하고, 부드럽고 쫄깃쫄깃한 식감을 가진 쌀에 인기가 모이고 있는 것 같습니다. 한편, 단맛이 적고 씹는 맛이 있는 브랜드 쌀도 수없이 많이 개발되어 있습니다. 실은, 달고 쫄깃쫄깃한 품종보다도 이러한 품종이 숫자가 많아, 맛과 식감을 토대로 한 네 개의 구분으로는, 이것이 제일 많습니다. 쌀에 관해서는, 의외로 기호가 나뉘고 있는지도 모릅니다.

해설

여러 종류 중에서 가장 많은 것을 구분하는 것이 포인트이다. 설명 마지막에 「これが一番多(いちばんおお)いのです(이것이 가장 많은 것입니다)」라고 강조하고 있는데, 여기서 「これ」는 앞 부분 「甘味(あまみ)が少(すく)ない歯(は)ごたえのある(단맛이 적고 씹는 맛이 있는)」을 가리키므로 3번이 정답이다. 「少(すく)ない = 弱(よわ)い」, 「歯(は)ごたえがある」 = 「硬(かた)い」 등 패러프레이징된 부분에서 정답을 유추해 낼 수 있다.

어휘 面積(めんせき) 면적 | あふれる 넘쳐나다 | 品種改良(ひんしゅかいりょう) 품종개량 | 柔(やわ)らかい 부드럽다 | 食感(しょっかん) 식감 | 歯(は)ごたえ 씹는 맛 | 案外(あんがい) 의외로, 예상외로

問題 2 정답 ④

Track 5-2

先生が、インターネット利用者へのアンケート調査の結果について話しています。この先生は、どの項目が問題だと言っていますか。

インターネットを利用する人の中には、不安を感じている人もいます。このグラフは、そういった人に不安の内容を複数回答で答えてもらったアンケート調査の結果です。

まず、約9割の人が、名前や住所や銀行口座などの個人情報がもれてしまうことを心配しています。その次がコンピュータウイルスで、さらに詐欺被害、迷惑メール、と続いていて、これらの上位項目は何らかの被害に対する不安であると言えます。それに対して、下位項目の二つは、コミュニケーション相手とのトラブルと、インターネット依存という問題です。これらは自分の行動によって調節して防ぐことができるという点で共通しており、上位項目と下位項目では、インターネットとの向き合い方に違いがあるのではないでしょうか。私は、これら下位の項目が問題だと思っています。特に子どもたちが長時間インターネットから離れられないとい現状を変えなくてはいけないのではないでしょうか。

선생님이 인터넷 이용자의 앙케이트 조사 결과에 관해서 이야기하고 있습니다. 이 선생님은 어느 항목이 문제라고 말하고 있습니까?

인터넷을 이용하는 사람 중에는, 불안을 느끼고 있는 사람도 있습니다. 이 그래프는 그런 사람이 불안해 하는 내용을 복수 대답으로 응답해 준 앙케이트 조사 결과입니다.

우선, 약 90%의 사람이 이름이나 주소나 은행 계좌 등의 개인 정보가 유출되어 버리는 것을 걱정하고 있습니다. 그 다음이 컴퓨터 바이러스로, 그 위에 사기 피해, 스팸 메일이 이어져 이들 상위 항목은 무언가의 피해에 대한 불안이라고 할 수 있습니다. 이어 대해서, 하위 항목 2개는 커뮤니케이션 상대와의 트러블과 인터넷 의존이라는 문제입니다. 이것들은 자기 행동에 따라서 조절하여 막을 수 있다는 점에서 공통되어 있으며, 상위 항목과 하위 항목에서는 인터넷과 접하는 방식에 차이가 생기는 건 아닐까요? 저는 이들 하위 항목이 문제라고 생각하고 있습니다. 특히 아이들이 장시간 인터넷에서 떠나지 못한다는 현상을 바꾸지 않으면 안 되는 것은 아닐까요?

해설

앙케이트 조사에 관해서 묻는 문제는 조사 결과인 전반적인 설명 부분과 문제를 제기하는 부분을 구분하는 것이 포인트이다, 그래프의 선택지에 해당하는 항목에 집중해야 한다. 설명 마지막 부분 「これら下位の項目が問題だ(이들 하위 항목이 문제다)」를 힌트로 상위 항목인 A와B를 제거하면 4번이 정답이 된다.

어휘 漏れる 새다, 누설되다 | 詐欺被害 사기피해 | 迷惑メール 스팸 메일 | 調節する 조절하다

問題 3 정답 ③ Track 5-3

先生が、日本へ来る外国人旅行者について話しています。この先生が一番注目しているのは、グラフの中のどの数値ですか。

海外から日本へ来る旅行者数の増加に伴って、リピーターの数も年々増えています。1回だけでなく、2回目、3回目、多い人では10回以上も日本を訪れているのです。そういうリピーターは大都市だけではなく、地方にも足を運んでくれるので、観光業の発展のためには非常に重要です。さて、このグラフの4つの国や地域のリピーターの割合を見てみましょう。Dは1回目の訪問が6割を占めていて、ほかと比べてまだリピーターが少ないと言えます。今後、より多くの人にリピーターになってもらうための努力が必要です。

一方、ヘビーリピーターが20%という高い割合になっている地域もあります。私が注目したいのは、ここです。この何度も日本に来ている人たちにアンケートをとって、日本へ来て何をしているかを知ることができれば、観光地としての日本の新しい魅力を発見できるのではないでしょうか。

선생님이 일본에 오는 외국인 여행자에 관해서 이야기하고 있습니다. 이 선생님이 제일 주목하고 있는 것은 그래프 중 어느 수치입니까?

해외에서 일본에 오는 여행객 수가 증가함에 따라, 재방문 숫자도 해마다 늘고 있습니다. 1회만이 아니고, 2회째, 3회째, 많은 사람은 10회 이상이나 일본을 찾아오고 있는 것입니다. 그러한 재방문은 대도시뿐만이 아니고, 지방에도 찾아 오기 때문에, 관광업 발전을 위해서는 굉장히 중요합니다. 그러면, 이 그래프의 4개 나라와 지역 재방문 비율을 봅시다. D는 1회째 방문이 60%를 차지하고 있으며, 다른 것과 비교해서 아직 재방문이 적다고 할 수 있습니다. 향후, 더욱 많은 사람에게 재방문해 받기 위한 노력이 필요합니다.

한편, 여러 번 재방문하는 사람이 20%라는 높은 비율을 차지하고 있는 지역도 있습니다. 제가 주목하고 있는 것은, 이 부분입니다. 이 몇 번이나 일본에 오는 사람들에게 앙케이트를 해서, 일본에 와서 무엇을 하는지를 알 수가 있다면, 관광지로서 일본의 새로운 매력을 발견할 수 있는 것은 아닐까요?

해설

그래프 문제는 전반적인 수치의 설명과 가장 주목하고 있는 수치를 구분하는 것이 중요하다. 마지막 설명 「私が注目したいのはここです(내가 주목하고 싶은 것은 여기입니다)」에서 지시어 「ここ」가 가리키는 것은 「ヘビーリピーターが20%という高い割合(여러 번 재방문하는 사람이 20%라는 높은 비율)」 부분이고, 여기에서 '10회 이상 20%'를 도출해 낼 수 있으므로 3번이 정답이 된다.

어휘 増加(ぞうか) 증가 | 訪れる(おとずれる) 방문하다 | 占める(しめる) 점하다 | ヘビーリピーター 재방문 비율이 높은 사람

問題 4 정답 ②

Track 5-4

先生が、映画の中の音楽の役割について話しています。この先生が最後に挙げる例はどの役割ですか。

映画音楽の役割を、表のように四つに分けて考えてみましょう。まず、登場人物が行動するとき、背景に流れる音楽が明るくなったり暗くなったりすることで、心情や気持ちの変化を表現することができます。また、登場人物のイメージソングというべき曲もあります。ある人物の性格や活躍などを印象づける曲が、その人の登場とともに映画の中で何度も繰り返し流れます。これはもともとオペラの手法です。さらに、人物だけでなく、自然の雄大さなどを音楽でも表現して、場面の雰囲気を強調することができます。それから、時間や場所などが変わる場面転換のときに音楽が流れることで、視覚と聴覚とが調和して、スムーズな転換ができます。

それでは、例えば、映画の中で何回も同じ曲とともに出てくるおばあさんがいたとします。このときの音楽の役割は、どれですか。

선생님이 영화 속에서의 음악 역할에 대해서 이야기하고 있습니다. 이 선생님이 마지막에 드는 예시는 어떤 역할입니까?

영화 음악 역할을, 표처럼 4개로 나누어서 생각해 봅시다. 우선, 등장인물이 행동할 때, 배경에 흐르는 음악이 밝아지거나 어두워지거나 하는 것으로 인해, 심정이나 기분의 변화를 표현할 수 있습니다. 또한, 등장인물의 이미지 곡이라고 해야 할 만한 곡도 있습니다. 어떤 인물의 성격이나 활약 등을 인상 짓는 곡이 그 사람의 등장과 함께 영화 속에서 몇 번이나 반복해서 흐릅니다. 이것은 원래 오페라의 수법입니다. 더욱이 인물뿐만이 아니고, 자연의 방대함 등을 음악으로도 표현하여, 장면의 분위기를 강조할 수 있습니다. 그리고, 시간이나 장소 등이 변하는 장면이 전환될 때 음악을 흘려보내는 것으로, 시각과 청각이 조화되어 부드러운 전환이 가능해집니다.

그러면, 예를 들자면, 영화 속에서 몇 번이나 같은 곡과 함께 나오는 할머니가 있다고 합시다. 이때 음악의 역할은 어느 것입니까?

해설

영화 속 음악의 다양한 역할을 나타내는 선택지의 각 항목에 추가되는 청각 정보를 메모해 두는 것이 포인트이다. 마지막 예시는 '몇 번이고 같은 곡과 함께 등장하는 할머니' = '등장인물의 이미지 설정'의 예시이므로 2번이 정답이다. 두 번째 항목 설명 중 「何度も繰り返し流れます(몇 번이나 반복해서 흐릅니다)」의 예시가 마지막 단락의 「映画の中で何回も同じ曲とともに出てくるおばあさん(영화 속에서 몇 번이나 같은 곡과 함께 나오는 할머니)」라는 것을 파악할 수 있으면 정답을 쉽게 찾을 수 있다.

어휘 役割 역할 | 登場人物 등장인물 | 背景 배경 | 雄大さ 웅대함 | 転換 전환 | 調和する 조화를 이루다

問題 5 정답 ④

Track 5-5

男子学生と女子学生が、仕事の種類という図を見ながら話しています。この男子学生が考えた図はどれですか。

男子学生：ちょっといい？この「仕事の種類」っていう図についてなんだけど。

女子学生：うん、えっと……、肉体労働、頭脳労働、感情労働に分けてあるんだね。

男子学生：そう、仕事を三つに分けて考えることはできると思うんだけど、きっちり分けてしまうのには違和感があって、ほかの図で表せないかなと思ってるんだ。

女子学生：なるほど。じゃ、分けないのはどう？丸にして接する感じにするとか。

男子学生：丸か。いいね。接するより重なる部分があるほうがいいかも。

女子学生：そうだね。看護師とか介護士は、感情労働が必要な仕事の代表だけど、肉体労働の部分が大きいし。頭を使うエンジニアだって、長時間集中するには体力も必要だよね。

男子学生：うん、確かに。あと、プログラマーも最近は営業なんかで感情労働が占める割合が増えてきているらしいよ。いろんな仕事で感情労働が必要になってきて、職場のストレスが増えているって新聞で読んだんだ。体と心を大きくしてみるよ。

남학생과 여학생이 일의 종류라는 그림을 보면서 이야기하고 있습니다. 이 남학생이 생각한 그림은 어느 것입니까?

남학생: 잠깐 괜찮을까? 이 '일의 종류'라는 그림 말인데.

여학생: 응! 어, 육체 노동, 두뇌 노동, 감정 노동으로 나뉘어 있네.

남학생: 맞아, 일을 3개로 나누어서 생각할 수는 있다고 생각하는데, 정확히 나누어 버리는 것에는 위화감이 있어서, 다른 표로 나타낼 수 없을까 생각하고 있거든.

여학생: 그렇구나. 그럼, 나누지 않는 건 어때? 원으로 해서 접하는 느낌으로 한다던가.

남학생: 원…. 좋네! 접한다기 보다 겹치는 부분이 있는 편이 좋을지도 몰라.

여학생: 맞아. 간호사와 개호사는, 감정 노동이 필요한 일의 대표지만, 육체 노동의 부분이 크고. 머리를 쓰는 엔지니어도 장시간 집중하려면 체력도 필요해.

남학생: 확실히 그래. 그리고, 프로그래머도 최근에는 영업 따위로 감정 노동이 차지하는 비율이 늘어 오고 있는 것 같아. 여러 일로 감정 노동이 필요해져서, 직장 내 스트레스가 늘고 있다고 신문에서 읽었어. 몸과 마음을 크게 해볼게!

해설

남학생과 여학생의 생각을 구분하는 것이 포인트이다. 여학생이 원으로 하여 접하는 느낌으로 하는 것은 어떠냐고 제안하자, 남학생도 「重なる部分があるほうがいい(겹치는 부분이 있는 편이 좋다)」라고 말하고 있으므로 접하는 부분이 없는 3번은 오답이고, 겹쳐지는 부분이 있는 1번과 4번으로 압축된다. 또한, 남학생의 마지막 대화 "몸과 마음을 크게 해볼게"에서 4번이 정답이라고 알 수 있다. 2번은 겹쳐지는 것이 아니고 포함 관계이므로 오답이다.

어휘 肉体労働 육체노동 | 頭脳労働 두뇌노동 | 感情労働 감정노동 | 接する 접하다 | 割合 비율

問題 6 정답 ③ 　　　　Track 5-6

先生が、農業経済学の授業で、食料自給率について話しています。この先生は、今後上げる必要があるのはどの自給率だと言っていますか。

この図は、最近の主要な食品の品目別食料自給率を表したものです。主食用の米は100%近く日本で作られており、米、いも、野菜、きのこ類は高い数値ですが、それ以外は低い数値となっており、総合食料自給率は4割に満たないのが現状です。しかし、実際はその4割も完全に自給できているとは言いがたいのです。例えば、牛肉の自給率は36%ですが、外国から輸入した飼料で育ったものを除くと、自給率は10%にまで下がります。豚肉や鶏肉も同様で、鶏の卵に至っては、97%が12%にまで下がります。畜産物の生産には、その何倍もの穀物をエサとして家畜に与える必要があるのです。牛肉1kgの生産にはその10倍にあたる約10kgの穀物が必要とも言われています。今後は、エサとなる穀物を含む穀物全体の自給率を上げていかなくてはいけません。

선생님이 농업경제학 수업에서, 식량 자급률에 대해서 이야기하고 있습니다. 이 선생님은 향후 올릴 필요가 있는 것은 어느 자급률이라고 말하고 있습니까?

이 그림은 최근의 주요 식품 품목별 식량 자급률을 나타낸 것입니다. 주식용 쌀은 100% 가까이 일본에서 만들어지고 있으며, 쌀, 감자, 야채, 버섯류는 높은 수치지만, 그 이외에는 낮은 수치로, 종합 식량자급률은 40%에 미치지 않는 것이 현상입니다. 하지만, 실제로는 그 40%도 완전히 자급하고 있다고는 말하기 어렵습니다. 예를 들자면, 소고기 자급률은 36%이지만, 외국에서 수입한 사료로 자란 것을 제외하면, 자급률은 10%까지 내려갑니다. 돼지고기나 닭고기도 마찬가지로, 달걀에 이르러서는, 97%가 2%까지 내려갑니다. 축산물 생산에는 그 몇 배의 곡물을 먹이로 가축에게 줄 필요가 있는 것입니다. 소고기 1㎏ 생산에는 그 10배에 해당하는 약 10㎏의 곡물이 필요하다고 합니다. 향후에는, 먹이가 되는 곡물을 포함한 곡물 전체의 자급률을 올려야 합니다.

해설

과거와 현재, 그 이후를 구분하면서 듣는 것이 포인트이다. 마지막 설명「今後(こんご)は、～(향후에는,~)」이후 표현에서 '먹이가 되는 곡물전체의 자급률'에 관한 이야기를 하고 있고,「エサ(먹이)」=「飼料(しりょう)(사료)」라고 볼 수 있으므로 3번이 정답이라고 유추해낼 수 있다. 1번과 2번은 곡물과 무관하므로 오답이며, 4번은 모든 식 재료의 자급률이므로 오답이다.

어휘 輸入(ゆにゅう) 수입 | 飼料(しりょう) 사료 | 畜産物(ちくさんぶつ) 축산물 | 穀物(こくもつ) 곡물

問題 7 정답 ① Track 5-7

先生が、授業で「CSR」という企業の取り組みについて、表を見ながら話しています。

この先生は、今後表のどの項目が重要になると言っていますか。

「CSR」とは、企業が組織活動を行うにあたって担う社会的責任のことです。具体的には、消費者への適切な対応や環境への配慮などが挙げられます。企業も社会の一員であり、社会と良好な関係を保ちながらビジネスを行うべきだという考えが背景にあります。この表は国内の269の企業のうち、CSR活動の担当部署で働く人数を調査したものです。総計では、「５人以下」と回答した企業が40%と最も多く、18%の企業は担当部署を設けていません。従業員数1,000人以下の企業では、44%の企業がCSR担当部署を持たない一方で、従業員数が10,001人以上の企業になるとCSR担当部署の規模が大きくなります。企業規模の小さい企業でいかにCSR担当部署を増やしていくか。この部分が今後の鍵になるでしょう。

선생님이 수업에서 'CSR'이라는 기업의 대처에 대해서 표를 보면서 말하고 있습니다. 이 선생님은 향후 어느 항목이 중요해질 것이라고 말하고 있습니까?

'CSR'이란, 기업이 조직활동을 하는데 있어서 담당할 사회적 책임입니다. 구체적으로는, 소비자에게 적절한 대응이나 환경에 대한 배려 등을 들 수 있습니다. 기업도 사회의 일원이며, 사회와 양호한 관계를 유지하면서 비즈니스를 해야 한다는 생각이 배경에 있습니다. 이 표는 국내 269 기업 중, 'CSR' 활동 담당 부서에서 일하는 인원 수를 조사한 것입니다. 통계에서는 '5명 이하'라고 대답한 기업이 40%로 가장 많으며, 18%의 기업은 담당 부서를 두고 있지 않습니다. 종업원 수 1,000명 이하의 기업에서는 44%의 기업이 'CSR' 담당부서를 갖지 않는 한편, 종업원 수가 10,001명 이상인 기업은, 'CSR' 담당 부서 규모가 커집니다. 기업 규모가 작은 기업에서 얼마나 'CSR' 담당 부서를 늘려갈지, 이 부분이 향후의 열쇠가 되겠죠.

해설

전문용어가 나오면 그 용어의 정의를 설명하는 부분이 반드시 나오므로, 그것을 예상하고 일반적 설명과 이후 중요해지는 부분을 구분하며 듣는 것이 포인트이다. 마지막 설명 부분 「この部分が今後の鍵になる(이 부분이 향후의 열쇠가 된다)」에서 지시어 「この部分(이 부분)」은 「企業規模の小さい～増やしていくか(기업 규모가 작은~ 늘려 갈지)」를 나타내며, '기업규모가 작은 기업' = '1000명 이하' 기업이 CSR담당부서의 규모를 키워야 한다는 것이므로 4번이 정답이다.

어휘 組織活動 조직활동 | 担う 담당하다 | 社会的責任 사회적 책임 | 配慮 배려 | 良好な 양호한 | 保つ 유지하다

問題 8 정답 ③ Track 5-8

先生が、図書館と観光についての研究を紹介しています。この先生が最後にする質問の答えは何ですか。

近年、観光をする人が求めるものが変化してきています。それは、その地域ならではの文化への興味や、あらゆるものが観光対象となる多様化といった点が挙げられます。従来からの観光地はもちろん、観光を視野に入れてまちづくりを進めている多くの地域で、こうした変化に対応することが課題となっています。ある研究者が、その方策の一つとして、地域の図書館を観光に活用することを想定したモデルを示しました。例えば、観光者が図書館で、その地域に関する質問をしたりイベントに参加したりします。そうすると、図書館はそうした観光者の行動などを地域に還元することによって、観光者が知りたいと思っている事柄や関心の持たれ方を地域で共有できます。それをふまえて、図書館の資料を充実させ地域情報の発信を図書館経由で進めていけば、それによって観光者も地域文化をさらに理解しやすくなります。このすべてを図書館がつないでいるのです。

以上のことを図に示しました。それでは、この図の中で、観光者が地域の様々な情報を得たり地域文化を理解したりするのは、どの部分ですか。

선생님이 도서관과 관광에 대한 연구를 소개하고 있습니다. 이 선생님이 마지막에 하는 질문의 답은 무엇입니까?

근래, 관광을 하는 사람이 요구하는 것이 변화해 오고 있습니다. 그것은 그 지역 특유의 문화에 대한 흥미나, 모든 것이 관광 대상이 되는 다양화라는 점을 들 수 있습니다. 종래부터 있던 관광지는 물론, 관광을 시야에 넣고 마을 만들기를 추진하고 있는 많은 지역에서, 이러한 변화에 대응하는 것이 과제가 되고 있습니다. 어떤 연구자가, 그 방책 중 하나로서, 지역의 도서관을 관광에 활용하는 것을 상정한 모델을 제시하고 있습니다. 예를 들자면, 관광객이 도서관에서 그 지역에 관한 질문을 하거나, 이벤트에 참가하거나 한다고 합시다. 그러면, 도서관은 그러한 관광객의 행동 등을 지역에 환원하는 것에 의해, 관광객이 알고 싶다고 생각하고 있는 일이나 관심을 두는 방법을 그 지역에서 공유할 수 있습니다. 그것을 토대로, 도서관 자료를 충실하게 하고, 지역 정보 발신을 도서관 경유로 추진해 나가면, 그것에 의해서 관광객도 지역문화를 더욱더 이해하기 쉬워집니다. 이 모든 것을 도서관이 연결하고 있는 것입니다.

이상을 그림으로 나타냈습니다. 그러면, 이 그림 속에서, 관광객이 지역의 여러 정보를 얻거나 지역 문화를 이해하거나 하는 것은 어느 부분입니까?

해설

그림의 선택지 기준이 되는 '발신' '수신' '관광객' '지역' 등의 항목이 의미하는 부분의 추가 정보를 메모하는 것이 포인트이다. 마지막 설명 「観光者が地域の様々な情報を得たり地域文化を理解したりする(관광객이 지역의 여러 정보를 얻거나 지역 문화를 이해하거나 하는)」에서 행위의 주체가 관광객이라는 것을 알 수 있으므로 답은 1번과 3번으로 압축된다, 이 중에서 정보를 얻거나 이해하는 것은 수용의 의미이므로 3번이 정답이다.

어휘 興味 흥미 | 視野 시야 | 方策 방책 | 還元する 환원하다 | 経由 경유

問題 9 정답 ③ Track 5-9

女子学生と男子学生が、「6つのこしょく」という資料を見て話しています。この女子学生は、何と何を調べると言っていますか。

女子学生：ねえ。これ見て。この「6つのこしょく」っていうの、知ってる？

男子学生：へえ。初めて聞いたよ。こんなにいろんな「こしょく」があるんだね。

女子学生：そう。現代の食生活の問題として挙げられているんだけど、この上の段は、一人でとか、バラバラにとか、食べる量とか、食事のスタイルって言えそう。

男子学生：なるほど。そういえばそうだね。

女子学生：でも、下の段はスタイルっていうより栄養面と関係するよね。

男子学生：うんうん、確かに。

女子学生：同じものばかりとか濃い味ばかりとかは、栄養面で問題あると思うし……、冷蔵庫の庫食っていうのは、スーパーで買って来たお惣菜とかかな。

男子学生：お惣菜だけじゃなくて、電子レンジで温めるだけの加工食品もあるんじゃない？

女子学生：あー、確かに。加工食品は調味料やソースがたっぷりで味が濃いから、濃い味の濃食と重なるね。この二つを調べて、レポート書いてみようかな。

男子学生：題名は「二つの『こしょく』」？面白そうだね。書いたら読ませてよ。

여자 학생과 남학생이 '6개의 개인식(혼밥)'이라는 자료를 보며 이야기하고 있습니다. 이 여학생은 무엇과 무엇을 조사해야 한다고 말하고 있습니까?

여학생: 저기, 이거 봐. 이 '6개의 개인식(혼밥)'이라는 거, 알고 있어?

남학생: 엥? 처음 들었어. 이렇게 여러 가지 '개인식(혼밥)'이 있구나.

여학생: 맞아. 현대 식 생활 문제로서 다뤄지고 있는데, 이 위의 단은, 혼자서라든가, 따로따로라던가, 먹는 양이라든가, 식사 스타일이라고 할 수 있을 것 같아.

남학생: 그렇구나. 그러고 보니 그렇네.

여학생: 하지만, 아래 단은 스타일이라기보다 영양적인 면과 관계가 있지?

남학생. 맞아, 맞아. 확실히 그래.

여학생: 같은 것만 먹는다던가, 진한 맛뿐이라던가는 영양적인 면에서 문제가 있다고 생각해…, 냉장고의 '고식(庫食(こしょく))'이라는 것은 마트에서 사 온 반찬일까?

남학생: 파는 반찬만이 아니고, 전자레인지로 데우는 것뿐인 가공식품도 있지 않을까?

여학생: 어 확실히 그래. 가공식품은 조미료나 소스가 많아서 맛이 진하니까, 진한 맛의 '고식(濃食(こしょく))'과 겹치네. 이 두 개를 조사해서 리포트를 써 볼까?

남학생: 제목은 '두 개의 '고식'' 재미있을 것 같네, 쓰면 보여줘!

해설

대화문의 문제에서는 남학생과 여학생의 주장을 구분하고 질문에 있는 '여학생'의 말에 집중하는 것이 포인트이다. 여학생의 마지막 대화 「この二(ふた)つを調(しら)べて、～(이 두 개를 조사해서, ~)」에서 지시어가 가리키고 있는 것이 직전에 소개한 두 가지 개인식(혼밥)이라는 것을 유추할 수 있다. 여기에서 이 두 개의 개인식이란, '냉장고의 고식'과 '진한 맛'을 나타내므로 3번이 정답이다. 선택지에 보이는 항목의 설명 흐름을 잘 따라가는 것이 중요하다.

어휘 栄養(えいよう) 영양 | お惣菜(そうざい) 반찬(거리) | 加工食品(かこうしょくひん) 가공식품 | 調味料(ちょうみりょう) 조미료 | 濃(こ)い (농도, 맛)진하다

問題 10 정답 ② Track 5-10

先生が企業による技術の産業化までの段階について話しています。この先生は、このあと図のどの部分について話しますか。

企業がある技術を開発し、商品として売って利益を得るまでに、研究、開発、事業化、産業化という段階があります。それぞれの段階から次の段階にいくまでには、越えなくてはいけない壁があり、その難しい状況を川や谷や海に例えて呼ぶことがあります。まず、研究した成果のすべてが製品として開発されるわけではなく、ここで川に流れてしまうものが多いのです。それから、製品を生産して利益に結びつける事業化のための資金や設備などを検討します。ここで収益化の見込みがなければ、これを商品として売り出すことはなく、製品化したものは谷に落ちてしまいます。そして、商品として売り出しても、それが普及しなかったりほかの商品との競争に負けたりしたら、収益が得られずに海に溺れてしまうというのです。では、今日はこのうち「谷」を乗り越える対策について詳しく見ていきます。

선생님이 기업에 의한 기술 산업화까지의 단계에 관해서 이야기하고 있습니다. 이 선생님은 이 뒤 그림의 어느 부분에 대해서 이야기하고 있습니까?

기업이 어떤 기술을 개발하고, 상품으로서 팔아 이익을 얻기까지, 연구, 개발, 사업화, 산업화라는 단계가 있습니다. 각각의 단계에서 다음 단계로 가기까지는 넘어야 할 벽이 있고, 그 어려운 상황을 강이나 계곡이나, 바다로 비유하여 부르는 경우가 있습니다. 우선, 연구한 성과 모두가 제품으로서 개발되는 것은 아니고, 여기에 강으로 흘러 가 버리는 경우가 많습니다. 그리고, 제품을 생산해서 이익으로 연결짓는 사업화를 위한 자금이나 설비 등을 검토합니다. 여기에서 수익화의 전망이 없다면, 이것을 상품으로서 팔기 시작하는 것이 아니고, 제품화한 것은 계곡으로 떨어져 버립니다. 그리고, 상품으로 팔기 시작해도, 그것이 보급되지 않거나, 다른 상품과의 경쟁에서 지거나 하면, 수익을 얻지 못하고 바다에 흘러가 버린다는 것입니다. 그러면, 오늘은 이 중 '계곡'을 극복할 대책에 관해서 자세히 살펴봅시다.

해설

선택지 항목의 설명 흐름을 따라가며, 추가로 부여되는 청각 정보를 메모해두는 것이 포인트이다. 마지막 설명「では、今日はこのうち「谷」を乗り越える対策について詳しく見ていきます(그러면, 오늘은 이 중 '계곡'을 극복할 대책에 관해서 자세히 살펴봅시다)」에서 앞선 설명「谷」가「事業化できない(사업화 할 수 없다)」=「売り出すことはなく、製品化したものは谷に落ちる(팔기 시작하는 일은 없고 제품화한 것은 계곡에 떨어진다)」를 의미한다고 유추할 수 있다. 즉, 사업화 직전의 단계를 의미하므로 2번이 정답이다.

어휘 設備 설비 | 検討する 검토하다 | 収益 수익 | 見込む 전망하다 | 普及する 보급하다 | 競争 경쟁 | 溺れる (물에)빠지다, 허우적거리다 | 乗り越える 넘어서다, 극복하다

問題 11 정답 ④ Track 5-11

先生が、生物学の授業で、コンビクトシクリッドという魚の実験について説明しています。この先生が興味深いと言っているのは、実験結果のどの項目ですか。

私たち人間は、自分よりも相手の利益を優先させて行動することがあります。このような向社会的選択を魚も行うのかを知るために、コンビクトシクリッドという小魚のオスを対象として、実験をしました。水槽の中で、図のように、オスの魚に、自分と相手の魚の両者がエサをもらえる部屋と、自分だけがエサをもらえる部屋のどちらかを選ばせました。すると、自分と一緒に子育てをした経験のあるメスが相手の場合、相手もエサが得られる部屋を選ぶ割合が高くなりました。初めて会うメスが相手の場合も同じでした。それに対して、ライバル関係にあるオスが相手の場合は、自分だけがエサを得られる部屋を積極的に選びました。さらに、興味深いことに、初めて会うメスが相手のときに、一緒に子育てをしたメスの姿を見せると、オスは自分だけがエサを得るという選択を行ったのです。このことから、この魚は、相手を見分けて状況によって選択を変えていると言えます。

선생님이 생물학 수업에서 니그로(컨빅트시클리드)라는 물고기 실험에 대해서 설명하고 있습니다. 이 선생님이 흥미 깊다고 말하고 있는 것은, 실험 결과 중 어느 항목입니까?

우리들 인간은, 자신보다 상대의 이익을 우선해서 행동하는 경우가 있습니다. 물고기도 이러한 향 사회적 선택을 하는지 조사하기 위해, 니그로라는 작은 물고기 수컷을 대상으로 실험했습니다. 수조 속에서, 그림과 같이, 수컷 물고기에게 자신과 상대 물고기 양자가 먹이를 먹을 수 있는 방과, 자신만이 먹이를 받을 수 있는 방 어느 쪽인가를 고르게 했습니다. 그러자, 자신과 함께 육아를 한 경험이 있는 암컷이 상대일 경우, 상대도 먹이를 얻을 수 있는 방을 고르는 비율이 높아졌습니다. 처음 만나는 암컷이 상대일 경우도 마찬가지였습니다. 이에 대해서, 경쟁 관계에 있는 수컷이 상대일 경우에는, 자신만이 먹이를 얻을 수 있는 방을 적극적으로 골랐습니다. 더욱이, 흥미 깊은 점은 처음 만나는 암컷이 상대일 경우에, 함께 육아한 암컷이 모습을 보이면, 수컷이 자신만이 먹이를 얻는다는 선택을 한 것입니다. 이 사실에서, 이 물고기는 상대를 구분해서 상황에 따라서 선택을 바꾸고 있다고 할 수 있습니다.

해설

선생님이 흥미롭다고 생각하는 조건 결과와 그렇지 않은 조건 결과를 구분하는 것이 포인트이다. 마지막 설명 「さらに興味深いことに、初めて会うメスが相手のときに、～(더욱이 흥미 깊은 점은 처음 만나는 암컷이 상대일 경우에~)」이후 표현에서 「初めて会うメス(처음 만나는 암컷)」=「未知メス(미지의 암컷)」이므로 정답은 3번과 4번으로 압축된다. 그리고, 「一緒に子育てをしたメスの姿を見せる(함께 육아를 한 암컷이 모습을 보이다)」=「ペアメス提示(페어 암컷 제시)」로 볼 수 있으므로 4번이 정답이다.

어휘 優先する 우선하다 | 子育て 육아 | 割合 비율 | 水槽 수조 | 積極的 적극적

問題 12 정답 ④ Track 5-12

先生が、生物多様性の危機の原因について話しています。この先生が、人間がほかの生物と共生するためにするべきだと言ったのは、どの項目に関することですか。

この図には、生物多様性の危機の原因となる人間の活動が五つ挙げられています。Aは森林伐採や自動車などの二酸化炭素排出による気候変動です。この気候変動やBの外来種の動植物の持ち込みCの化学肥料の使用などが原因で、それまで生息していた生き物が生きられなくなる恐れがあります。Dは、その土地特有の珍しい草花を一度に大量に刈り取ってしまったり、登山客が押しかけて山を踏み荒らしたりすることで、Eは住居や道路をつくるために土地を開発することです。

このように、いろいろな人間活動が生物多様性の危機の大きな原因となっているのです。一方で、近年、農村の人口減少や高齢化によって、田畑が減り、森林や草原が放置されることによって、長年人間と共存してきた生き物が生きられなくなることも注目され始めています。人間が自然の中でほかの生き物と共生していくためには、自然をどのくらい利用し、開発をどこでどの程度するかを慎重に考え、計画的に行っていかなければならないのです。

선생님이 생물다양성 위기 원인에 관해서 이야기하고 있습니다. 이 선생님이 인간이 다른 생물과 공생하기 위해서 해야 한다고 말하고 있는 것은, 어느 항목에 관한 일입니까?

이 표에는 생물 다양성 위기의 원인이 되는 인간 활동 5개가 있습니다. A는 삼림 벌목이나 자동차 등의 이산화탄소 배출에 따른 기후변동입니다. 이 기후변동이나 B의 외래종 동식물 유입, C의 화학비료 사용 등이 원인으로, 지금까지 생식하고 있던 생물이 살지 못하게 될 우려가 있습니다. D는 그 지역 특유의 드문 풀과 꽃을 한 번에 대량으로 베어 버리거나, 등산객이 몰려와서 산을 황폐하게 만드는 것이며, E는 주거나 도로를 만들기 위해서 토지를 개발하는 것입니다.

이렇게 여러 인간 활동이 생물 다양성 위기의 큰 원인이 되고 있는 것입니다. 한편, 근래 농촌 인구의 감소나 고령화에 따라서, 논밭이 줄고, 삼림이나 초원이 방치되는 것으로 인해, 오랫동안 인간과 공존해 온 생물이 살지 못하게 되는 것도 주목을 모으기 시작하고 있습니다. 인간이 자연 속에서 다른 생물과 공생해 가려면, 자연을 어느정도 이용하고, 개발을 어디에서 어느 정도 할지를 신중하게 생각하고, 계획적으로 행해가야 할 것입니다.

해설

인간과 다른 생물이 공생하기 위해 필요한 것과 그렇지 않은 것을 구분하며, 각 항목의 추가 정보를 체크해 두는 것이 중요하다. 설명 마지막 부분 「人間が～ほかの生き物と共生していくためには、～ (인간이~다른 생물과 공생해 가려면~)」 이후 표현에서 '자연이용과 계획적 개발'이라는 것을 유추해낼 수 있으므로 4번이 정답이다.

어휘 危機 위기 | 森林伐採 삼림 벌목 | 外来種 외래종 | 化学肥料 화학 비료 | 刈り取る 베어내다 | 踏み荒らす 짓밟아 망가뜨리다 | 田畑 논밭 | 放置される 방치되다 | 共存する 공존하다 | 共生する 공생하다

청해

問題 13 정답 ①

Track 5-13

先生が、心理学の授業で、マスキング現象について話しています。この先生の話によると、マスキング現象が起きにくいのはどのような場合ですか。

マスキング現象というのは、ある音のせいで、ほかの音が聞こえにくくなる現象です。例えば、駅のようにいろいろな音が聞こえる場所で会話をすると、相手の声が聞き取りづらくなることがあるでしょう。また、それまで聞いていた音楽やテレビを消したときに、急に冷蔵庫のブーンという音が気になることがあります。それまで聞こえなかったのは、別の音で冷蔵庫の音がマスキングされていたからです。

しかし、いろいろな音がある中でもピピッ、ピピッというアラームの高い音は、聞き分けることができます。これは、音の高さが周りの音と大きく違うからです。このように音の高低差によって、この現象は起きにくくなります。

この先生の話によると、マスキング現象が起きにくいのはどのような場合ですか。

① 音の高さが大きく違う場合

② 聞こえる音が多い場合

③ 音が高くて大きい場合

④ 機械から出る音の場合

선생님이 심리학 수업에서, 마스킹 현상에 대해서 이야기하고 있습니다. 이 선생님 이야기에 따르면, 마스킹 현상이 발생하기 어려운 것은 어떠한 경우입니까?

마스킹 현상이라는 것은, 어떤 소리 탓에, 다른 소리가 들리기 어려워지는 현상입니다. 예를 들자면, 역처럼 여러 소리가 들리는 장소에서 이야기하면, 상대 목소리를 듣기 어려워지는 경우가 있죠. 또한, 지금까지 듣고 있던 음악이나 텔레비전 소리를 껐을 때, 갑자기 냉장고의 윙~이라는 소리가 신경 쓰이는 경우가 있습니다. 지금까지 들리지 않았던 것은 다른 소리로 냉장고 소리가 마스킹 되고 있었으니까입니다.

하지만, 여러 소리가 있는 와중에도, 삐빅, 삐빅이라는 알람 소리는 들립니다. 이것은 소리의 높이가 주위 소리와 크게 다르니까입니다. 이렇게 소리의 고저 차에 의해서 이 현상은 일어나기 어려워집니다.

이 선생님 이야기에 따르면, 마스킹 현상이 발생하기 어려운 것은 어떠한 경우입니까?

① 소리 높이가 크게 다를 경우

② 들리는 소리가 많을 경우

③ 소리가 높고 클 경우

④ 기계에서 나오는 소리의 경우

해설

전문용어(마스킹)에 관한 설명을 잘 듣고, 이 현상이 발생하기 쉬운 경우와 어려운 경우를 구분하는 것이 포인트이다. 마스킹 현상의 일반적 정의 설명 이후 마지막 부분에서 「このように音(おと)の高低差(こうていさ)によって、この現象(げんしょう)は起(お)きにくくなります(이렇게 소리의 고저 차에 의해 이 현상은 일어나기 어려워집니다)」 즉, 소리의 고저 차이가 원인이라고 유추할 수 있으므로 1번이 정답이다. 3번은 소리의 낮음이 없어서 오답이다.

어휘 消(け)す 지우다, 없애다 | 気(き)になる 신경 쓰이다 | 高低差(こうていさ) 고저 차

問題 14 정답 ②

Track 5-14

大学の本屋で、学生が店員と話しています。この学生は、本の代金をいつ払いますか。

男子学生：すみません、『大学生のための就活ハンドブック』という本、ありませんか。

店　　員：今、お調べしますね。申し訳ありません。あいにく在庫を切らしておりまして。来月には入ると思うんですが。

男子学生：来月ですか。じゃあ、取り寄せたほうが早いですよね。

店　　員：はい、取り寄せでしたら、今月中に入ります。

男子学生：じゃあ、お願いします。

店　　員：では、こちらの用紙に必要事項をご記入ください。

男子学生：代金は今払ったほうがいいですか。

店　　員：いえ、本をお渡しするときにお支払いください。

男子学生：わかりました。

この学生は、本の代金をいつ払いますか。

① 用紙に記入してから払う

② 本を受け取ってから払う

③ このあとすぐに払う

④ 来月本を買うときに払う

대학교 서점에서, 학생이 점원과 이야기하고 있습니다. 이 학생은 책 값을 언제 지불합니까?

남학생: 죄송합니다. <대학생을 위한 취업활동 핸드북>이라는 책, 있습니까?

점원: 지금 조사해 보겠습니다. 죄송합니다. 공교롭게도 재고가 없습니다. 다음달에는 들어올 것이라고 생각되는데요.

남학생: 다음 달이요? 그럼, 주문하는 편이 빠르겠네요.

점원: 네, 주문하시면, 이번 달 중에 들어옵니다.

남학생: 그럼 부탁드립니다.

점원: 그러면 이 용지에 필요 사항을 기입해 주세요.

남학생: 대금은 지금 지불하는 편이 좋은가요?

점원: 아니요, 책을 건넬 때 지불해 주세요.

남학생: 알겠습니다.

이 학생은 책 값을 언제 지불합니까?

① 용지에 기입하고 나서 지불한다.

② 책을 받고 나서 지불한다.

③ 이 뒤에 바로 지불한다.

④ 다음 달 책을 살 때 지불한다.

해설

대금지불의 시기를 묻고 있으므로 책 구입 '전, 후' 등에 무엇을 해야 하는지 시기를 예상하며 듣는 것이 포인트이다. 남학생의 "지금 지불하는 편이 좋은가?"라는 질문에 대해서 점원이 "책을 건넬 때"라고 대답하였으므로 학생 입장에서는 책을 받을 때 지불하는 것이 되므로 2번이 정답이다.

어휘 在庫(ざいこ) 재고 | 取り寄せる(とよ) 주문하여 가져오다 | 必要事項(ひつようじこう) 필요사항 | 払う(はら) 지불하다

問題 15 정답 ③

Track 5-15

先生が、日本の新幹線の形について話しています。この先生は、日本の新幹線の先端部分が今の形になったのはどうしてだと言っていますか。

日本の新幹線は安全な高速鉄道として知られていますが、その先端部分の形は時代とともに変化してきました。新幹線が登場した1960年代は団子のような丸い形をしていましたが、その後、スピードを追求し、ドリルのようなとがった形に変わりました。そして、カモノハシという動物のくちばしのような独特のカーブを描く形に変わっていきました。この形状の進化には、流体力学の研究成果がいかされています。流体力学とは、気体や液体の運動を研究する学問です。新幹線がトンネルに突入するときに出る音を抑えるため、空気をうまくかきわけられるか計算した結果、最終的にたどりついたのが、カモノハシのくちばしの形だったのです。カモノハシ型は、新幹線の沿線に住む人たちへの配慮から生まれたもの、ということになります。そのあとに開発された車両も、この型をベースにしたデザインになっています。

この先生は、日本の新幹線の先端部分が今の形になったのはどうしてだと言っていますか。

① 安全性を高めるため

② スピードを速めるため

③ 騒音を減らすため

④ より多くの人を運ぶため

선생님이 일본 신칸센 형태에 대해서 이야기하고 있습니다. 이 선생님은 일본 신칸센의 끝부분이 지금의 형태가 된 것은 왜라고 이야기하고 있습니까?

일본 신칸센은 안전한 고속철도로서 알려져 있는데, 그 끝부분의 형태는 시대와 함께 변화해 왔습니다. 신칸센이 등장한 1960년대는 경단 같은 둥그런 모습을 하고 있었는데, 그 후에 스피드를 추구하여 드릴과 같은 뾰족한 형태로 바뀌었습니다. 이 형상의 진화에는 액체 역학의 연구 성과가 활용되어 있습니다. 액체 역학이란, 기체나 액체의 운동을 연구하는 학문입니다. 신칸센이 터널에 돌입할 때 나오는 소리를 억제하기 위해서, 공기를 좌우로 잘 가를 수 있는지 계산한 결과, 최종적으로 도달한 것이 오리너구리의 부리 형태였던 것입니다. 오리너구리 형태는 신칸센 연선에 사는 사람들에 대한 배려로 탄생한 것, 이라는 것이 됩니다. 그 뒤에 개발된 차량도, 이 형태를 기준으로 한 디자인으로 되어 있습니다.

이 선생님은 일본 신칸센의 끝부분이 지금의 형태가 된 것은 왜라고 이야기하고 있습니까?

① 안전성을 높이기 위해서

② 스피드를 높이기 위해서

③ 소음을 줄이기 위해서

④ 보다 많은 사람을 나르기 위해서

해설

신칸센의 과거의 형태와 지금의 형태를 구분하여 듣는 것이 포인트이다. 마지막 설명 「最終的(さいしゅうてき)に~の形(かたち)だったのだ(최종적으로~의 형태였다)」 부분이 지금의 형태라는 것을 유추할 수 있다. 그리고, 「トンネルに突入(とつにゅう)するときに出(で)る音(おと)を抑(おさ)えるため(터널에 돌입할 때 나오는 소음을 억제하기 위해서)」라는 이유표현 부분과, 「沿線(えんせん)に住(す)む人たちへの配慮(はいりょ)から生(う)まれた(연선에 사는 사람들에 대한 배려에서 태어났다)」 부분을 보면 철로 주변 주민을 배려하여 소음을 줄이기 위해 진화된 형태라는 것을 알 수 있으므로 3번이 정답이다.

어휘 先端部分(せんたんぶぶん) 선두, 끝 부분 | 登場(とうじょう)する 등장하다 | 追求(ついきゅう)する 추구하다 | くちばし 새의 부리 | 突入(とつにゅう)する 돌입하다 | 抑(おさ)える 억제하다 | 配慮(はいりょ) 배려

問題 16 정답 ③ Track 5-16

女子学生と男子学生が、明日のミーティングについて話しています。この男子学生は、明日の朝何をすると言っていますか。

女子学生：明日のミーティングの場所変わったの、みんな知ってるよね。

男子学生：うん。今日全員から返信があったから、大丈夫だと思う。

女子学生：先生は？先生には連絡したっけ？

男子学生：え？してないよ。あれ、誰もしてないかも。

女子学生：えっ、そうなの。早く連絡しなきゃ。今から研究室へ行ってみようか？

男子学生：うーん、水曜日の午後はいつも会議で、研究室にはいらっしゃらないんだよね。じゃあ、とりあえず今メールしておいて、念のために明日の朝、授業の前に研究室にも寄ってみるよ。

女子学生：そのほうが安心だね。じゃあ、よろしく！

この男子学生は、明日の朝何をすると言っていますか。

① みんなにミーティングの場所の変更を知らせる

② メールで先生にミーティングの時間を伝える

③ 先生の研究室へ行ってミーティングの場所を伝える

④ 先生に水曜の午後にミーティングがあることを伝える

여학생과 남학생이 내일 회의에 관해서 이야기하고 있습니다. 이 남학생은 내일 아침 무엇을 한다고 말하고 있습니까?

여학생: 내일 미팅 장소 바뀐 거, 모두 알고 있지?

남학생: 응. 오늘 전원이 답을 주었으니까 괜찮을 거라고 생각해.

여학생: 선생님은? 선생님께는 연락했어?

남학생: 헉, 안 했어. 엥? 아무도 연락하지 않았을지도 몰라.

여학생: 헐? 그래? 빨리 연락해야지. 지금부터 연구실에 가 볼까?

남학생: 음, 수요일 오후는 항상 회의라 연구실에는 안 계셔. 그럼, 우선 지금 메일 해 두고, 혹시 모르니까 내일 아침 수업 전에 연구실에 들러볼게.

여학생: 그 편이 안심이네. 그럼 잘 부탁해!

이 남학생은 내일 아침 무엇을 한다고 말하고 있습니까?

① 모두에게 회의 장소 변경을 알린다.

② 메일로 선생님에게 회의 시간을 전한다.

③ 선생님 연구실에 가서 회의 장소를 전한다.

④ 선생님에게 수요일 오후에 회의가 있다는 것을 전한다.

해설

여학생과 남학생의 대화 내용 구분과 내일 할 일과 오늘 할 일을 구분하며 듣는 것이 포인트이다. 남학생의 마지막 대화에서 「明日の朝、授業の前に研究室にも寄ってみる(내일 아침 수업 전에 연구실에 들려보겠다)」라며 '내일 아침 선생님의 연구실에 간다'고 말하고 있으므로, 3번이 정답이다. 1번은 이미 이루어진 일이고, 2번은 지금부터 할 일이며, 4번 '수요일 오후'는 지금을 가리키므로 오답이다.

어휘 返信(へんしん) 답장, 답신 | 連絡(れんらく)する 연락하다

問題 17 정답 ③ Track 5-17

児童教育学の先生が、音楽教育について話しています。この先生は、小学校の音楽教育で大切なことは何だと言っていますか。

音楽は好きだけれど、音楽の授業は嫌いだという小学生は少なくないようです。みんなの前で歌わされるのが恥ずかしいからとか、リコーダーやハーモニカなどの楽器演奏が苦手だからというのが主な理由だといいます。また、合唱や合奏の練習を面白くないと感じる子どもも多いようです。しかし、何のために練習が必要なのかを理解すれば、子どもたちはもっと積極的に歌や演奏の練習に取り組むようになり、自分の苦手意識を克服できるのではないでしょうか。大切なのは、みんなで歌を歌ったり演奏したりして、声や音を合わせたときの響きの美しさを子どもたちに感じさせ、音楽による感動を与えることです。そうすれば、音楽の授業を通して、子どもたちに感動体験をさせ、豊かな感性を育むことができるのではないでしょうか。そして、その方法を追求することが、音楽教育学の使命の一つなのです。

この先生は、小学校の音楽教育で大切なことは何だと言っていますか。

① 基本的な楽器演奏の方法を教えること
② 歌や演奏を練習する目標を意識させること
③ 声や音の美しさに気付かせること
④ 人前で堂々と歌が歌えるようにさせること

아동 교육학 선생님이, 음악교육에 대해서 이야기하고 있습니다. 이 선생님은, 초등학교 음악교실에서 중요한 것은 무엇이라고 이야기하고 있습니까?

음악은 좋아하지만, 음악 수업은 싫다는 초등학생도 적지 않은 것 같습니다. 모두 앞에서 노래하는 것이 창피하니까라던가, 피리나 하모니카 등의 악기 연주가 서투르다는 것이 주된 이유라고 합니다. 또한, 합창이나 합주 연습이 재미 없다고 느끼는 아이도 많은 것 같습니다. 하지만, 왜 연습이 필요한지를 이해하면, 아이들은 더 적극적으로 노래나 연주 연습에 임하게 되고, 자신이 서투르다는 인식을 극복할 수 있는 것이 아닐까요? 소중한 것은, 함께 노래를 하거나 연주를 하거나, 소리나 노래를 맞추었을 때 울림의 아름다움을 아이들이 느끼게 하고, 음악에 의한 감동을 주는 것입니다. 그렇게 하면, 음악 수업을 통해서, 아이들에게 감동 체험을 하게 하고, 풍요로운 감성을 키울 수가 있는 건 아닐까요? 그리고, 그 방법을 추구하는 것이, 음악교육학의 사명 중 하나인 것입니다.

이 선생님은, 초등학교 음악교실에서 중요한 것은 무엇이라고 이야기하고 있습니까?

① 기본적인 악기 연주 방법을 가르치는 것.
② 노래나 연주를 연습할 목표를 의식하게 하는 것.
③ 목소리나 소리의 아름다움을 깨닫게 하는 것.
④ 사람 앞에서 당당하게 노래를 부를 수 있게 하는 것.

해설

일반적 사실과 선생님이 중요하다고 말하는 것을 구분하는 것이 포인트이다. 선생님의 후반부 설명 「大切(たいせつ)なのは～(중요한 것은~)」 이후에서 중요한 것은 「音楽(おんがく)による感動(かんどう)を与(あた)える(음악에 의한 감동을 주다)」 = 「子供(こども)たちに感動体験(かんどうたいけん)をさせる(아이들에게 감동 체험을 하게 한다)」 = 「美(うつく)しさに気付(きづ)かせる(아름다움을 깨닫게 하다)」 등이라고 했으므로 3번이 정답이라고 유추할 수 있다. 1번, 2번, 4번은 사실관계와 다르거나, 언급하지 않아 오답이다.

어휘 恥(は)ずかしい 창피하다 | 楽器演奏(がっきえんそう) 악기연주 | 合唱(がっしょう) 합창 | 合奏(がっそう) 합주 | 克服(こくふく)する 극복하다 | 育(はぐく)む 키우다, 기르다

問題 18 정답 ①

Track 5-18

先生が、日本の森林について話しています。この先生は、人工林を守るためには何をするべきだと言っていますか。

森林には天然林と人工林があり、天然林はもともと人間があまり手をかけずに自然の中で秩序が保たれてきた森のことです。一方、人工林は人間が造った森ですから、常に人の手入れが必要です。最初1ヘクタールあたり数千本の苗木を植えますが、樹木が成長していく過程で、ときどき間引きをしていきます。間引きとは、木と木の間に空間ができるように木を切って減らすことです。樹木が十分使える状態になる40年から60年くらいで最初の5分の1くらいの本数になるようにします。そして、きちんと間引きしたあとに残された樹木が、さらに順調に成長をつづけていくのです。つまり、人工林は成長によって増えた分の木を切りながら使っていくことで、はじめて森のバランスがとれるのです。では、人工林の木を切らずにそのままにしておくと、どうなるでしょうか。木が混み合いすぎて日が当たりにくくなり、木の病気が増えたり、山が崩れやすくなったりします。森林資源は増え続けていますが、人工林の木材は、もっとたくさん使われなければなりません。それが森林を守る方法の一つなのです。

この先生は、人工林を守るためには何をするべきだと言っていますか。

① 成長によって増えた分の木を切るべきだ。

② 自然の力で森の状態を保つべきだ。

③ 苗木をたくさん植え続けるべきだ。

④ 森林資源の無駄遣いを減らすべきだ。

선생님이, 일본의 삼림에 관하여 이야기하고 있습니다. 이 선생님은 인공림을 지키기 위해서는 무엇을 해야만 한다고 말하고 있습니까?

삼림에는 천연림과 인공림이 있고, 천연림은 원래 인간이 그다지 손을 대지 않고 자연 속에서 질서가 유지되어 왔던 숲을 가리킵니다. 한편 인공림은 인간이 만든 숲이기 때문에, 항상 손질(관리)이 필요합니다. 최초, 1헥타르당 수천 그루의 묘목을 심는데, 수목이 성장해가는 과정에서, 때때로 솎아내기를 해갑니다. 솎아내기라는 것은, 나무와 나무 사이에 공간이 생기도록 나무를 잘라서 줄이는 것입니다. 수목(나무)이 충분히 사용할 수 있는 상태가 되는 40년에서 60년 정도에 최초의 5분의 1정도의 그루 수가 되도록 합니다. 그리고, 제대로 솎아낸 후에 남겨진 수목(나무)이 더욱 순조롭게 계속 성장해 가는 것입니다. 즉, 인공림은 성장에 의해서 늘어난 만큼의 나무를 자르면서 사용해 나감으로써 비로소 처음으로 숲의 밸런스(균형)가 잡히는 것입니다. 그럼, 인공림의 나무를 자르지 않고 그대로 두면, 어떻게 될까요? 나무가 지나치게 혼잡해져서 빛을 받기 어려워지고, 나무의 병이 늘거나 산이 무너지기 쉬워지거나 합니다. 삼림자원은 계속 늘어나갑니다만, 인공림의 목재는, 더 많이 사용되어지지 않으면 안됩니다. 그것이 삼림을 지키는 방법 중 하나인 것입니다.

이 선생님은 인공림을 지키기 위해서는 무엇을 해야만 한다고 말하고 있습니까?

① 성장에 의해서 늘어난 만큼의 나무를 잘라야 한다

② 자연의 힘으로 숲의 상태를 유지해야 한다.

③ 묘목을 많이 계속 심어야 한다.

④ 삼림자원의 쓸데없는 낭비를 줄여야 한다.

해설

인공림과 천연림의 특징과 관리에 무엇이 필요한지를 구분하고, 중요하다고 강조하는 부분에 반응하는 것이 중요하다. 특히, 질문에서 「べきだ」「なければならない」 등 의무표현이 나올 경우, 본문에 의무표현이 나오는 부분에 정답과 관련된 내용이 나올 확률이 높으니 주의해야 한다. 이 문제에서는 마지막 설명 「人工林の木を切らずにそのままにしておくと～(인공림 나무를 자르지 않고 그대로 두면~)」 이후 표현에서 그대로 두지 말라 하고 있으며, 「人工林の木材は～使われなければなりません。それが森林を守る方法の一つ(인공림 목재는~사용해야 합니다. 그것이 삼림을 지키는 방법 중 하나)」 부분에서 그대로 두는 것이 아니라 '사용해야 한다'고 하고 있으므로 1번이 정답이다.

어휘 森林 삼림 | 秩序 질서 | 保つ 유지하다 | 苗木 묘목 | 樹木 수목 | 間引く 솎아내다 | 順調に 순조롭게 | 混み合う 붐비다, 혼잡하다 | 崩れる 무너지다

問題 19 정답 ②

Track 5-19

先生が、プレゼンテーションについて話しています。この先生は、プレゼンテーションではどんなことが大切だと言っていますか。

たくさんの人の前で話すときは、間違えないように慎重に話したくなります。だからといって、原稿を読み上げるだけでは、人をひきつけるような魅力的なプレゼンテーションにはなりません。読み上げるのではなく、話すという意識が重要です。生き生きとした話し言葉はプレゼンテーションを魅力的なものにします。また、プレゼンテーションをさらにレベルの高いものにしたければ、何かを伝えるという意識を持たなければなりません。では、「伝える」というのは単に「話す」のと何が違うのでしょうか。それは、話す人が、聞く人のことをよく考えて、話をわかりやすくするということです。キーワードをはっきり言ったり、文と文の間や段落と段落の間に少し間をとって理解するための時間を作ったりすれば、より聞きやすくなるでしょう。このように、伝えるということを意識してプレゼンテーションの準備に取り組んでください。

この先生は、プレゼンテーションではどんなことが大切だと言っていますか。

① 生き生きとした表情で話すこと

② 人に伝えるという意識を持つこと

③ 時間をかけてきちんと準備すること

④ 間違えないように注意して話すこと

선생님이 프레젠테이션에 관해서 이야기하고 있습니다. 이 선생님은 프레젠테이션에서 어떤 것이 중요하다고 말하고 있습니까?

많은 사람 앞에서 이야기할 때, 틀리지 않도록 신중하게 이야기하고 싶어집니다. 그렇다고 해서, 원고를 읽는 것만으로는, 사람들을 끌어당기는 것 같은 매력적인 프레젠테이션은 되지 않습니다. 읽는 것이 아니고, 이야기한다는 의식이 중요합니다. 활기찬 대화는 프레젠테이션을 매력적인 것으로 만듭니다. 또한, 프레젠테이션을 더욱 높은 레벨로 만들고 싶다면, 무언가를 전한다는 의식을 갖아야 합니다. 그러면 '전한다'는 것은 단순히 '이야기하는' 것과 무엇이 다른 걸까요? 그것은 이야기하는 사람이, 듣는 사람을 잘 생각해서 이야기를 알기 쉽게 한다는 것입니다. 키워드를 확실히 말하거나, 문장과 문장 사이의 단락과 단락 사이에 조금 틈을 두고 이해하기 위한 시간을 만들거나 하면, 보다 듣기 쉬워지겠죠. 이렇게 전한다는 것을 의식해서 프레젠테이션 준비에 임해 주세요.

이 선생님은 프레젠테이션에서 어떤 것이 중요하다고 말하고 있습니까?

① 활기찬 표정으로 이야기할 것

② 다른 사람에게 전한다는 의식을 갖을 것

③ 시간을 들여서 제대로 준비할 것

④ 틀리지 않도록 주의해서 이야기할 것

해설

일반적인 설명이나 전체 내용이 되는 부분과 선생님이 중요하다고 하는 부분의 내용을 구분하고 강조하고 있는 부분을 놓치지 않는 것이 중요하다. 강조의 표현과 함께 「伝えるという意識を持たなければなりません(전한다는 의식을 갖아야 합니다)」 「伝えるということを意識してプレゼンテーションの準備に取り組んでください(전한다는 것을 의식하고 프레젠테이션 준비에 임해 주세요)」처럼 '전한다는 의식을 갖는다'를 반복해서 강조하고 있다. 따라서 2번이 정답이다.

어휘 原稿 원고 | 引き付ける 끌어당기다 | 魅力的 매력적 | 生き生きとする 생생하다, 생기 있다

問題 20 정답 ④

Track 5-20

先生が、マーケティング論の授業で、アクティブシニアという人たちについて話しています。この先生は、「アクティブシニア」のどんな特徴が重要だと言っていますか。

今日はマーケティングの視点から、「アクティブシニア」と呼ばれる高齢者に焦点を当てて話したいと思います。高齢でも元気で意欲があれば、シニアにしかできないこと、シニアだからこそできる仕事などを通じて、積極的に社会に参加し、社会に貢献することができます。最近このようなシニア層が増えて、「アクティブシニア」と呼ばれ、ビジネスの大きなターゲットになりつつあります。「アクティブシニア」の明確な定義はありませんが、一般的に、65歳から75歳で、仕事・趣味などに意欲的で、健康意識が高い傾向にある活発な高齢者とされています。シニア層では自立意識や健康意識が高い人が多いですが、それだけではなく、積極的に社会参加しようという意欲がなければ、「アクティブシニア」とは呼べません。まず何よりも仕事や趣味に対して意欲的であることが大事なのです。

この先生は、「アクティブシニア」のどんな特徴が重要だと言っていますか。

① 多くの知識や経験を持っていること

② 新しい価値観を取り入れること

③ 自立意識や健康意識が高いこと

④ 仕事や趣味に対して意欲があること

선생님이 마케팅론 수업에서, 액티브 시니어라는 사람들에 관해서 이야기하고 있습니다. 이 선생님은, '액티브 시니어'의 어떤 특징이 중요하다고 말하고 있습니까?

오늘은 마케팅 시점에서, '액티브 시니어'라고 불리는 고령자에게 초점을 맞추어 이야기하겠습니다. 고령이라도 건강하고 의욕이 있다면, 시니어밖에 하지 못하는 것, 시니어니까 할 수 있는 일 등을 통해서, 적극적으로 사회에 참가하고, 사회에 공헌할 수가 있습니다. 최근 이러한 시니어층이 늘어서 '액티브 시니어' 라고 불려서 비즈니스의 큰 타깃이 되고 있습니다. '액티브 시니어'의 명확한 정의는 없지만, 일반적으로 65세부터 75세까지로 일, 취미 등에 의욕적이고 건강의식이 높은 경향에 있는 활발한 고령자를 가리킵니다. 시니어 층은 자립의식이나 건강의식이 강한 사람이 많지만, 그것 만이 아니고, 적극적으로 사회에 참가하려는 의욕이 없다면, '액티브 시니어' 라고는 부르지 않습니다. 우선 무엇보다도 일이나 취미에 대해서 의욕적이라는 것이 중요합니다.

이 선생님은, '액티브 시니어'의 어떤 특징이 중요하다고 말하고 있습니까?

① 많은 지식이나 경험을 갖고 있을 것

② 새로운 가치관을 도입할 것

③ 자립의식이나 건강 의식이 강할 것

④ 일이나 취미에 대해 의욕이 있을 것

해설

일반적, 상식적인 것과 선생님이 중요하다고 말하는 것을 구분하고, 강조하는 부분에서 반응하는 것이 포인트이다. 설명 마지막 부분에서 「まず何(なに)よりも～(우선 무엇보다도~)」, 「大事(だいじ)なのです(중요합니다)」 라고 강조하며 '일과 취미에 대해 의욕적'일 것이 중요하다고 설명하고 있으므로 4번이 정답이다.

어휘 視点(してん) 시점 | 焦点(しょうてん) 초점 | 意欲(いよく) 의욕 | 貢献(こうけん)する 공헌하다 | 定義(ていぎ) 정의 | 活発(かっぱつ)な 활발한

問題 21 정답 ④ 　　Track 5-21

先生が、博物館法による博物館の設置基準について話しています。この先生は、博物館相当施設をつくるために必要な条件は何だと言っていますか。

博物館は、資料の収集や保存、調査研究、展示、教育の普及といった活動を一体的に行う施設です。歴史博物館や科学博物館のほか、美術館、動物園、水族館なども、法制上は博物館に含まれます。それらの博物館が全国に6000館ほどあり、人々の学習活動を支援する施設としても、重要な役割を果たしています。博物館の施設は、博物館法によって3種類に分類されています。一つは「登録博物館」です。これは年間150日以上開館し、館長や学芸員や職員がいて、場所と建物が定まっている施設です。二つ目の「博物館相当施設」と三つ目の「博物館類似施設」の設置条件は一つ目ほど厳しくありません。二つ目の施設は年間100日以上開館し、学芸員に相当する職員がいることが条件です。三つ目には特に要件はなく、全国の6000館の75%近くを占めているのがこの施設です。

この先生は、博物館相当施設をつくるために必要な条件は何だと言っていますか。

① 年間150日以上開館して、館長と学芸員がいること

② 年間150日以上開館して、学芸員相当の職員がいること

③ 年間100日以上開館して、館長と学芸員がいること

④ 年間100日以上開館して、学芸員相当の職員がいること

선생님이 박물관법에 의한 박물관 설치 기준에 대해서 이야기하고 있습니다. 이 선생님은 박물관 상당 시설을 만들기 위해서 필요한 조건은 무엇이라고 이야기하고 있습니까?

박물관은, 자료 수집이나 보존, 조사연구, 전시, 교육 보급이라는 활동을 일체적으로 행하는 시설입니다. 역사 박물관이나 과학 박물과 외에, 미술관, 동물원, 수족관 등도 법제상은 박물관에 포함됩니다. 그들 박물관이 전국에 6,000관 정도 있으며, 사람들의 학습 활동을 지원하는 시설로써 중요한 역할을 하고 있습니다. 박물관 시설은, 박물관법에 따라 3종류로 분류되어 있습니다. 하나는 '등록 박물관'입니다. 이것은 연간 150일 이상 개관하며, 관장이나 학예원이나 직원이 있고, 장소와 건물이 정해져 있는 시설입니다. 두 번째 '박물관 상당 시설'과 3번째 '박물관 유사 시설' 설치 조건은 첫 번째 정도로 엄격하지 않습니다. 두 번째 시설은 연간 100일 이상 개관하며, 학예원에 상당하는 직원이 있는 것이 조건입니다. 세 번째는 특별한 요건은 없으며, 전국 6000관의 75% 가까이 차지하고 있는 것이 이 시설입니다.

이 선생님은 박물관 상당 시설을 만들기 위해서 필요한 조건은 무엇이라고 이야기하고 있습니까?

① 연간 150일 이상 개관하고, 관장과 학예원이 있을 것

② 연간 150일 이상 개관하고, 학예원 상당 직원이 있을 것

③ 연간 100일 이상 개관하고, 관장과 학예원이 있을 것

④ 연간 100일 이상 개관하고, 학예원 상당 직원이 있을 것

해설

다른 시설과 '박물관 상당 시설' 설명을 구분하고 필요한 조건을 혼동하지 않는 것이 중요하다. 설명 마지막 부분 「二つ目の施設～(두 개째 시설)」이 '박물관 상당 시설'을 가리키고 있으며, 그 뒤에서 만드는 조건으로 「年間100日(연간 100일)」과 「職員(직원)」이라는 2가지 조건을 들고 있으므로 4번이 정답이다. 1번은 등록 박물관을 가리키고, 2번은 150일 이상이어서 오답이다. 3번은 관장이 필요 없으므로 오답이다.

어휘 収集 수집 | 保存 보존 | 展示 전시 | 普及 보급 | 含む 포함하다 | 分類する 분류하다 | 定まる 정해지다 | 学芸員 (박물관, 미술관 등의)전문직원 | 相当する 상당하다

問題 22 정답 ①

Track 5-22

先生が、社会学の授業で、働き方について話しています。この先生の話によると、「ワーク・ライフ・バランス」という考え方は、どのような背景から生まれましたか。

「ワーク・ライフ・バランス」を日本語に訳すと、「生活と仕事の調和」となります。この「ワーク・ライフ・バランス」という概念はどのようにして生まれてきたのでしょうか。それには、1980年代後半、アメリカで女性の社会進出が進んで、仕事と子育てとの両立が社会問題になり始め、企業で様々な支援活動が行われるようになった、という背景がありました。はじめは主に女性のための育児支援が中心でしたが、1990年代に入ると、子どものいない女性や男性にとっても重要な概念だと考えられるようになり、対象が拡大しました。介護をする人のための支援や生涯を通じた学びのための支援など、取り組みの内容も広がってきました。

この先生の話によると、「ワーク・ライフ・バランス」という考え方は、どのような背景から生まれましたか。

① 子育てをしながら働く女性への支援
② 仕事と介護を両立させるための支援
③ 仕事以外の生活を充実させる考え方
④ 誰もが生涯学習に取り組もうという考え方

선생님이 사회학 수업에서, 일하는 방식에 관해서 이야기하고 있습니다. 이 선생님 이야기에 의하면, '워크 라이프 밸런스'라는 사고방식은 어떠한 배경에서 탄생했습니까?

'워크 라이프 밸런스'를 일본어로 번역하면, '생활과 일의 조화'가 됩니다. 이 '워크 라이프 밸런스'라는 개념은 어떻게 태어난 것일까요? 여기에는 1980년대 후반, 미국에서 여성의 사회진출이 진행되어 일과 육아의 양립이 사회문제가 되기 시작하고 기업이 여러 지원활동을 하게 되었다, 는 배경이 있습니다. 초반에는 주로 여성을 위한 육아 지원이 중심이었지만, 1990년대에 들어서자, 아이가 없는 여성이나 남성에게 있어서도 중요한 개념이라고 생각되게 되어, 대상이 확대 되었습니다. 개호를 하는 사람을 위한 지원이나 생애를 통한 배움을 위한 지원 등, 대처 내용도 확산해 왔습니다.

이 선생님 이야기에 의하면, '워크 라이프 밸런스'라는 사고방식은 어떠한 배경에서 탄생했습니까?

① 육아를 하면서 일하는 여성을 위한 지원
② 일과 개호를 양립하게 하기 위한 지원
③ 일 이외의 생활을 충실하게 하자는 사고방식
④ 누구나가 생애학습에 임하자는 사고 방식

해설

질문문에 키워드가 되는 용어가 나올 경우, 그 용어의 정의를 내리는 부분이나, 개념 설명이 되고 있는 부분에, 질문과 패러프레이징된 문장이 나오는 경우가 많으므로 그 부분에 재빠르게 반응하여 메모해 두는 것이 좋다. 이 문제에서는 시작 부분에서 정의를 설명하고, 「それには～」이후 표현에서 「仕事(しごと)と子育(こそだ)ての両立(りょうりつ)(일과 육아 양립)」에 대한 「企業(きぎょう)で様々(さまざま)な支援活動(しえんかつどう)(기업의 여러 지원 활동)」이라는 배경이 있었다고 하였으므로 '육아하는 여성의 지원'이라는 1번이 정답이다.

어휘 訳(やく)す 번역하다 | 概念(がいねん) 개념 | 支援活動(しえんかつどう) 지원활동 | 拡大(かくだい)する 확대하다 | 生涯(しょうがい) 생애

問題 23 정답 ③ Track 5-23

先生が、薬になる成分を持つ植物について話しています。この先生が言う「宝探し」とは、何をすることですか。

植物の実や根は、昔から薬として使われていました。8世紀ごろの書物にも、そのような植物を利用した薬のリストが記されています。意外だと思われるかもしれませんが、現代でも薬や健康食品の多くが植物の成分を利用しているのです。薬の開発というと、研究室で薬品を扱うイメージがありますが、その薬品のもとは自然のものなのです。例えば庭で育てている花や道端の草木の成分を分析して効能が見つかり、薬の原料となる場合もあります。少し前にも、がんに効く成分が植物から発見されました。地球上の植物の中で成分分析が行われたものは、まだほんの一部なのです。無数の植物の中から病気の治療や健康増進のために役立つ成分を見つけ出すのは、宝探しのようなものかもしれません。この授業で植物の成分分析のやり方を学び、一緒に宝物を探しましょう。

この先生が言う「宝探し」とは、何をすることですか。

① 昔の薬について詳しく調べること
② 成分分析が行われた植物をリスト化すること
③ 効果がわかっていない植物を分析すること
④ 地球上の植物をすべて見つけること

선생님이 약이 되는 성분을 갖는 식물에 대해서 이야기하고 있습니다. 이 선생님이 말하는 '보물 찾기'란 무엇을 하는 것입니까?

식물의 열매나 뿌리는, 옛날부터 약으로 사용되어 왔습니다. 8세기 무렵 서책에도, 그러한 식물을 이용한 약 리스트가 적혀 있습니다. 의외라고 생각할지도 모르겠습니다만, 현대에서도 약이나 건강식품 대부분이 식물 성분을 이용하고 있는 것입니다. 약 개발이라고 하면, 연구실에서 약품을 다루는 이미지가 있습니다만, 그 약품의 토대는 자연의 것입니다. 예를 들자면 정원에서 자라고 있는 꽃이나 길가의 풀이나 나무 성분을 분석해서 효능이 발견되어, 약 원료가 되는 경우도 있습니다. 얼마 전에도, 암에 듣는 성분이 식물에서 발견되었습니다. 지구상 식물 중에서 성분 분석이 행해진 것은 아직 아주 일부분인 것입니다. 무수한 식물 중에서 병의 치료나 건강 증진을 위해서 도움이 되는 성분을 발견해 내는 것은, 보물찾기 같은 것일지도 모릅니다. 이 수업에서 식물 성분분석의 방법을 배워, 함께 보물을 찾아봅시다.

이 선생님이 말하는 '보물 찾기'란 무엇을 하는 것입니까?

① 옛날 약에 관해서 자세히 조사할 것
② 성분 분석이 행해진 식물을 리스트화 하는 것
③ 효과를 모르는 식물을 분석하는 것
④ 지구상의 식물을 모두 발견하는 것

해설

비유적 표현이 나올 경우, 그것이 무엇을 가리키는지 파악해 두는 것이 좋다. 마지막 설명부분 「無数(むすう)の植物(しょくぶつ)の中(なか)から～役立(やくだ)つ成分(せいぶん)を見(み)つけ出(だ)すのは、宝探(たからさが)し(무수한 식물 중에서~ 도움이 되는 성분을 발견해 내는 것은 보물 찾기)」라고 하였으므로 '도움이 되는 발견하는 것' = '보물찾기'이므로 효과에 대하여 말하는 3번이 정답이다.

어휘 実(み) 열매 | 根(ね) 뿌리 | 記(しる)す 표기하다, 기입하다 | 道端(みちばた) 길가, 길 한 켠 | 分析(ぶんせき) 분석 | 宝探(たからさが)し 보물찾기 | 宝物(たからもの) 보물

問題 24 정답 ②

Track 5-24

先生が、ある町の風力発電への取り組みについて話しています。この先生は、短い期間で風力発電ができたのはどうしてだと言っていますか。

この町は東北地方の山に囲まれた小さい町ですが、40年以上も前から石油や石炭に代わる新たなエネルギー資源の導入に取り組んできました。人間より牛の数のほうが多く、森林の面積が86%という酪農と林業の町です。この町では、中学校の校庭で太陽光発電、山では風車を建てて風力発電をしています。それまでは、山に吹く強い風は牧場の柵を壊したり小屋の屋根を吹き飛ばしたりするので、問題となっていました。しかし、この風を「天の恵み」と捉え直すことで、デメリットをメリットに変えることができたのです。以前、牧場を開発する際に、どの場所で風が吹きやすく強風になるかなどのデータを取っていました。また、牧場までの道路も整備されていて、牧場の中の小屋に電線が引かれていたため、それらを活用できたことによって、風車を建て風力発電を稼働させるまで、スムーズに短期間で行うことができたのです。

この先生は、短い期間で風力発電ができたのはどうしてだと言っていますか。

① 中学校の校庭で発電をしていたから

② 強風や山の中の道路などをいかしたから

③ データを使って強い風を防いだから

④ 牧場の建物で電気を使わなかったから

선생님이 어떤 마을의 풍력발전에 대한 대처에 대해서 이야기하고 있습니다. 이 선생님은, 왜 짧은 기간에 풍력발전이 만들어졌다고 말하고 있습니까?

이 마을은 도호쿠 지방의 산으로 둘러싸인 작은 마을인데, 40년 이상이나 전부터 석유나 석탄을 대신할 새로운 에너지 자원 도입을 하려고 애써 왔습니다. 인간보다 소의 숫자가 많아, 삼림 면적이 86%라는 낙농과 임업의 마을입니다. 이 마을에서는 중학교 교정에서 태양열발전, 산에서는 풍차를 세워서 풍력발전을 하고 있습니다. 그때까지는, 산에서 부는 강한 바람은 목장의 울타리를 망가뜨리거나, 오두막 지붕을 날리거나 하기 때문에, 문제가 되었습니다. 하지만, 이 바람을 '하늘이 주는 은혜'라고 다시 생각하는 것으로 인해, 단점을 장점으로 바꿀 수가 있었던 것입니다. 이전에 목장을 개발할 때, 어떤 장소에서 바람이 불기 쉽고 강풍이 되는가 등의 자료를 다루었습니다. 또한, 목장까지 도로도 정비되어 있고, 목장 안의 오두막에 전선이 깔려 있었기 때문에, 그것들을 활용한 것에 의해, 풍차를 세워서 풍력 발전을 가동시키기까지 원만하게 단기간에 실시할 수가 있었던 것입니다.

이 선생님은, 왜 짧은 기간에 풍력발전이 만들어졌다고 말하고 있습니까?

① 중학교 교정에서 발전을 하고 있었으니까

② 강풍이나 산 속 도로 등을 활용했으니까

③ 자료를 이용하여 강한 바람을 막았으니까

④ 목장 건물에서 전기를 사용하지 않았으니까

해설

문제점(단점)과 장점을 잘 구분하는 것이 중요하다. 「しかし」「それらを活用できたことによって、～短期間で行うことができた(그것들을 활용한 것에 의해~단기간에 행할 수 있었다)」 부분에서 「それら」가 가리키는 것은 자연의 혜택 '강풍'과 '도로 정비' 등이다. 따라서 2번이 정답이라고 알 수 있다. 역접의 접속사가 나올 경우 그 전후 내용의 흐름에 주의하고, 지시어가 나올 경우 지시어 전후 내용을 메모해 두어 지시어가 가리키는 내용을 파악해 두면 쉽게 답을 찾을 수 있다.

어휘 囲む 둘러싸다 | 石油 석유 | 石炭 석탄 | 酪農 낙농 | 林業 임업 | 柵 울타리 | 牧場 목장 | 屋根 지붕 | 整備する 정비하다 | 稼働する 가동하다

問題 25 정답 ②

Track 5-25

先生が、レポートを書くための社会調査の方法について話しています。この先生は、調査で最も大切なことは何だと言っていますか。

今日は社会調査をする際の注意点について説明します。必要なデータを集めるための調査方法としては、主にインタビューとアンケートがあります。調査を行うときは、まず質問項目を考えて、協力してくれる人を探します。協力してくれる人には前もって、調査目的や大体の質問内容を書いた手紙かメールを送っておいたほうがいいでしょう。そのためにも、調査を行う前の計画が一番大切です。調査の前に、何をどんな方法で調査するのかを細かく書き出すなどして、計画をきちんと立てることが何よりも重要です。ですから、計画ができたら私に見せてください。その後、調査項目を検討して、もう一度見せてください。調査を行ったあとには、どうしてその結果が出たのか分析する必要があります。

この先生は、調査で最も大切なことは何だと言っていますか。

① 調査結果を分析すること
② 調査を行う前に計画を立てること
③ 質問項目を検討して見せること
④ 調査協力者に手紙を書くこと

선생님이 리포트를 쓰기 위한 사회조사 방법에 관해서 이야기하고 있습니다. 이 선생님은 조사에서 가장 중요한 것은 무엇이라고 말하고 있습니까?

오늘은 사회조사를 할 때의 주의점에 관해서 설명하겠습니다. 필요한 자료를 모으기 위한 조사방법에는 주로 인터뷰와 앙케이트가 있습니다. 조사를 할 때에는 우선 질문항목을 생각해서 협력해 줄 사람을 찾습니다. 협력해 줄 사람에게는 미리, 조사 목적이나 대체적인 질문 내용을 쓴 편지나 메일을 보내 두는 편이 좋겠죠. 그것을 위해서라도, 조사를 하기 전 계획이 제일 중요합니다. 조사하기 전에, 무엇을 어떤 방법으로 조사할지를 자세히 적는 등 해서, 계획을 잘 세우는 것이 무엇보다도 중요합니다. 그러니까 계획을 세우면 저에게 보여 주세요. 그 다음에 조사 항목을 검토해서, 다시 한번 보여주세요. 조사를 한 뒤에는, 왜 그 결과가 나왔는지 분석할 필요가 있습니다.

이 선생님은, 조사에서 가장 중요한 것은 무엇이라고 말하고 있습니까?

① 조사결과를 분석하는 것
② 조사를 하기 전에 계획을 세우는 것
③ 질문 항목을 검토해서 보여주는 것
④ 조사 협력자에게 편지를 쓰는 것

해설

조사 방법을 설명하는 경우에는, 조사 절차나 순서를 차례대로 메모해 두는 것이 필요하다. 이 문제에서는, 선생님이 설명하는 조사 절차(방법)와 그 중에서 가장 중요하다고 강조하고 있는 부분을 구분하는 것이 포인트이다. 「~一番大切です(가장 중요합니다)」와 「~が何より重要です(~이 무엇보다 중요합니다)」의 앞 부분에서 표현된 '조사를 행하기 전의 계획' '계획을 세우는 것' 부분을 힌트로 2번이 정답이라고 알 수 있다.

어휘 注意点 주의점 | 協力する 협력하다 | 前もって 미리, 사전에 | 検討する 검토하다 | 分析する 분석하다

問題 26 정답 ③ Track 5-26

先生が、住宅地に公園を建設することについて話しています。この先生は、新しい住宅地の公園の役割として何が重要だと言っていますか。

比較的大規模な住宅地を新たに造る場合、開発区域の面積に対して法律で定められた緑地の割合を計算して、公園を設置します。この公園が、新興住宅地において大きな役割を果たす場所となります。その役割について考えてみましょう。公園は、子どもの安全な遊び場や大人の憩いの場となります。ただ、誰にでも開かれた場所にすると、不審者が入りやすくなってしまうので、犯罪などを防ぐ設計も必要です。

また、公園は、ほかの地域から移り住んできた人たちが、顔を合わせて知り合いになったり、情報を交換したりできる出会いやコミュニケーションの場となります。これが新興住宅地の公園が持つべき最も大きな役割ではないでしょうか。このように、公園は、地域の住民が協力して使いやすく改善したり、イベントの開催地になったりして、コミュニティを形成する役割を担っているのです。

この先生は、新しい住宅地の公園の役割として何が重要だと言っていますか。

① 法律で決められた割合の緑地

② すべての人に開かれた場所

③ 地域コミュニティを作る場所

④ 子どもが安全に遊べる場所

선생님이 주택지에 공원을 건설하는 것에 관해서 이야기하고 있습니다. 새로운 주택지 공원 역할로서 무엇이 중요하다고 이야기하고 있습니까?

비교적 대규모 주택지를 새롭게 만들 경우, 개발 구역 면적에 대해서 법률로 정해진 녹지 비율을 계산해서, 공원을 설치합니다. 이 공원이 신흥주택지에 있어서 큰 역할을 하는 장소가 됩니다. 그 설치에 관해서 생각해 봅시다. 공원은 아이들의 안전한 놀이터나 어른의 휴식처가 됩니다. 단, 누구에게나 열린 장소로 하면, 수상한 사람이 들어오기 쉬워지기 때문에, 범죄 등을 막을 설계도 필요합니다.

또한, 공원은 다른 지역에서 옮겨와 살고 있는 사람들이 만나서 아는 사람이 되거나, 정보를 교환할 수 있는 만남이나 커뮤니케이션의 장소가 됩니다. 이것이 신흥주택지 공원이 갖아야 할 큰 역할이 아닐까요? 이렇게 공원은, 지역 주민이 협력해서 사용하기 쉽게 개선하거나, 이벤트 개최지가 되거나 해서, 커뮤니티를 형성하는 역할을 담당하고 있는 것입니다.

새로운 주택지 공원 역할로서 무엇이 중요하다고 이야기하고 있습니까?

① 법률로 정해진 비율의 녹지

② 모든 사람에게 열린 장소

③ 지역 커뮤니티를 만들 장소

④ 아이가 안전하게 놀 수 있는 장소

해설

일반적 공원과 신흥 주택지 공원의 설명을 구분하고, 중요하다고 강조하는 것에 반응하는 것이 포인트이다. 마지막 설명 「これが新興(しんこう)住宅地(じゅうたくち)の公園(こうえん)が持(も)つべき最(もっと)も大(おお)きな役割(やくわり)(이것이 신흥 주택지 공원이 갖아야 할 가장 큰 역할)」 부분에서 신흥 주택지의 공원 역할 중 가장 중요한 역할을 설명하고 있다. 지시어 「これ」가 무엇을 가리키는지 파악하는 것이 중요한데, 여기에서는 '만남과 커뮤니티의 장'을 가리키고 있으므로 3번이 정답이다.

어휘 比較的(ひかくてき) 비교적 | 大規模(だいきぼ) 대규모 | 面積(めんせき) 면전 | 定(さだ)める 정하다 | 緑地(りょくち) 녹지대 | 割合(わりあい) 비율 | 不審者(ふしんしゃ) 수상한 사람 | 交換(こうかん)する 교환하다 | 改善(かいぜん)する 개선하다 | 担(にな)う 담당하다

問題 27 정답 ①

Track 5-27

先生が、漁業についての新しい法律について話しています。この先生が説明する最大持続生産量というのは、何の最大値ですか。

近年主要な魚の漁獲量が長期的に減少傾向にあるという課題に直面しています。その要因は、様々ですが、より適切に資源管理を行っていれば減少を防止できたり緩和できたりした水産資源も多いと考えられます。

このような状況の中、将来にわたって持続的な水産資源の利用を確保するための法律が、新たに制定されました。国と都道府県、教育機関などが協力して、資源管理の対象となる魚がどのくらいいるのか調査し、過去のデータをもとに、どのくらいの漁獲量が適切なのか、最大持続生量を算出します。最大持続生産量というのは、現在の環境下で持続的にとれる最大の漁獲量のことです。これにより、安定的な漁獲が確保されるだけでなく、漁業者は、長期的な展望を持って計画的に経営を組み立てることができるようになるのです。

この先生が説明する最大持続生産量というのは、何の最大値ですか。

① とり続けても減らないと考えられる魚の量
② 今後育てて資源とすることができる魚の量
③ 将来増える見込みのある魚の種類の数
④ 1年を通じて全国でとれた魚の種類の数

선생님이 어업에 관한 새로운 법률에 관해서 이야기하고 있습니다. 이 선생님이 설명하는 최대지속 생산량이라는 것은 무엇의 최대치입니까?

근래 주요 어류의 어획량이 장기적으로 감소 경향에 있다는 과제에 직면해 있습니다. 그 요인은 여러가지이지만, 보다 적절하게 자원 관리를 한다면 감소를 방지하거나 완화할 수 있는 수산자원도 많다고 생각됩니다.

이러한 상황 속에서, 장기간에 걸쳐 지속적인 수산 자원 이용을 확보하기 위한 법률이 새롭게 제정되었습니다. 정부와 도도부현, 교육기관 등이 협력해서, 자원관리 대상이 되는 어류가 어느 정도 있는지를 조사해, 과거 자료를 토대로, 어느 정도의 어획량이 적절한지, 최대 지속 생산량을 산출합니다. 최대 지속 생산량이라는 것은, 현재 환경 하에서 지속적으로 잡을 수 있는 어획량입니다. 이것에 의해서 안정적인 어획을 확보하는 것뿐만이 아니고, 어업자는 장기적인 전망을 갖고 계획적으로 경영을 할 수 있게 되는 것입니다.

이 선생님이 설명하는 최대지속 생산량이라는 것은 무엇의 최대치입니까?

① 계속 잡아도 줄지 않는다고 생각되는 물고기 양
② 향후 키워서 자원으로 할 수 있는 물고기 양
③ 장래 늘 전망이 있는 물고기 종류 수
④ 1년 동안 전국에서 잡은 물고기 종류 수

해설

전문 용어가 나올 경우, 그것에 관한 설명과 함께 비교, 대조가 되는 다른 값을 예시로 드는 경우가 많다. 이 문제에서는 지금까지의 일반적 경향과 새로운 법률(대처)을 대조하며 설명하고 있다. 마지막 설명 「最大持続生産量(さいだいじぞくせいさんりょう)というのは~(최대 지속 생산량이란~)」 부분에서 '최대 지속 생산량'을 정의하고 있는데, '현재 환경 하에서 지속적으로 잡을 수 있는 최대의 어획량'이라고 정의하고 있으므로 1번과 2번으로 압축할 수 있다. 또한, '향후에'가 아니라 지금 현재 지속적으로 잡을 수 있는 양을 가리키므로 1번이 정답이다.

어휘 漁獲量(ぎょかくりょう) 어획량 | 減少傾向(げんしょうけいこう) 감소경향 | 直面(ちょくめん)する 직면하다 | 要因(よういん) 요인 | 緩和(かんわ)する 완화되다 | 都道府県(とどうふけん) 도도부현(일본 전국의 행정단위) | 確保(かくほ)する 확보하다 | 展望(てんぼう) 전망 | 組(く)み立(た)てる 조립하다

실전모의고사 6회 정답

청독해		
문제	해답 번호	정답
1 番	1	②
2 番	2	②
3 番	3	②
4 番	4	④
5 番	5	③
6 番	6	③
7 番	7	②
8 番	8	②
9 番	9	②
10 番	10	③
11 番	11	④
12 番	12	③

청해		
문제	해답 번호	정답
13 番	13	①
14 番	14	①
15 番	15	④
16 番	16	②
17 番	17	③
18 番	18	④
19 番	19	②
20 番	20	④
21 番	21	④
22 番	22	②
23 番	23	③
24 番	24	④
25 番	25	③
26 番	26	④
27 番	27	①

청독해

問題 1 정답 ② Track 6-1

講師が、セミナーで、飲食店の接客サービスについて話しています。この講師が最後に挙げる例は、どの項目に当てはまりますか。

飲食店の成功には、サービスが行き届いていることが必要です。サービスにおける基本的なポイントは、親切、正確、公平、迅速、清潔の5つです。表の一番下の清潔は、その中でも非常に重要です。店のユニフォームはいつも洗濯して、店内の掃除は念を入れてやりましょう。それから、客の様子をよく観察することも重要です。そうすることで、呼ばれたらすぐ対応できますから、親切、迅速なサービスにつながります。もちろん「正確」さが大事であることは言うまでもありません。最後に、私が一番気になることなのですが、例えば、よく来る客にだけ特別なサービスをしたとします。その客は喜ぶかもしれませんが、それを見たほかの客がどう感じるか想像してみてください。このようなサービスをするときは十分に周りに配慮する必要があります。

① 親切
② 公平
③ 迅速
④ 清潔

강사가 세미나에서, 음식점 접객 서비스에 관해서 이야기하고 있습니다. 이 강사가 마지막에 드는 예시는 어느 항목에 해당됩니까?

음식점 성공에는, 서비스가 빈틈없이 구석구석까지 잘 되어 있는 것이 필요합니다. 서비스에 있어서 기본적인 포인트는 친절, 정확, 공평, 신속, 청결의 5개입니다. 표 제일 마지막에 있는 청결은, 그 중에서도 굉장히 중요합니다. 가게 유니폼은 항상 세탁하고, 가게 안 청소는 주의를 기울여 합시다. 그리고, 손님의 모습을 잘 관찰하는 것도 중요합니다. 그러면 불리면 바로 대응할 수 있으니까, 친절, 신속한 서비스로 연결됩니다. 물론 '정확'함이 중요하다는 것은 말할 필요도 없습니다. 마지막으로, 제가 제일 신경 쓰이는 일인데, 예를 들자면, 자주 오는 손님에게만 특별한 서비스를 했다고 합시다. 그 손님은 기뻐할지도 모르지만, 그것을 본 다른 손님이 어떻게 느낄지 상상해 봐 주세요. 이러한 서비스를 할 때에는 충분히 주위를 배려할 필요가 있습니다.

① 친절
② 공평
③ 신속
④ 청결

해설

이런 타입의 문제는, 질문문을 듣는 동안에 선택지의 문장을 읽어 두고, 설명의 흐름에 따라서 선택지의 항목을 하나하나 소거해 가는 것이 중요하다. '마지막'에 드는 예시를 찾아야 하므로, 앞에서 설명하고 있는 항목이 정답이 될 가능성은 낮다. 그리고, 마지막 항목의 예시를 들으며 그 내용을 정리하며 개념을 도출해 내는 작업이 필요하다. 마지막 부분 「例(たと)えば(예를 들면)」 이후에서 「よく来(く)る客(きゃく)にだけ特別(とくべつ)なサービスをする(자주 오는 손님에게만 특별한 서비스를 한다)」라는 것은 '다른 손님과의 차별 = 공평하지 못하다'는 것을 의미하므로 정답은 2번이다.

어휘 迅速(じんそく) 신속 | 清潔(せいけつ) 청결 | 念(ねん)を入(い)れる 신경을 쓰다 | 観察(かんさつ)する 관찰하다 | 喜(よろこ)ぶ 기뻐하다

問題 2 정답 ②

Track 6-2

先生が、防災訓練について話しています。この先生は、このあと何について説明すると言っていますか。

防災訓練は、できるだけ「災害に近い環境」をイメージして行うことが大切です。訓練には、防災のための機材の取り扱いや避難などを手順に沿って行う「実技・実動訓練」と、状況の予測や判断、活動方針の決定などの意思決定能力の向上を目的とした「図上型訓練」があります。

これまで市町村の防災訓練は、「実技・実動訓練」に比重を置いたものが中心でした。しかし、近年は、「図上型訓練」の重要性が認識され、多くの自治体や学校で行われるようになってきました。図上型訓練は主に3種類あり、イメージトレーニング方式の状況予測型図上訓練、災害想像力ゲームとも呼ばれる災害図上訓練DIG、ロールプレイング方式の図上シミュレーション訓練です。では今日は、図上型訓練の中でも比較的簡単に行うことができるイメージトレーニング方式の訓練について説明します。各自が災害時を想定し、時間の経過と状況を予測して、主体性を持った防災訓練を行うことができます。

선생님이 방재훈련에 관해서 이야기하고 있습니다. 이 선생님은 이 뒤에 무엇에 관해서 설명한다고 말하고 있습니까?

방재훈련은, 가능한 '재해에 가까운 환경'을 이미지해서 행하는 것이 중요합니다. 훈련에는 방재를 위한 기재 취급이나 피난 등을 절차에 따라 행하는 '실기, 실동 훈련'과 상황 예측이나 판단, 활동 방침 결정 등의 의사결정 능력 향상을 목적으로 한 '지도형 훈련'이 있습니다.

지금까지 시정촌(시읍면동)의 방재훈련은 '실기, 실동 훈련'에 비중을 둔 것이 중심이었습니다. 하지만, 근래에는 '지도형 훈련'의 중요성이 인식되어 많은 지자체나 학교에서 행해지게 되어왔습니다. 지도형 훈련은 주로 3종류가 있는데, 이미지 트레이닝 방식의 상황 예측형 지도 훈련, 재해 상상력 게임이라고 불리는 '재해 지도 훈련 DIG' 롤플레잉 방식의 지도 시뮬레이션 훈련이 있습니다. 그러면, 오늘은 지도형 훈련 중에도 비교적 간단하게 할 수 있는 이미지 트레이닝 방식의 훈련에 관해서 설명하겠습니다. 각자가 재해 시를 상상하고 시간 경과와 상황을 예측하여, 주체성을 갖은 방재훈련을 행할 수 있습니다.

해설

선택지에 복수의 전문 용어가 제시되어 있을 경우에는 설명을 흐름을 따라가며, 선택지 각 항목 키워드(전문 용어)의 정의와 키워드가 되는 내용을 잘 메모해 두는 것이 중요하다. 선택지에 제시되어 있지 않은 추가적 정보를 메모해 두어야 한다. '실기, 실동 훈련'을 3가지로 나누어 설명한 후, 「今日(きょう)は~について説明(せつめい)します(오늘은~에 관해서 설명하겠습니다)」 부분에서 「イメージトレーニング方式(ほうしき)の訓練(くんれん)(이미지 트레이닝 방식 훈련)」을 언급하고 있는데, '이미지 트레이닝 방식'은 '상황 예측형 지도 훈련'에서 설명한 내용이므로 정답은 2번이 된다.

어휘 防災訓練(ぼうさいくんれん) 방재훈련 | 災害(さいがい) 재해 | 取(と)り扱(あつか)い 취급 | 手順(てじゅん) (작업)순서 | 判断(はんだん) 판단 | 活動方針(かつどうほうしん) 활동방침 | 比重(ひじゅう) 비중

問題 3 정답 ②

Track 6-3

ファッションに関する情報発信をしている女性が、インタビューを受けています。この女性が消費者と事業者の両方が取り組む例として挙げるのは、どれですか。

聞き手：流行に合わせて大量の服が作られては捨てられてきましたが、持続可能な開発目標への関心の高まりを受け、ファッション産業は今、大きな変革期にありますね。

女　性：ええ。私は、服を作る工場を見学してから、ものづくりの奥深さを知り、服が作られるまでに、どれほど時間と手間がかかっているか理解した上で着る面白さを知りました。

聞き手：なるほど。自分が着ている服に関心を持つことが大切だということですね。

女　性：そうなんです。リサイクルできる素材か、環境に配慮した製造方法か、などに目を向ける必要があると思います。何より、本当に欲しい服だけ買って長く使うことが大切です。デザインや値段も含め、消費者が総合的に本当によく考えて買うことを徹底すれば、ファッション業界も服の原料や生産量を変えます。両者が変わらなければいけないと思うんです。フリーマーケットで売るだけ、修理補修をするだけじゃ、まだ足りないんです。

패션에 관한 정보 발신을 하고 있는 여성이, 인터뷰를 받고 있습니다. 이 여성이 소비자와 사업자 양쪽이 대처할 예시로 들고 있는 것은 어느 것입니까?

질문자: 유행에 맞추어서 대량의 옷이 만들어지고는 버려져 왔는데, 지속 가능한 개발 목표에 대한 관심이 고조됨에 따라, 패션 산업은 지금 큰 변혁기에 있습니다.

여성: 네. 저는 옷을 만드는 공장을 견학하고 나서, 물건을 만드는 깊이를 알고, 옷이 만들어질 때까지 얼마만큼의 시간과 수고가 드는지를 이해한 후에 입는 재미를 알았습니다.

질문자: 그렇군요. 자신이 입고 있는 옷에 관심을 갖는 것이 중요하다는 것이군요.

여성: 맞아요. 재활용할 수 있는 소재인지, 환경에 배려한 제조 방법인지, 등에 시선을 돌릴 필요가 있다고 생각합니다. 무엇보다, 정말로 갖고 싶은 옷만 사서 오래 사용하는 것이 중요합니다. 디자인이나 가격도 포함하여, 소비자가 종합적으로 정말로 잘 생각해서 사는 것을 철저하게 하면, 패션 업계도 옷의 원료나 생산량을 바꿀 수 있습니다. 양쪽이 모두 바뀌지 않으면 안된다고 생각합니다. 프리 마켓에서 파는 것 만, 수리 보수를 하는 것만으로는 아직 부족한 것입니다.

해설

'여성이 예시로 들고 있는 것'을 찾는 문제이므로, 여성의 대화에 주목하면서 이 여성의 경험과 사업자, 소비자가 대처해야 할 것을 구분하여 파악해 두는 것이 중요하다. 여성의 마지막 대화에서 「何より、本当に欲しい服だけ買う(무엇보다, 정말로 갖고 싶은 옷만 산다)」는 소비자 측의 대처, 「服の原料や生産量を変える(옷 원료나 생산량을 바꾸다)」는 생산자 측의 대처라고 생각할 수 있다. 즉, '필요한 것만 구입하여 생산량을 줄이는 것'이라고 생각할 수 있으므로 정답은 2번이다. 3번, 4번은 소비자 측이 원료나 상품을 줄이는 것이고 사업자 측과는 관련이 없으므로 오답이다. 1번의 '재활용 할 수 있는 소재인지, 환경에 배려한 제조 방법인지'는 사업자 측에만 해당되는 내용이므로 오답이다.

어휘 捨てる 버리다 | 変革期 변혁기 | 奥深さ (의미/뜻)깊다 | 配慮する 배려하다 | 総合的 종합적 | 徹底する 철저하다 | 補修 보수

問題 4 정답 ④ Track 6-4

先生が、下水道の役割について説明しています。この先生がこのあと紹介すると言っている事例は、資料のどの部分に当たりますか。

雨水や家庭から出る生活排水は、排水管から下水道を通って下水処理場へ運ばれていきます。下水道が整備されることで、汚れた水が直接街に流れなくなるため、街を清潔に保つことができます。下水道は市街地の雨水を速やかに排除し、街を浸水から守ってくれます。そして、街や工場から下水道を通って流れてきた汚水は、下水処理場で消毒し、自然に戻します。下水道と下水処理場が川や海といった身近な環境を守っていると言えます。

また、下水処理場には新たなエネルギー・資源を作り出す役割もあり、下水処理の過程で発生したバイオガスは、自動車燃料や都市ガスとして利用できます。そして、その役割は、水温が一定に保たれている下水道にもあるのです。では、これから、夏は気温より低く冬は気温より高い下水熱をビルの冷暖房や給湯に活用している事例などを取り上げ、詳しく話したいと思います。

선생님이 하수도의 역할에 대해서 설명하고 있습니다. 이 선생님이 이 뒤에 소개한다는 사례는, 자료 어느 부분에 해당합니까?

빗물이나 가정에서 나오는 생활배수는 배수관에서 하수도를 거쳐 하수처리장에 운반되어 갑니다. 하수도가 정비되는 것으로 인해, 더럽혀진 물이 직접 마을에 흘러가지 않게 되기 때문에, 마을을 청결하게 유지할 수 있습니다. 하수도는 시가지의 빗물을 빨리 배제하고, 마을을 침수에서 지켜 줍니다. 그리고 마을이나 공장에서 하수도를 거쳐 흘러 온 오수는 하수 처리장에서 소독하여 자연에 되돌려 줍니다. 하수도와 하수 처리장이 강이나 바다라는 친근한 환경을 지켜주고 있다고 말할 수 있습니다.

또한, 하수 처리장에는 새로운 에너지 자원을 만들어 내는 역할도 있어, 하수 처리 과정에서 발생한 바이오 가스는 자동차 연료나 도시 가스로 이용할 수 있습니다. 그리고, 그 역할은 수온이 일정하게 유지되어 있는 하수도에도 있는 것입니다. 그러면, 지금부터, 여름은 기온보다 낮고 겨울은 기온보다 높은 하수열을 빌딩 냉온방이나 온수로 활용하고 있는 사례 등을 다루어, 자세히 이야기하겠습니다.

해설

이런 타입의 문제는 선택지에 제시된 항목의 설명이나 키워드를 잘 메모해 두는 것이 중요하다. EJU 청독해, 청해 문제의 경우, 선택지 항목 순서대로 차례차례 설명하는 경우는 적으므로, 지금 설명하고 있는 내용이 무엇인지 빠른 시간 내에 판단하는 것이 포인트이다. 마지막 부분에서 「では、これから～下水熱をビルの冷暖房や給湯に活用している事例(그러면, 지금부터~하수열을 빌딩 냉난방이나 온수로 활용하고 있는 사례)」를 설명하겠다고 했는데, '하수열을 이용'하는 예시는 '에너지 자원을 만들어 내는 역할'에 해당하므로 정답은 4번이 된다.

어휘 生活排水 생활(배수)폐수 | 処理場 처리장 | 整備される 정비되다 | 排除する 배제하다 | 浸水 침수 | 汚水 오수 | 消毒する 소독하다

問題 5 정답 ③

Track 6-5

先生が、動物行動学の授業で、マウスを使った実験について話しています。この先生の説明によると、マウスが最も強く反応したのは、どの場合ですか。

人間以外の動物にも不公平を嫌う感情があるかについて調べるために、マウスによる実験を行いました。不公平を嫌う感情は人間にストレスを与えますが、マウスの場合、ストレスを与えると体温が上昇することがわかっています。そこで、この実験では、エサの配分がほかのマウスと不公平な状況をつくり、マウスの体温の変化を測定することで、マウスがストレスを感じているかどうか、つまり、不公平を嫌う感情を持っているかどうかを判断しました。実験では、測定されるマウスと提示されるマウスの二匹のマウスが、どちらも大きいチーズを与えられる場合、どちらも小さいチーズを与えられる場合、一方は大きいチーズで他方は小さいチーズを与えられる場合で比較してみました。その結果、明らかに体温が上がったのは、自分のチーズが小さく、ほかのマウスのチーズが大きい場合だったのです。自分だけがチーズを与えられてほかのマウスには与えられていない状況でも少し体温は上がるものの、自分にとってだけ不利益な場合ほどではありませんでした。また、自分のチーズが小さくても、隣に大きいチーズが置いてあるだけでは体温は上がりませんでした。

선생님이 동물행동학 수업에서, 쥐를 이용한 실험에 관해서 이야기하고 있습니다. 이 선생님의 설명에 따르면, 쥐가 가장 강하게 반응한 것은 어느 경우입니까?

인간 이외의 동물에도 불공평을 싫어하는 감정이 있는지에 대해서 조사하기 위해서, 쥐에 의한 실험을 행했습니다. 불공평을 싫어하는 감정은 인간에게 스트레스를 주는데, 쥐의 경우, 스트레스를 주면 체온이 상승한다는 것을 알고 있습니다. 그래서, 이 실험에서는 먹이 배분이 다른 쥐와 불공평한 상황을 만들어, 쥐의 체온 변화를 측정하여, 쥐가 스트레스를 느끼는지 어떤지, 즉, 불공평을 싫어하는 감정이 있는지 어떤지를 판단하였습니다. 실험에서는 측정될 쥐와 제시된 쥐 두 마리 쥐가, 양쪽 다 큰 치즈를 줄 경우, 양쪽 모두 작은 치즈를 줄 경우, 한쪽은 큰 치즈이고 다른 한 쪽은 작은 치즈를 줄 경우를 비교해 보았습니다. 그 결과, 확실하게 체온이 올라간 것은, 자신의 치즈가 적고, 다른 쥐 치즈가 큰 경우였던 것입니다. 자신만이 치즈를 받고 다른 쥐는 받지 않은 경우에도 조금 체온이 올라갔지만, 자신만이 불이익을 받은 경우 정도는 아니었습니다. 또한, 자신의 치즈가 작아도, 옆에 큰 치즈가 놓여 있는 것만으로는 체온은 오르지 않았습니다.

해설

과학 실험에 관한 문제일 경우, '실험 조건, 실험 방법, 실험 결과' 부분을 정리하며 듣는 것이 중요한데, 대부분은 '실험결과'가 정답과 연결되는 경우가 많다. 또한 이 문제처럼 선택지에 긴 문장이 제시되어 있는 경우, 각 선택지의 차이를 도식화 해두는 등, 내용을 미리 파악해 두는 것이 중요하다. 실험 조건 부분에서 '쥐는 스트레스를 받으면 체온이 상승한다'고 했으므로, 가장 체온이 오른 케이스를 찾으면 된다. 본문에서 「明(あき)らかに体温(たいおん)が上(あ)がったのは～(확실하게 체온이 오른 것은~)」 '자신의 치즈가 적고 다른 쥐 치즈가 큰 경우'라고 했으므로 정답은 3번이다.

어휘 不公平(ふこうへい) 불공평 | 上昇(じょうしょう)する 상승하다 | 配分(はいぶん) 배분 | 測定(そくてい)する 측정하다 | 提示(ていじ)される 제시되다 | 比較(ひかく)する 비교하다

問題 6 정답 ③

Track 6-6

先生が、橋の種類について話しています。この先生は、町に新たに作る橋はどれがいいと言っていますか。

橋にはいろいろな種類があります。例えば「吊り橋」は、塔の間をケーブルで渡してハンガーロープで支え、通路を作っています。長い距離を少ない塔で支えることができるので、海や大きい川の上で使われることが多いです。「アーチ橋」は、上向きにカーブしている橋です。見た目にも美しく、山あいの川の上などでよく見られます。そして「トラス橋」は、三角形の部品を組み合わせることで強化された橋のことです。電車や車が通る橋として目にすることが多いでしょう。さらに、「鈑桁橋」はアルファベットのIの字の形に鉄板を組んで、桁と桁の間に横げたを渡して支えるまっすぐの橋です。橋は、地形や、その上を何が渡るのかといったことを考えて作ります。今回、町では、鉄道が通るための新しい橋を作ることになりました。重い鉄道が通るには、三角形を組み合わせて外から強い力が加わっても変形しにくい橋の形を選ぶのがいいでしょう。

선생님이, 다리의 종류에 관해서 이야기하고 있습니다. 이 선생님은 마을에 새롭게 만드는 다리는 어느 것이 좋다고 말하고 있습니까?

다리에는 여러 가지 종류가 있습니다. 예를 들자면 '현수교'는 탑 사이에 케이블을 매달아서 행거 로프로 지탱하여 통로를 만듭니다. 긴 거리를 적은 탑으로 지탱할 수 있기 때문에 바다나 큰 강 위에서 사용되는 경우가 많습니다. '아치교'는 위 쪽으로 커브가 나 있는 다리입니다. 겉보기에도 아름답고 산 속 강 위 등에서 자주 볼 수 있습니다. 그리고 '트러스교'는 삼각형의 부품을 조합하는 것으로 강화된 다리입니다. 전차나 차가 지나가는 다리로써 보는 경우가 많겠죠. 더욱이 '판형교'는 알파벳 I 글자 형태로 철판을 짜서, 횡목과 횡목 사이에 정자살 교창을 만들어 지탱하는 일자 다리입니다. 다리는 지형이나, 그 위에 무엇이 지나갈지를 생각하여 만듭니다. 이번에, 마을에서는 철도가 다니기 위한 새로운 다리를 만들게 되었습니다. 무거운 철도가 지나려면, 삼각형을 조합하여 밖에서 강한 힘이 가해져도 변형되기 어려운 다리 형태를 고르는 것이 좋겠죠.

해설

4개의 그림이 제시되어 있는 청독해 문제를 풀 때에는, 청각적 정보에만 의존하지 말고, 미리 그림의 특징을 파악해 두는 것도 필요하다. 청각적 정보와 일치하는 선택지를 고르며 중요한 키워드를 메모해 두어야 한다. 이 문제에서는 '마을에서 새롭게 만드는 다리'를 찾아야 하는데, 마지막 부분에서 '철도가 다니기 위한 도로' '삼각형을 조합하여'라는 힌트를 주고 있으므로 정답은 3번이다.

어휘 種類(しゅるい) 종류 | 距離(きょり) 거리 | 強化(きょうか)する 강화하다 | 鉄板(てっぱん) 철판 | 組(く)み合(あ)わせる 조합하다

問題 7 정답 ②   Track 6-7

男子学生と女子学生が、ロゴマークのデザインの課題について、話しています。この男子学生が考えたデザインは、最後にどうなりましたか。	**남학생과 여학생이 로고마크 디자인 과제에 관해서 이야기하고 있습니다. 이 남학생이 생각한 디자인은 마지막에 어떻게 되었습니까?**
男子学生：来週提出する課題なんだけど、単純な図形の組み合わせでロゴマークをデザインするものなんだよね。	남학생: 다음주 제출할 과제인데, 단순한 도형을 조합하여 로고마크를 디자인하는 거지.
女子学生：同じ形を6個使うって決まっているんだよね。色は2種類までだっけ。	여학생: 같은 형태를 6개 사용한다고 정해져 있지. 색은 2종류였나?
男子学生：うん。こういうのはどう？まず、図形は直角三角形を使う。それを全部つなげたら、真ん中にも図形ができて、中と外で同じ図形になって、面白くない？	남학생: 응. 이런 건 어때? 우선, 도형은 직각 삼각형을 사용해. 그걸 전부 연결하면, 한 가운데에 도형이 만들어지고 안과 밖에서 같은 도형이 되고, 재밌지 않아?
女子学生：三角形が集まって二つの六角形を作ってるんだ。まとまった感じでシンプルだね。うーん、でも、シンプルすぎて、記憶に残らないかも。	여학생: 삼각형이 모여서 2개의 6각형을 만들고 있구나. 정리된 느낌으로 심플하네. 응, 그런데, 너무 심플해서 기억에 남지 않을지도 몰라.
男子学生：そっか。もっとユニークな形でインパクトがあるもののほうがいいかな。じゃ、こういうプロペラみたいな形にするのはどう？3枚の羽は、三角形をつなげて途中で折れている感じにして……。	남학생: 그런가. 더 유니크한 형태로 임팩트 있는 것이 좋을까? 그러면, 이러한 프로펠러 같은 형태로 하는 건 어떨까? 3장의 날개는 삼각형을 연결해서 도중에 꺾여있는 느낌으로 해서.
女子学生：あー、動きがあって、いいね。	여학생: 아! 움직임이 있고 좋네.
男子学生：よし。じゃ、このデザインにしよう。これで色の組み合わせを考えて提出するよ。	남학생: 좋아, 그럼, 이 디자인으로 해야지, 이걸로 색 조합을 생각해서 제출할게.

해설

'남학생이 생각한 디자인'을 찾아야 하므로 남학생의 대화에 주목하고, 최종 형태와 중간 과정을 구분하며 듣는 것이 중요하다. 여학생의 제안에 대하여 남학생이, 좀더 '유니크하고 임펙트' 있는 것 = '프로펠러' 형태가 좋다고 하였고, '3장의 날개'는 삼각형을 연결해서 프로펠러 형태로 만들자고 했으므로 2번이 정답이다. 3번은 프로펠러 형태로 보이기는 하나 3장의 날개라고 볼 수 없으므로 오답이다.

어휘 提出(ていしゅつ)する 제출하다 | 単純(たんじゅん)な 단순한 | 折(お)れる 접히다, 꺽이다

問題 8 정답 ②

Track 6-8

セミナーの講師が、学習方法について話しています。この講師は、学校でもっと活用すべきなのはどの方法だと言っていますか。

この図はラーニングピラミッドと呼ばれるものです。学習方法と、その方法でどのぐらい学習内容が定着したかの関係を表しています。講義は5%、読書は10%となっています。もちろん一概には言えませんが、講義で聴いたことよりも、読書で得た知識のほうが定着率が高いということです。ピラミッドの下に行けば行くほど定着率が高くなります。能動的に取り組むことで、学習した内容が身につきやすくなるのです。とはいっても、ほかの人に教えたり、実際に体験したりするには、準備に相当な時間や労力がかかる場合が多いです。学校の学習活動として現実的なのは、クラスメート同士やグループで話し合ったりディベートしたりすることではないでしょうか。この方法なら、準備にもあまり時間や労力がかかりません。そして、定着率もある程度期待できるので、学校でこの方法をもっと使っていくべきでしょう。

세미나 강사가 학습 방법에 관해서 이야기하고 있습니다. 이 강사는 학교에서 더 활용해야만 하는 것은 어떤 방법이라고 말하고 있습니까?

이 표는 러닝 피라미드이라고 불리는 것입니다. 학습 방법과, 그 방법으로 어느 정도 학습 내용이 정착되는지 관계를 나타내고 있습니다. 강의는 5%, 독서는 10%로 되어 있습니다. 물론 일괄적으로 말할 수 없지만, 강의에서 들은 것보다도, 독서에서 얻은 지식이 정착률이 높다는 것입니다. 피라미드 아래로 가면 갈수록 정착률이 높아집니다. 능동적으로 대처하면, 학습한 내용을 익히기 쉬워지는 것입니다. 그렇다고는 해도, 다른 사람에게 가르치거나, 실제로 체험하려면 준비에 상당한 시간이나 노력이 드는 경우가 많습니다. 학교 학습 활동으로서 현실적인 것은, 동급생끼리나 그룹에서 논의하거나 토론하거나 하는 것이 아닐까요? 이 방법이라면, 준비에도 그다지 시간이나 노력이 들지 않습니다. 그리고, 정착률도 어느 정도 기대할 수 있기 때문에, 학교에서 이 방법을 더 사용해 가야 합니다.

해설

선택지의 각 항목 설명의 흐름을 따라가며 추가적 청각 정보를 메모하고, 일반적 방법과 가장 강조하고 있는 부분을 구분 하는 것이 포인트이다. 마지막 설명 「学校ではこの方法をもっと使うべきだ(학교에서는 이 방법을 더 사용해야 한다)」에서 「この方法(이 방법)」은 '반 친구들 사이와 그룹에서 서로 이야기 하거나, 토론하는 것'을 나타내고 있으므로 '그룹 토론'의 2번이 정답이다. 3번과 4번은 '시간과 노력이 소요되는 경우가 많다'고 하였으므로 오답이다.

어휘 定着する 정착하다 | 一概に (~부정 동반)일률적으로 | 能動的 능동적 | 身につく 몸에 베다

問題 9 정답 ②

Track 6-9

先生が、建築学の授業で、建物の構造方式について話しています。この先生の説明をもとに表を作ると、AとBは何ですか。

日本の建物の多くが、壁式構造やラーメン構造という構造です。この二つの建物の構造の違いを表にまとめてみましょう。まず、壁式構造というのは四方の壁と床と天井を合わせた合計6枚の壁に囲まれた形の構造方式のことです。簡単な工法で工事費も安く、また安定していて地震に対して非常に強いです。ただ、ラーメン構造に比べると、開口部が少ないため間取りの変更が簡単ではなく、空間自由度は低いと言えます。また、高さ規制によって5階までの低層住宅でしかこの構造は使用できません。一方、ラーメン構造は、垂直方向と水平方向の柱と柱を梁でつないだ「枠」で建物の骨組みを作る構造方式です。ラーメンというのは、ドイツ語で枠という意味です。特殊な建築材を使うため工事費が高く、基本構造が「枠」なので、耐震性において横揺れに弱いという特徴があります。ただ、建物自体が揺れを吸収してしなることで持ちこたえるため、中高層ビルでの採用が多くなっています。このラーメン構造の最も大きな魅力は開口部の変更が簡単で、室内空間を自由にアレンジしやすいことです。

선생님이 건축학 수업에서, 건물 구조 방식에 관해서 이야기하고 있습니다. 이 선생님의 설명을 토대로 표를 만들면, A와 B는 어느 것입니까?

일본 건물의 대부분이 벽식구조나 라면구조라는 구조입니다. 이 두 개의 건물 구조의 차이를 표로 정리해 봅시다. 우선, 벽식구조라는 것은 사방이 벽과 바닥과 천장을 조합한 합계 6장의 벽으로 둘러싸인 형태의 구조 방식입니다. 간단한 공법으로 공사비도 싸고, 또한 안전해서 지진에도 굉장히 강합니다. 단지, 라면구조에 비하면, 개구부가 적기 때문에 방 배치 변경이 간단하지 않으며, 공간 자유도는 낮다고 할 수 있습니다. 또한 높이 규제로 인해서 이 구조는 5층까지 저층주택에 밖에 사용하지 못합니다. 한편, 라면 구조는 수직방향과 수평방향의 기둥과 기둥을 대들보로 연결한 '틀'로 건물 골조를 만드는 구조 방식입니다. 라면이라는 것은, 독일어로 틀이라는 의미입니다. 특수한 건축재를 사용하기 때문에 공사비가 비싸며, 기본 구조가 '틀'이기 때문에 내진성에 있어서 옆으로 흔들리는 것에 약하다는 특징이 있습니다. 단지, 건물 자체가 흔들림을 흡수해서 휘어져서 견디기 때문에, 중고층 빌딩에서 채용하는 경우가 많아지고 있습니다. 이 라면 구조의 가장 큰 매력은 개구부의 변동이 간단하며 실내 공간을 자유롭게 어레인지하기 쉽다는 것입니다.

해설

대조 대비되고 있는 두 가지 구조의 특징을 파악해야 하는데, 그 중에서도 '공간자유도' 부분에 주목해서 들어야 한다. 우선 '벽식구조'는 '공간 자유도가 낮다'고 했으므로 1번과 2번으로 압축된다. 그리고, 라면구조는 '실내 공간을 자유롭게 어레인지 하기 쉽다' 즉, '공간 자유도가 높다'고 했으므로 정답은 2번이다.

어휘 天井(てんじょう) 천정 | 囲(かこ)む 둘러싸다 | 構造(こうぞう) 구조 | 間取(まど)り 방 배치, 방 구조 | 規制(きせい) 규제 | 低層住宅(ていそうじゅうたく) 저층주택 | 骨組(ほねぐ)み 골조 | 横揺(よこゆ)れ 좌우로 흔들림 | 魅力(みりょく) 매력

問題 10 정답 ③ Track 6-10

先生が、気象学の授業で、不快指数について説明しています。この先生によると、今のこの地域の不快指数は、どのレベルに当てはまりますか。

不快指数というのは、気温と湿度から求められる蒸し暑さを数値で表したものです。気温が同じでも、湿度が低ければあまり不快に感じませんが、湿度が高いと、じめじめして嫌な感じがしますね。例えば、同じ気温29度の条件でも、湿度が45%なら不快指数は75未満のレベルで、あまり暑さを感じませんが、湿度が95%になると不快指数が上がり、暑くて汗が出るくらいになります。先週の今ごろの時間は気温が32度と高くて、湿度も90%を超えていたので、外は蒸し暑くて本当に大変でしたね。今は先週の今ごろと同じ気温ですが、湿度が40%なので、不快指数はこのレベルになります。先週より過ごしやすいですね。

선생님이 기상학 수업에서 불쾌지수에 관해서 설명하고 있습니다. 이 선생님에 따르면, 지금 이 지역 불쾌지수는 어느 레벨에 해당됩니까?

불쾌지수라는 것은, 기온과 습도로 구할 수 있는 찌는 듯한 더위를 수치로 나타낸 것입니다. 기온이 같아도, 습도가 낮으면 그다지 불쾌하게 느끼지 않지만, 습도가 높으면, 습하고 기분 나빠지죠. 예를 들자면, 같은 기온 29도 조건이라도, 습도가 45%라면 불쾌지수는 75미만 레벨로 별로 더위를 느끼지 않지만, 습도가 95%가 되면 불쾌지수가 올라가서 덥고 땀이 날 정도가 됩니다. 지난주 지금 정도의 시간은 기온이 32도로 높고, 습도도 90%를 넘어서, 밖은 찌는 듯이 덥고 정말로 힘들었죠. 지금은 지난주 지금 정도의 시간과 같은 기온이지만, 습도가 40%이기 때문에 불쾌지수는 이 레벨이 됩니다. 지난주보다 지내기 좋죠.

해설

그래프 문제는 그래프의 x축과 y축이 가리키는 내용과 단위를 먼저 파악해 두어야 하는데, 이 문제의 그래프는 단위가 하단에 있는 일반적인 그래프와 달리 위에 있다는 점에도 주의해 두자. '지금은 지난 주의 지금 정도의 시간과 같은 기온'이라고 했으므로 지난 주 기온 32도와 현재의 습도 40%를 표에 대입하면 정답이 3번이라고 알 수 있다.

어휘 湿度(しつど) 습도 | 蒸し暑さ(むしあつさ) 무더움 | じめじめする 축축하다

問題 11 정답 ④ Track 6-11

経営学の先生が、マーケティングの調査について説明しています。この先生が例に挙げる質問は、どの項目の質問になりますか。

マーケティングでは消費者のニーズに応えて利益をあげるために、消費者を対象とした調査が重要です。調査は図のように大きく4つに分けられ、英語の頭文字をとって4Pといいます。まず、製品は、パッケージやロゴのデザイン、アフターサービスなども含まれます。ユーザーがどのようなものを求めているのかを把握することが重要です。次に、価格ですが、製造コスト、競合する商品の価格とともに、消費者が「この価格なら」と思って払う金額を把握することが欠かせません。それから、流通というのは、製品を販売する場所です。どこでどのように売られるかを調査しなければ、売れる商品を作ることは難しいでしょう。最後の宣伝には、看板、ビラ、テレビ、ネットなどの形態があります。商品を買う可能性のある消費者が何から商品の情報を得るのかを把握して、伝わりやすい方法を選ばなくてはいけません。では、新しいヨーグルトの開発のために、ヨーグルトを購入した人を対象にアンケートをするとします。「どんなきっかけで、このヨーグルトを知りましたか」という質問は、どの項目の調査ですか。

경영학 선생님이 마케팅 조사에 관해서 설명하고 있습니다. 이 선생님이 예로 든 질문은 어느 항목 질문이 됩니까?

마케팅에서는 소비자의 요구에 부응해 이익을 올리기 위해서, 소비자를 대상으로 한 조사가 중요합니다. 조사는 그림과 같이 크게 4개로 나뉘며, 영어 첫 글자를 따서 4P라고 합니다. 우선, 제품은 패키지나 로고 디자인, AS 등도 포함됩니다. 사용자가 어떠한 것을 요구하고 있는지를 파악하는 것이 중요합니다. 그 다음으로, 가격인데, 제조 비용, 경쟁 상품 가격과 함께 소비자가 '이 가격이라면'이라고 생각하고 지불하는 금액을 파악하는 것을 빠뜨릴 수 없습니다. 그리고, 유통이라는 것은, 제품을 판매하는 장소입니다. 어디에서 어떻게 팔리는지를 조사하지 않으면, 팔리는 상품을 만드는 것은 어렵겠죠. 마지막 선전에는, 간판, 전단지, 텔레비전, 인터넷 등의 형태가 있습니다. 상품을 살 가능성이 있는 소비자가 어디에서 상품 정보를 얻을지를 파악해서 전하기 쉬운 방법을 골라야 합니다. 그러면 새로운 요구르트 개발을 위해서, 요구르트를 구입한 사람을 대상으로 앙케이트를 했다고 가정해 봅시다. "어떤 계기로 이 요구르트를 알게 되었습니까?"라는 질문은 어느 항목 조사입니까?

해설

선택지 각 항목의 설명 흐름을 따라가며 추가되는 정보를 듣는 것이 중요하다. 선생님의 마지막 예시 「どんなきっかけで～(어떤 계기로)」에서 알게 된 '계기'를 묻고 있다는 것을 알 수 있는데, 이것은 '소비자가 어디에서 상품의 정보를 얻는가'에 해당하므로 4번이 정답이다.

어휘 調査(ちょうさ) 조사 | 頭文字(かしらもじ) 머리글자 | 競合(きょうごう)する 경합하다 | 把握(はあく)する 파악하다 | 欠(か)かせない 빠뜨릴 수 없다 | 流通(りゅうつう) 유통 | 販売(はんばい)する 판매하다 | 宣伝(せんでん) 선전하다 | 看板(かんばん) 간판 | ビラ 전단지

問題 12 정답 ③ Track 6-12

先生が、シジュウカラという鳥の鳴き声の実験について説明しています。この先生の説明によると、シジュウカラが単語を使い分けていると考えられる実験結果はどれですか。

ある研究者が、森の中でシジュウカラの特徴的な鳴き声を聞いたあと、シジュウカラの群れが一斉に逃げて、飛んできたタカに襲われなかったという場面を偶然目撃しました。そこで、シジュウカラが鳴き声を使い分けて、仲間に危険を知らせるのではないかと考え、実験をすることにしました。まず、森の中でシジュウカラを観察した結果、天敵のヘビを見たときだけ「ジャージャー」と鳴くことがわかりました。実験では、シジュウカラの鳴き声を何種類も録音して、スピーカーから流し、それを聞いたシジュウカラの行動を観察しました。近くの木の幹に木の棒をヒモでつるして、ヘビがはっているようにしておき、「ジャージャー」という鳴き声を聞かせると、シジュウカラ12羽のうち11羽が飛んで近づき、木の棒を確認するような行動をとりました。ほかの鳴き声では、ほとんどそのような行動は見られませんでした。つまり、シジュウカラは、「ジャージャー」という鳴き声を聞いてヘビを思い浮かべ、木の棒をヘビと見間違えて反応したのだと考えられます。

선생님이 박새라는 새 울음 소리 실험에 관해서 설명하고 있습니다. 이 선생님의 설명에 따르면, 박새가 단어를 구분하여 사용하고 있다고 생각되는 실험 결과는 어느 것입니까?

어떤 연구자가, 숲 속에서 박새의 특징적인 울음 소리를 들은 후에, 박새 무리가 일제히 도망쳐서 날라 온 매에게 공격받지 않았다는 장면을 우연히 목격했습니다. 그래서 박새가 울음 소리를 나누어 사용하여 동료에게 위험을 알리는 것은 아닐까라고 생각하여, 실험을 하기로 했습니다. 우선, 숲 속에서 박새를 관찰한 결과, 천적인 뱀을 봤을 때만, '자~자~'라고 우는 것을 알았습니다. 실험에서는 박새의 울음 소리를 몇 종류나 녹음해서 스피커로 틀고 그것을 들은 박새 행동을 관찰했습니다. 근처의 나무 줄기에 나무 막대기를 끈으로 매달아서 뱀이 기어가고 있는 것처럼 해 두고, '자~자~'라는 울음소리를 들려주자, 박새 12마리 중 11마리가 날아서 가까이 와, 나무 막대기를 관찰하는 것 같은 행동을 취했습니다. 다른 울음소리로는 거의 그러한 행동은 보이지 않았습니다. 즉, 박새는 '자~자~'라는 울음 소리를 듣고, 뱀을 떠올려서 나무 막대기를 뱀이라고 착각하고 반응했다고 생각할 수 있습니다.

해설

우선 선택지 그림에 관한 이해가 필요하며, 단어를 구분하여 사용하고 있다고 생각되는 것과 그렇지 않은 것을 구분하는 것이 포인트이다. 실험 결과 울음의 종류가, '자~자'라고 우는 경우와 '다른 우는 소리'가 있다고 했으므로, 각각의 반응을 정리하면 정답을 찾을 수 있다. '자~자~'라는 울음 소리를 들려 주었을 때에는 관찰 결과 '가까이 날아와서 확인'한다고 했으므로 1번과 2번은 오답이다. '다른 울음 소리'를 들려 주었을 때는 '확인하는 행동을 보이지 않았다'고 했으므로 3번이 정답이다.

어휘 特徴的(とくちょうてき) 특징적 | 群れ(む) 무리 | 偶然(ぐうぜん) 우연 | 目撃(もくげき)する 목격하다 | 仲間(なかま) 동료 | 観察(かんさつ)する 관찰하다 | 天敵(てんてき) 천적 | 録音(ろくおん)する 녹음하다 | 幹(みき) 줄기 | 木(き)の棒(ぼう) 나무 봉

청해

問題 13 정답 ① Track 6-13

先生が、建築学の授業で木造建築について話しています。この先生は、木造建築の最大の魅力は何だと言っていますか。

日本では古くから木造の建築物が建てられてきました。今でも多くの住宅の建築に木材が使われています。では、なぜ木材なのでしょうか。木材は空気中の水分を吸収したり放出したりすることで、湿度の上昇に対応することができ、断熱性も高く、季節によって湿度や気温の差が大きい日本の気候に適しているためです。また、木材は再利用が可能で、廃棄した場合も分解に時間がかからないため、環境に優しい素材だと言えます。そして、最近では火事や地震に強くなっていることも魅力のひとつと言えます。それから、木には癒し効果があります。木材で作られた床や柱などからは自然の温かみが感じられ、木の手触りや色などに癒されます。でも、私が一番の魅力だと思うのは香りです。フィトンチッドという木材の香りの成分には、血圧を下げたり自律神経を安定させたりするなど、様々なリラックス効果があると言われています。

この先生は、三つの能力を高めるために、何をすることを勧めていますか。

① 香りでリラックスできること
② 火事や地震に強い工法があること
③ 環境への負担が少ないこと
④ 部屋の湿度を一定に保つこと

선생님이 건축한 수업에서 목조 건축에 관해서 이야기하고 있습니다. 이 선생님은 목조 건축 최대 매력은 무엇이라고 말하고 있습니까?

일본에서는 오래 전부터 목조 건축물이 지어져 왔습니다. 지금도 대부분의 건축에 목재가 사용되고 있습니다. 그러면, 왜 목재인 걸까요? 목재는 공기 중의 수분을 흡수하거나 방출하거나 하여 습도 상승에 대응할 수 있으며, 단열성도 높고, 계절에 따라서 습도나 기온 차가 큰 일본 기후에 적합하기 때문입니다. 또한, 목재는 재활용이 가능하여, 폐기한 경우에도 분해에 시간이 걸리지 않기 때문에, 환경에 좋은 소재라고 할 수 있습니다. 그리고 최근에는 화재나 지진에 강한 것도 매력 중 하나라고 할 수 있습니다. 그리고, 나무에는 힐링 효과가 있습니다. 목재로 만들어진 바닥이나 기둥 등에서는 자연의 따뜻함이 느껴지고, 나무의 감촉이나 색상 등에 힐링됩니다. 하지만, 내가 제일 매력이라고 생각하는 것은 향기입니다. 피톤치드라는 목재 향기 성분에는 혈압을 내리거나 자율신경을 안정시키는 등, 여러 긴장을 푸는 효과가 있다고 말해지고 있습니다.

이 선생님은 목조건축 최대 매력은 무엇이라고 말하고 있습니까?

① 향기로 긴장을 풀 수 있는 것
② 화재나 지진에 강한 공법이 있는 것
③ 환경 부담이 적은 것
④ 방 온도를 일정하게 유지하는 것

해설

목조 건축의 일반적인 특징과 최대의 매력을 구분하는 것이 포인트이다. 마지막 설명 「でも、私(わたし)が一番(いちばん)魅力(みりょく)だと思(おも)うのは香(かお)りです(하지만, 내가 가장 매력적이라고 생각하는 것은 향기입니다)」에서 가장 큰 매력은 '향 = 냄새'라는 것을 알 수 있으므로 1번이 정답이다. 3번과 4번은 최대의 매력이 아니므로 오답이고, 2번은 최근에 변한 매력 중 하나로, 역시 최대가 아니므로 오답이다.

어휘 木造(もくぞう) 목조 | 吸収(きゅうしゅう)する 흡수하다 | 湿度(しつど) 습도 | 放出(ほうしゅつ)する 방출하다 | 断熱性(だんねつせい) 단열성 | 廃棄(はいき)する 폐기하다 | 素材(そざい) 소재 | 癒(いや)す (마음 등을)치유하다, 고치다 | 手触(てざわ)り 감촉 | 血圧(けつあつ) 혈압

問題 14 정답 ①

Track 6-14

先生が、ストレスに対応するための三つの能力について話しています。この先生は、三つの能力を高めるために、何をすることを勧めていますか。

人はいろいろな場面でストレスを受けますが、受け止め方によってそのストレスを軽減できる場合があります。ストレス軽減のためには、次の三つの力を高めることが重要だと言われています。一つ目は、状況を把握して先を見通す力です。自分が今置かれている状況を理解して、これから先のことをある程度予測することで、予防ができます。二つ目は、きっとうまくできると信じる力です。なんとかなるだろうと楽観的に思えることも大切な能力のひとつです。三つ目は、どんなことにも意味を見出す力です。課題に対して、自分にとっての意義や価値を見つけて前向きに取り組む姿勢が重要です。さて、この三つの力を高めるために、まずは計画をたてて課題を整理するのがいいと思います。例えば、皆さんだったら、レポート課題の内容と締め切りまでの予定を書き出すことにぜひ取り組んでほしいと思います。

この先生は、三つの能力を高めるために、何をすることを勧めていますか。

① 課題の締め切りまでの計画を考えて書くこと

② 課題の内容を予測して早めに準備すること

③ 課題の内容をできるだけ単純化すること

④ 課題から自分にとってのメリットを見つけること

선생님이 스트레스에 대응하기 위한 3개의 매력에 관해서 이야기하고 있습니다. 이 선생님은 3개의 능력을 높이기 위해서 무엇을 할 것을 권하고 있습니까?

사람은 여러 장면에서 스트레스를 받는데, 받아들이는 방법에 따라서 그 스트레스가 경감되는 경우가 있습니다. 스트레스 경감을 위해서는 다음 세 개의 힘을 높이는 것이 중요하다고 말해지고 있습니다. 첫 번째는, 상황을 파악해서 미래를 내다보는 힘입니다. 자신이 지금 놓여 있는 상황을 이해하고 지금부터 미래의 일을 어느 정도 예측하는 것으로 인해, 예방할 수 있습니다. 두 번째는 꼭 잘 될 것이라고 믿는 힘입니다. 어떻게 되겠지 낙관적으로 생각할 수 있는 것도 중요한 능력 중 하나입니다. 세 번째는 어떤 일에도 의미를 발견해 내는 힘입니다. 과제에 대해서 자신에게 있어서의 의의나 가치를 발견하여 긍정적으로 임하는 자세가 중요합니다. 그런데, 이 세개의 함을 높이기 위해서, 우선은 계획을 세워서 과제를 정리하는 것이 좋다고 생각합니다. 예를 들자면, 여러분이라면, 리포트 과제 내용과 마감까지의 예정을 적는 일을 해 주길 바랍니다.

이 선생님은 3개의 능력을 높이기 위해서 무엇을 할 것을 권하고 있습니까?

① 과제 마감까지의 계획을 생각하여 쓰는 것.

② 과제 내용을 예측하여 빨리 준비하는 것.

③ 과제 내용을 가능한 단순하게 하는 것.

④ 과제에서 자신에게 있어서의 장점을 발견하는 것.

해설

스트레스를 경감하는 '3개의 능력'을 높이려면 어떻게 하면 되는가를 묻고 있으므로, 우선 스트레스를 경감하는 '3개의 능력'을 기억해 두어야 한다. 질문문에 키워드가 제시되어 있는 타입의 문제는 본문 안에 질문문과 동일한 키워드가 반복되는 부분이 나올 확률이 높으므로 그 부분을 놓치지 않고 메모해 두는 것이 포인트이다. 이 문제에서는 마지막 부분에 「さて(그런데)」라는 화제전환의 접속 표현이 나오는데, 화제전환이나 역접의 접속사가 마지막 부분에 나오면 그 이후가 가장 강조하고 싶은 부분일 확률이 높으니 꼭 메모해 두자. 「さて、この三(みっ)つの能力(のうりょく)を高(たか)めるために、～(이 세 개의 능력을 높이기 위해서)」 이후에 '우선 계획을 세우고 과제를 정리'하는 것이 중요하다고 했으므로 정답은 1번이다.

어휘 軽減(けいげん) 경감 | 見通(みとお)す 내다보다 | 予測(よそく)する 예측하다 | 締(し)め切(き)り 마감

問題 15 정답 ④ Track 6-15

先生が授業で、言語聴覚士の仕事について話しています。この先生は、言語聴覚士がする訓練の中で意外なのは何だと言っていますか。

言語聴覚士は、吃音など話し言葉が滑らかに出ないなどの障害がある人に言語訓練をしたり、病気によってうまくコミュニケーションが取れなくなった人のリハビリをしたりする専門家として知られています。また失語症といって言葉を忘れてしまう病気や、耳の聞こえにくい難聴や、脳の機能が衰えて記憶があいまいになったり計算がうまくできなくなったりする障害を抱える人たちの日常生活に欠かせない能力を回復させたり向上させるための訓練をしています。そのほか、専門外の人には意外だと思われるかもしれませんが、食べ物を飲み込む機能の訓練もします。これは、喉の筋肉の力が低下したり、舌が後ろに下がったりした状態の人を対象に行う訓練で、言語聴覚士の大切な仕事なのです。

この先生は、言語聴覚士がする訓練の中で意外なのは何だと言っていますか。

① 計算ができるようになる訓練
② うまく話せるようになる訓練
③ 言葉を思い出す訓練
④ 食べ物を正しく飲み込む訓練

선생님이 수업에서 언어 청각사의 일에 관해서 이야기하고 있습니다. 이 선생님은 언어 청각사가 하는 훈련 중에서 의외인 것은 무엇이라고 말하고 있습니까?

언어청각사는 말을 더듬는 등 대화를 부드럽게 하지 못하는 장애가 있는 사람에게 언어 훈련을 하거나, 병으로 인해서 커뮤니케이션을 잘 하지 못하게 된 사람의 재활을 하거나 하는 전문가로 알려져 있습니다. 또한 실어증이라는 말을 잊어버리는 병이나 귀가 들리기 어려운 난청이나 뇌 기능이 떨어져서 기억이 애매해지거나 계산을 잘 못하게 되거나 하는 장애를 갖은 사람들의 일상생활에 빠뜨릴 수 없는 능력을 회복시키거나 향상시키기 위한 훈련을 하고 있습니다. 그 외에 전문 이외의 사람에게는 의외라고 생각될지도 모르겠지만, 음식물을 삼키는 기능 훈련도 합니다. 이것은, 목 근육 힘이 저하되거나, 혀가 뒤로 내려가거나 한 상태의 사람들을 대상으로 행하는 훈련으로 언어 청각사의 중요한 일입니다.

이 선생님은 언어 청각사가 하는 훈련 중에서 의외인 것은 무엇이라고 말하고 있습니까?

① 계산을 할 수 있게 되는 훈련
② 잘 이야기할 수 있게 되는 훈련
③ 단어를 생각해 내는 훈련
④ 음식물을 바르게 삼키는 훈련

해설

일반적 설명과 의외인 부분을 구분하는 것이 포인트이다. 마지막 설명 「意外だ思われるかもしれませんが、食べ物を飲み込む機能の訓練～(의외라고 생각할지도 모르지만, 음식물을 삼키는 기능의 훈련~)」 부분에서 '음식물을 삼키는 훈련'을 하는 것이 전문 이외의 사람에게는 의외일지도 모른다고 말하고 있으므로 4번이 정답이다. '의외'라는 부분에서 반응하는 것이 중요하다.

어휘 吃音(きつおん) 말더듬이 | 滑(なめ)らか 매끄럽다 | 障害(しょうがい) 장애 | 衰(おとろ)える 쇠퇴해지다 | 難聴(なんちょう) 난청 | 筋肉(きんにく) 근육

問題 16 정답 ②　　　　　　　　　　　　　　　　　　　　　　　　　　　　　　Track 6-16

先生が、児童心理学の授業で、子どもがどんな絵本を好むかという実験について説明しています。この先生は、子どもの関心が低い絵本の主題はどんなものだと言っていますか。

子どもの好みと絵本の主題との関係性を知るために、3、4歳の子どもとその親を対象に調査が行われました。親が子どもに絵本を読み聞かせる場面をビデオで撮影し、その映像を調べて、子どもが興味を示した反応の数を記録していきました。その結果、子どもが興味を持ったページには「楽しむ」「陽気」という主題が多いことがわかりました。一方、子どもがあまり興味を持たなかったページには「家族」「他者を認識する」という主題が多く見られましたが、これらは自分以外の人という点で共通しています。「家族」に関心が低いのは少し意外かもしれませんが、3歳から4歳というのは自己中心性が発達する時期で、この時期の子どもは自分への興味が一番なので、自分に比べると家族に対しても興味を持ちにくいのではないかと考えられます。

この先生は、子どもの関心が低い絵本の主題はどんなものだと言っていますか。

① 楽しくて陽気なもの

② 自分以外の人についてのもの

③ 家族以外の人についてのもの

④ 自分自身についてのもの

선생님이 아동 심리학 수업에서, '아이가 어떤 그림책을 좋아할까'라는 실험에 관해서 설명하고 있습니다. 이 선생님은 아이의 관심이 낮은 그림책 주제는 어떠한 것이라고 말하고 있습니까?

아이의 기호와 그림책 주제 관계성을 알기 위해서, 3,4살 아이와 그 부모를 대상으로 조사가 행해졌습니다. 부모가 아이에게 그림책을 읽어서 들려주는 장면을 비디오로 촬영하고, 그 영상을 조사하여 아이가 흥미를 보인 반응 숫자를 기록해 갔습니다. 그 결과, 아이가 흥미를 갖은 페이지에는 '즐거움' '쾌활함'이라는 주제가 많은 것을 알았습니다. 한편, 아이가 별로 흥미를 갖지 않은 페이지에는 '가족' '타인을 의식한다'라는 주제가 많이 보였는데, 여기에는 자신 이외의 사람이라는 점에서 공통되어 있습니다. '가족'에 관심이 낮은 것은 조금 의외일지도 모르지만, 3살부터 4살은 자기중심성이 발달되는 시기로, 이 시기의 아이는 자신에 대한 흥미가 제일이기 때문에, 자신에 비하면 가족에 대해서도 흥미를 갖기 어려운 것은 아닐까라고 생각됩니다.

이 선생님은 아이의 관심이 낮은 그림책 주제는 어떠한 것이라고 말하고 있습니까?

① 즐겁고 쾌활한 것

② 자신 이외의 사람에 관한 것

③ 가족 이외의 사람에 관한 것

④ 자기 자신에 관한 것

해설

아이의 관심이 낮은 것과 높은 것을 구분하면서 듣는 것이 포인트이다. 전반부에서 관심이 있는 것을 설명하고 있는데, 그 이후인 설명 중반부에서 「子供(こども)があまり興味(きょうみ)を持(も)たなかった~(아이가 그다지 흥미를 갖지 않았다~)」에서 '자신 이외의 사람'이라는 점이 공통된다 하였으므로 2번이 정답이다. 1번과 4번은 흥미를 갖는 것으로 오답이다.

어휘 絵本(えほん) 그림책 | 撮影(さつえい)する 촬영하다 | 示(しめ)す 나타내다 | 陽気(ようき) 쾌활하고 밝은 기운 | 認識(にんしき)する 인식하다 | 共通(きょうつう)する 공통되다

問題 17 정답 ③ Track 6-17

男子学生と女子学生が、パソコンの購入について話しています。この女子学生がパソコを購入した一番の理由は何ですか。

男子学生：大学生って、自分のパソコンを持ったほうがいいのかな。わざわざ買わなくても、大学の自習室にも図書館にもあるし、貸し出しもあったよね。

女子学生：でも、大学のパソコンって、自分の好きなソフトを自由に入れて使えないし、試験前にはすごく混むから、待たなきゃいけないでしょう。

男子学生：うーん、確かにそうだけど、スマホでもいろいろ作業できるしね。

女子学生：だけど、表とかグラフとか作るならパソコンのほうが早いし、キーボードも慣れればスマホより入力しやすいよ。それから最近、パソコン専用の充電ステーションができたんだよ。大学の中に5か所も。

男子学生：ほんと？バッテリーの持ち時間が心配だったんだけど、充電できるんだ。

女子学生：充電ステーション、すごく便利だよ！私もパソコンを買うか悩んでたんだけど、先輩から、高性能で割と短時間でできるって聞いて、それで買ったんだ。

この女子学生が、パソコンを購入した一番の理由は何ですか。

① 大学のパソコンを使うのは不便だから
② スマホより表計算ソフトが使いやすいから
③ 充電ができる便利な施設があるから
④ 自分の好きなソフトが自由に使えるから

남자 학생과 여학생이 컴퓨터 구입에 관해서 이야기하고 있습니다. 이 여학생이 컴퓨터를 구입한 가장 큰 이유는 무엇입니까?

남학생: 대학생은 자신이 컴퓨터를 갖고 있는 편이 좋을까? 일부러 사지 않아도 대학 자습실에도 도서관에도 있고, 대출도 있잖아.

여학생: 하지만, 대학교 컴퓨터는 자신이 좋아하는 소프트웨어를 자유롭게 넣어서 사용하지 못하고, 시험 전에는 굉장히 붐비니까, 갖고 있어야 하잖아.

남학생: 응, 확실히 그렇기는 하지만, 스마트폰으로도 여러 작업을 할 수 있고.

여학생: 그렇지만, 표라든가 그래프를 만든다면 컴퓨터가 빠르고, 키보드도 익숙해지면 스마트폰보다 입력하기 쉬워. 그리고 최근, 컴퓨터 전용 충전 스테이션이 만들어졌어. 대학교 안에 5군데나.

남학생: 정말? 배터리가 걱정이었는데, 충전할 수 있구나.

여학생: 충전 스테이션 굉장히 편리해! 나도 컴퓨터를 살까 고민했는데, 선배로부터 고성능이면서 비교적 짧은 시간에 가능하다고 듣고, 그래서 샀어.

이 여학생이 컴퓨터를 구입한 가장 큰 이유는 무엇입니까?

① 대학교 컴퓨터를 사용하는 것은 불편하니까.
② 스마트폰보다 표 계산 소프트웨어가 사용하기 쉬우니까
③ 충전을 할 수 있는 편리한 시설이 있으니까
④ 자신이 좋아하는 소프트웨어를 자유롭게 사용할 수 있으니까

해설

남학생과 여학생의 대화를 구분하면서 여러 이유 중 여학생이 가장 크다고 한 이유에 반응하는 것이 중요하다. 여러 이유들 가운데 충전이 편리한 시설을 남학생에게 권하며 '고민했던 것이 해결'되어 샀다고 했으므로 충전과 관련한 선택지 3번이 정답이다. 1번과 2번은 구입한 직접적 이유가 아니므로 오답이다.

어휘 貸(か)し出(だ)し 대출 | 混(こ)む 혼잡하다 | スマホ 스마트 폰 | 充電(じゅうでん) 충전

問題 18 정답 ④ Track 6-18

先生が、あくびについて話しています。この先生は、人があくびをするのは何のためだと言っていますか。

眠いときや退屈なときに人はあくびをするとよく言われています。あくびの原因として、「血液中の酸素が足りなくなるから」という説を耳にしたことがあると思いますが、現在、この説は否定されています。というのも、室内の酸素量をコントロールした実験によって、酸素供給のためではないことがわかったからです。最近では、口を大きく開けてゆっくり息を吸うあくびは、冷たい空気を取り入れて脳の温度を下げてから、体全体をしっかり目覚めさせて働き始められるようにするためだという説が有力です。例えば、十分に睡眠をとった朝でも、起きたときにあくびが出ることがあります。これは、心身を眠りから覚ますための生理反応だと考えられます。

この先生は、人があくびをするのは何のためだと言っていますか。

① 酸素を体に取り入れるため
② さらに眠気を促すため
③ 敵に注意し続けるため
④ 心身を目覚めさせるため

선생님이 하품에 관해서 이야기하고 있습니다. 이 선생님은 사람이 하품을 하는 것은 무엇 때문이라고 말하고 있습니까?

사람은 졸릴 때나, 지루할 때 하품을 한다고 자주 듣습니다. 하품의 원인으로서 '혈액 중의 산소가 부족해지니까'라는 설을 들은 적이 있을 것이라고 생각하는데, 현재, 이 설은 부정되고 있습니다. 왜냐하면, 실내 산소량을 컨트롤한 실험에 의해서 산소공급 때문이 아니라는 것을 알고 있어서입니다. 최근에는 입을 크게 벌리고 천천히 숨을 쉬는 하품은 차가운 공기를 마시고 뇌 온도를 내리고 나서, 몸 전체를 확실하게 각성하게 해서 움직이기 시작하게 하기 위해서라는 설이 유력합니다. 예를 들자면, 충분히 수면을 취한 아침이라도, 일어났을 때에 하품이 나오는 경우가 있습니다. 이것은, 심신을 잠에서 깨우기 위한 생리 반응이라고도 생각할 수 있습니다.

이 선생님은 사람이 하품을 하는 것은 무엇 때문이라고 말하고 있습니까?

① 산소를 몸에 흡수하기 위해서
② 더욱 잠을 촉진하기 위해서
③ 적에게 계속 주의하기 위해서
④ 심신을 깨우게 하기 위해서

해설

일반적 설명과 최근의 학설을 구분하며 듣는 것이 중요하다. 자신의 주장을 할 때 일반적 설명을 드는 것은, '자신의 주장이나 최신의 학설을 강조하기 위해서'인 경우가 많으므로 최신의 학설 부분에 주의하면 좋다. 중반 이후 부분에서 최근에는 「働き始められるようにするため(움직이기 시작하도록 하기 위해)」「心身を眠りから覚ますため(심신을 잠에서 깨우기 위해서)」라고 생각하고 있다고 했으므로 정답은 4번이다. 1번은 일반적인 이유로 지금은 부정되고 있다고 하였고, 2번은 잠을 깨기 위해서라는 설명의 반대 내용이므로 오답이다. 3번은 본문에서 언급되지 않은 내용이다.

어휘 退屈(たいくつ) 지루하다 | あくび 하품 | 血液(けつえき) 혈액 | 酸素供給(さんそきょうきゅう) 산소공급 | 目覚める(めざ) 깨어나다 | 生理反応(せいりはんのう) 생리반응

問題 19 정답 ②

Track 6-19

先生が、音楽の授業で、ジャズについて話しています。この先生は、ジャズの演奏には何と何が重要だと言っていますか。

ジャズという音楽は、一緒に演奏するメンバーとその場その場で創造していく知的な音楽だと言えるでしょう。「その場で創造する」と聞くと、ただの思いつきなのではないかと思う人もいるかもしれませんが、芸術であるからには、美しくある必要があります。ジャズの場合、頭の中で作曲してすぐ演奏するわけですが、そこでポイントになるのはチャレンジ精神です。自身が思いついた演奏を思い切ってやってみることです。そのほかに、コミュニケーション能力もとても重要です。ほかの演奏者とのやり取りから、流れの中で自分がどんな演奏をすべきかヒントをもらえるからです。相互理解が深まれば、よりよい演奏が期待できます。

この先生は、ジャズの演奏には何と何が重要だと言っていますか。

① 思いつきと芸術性

② チャレンジ精神とコミュニケーション能力

③ 思いつきと勇気

④ 技術とコミュニケーション能力

선생님이 음악 수업에서 재즈에 관해서 이야기하고 있습니다. 이 선생님은 재즈 연주에는 무엇과 무엇이 중요하다고 말하고 있습니까?

재즈라는 음악은 함께 연주하는 멤버와 그 장소 그 장소에서 제조해 가는 지적인 음악이라고 할 수 있겠죠. '그 장소에서 제조한다'고 들으면, 단순히 즉흥적인 착상이 아닐까 하고 생각하는 사람도 있을지도 모르지만, 예술인 이상은 아름다울 필요가 있습니다. 재즈의 경우, 머리 속에서 작곡해서 바로 연주하는 것이기 때문에, 여기에서 포인트가 되는 것은 챌린지 정신입니다. 자신이 떠올린 연주를 마음껏 해보면 됩니다. 그 외에, 커뮤니케이션 능력도 매우 중요합니다. 다른 연주자와의 대화에서, 흐름 속에서 자신이 어떤 연주를 해야 하는지 힌트를 얻을 수 있기 때문입니다. 상호 이해가 깊어지면, 보다 좋은 연주를 기대할 수 있습니다.

이 선생님은 재즈 연주에는 무엇과 무엇이 중요하다고 말하고 있습니까?

① 즉흥적인 착상과 예술성

② 챌린지 정신과 커뮤니케이션 능력

③ 즉흥적인 착상과 용기

④ 기술과 커뮤니케이션 능력

해설

여러 요소 중에서 재즈 연주에서 중요하다고 강조하고 있는 부분에서 반응하는 것이 포인트이다. 「そこでポイントになるのは~(여기에서 포인트가 되는 것은~)」「~もとても重要(じゅうよう)です(~도 매우 중요합니다)」 등 '중요하다'는 유의어를 사용하여 강조하고 있는 부분에 반응하는 것이 중요하다. 이 선생님은 '챌린지 정신'과 '커뮤니케이션 능력'이 중요하다고 했으므로 정답은 2번이다. 1번과 3번은 선생님의 생각이 아니므로 오답이고, 4번은 '기술'은 해당하지 않으므로 오답이다.

어휘 演奏(えんそう)する 연주하다 | 創造(そうぞう)する 창조하다 | 思(おも)いつき 문득 드는 생각, 아이디어 | 作曲(さっきょく)する 작곡하다 | 思(おも)い切(き)って 과감하게 | 相互理解(そうごりかい) 상호이해

問題 20 정답 ④ Track 6-20

先生が、ある地域の文化財の活用について話しています。この先生は、文化財を活用して効果をあげるためには何が大切だと言っていますか。

文化財というものは良好な状態で保存し、次世代にその価値を継承しつつ、地域復興などへの活用も含めて積極的に活用することが望まれます。例えばこの地域では、歴史的建造物である織物工場の建物を地元の大学生にアトリエとして開放したり、イベント会場や体験学習の場として利用できるようにしたりしています。このような活動によって、文化財は従来の織物工場としての場だけでなく、アートや食料品など、様々なものづくりの場となりました。また、工場の所有者と借り手が工場の掃除を共同で行うイベントを通じて、新たなネットワークを作り始めたそうです。これは地域のニーズに沿った活用の成功例だと言えます。このように、文化財を活用するためには、地域住民や観光客が何を必要としているのか把握して、今日的なニーズに応えていくことが成功の鍵になるのではないでしょうか。

この先生は、文化財を活用して効果をあげるためには何が大切だと言っていますか。

① 次世代に魅力を発信すること

② 積極的に何にでも活用すること

③ イベントでネットワークをつくること'

④ 地域のニーズに沿って活用すること

선생님이 어떤 지역의 문화재 활용에 대해서 이야기하고 있습니다. 이 선생님은 문화재를 활용해서 효과를 올리려면 무엇이 중요하다고 말하고 있습니까?

문화재라는 것은, 양호한 상태에서 보존하고 차세대에 그 가치를 계승하면서 지역 부흥 등에 대한 활용을 포함하여 적극적으로 활용하는 것이 바람직합니다. 예를 들자면, 역사적 건조물인 직물공장 건물을 그 지역 대학생에게 아틀리에로 개방하거나, 이벤트 회장이나 체험학습 장소로 이용할 수 있게 하거나 합니다. 이러한 활동에 의해서, 문화재는 종래의 직물공장으로서의 장소뿐만이 아니고, 예술이나 식료품 등, 여러 물건을 만드는 장소가 되었습니다. 또한 공장 소유자와 빌린 사람이 공장의 청소를 공동으로 행하는 이벤트를 통해서, 새로운 네트워크를 만들기 시작했다고 합니다. 이것은 지역 요구에 따른 활용 성공 예시라고 할 수 있습니다. 이렇게, 문화재를 활용하기 위해서는 지역 주민이나 관광객이 무엇을 필요로 하고 있는지 파악해서, 지금의 요구에 부응해 가는 것이 성공의 열쇠가 아닐까요?

이 선생님은 문화재를 활용해서 효과를 올리려면 무엇이 중요하다고 말하고 있습니까?

① 차세대에 매력을 발신하는 것.

② 적극적으로 무엇이라도 활용하는 것.

③ 이벤트로 네트워크를 만드는 것.

④ 지역 요구에 따라 활용하는 것.

해설

질문문에 키워드가 제시되어 있는 경우에는, 그 키워드가 반복되거나 나타나는 부분에 반응하는 것이 중요하다. 이 문제에서는 마지막 부분에 「このように(이렇게)」를 사용하여 내용을 총정리하고 있으니 이 부분을 잘 들으면 정답을 찾을 수 있다. 「地域のニーズに沿った活用の成功例だ(지역 요구에 따른 활용 성공례)」를 든 이후에, 이것이 「~成功の鍵になる (~성공 열쇠가 된다)」고 했으므로 정답은 4번이다. 2번과 3번은 일반적인 사실을 설명하고 있으므로 오답이고, 1번은 본문에서 언급되지 않은 내용이므로 오답이다. 본문에 나오는 일반적인 사실과 선생님이 강조하고 있는 부분을 구분하여 듣는 것도 중요하다.

어휘 文化財 문화재 | 良好な 양호한 | 継承する 계승하다 | 地域復興 지역부흥 | 織物 직물 | 借り手 빌리는 사람 | 把握する 파악하다 | 鍵 열쇠

問題 21 정답 ④ Track 6-21

先生が、社会言語学の授業で、社会の中での言語の使い分けについて話しています。この先生が最後に挙げる例は、何と何との使い分けですか。

一人の人が二つの言語を使い分けるバイリンガルは、その人個人の状態ですが、一つの社会の中で二つの言語が使い分けられている社会状況を、ダイグロシアといいます。例えば、ニュースや本などで使われる言語と日常会話で使われる言語が違う国があります。二つの言語のうちの一つは学校で書き方や文法を教えられ習得する言語で、もう一つは日常会話の中で自然に習得する言語です。日本でも日本語を母語としない人たちが多い地域では、ダイグロシアが見られるでしょう。それから、別の言語として区別されていない、言語の中のバリエーションを使い分けている状況も、ダイグロシアの一つになります。例えば日本でも、役所の手紙や教育機関で使われる言葉や表現と、地方や地域の日常会話で使われる言葉や表現は違います。

この先生が最後に挙げる例は、何と何との使い分けですか。

① 昔の日本語と現代の日本語

② 文字と音声

③ 漢語の言葉と和語の言葉

④ 標準語と方言

선생님이 사회 언어학 수업에서, 사회 속에서의 언어 사용에 관해서 이야기하고 있습니다. 이 선생님이 마지막에 드는 예시는 무엇과 무엇의 사용 구분입니까?

한 명이 두 개의 언어를 나누어 쓰는 2개국어 구사자(바이링구얼)은, 그 사람 개인의 상태이지만, 하나의 사회에서 두개의 언어가 나뉘어 쓰이는 사회상황을 양층언어라고 합니다. 예를 들자면, 뉴스나 책 등에서 사용되는 언어와 일상 회화에서 사용되는 언어가 다른 나라가 있습니다. 두개의 언어 중 하나는 학교에서 쓰는 법이나 문법을 가르치고 습득하는 언어이며, 또 하나는 일상회화 속에서 자연스럽게 습득하는 언어입니다. 일본에서도 일본어를 모국어로 하지 않는 사람들이 많은 지역에서는, 양층언어가 보이겠죠. 그리고, 다른 언어로서 구별되지 않는, 언어 속의 바리에이션을 나누어 사용하는 상황도 양층언어의 하나가 됩니다. 예를 들자면 일본에서도, 관청의 편지나 교육 기관에서 사용되는 말이나 표현과 지방이나 지역 일상회화에서 사용되는 말이나 표현은 다릅니다.

이 선생님이 마지막에 드는 예시는 무엇과 무엇의 사용 구분입니까?

① 옛날 일본어와 현대 일본어

② 문자와 음성

③ 한자어의 단어와 순수 일본어의 단어

④ 표준어와 사투리

해설

선생님의 개념 설명을 잘 들으며 메모하고, 마지막 드는 예시를 일반화하는 것이 중요하다. 마지막 예시 「例えば日本でも、~(예를 들면 일본에서도, ~)」는 '구청과 교육기관에서 사용되는 말과 표현' = '표준어'를 '지방과 지역의 일상회화' = '방언(사투리)'으로 일반화할 수 있으므로 4번이 정답이다. 선생님의 두 개의 언어 설명에서 '하나는 학교에서 습득하는 언어' = '표준어'를 '일상회화에서 습득한 언어' = '방언'이라고도 생각할 수 있다. 1번은 과거와 현대, 2번은 문자언어와 음성언어, 3번은 한자어와 일본어로 오답이다.

어휘 習得する 습득하다 | 役所 관공서

問題 22 정답 ②

Track 6-22

男子学生と女子学生が、カタカナの言葉について話しています。この女子学生が面白いと言ったのは、どのようなカタカナ語ですか。

男子学生：ちょっといい?このイベント、入場に「予約パスが必要」って書いてあるんだけど、予約パスのパスってパスワードのことだよね。

女子学生：え?違うよ。券のこと。予約券。

男子学生：そうなの?でも、券って「チケット」じゃないの?

女子学生：予約パス、予約チケット、予約券……。言い方が違うけど、全部同じだよ。まあ、確かに、わかりにくいよね。

男子学生：うん、省略されたカタカナ語もいろいろあって混乱するよ。

女子学生：そうだよね。パソコンがパーソナル・コンピューター、リモコンがリモート・コントローラー、エアコンがエアー・コンディショナー。コンにもいろいろあって面白いよね。

男子学生：そうそう。コンピューター、コントローラー、コンディショナー。省略されたのをずっと使ってたら、元の言葉がわからなくもなるよ。

この女子学生が面白いと言ったのは、どのようなカタカナ語ですか。

① 省略する形が二つあるカタカナ語
② 同じ音で違う意味を持つカタカナ語
③ 違う音で同じ意味を持つカタカナ語
④ 元の意味と違う意味を持つカタカナ語

남학생과 여학생이 가타카나 단어에 대해서 이야기하고 있습니다. 이 여학생이 재미있다고 말한 것은, 어떤 가타카나어입니까?

남학생: 잠깐 괜찮을까? 이 이벤트, 입장에 '예약 패스가 필요'하다고 써 있는데, 예약패스란 패스워드지?

여학생: 어? 아니야, 티켓. 예약 티켓.

남학생: 그래? 하지만 티켓은 '티켓' 아니야?

여학생: 예약 패스, 예약 티켓, 예약권. 말투가 다르지만 전부 같은 말이야. 음, 확실히 알기 어렵네.

남학생: 맞아. 생략된 가타카나어도 여러 가지 있어서 혼란스러워.

여학생: 맞아. 컴퓨터가 퍼스널 컴퓨터, 리모콘이 리모트 컨트롤러, 에어컨이 에어 컨디셔너. '컨'에도 여러가지 있어서 재미있지.

남학생: 맞아 맞아. 컴퓨터, 컨트롤러, 컨디셔너. 생력된 것을 쭉 사용하면, 원래의 말을 잘 모르게 되지.

이 여자 학생이 재미있다고 말한 것은, 어떤 가타카나어입니까?

① 생략하는 형태가 두개 있는 가타카나어
② 같은 음에 다른 의미를 갖는 가타카나어
③ 다른 음에 같은 의미를 갖는 가타카나어
④ 원래 의미와 다른 의미를 갖는 가타카나어

해설

여러 가타카나어 중에서 여학생이 재미있다고 하는 것에 반응 하는 것이 포인트이다. 「コンにもいろいろあって面白いよね('컨'에도 여러가지 있어서 재미있지)」가 가리키는 것은, 「言い方が違うけど、全部同じ~(말투가 다르지만 전부 같은)」이며, 이것은 소리는 같지만 다른 의미의 단어에 사용된다는 뜻이므로 2번이 정답이다. 4번과 혼동하지 않는 것이 중요하다.

어휘 省略する 생략하다 | 混乱する 혼란스러워하다

問題 23 정답 ③ Track 6-23

インタビュアーが、QRコードという情報を記録する二次元コードを開発した人に話を聞いています。この人は、QRコードに汚れがついた場合、どうなると言っていますか。

聞き手：QRコードは飛行機や電車のチケット、チラシやポスターなど様々なものに使われていますが、最近では食品などの商品管理にも使われていますね。

開発者：はい、このコードは飲料用の缶など湾曲しているものでも読み取れます。丸くなった分のズレを補正して認識できるようにしてあるので。それから、もともと工場で使うために開発したので、コードに汚れがついていても読み取れるようになっています。

聞き手：え？コードが汚れてしまっても、正確に読み取れるのですか？

開発者：はい。一部の情報が欠けても正しく復元できるようなデータを入れています。例えば、1、2、3というデータがあるとすると、それを全て足した6という数字も一緒に入れておきます。すると、2が消えてしまったとしても、1と3に何を足せば6になるのかを考えると、消えたデータが2だとわかるというわけです。これによって、30%ぐらい汚れても、情報を正しく読み取ることができるのです。実は、コードに含まれる情報の6割のデータは、こうした復元のためのデータなのです。

この人は、QRコードに汚れがついた場合、どうなると言っていますか。

① 全部汚れてしまっても全部読み取れる
② 全部汚れてしまっても2割ぐらい読み取れる
③ 3割ぐらいの汚れなら読み取れる
④ 6割ぐらいの汚れなら読み取れる

인터뷰어가 QR코드라는 정보를 기록하는 이차원코드를 개발한 사람에게 이야기를 듣고 있습니다. 이 사람은 QR코드가 더러워졌을 경우, 어떻게 된다고 말하고 있습니까?

질문자: QR코드는 비행기나 전철 티켓, 광고 전단지나 포스터 등 다양하게 사용되고 있는데, 최근에는 식품 등의 상품관리에도 사용되고 있죠.

개발자: 네. 이 코드는 음료용 캔 등 구부러져 있는 것도 읽을 수 있습니다. 동그랗게 된 만큼의 차이를 보정해서 인식할 수 있기 때문이죠. 그리고 원래 공장에서 사용하기 위해서 개발했기 때문에 코드에 더러운 것이 묻어 있어도 읽을 수 있게 되어 있습니다.

질문자: 에? 코드가 더러워져도 정확하게 읽을 수 있습니까?

개발자: 네. 일부 정보가 결여되어도 바르게 복원할 수 있도록 데이터를 넣었습니다. 예를 들자면, 1, 2, 3이라는 데이터가 있다고 하면, 그것을 모두 더하면 6이라는 숫자도 함께 넣어 둡니다. 그러면, 2가 사라져 버려도, 1과 3에 무엇을 더하면 6이 되는지를 생각하면, 사라진 데이터가 2라고 알 수 있는 것입니다. 이것에 의해서 30% 정도 더러워져도 정보를 바르게 읽을 수 있는 것입니다. 실은 코드에 포함되는 정보의 60%는 이러한 복원을 위한 데이터입니다.

이 사람은 QR코드가 더러워졌을 경우, 어떻게 된다고 말하고 있습니까?

① 전부 더러워져도 전부 읽을 수 있다.
② 전부 더러워져도 20% 정도 읽을 수 있다.
③ 30% 정도 오염이라면 읽을 수 있다.
④ 60% 정도 오염이라면 읽을 수 있다.

해설

QR코드가 더러워졌을 경우를 묻고 있으므로 질문에 나오는 키워드가 반복되는 구간에서 반응하고 집중하는 것이 포인트이다. 질문자가 '코드가 더러워져도 정확하게 읽을 수 있습니까?'라고 키워드를 반복하고 있으므로, 개발자의 설명에 집중하면, '30%정도 더러워져도 정보를 바르게 읽을 수 있다'고 하였으므로 3번이 정답이다. 1번과 2번, 4번은 30% 더러워진 것이 아니어서 오답이다.

어휘 湾曲(わんきょく)する 구부러지다 | 補正(ほせい)する 보정하다 | 汚(よご)れる 더러워지다 | 復元(ふくげん) 복원 | 足(た)す 더하다 | 消(き)える 사라지다

問題 24 정답 ④ Track 6-24

先生が、小型の無人航空機ドローンを農業に利用することについて説明しています。この先生は、ドローンはどんな問題に対応できると言っていますか。

農業分野にドローン技術が導入されて以来、ドローンの利用は急速に拡大しています。利用するメリットとして、例えば、従来の無人ヘリコプターによる農薬散布をドローンに変えることで、コストが削減できます。さらにドローンに積んだセンサーが害虫の発生状況を把握して、必要なところにピンポイントで農薬をまくことができるので、効率が良くなります。肥料の散布でも同じようなメリットがあります。

また、ドローンの利用はコストや効率だけでなく、労働力不足の問題の解決策の一つになり得ます。ドローンにコンテナをとりつけ、収穫物や資材の運搬をするのです。特に高齢化が進んだ地域では、力仕事や運転ができる労働力不足が深刻なので、ドローンによる省力化、つまり、人の手を離れた作業効率化が期待されています。

この先生は、ドローンはどんな問題に対応できると言っていますか。

① ヘリコプターの操縦士が少ないという問題

② 農薬の値段が高いという問題

③ 農薬や肥料の量が多いという問題

④ 高齢化による労働力不足という問題

선생님이 소형 무인항공기 드론을 농업에 이용하는 것에 관해서 설명하고 있습니다. 이 선생님은 드론은 어떤 문제에 대응할 수 있다고 하고 있습니까?

농업 분야에 드론 기술이 도입된 이후, 드론 이용은 급속히 확대되고 있습니다. 이용하는 장점으로서, 예를 들자면 종래의 무인 헬리콥터에 의한 농약 살포를 드론으로 바꾸면 비용을 삭감할 수 있습니다. 더욱이 드론에 쌓은 센서가 해충 발생 상황을 파악해서 필요한 곳에 핀포인트로 농약을 뿌릴 수가 있기 때문에, 효율이 좋아집니다. 비료 살포에서도 같은 장점이 있습니다.

또한, 드론 이용은 비용이나 효율 뿐만이 아니고, 노동력 부족 문제 해결책의 하나가 될 수 있습니다. 드론에 컨테이너를 붙여 수확물이나 자료 운반을 하는 것입니다. 특히 고령화가 진행된 지역에서는 힘을 쓰는 일이나 운전을 할 수 있는 노동력 부족이 심각하기 때문에, 드론에 의한 에너지절약, 즉, 사람 일손을 쓰지 않는 작업 효율화를 기대할 수 있습니다.

이 선생님은 드론은 어떤 문제에 대응할 수 있다고 하고 있습니까?

① 헬리콥터 조종사가 적다는 문제

② 농약 가격이 비싸다는 문제

③ 농약이나 비료 양이 많다는 문제

④ 고령화에 의한 노동력부족이라는 문제

해설

'문제에 대응'과 '문제 해결'이 같은 의미를 나타내고 있다는 것을 파악하는 것이 포인트이다. EJU 청해 문제에서는 이렇게 질문문과 본문, 선택지에 패러프레이징된 문장을 찾게 하는 문제가 많이 출제된다. 이 문제에서는 마지막 부분에서 「特に~労働力不足が深刻なので、~つまり、人の手を離れた作業効率化が期待(특히~노동력 부족이 심각해서, ~즉, 사람 일손을 쓰지 않는 작업효율화를 기대)」할 수 있다고 설명하고 있으므로, 이 부분을 정리하면 '노동력 문제 해소'를 기대하고 있다는 것을 알 수 있으므로 정답은 4번이 된다. 2번은 농약의 가격, 3번은 농약과 비료 양의 문제이므로 오답이다.

어휘 技術 기술 | 導入 도입 | 急速に 급속히 | 拡大する 확대하다 | 農薬散布 농약살포 | 削減 삭감 | 害虫 해충 | 運搬する 운반하다

問題 25 정답 ③ Track 6-25

先生が、川の流域の文明で発明されたものについて話しています。この先生が最も注目している発明は何ですか。

古代文明のほとんどが川の流域で起こり、人間は川から多くの恩恵を受けていました。川を直接利用するだけではなく、川のおかげでいろいろな発明が生まれました。例えば、川の氾濫による洪水の時期を予測するために暦がつくられ、川でとれた粘土に川の植物の茎で書く文字が発明されました。また、川の泥から質の良いレンガが作られ、それを使って建物が建てられました。さらに、その後、人が集まり、巨大な都市が生まれると、生活用水として川の水をより便利に利用するために、水の設備が整えられ、水道が作られました。これは川に関係する数々の発明の中で、私が最も注目しているものです。水道の発明は、その後の人間の生活を大きく変えていくことになりました。

この先生が最も注目している発明は何ですか。

① 川の泥を使って作ったレンガ

② 川の氾濫と洪水を予測するための暦

③ 川の水をより便利に利用するための水道

④ 川のまわりにあるものを使って書く文字

선생님이 강 유역 문명에서 발명된 것에 대해서 이야기하고 있습니다. 이 선생님이 가장 주목하고 있는 발명은 무엇입니까?

고대 문명 대부분이 강 유역에서 발생하고, 인간은 강에서 많은 은혜를 입어 왔습니다. 강을 직접 이용하는 것뿐만이 아니고, 강 덕분에 여러가지 발명이 탄생했습니다. 예를 들자면 강의 범람에 의한 홍수 시기를 예측하기 위해서 달력이 만들어지고, 강에서 나온 점토에 강 식물 줄기로 쓰는 문자가 발명되었습니다. 또한 강 진흙에서 질이 좋은 기와가 만들어지고, 그것을 사용하여 건물이 세워졌습니다. 더욱이, 그 후에 사람이 모이고 거대한 도시가 만들어지자, 생활 용수로서 강물을 보다 편리하게 이용하기 위해서 물 설비가 정비되어 수도가 만들어졌습니다. 이것은 강에 관계된 수 없이 많은 발명 속에서 제가 가장 주목하고 있는 것입니다. 수도 발명은 그 후의 인간의 생활을 크게 바꾸어 가게 되었습니다.

이 선생님이 가장 주목하고 있는 발명은 무엇입니까?

① 강 진흙을 사용해서 만든 기와

② 강 범람과 홍수를 예측하기 위한 달력

③ 강물을 보다 편리하게 이용하기 위한 수도

④ 강 주변에 있는 것을 사용하여 쓰는 문자

해설

선생님의 여러 설명 중에서 가장 주목하는 것과 그 외의 것에 반응 하는 것이 중요하다. 마지막 설명 「これは川に関係する数々の発明の中で、私が一番注目しているもの(이것은 강과 관계되어 있는 여러 발명 중에서 내가 가장 주목하고 있는 것)」 부분 중에서 「これは(이것은)」는 '수도가 만들어 진 것'을 가리키므로 3번이 정답이다. 1번, 2번, 4번은 여러 강의 이용에 관한 설명이기는 하나 가장 주목하고 있다고 강조하지 않았으므로 오답이다.

어휘 流域 유역 | 恩恵 은혜 | 氾濫 범람 | 洪水 홍수 | 予測する 예측하다 | 暦 달력 | 茎 줄기 | 泥 진흙 | レンガ 벽돌 | 設備 설비 | 整える 정비되다

問題 26 정답 ④ Track 6-26

先生が、アニサキスという寄生虫による食中毒について魚を例に挙げて話しています。この先生は、アニサキスによる食中毒を防ぐ最もいい方法は何だと言っていますか。

刺身や寿司など、魚を生のまま食べる文化があります。しかし、魚の内臓などには、アニサキスという寄生虫が寄生していることがあり、これが生きたまま体内に入ってしまうと、食中毒の原因になる可能性があります。アニサキスによる食中毒を予防するには、とにかく鮮度が落ちないうちに魚の内臓を取り除かなければいけません。さらに、内臓だけでなく、筋肉部分にも存在する可能性があるので、必ずきれいに洗って、アニサキスがいないかどうか確認してください。確実にアニサキスを死滅させられる方法は冷凍です。マイナス20度で24時間以上冷凍してください。目で見るだけだと、見落としてしまうことがあります。

この先生は、アニサキスによる食中毒を防ぐ最もいい方法は何だと言っていますか。

① 魚の内臓を取り除くこと

② 魚をきれいに洗うこと

③ 目で確認すること

④ 十分に冷凍すること

선생님이 고래회충이라는 기생충에 의한 식중독에 관해서 물고기를 예로 들어 이야기하고 있습니다. 이 선생님은 고래회충에 의한 식중독을 막는 가장 좋은 방법은 무엇이라고 말하고 있습니까?

회나 초밥 등, 물고기를 날 것으로 먹는 문화가 있습니다. 하지만, 물고기 내장 등에는 고래회충이라는 기생충이 기생하고 있는 경우가 있어, 이것이 살아 있는 채 체내에 들어가 버리면, 식중독 원인이 될 가능성이 있습니다. 고래회충에 의한 식중독을 예방하려면, 좌우지간 신선도가 떨어지기 전에 물고기 내장을 제거해야 합니다. 또한, 내장뿐만이 아니고, 근육 부분에도 존재할 가능성이 있기 때문에, 반드시 깨끗하게 씻고 고래회충이 있는지 확인해 주세요. 확실하게 고래회충을 사멸할 방법은 냉동입니다. 마이너스 20도에서 2시간 이상 냉동해 주세요. 눈으로 보는 것만으로는 놓쳐버릴 경우가 있습니다.

이 선생님은 고래회충에 의한 식중독을 막는 가장 좋은 방법은 무엇이라고 말하고 있습니까?

① 물고기 내장을 제거할 것.

② 물고기를 깨끗하게 씻을 것.

③ 눈으로 확인할 것.

④ 충분하게 냉동할 것.

해설

식중독을 막는 여러 방법 중에서도 마지막 부분에서 '확실하게 사멸할 방법은'이라고 설명하고 있는 부분에서 반응하는 것이 중요하다. 식중독을 막는 여러 방법 중에서도「とにかく(그런데)」「さらに(그런데)」「必(かなら)ず(그런데)」이후의 강조하고 있는 부분을 체크해 두자. 마지막 부분에서「確実(かくじつ)に～冷凍(れいとう)です(확실히~냉동입니다)」를 힌트로 4번이 정답이라고 알 수 있다.

어휘 刺身(さしみ) 회 | 寿司(すし) 초밥 | 内臓(ないぞう) 내장 | 寄生虫(きせいちゅう) 기생충 | 食中毒(しょくちゅうどく) 식중독 | 鮮度(せんど) 신선도 | 取(と)り除(のぞ)く 제거하다 | 冷凍(れいとう) 냉동 | 見落(みお)とす 간과하다

問題 27 정답 ①

Track 6-27

ある町で「まち歩きガイド」の活動をしている女性がインタビューを受けています。この女性は、「まち歩き」の活動目的は何だと言っていますか。

聞き手：「まち歩きガイド」の活動では、観光客だけではなく、地元の方にもガイドをされることが多いと伺いました。

女　性：そうなんです。「自分の町をじっくり歩いてみて、改めて良さに気付けた」って言ってくださる方が多くて、うれしいです。

聞き手：この地域は、健康寿命が延びたことが話題になっていますね。その理由の一つとして、この「まち歩き」を取り上げている専門家がいらっしゃいました。もともとこの「まち歩き」の活動は健康増進が目的だったのでしょうか。

女　性：いえ、それはたまたまだと思います。実は、私がこの活動を始めたのは、この地域で発生した大地震のあとなんです。地域の人々とのネットワークがうまく築けていなかった人の多くが、あの地震のあと、この土地を離れたと知りました。近所の人からの情報ではなく、SNSの情報に頼るしかなかったそうです。そこで、「まち歩き」という活動を通して、地域住民のつながりを作っていきたいと考えたんです。

聞き手：そうだったのですね。確かにそのようなつながりがあると、万一のときに心強いですね。

この女性は、「まち歩き」の活動目的は何だと言っていますか。

① 地域のネットワークづくり
② 観光客へのサービス
③ 健康的な体づくり
④ 地元の良さの再発見

어떤 마을에서 '마을 걷기 안내' 활동을 하고 있는 여성이 인터뷰를 받고 있습니다. 이 여성은 '마을 걷기' 활동 목적은 무엇이라고 말하고 있습니까?

질문자: '마을 걷기 안내' 활동에서는 관광객뿐만이 아니고, 그 지역 분에게도 안내하시는 경우가 많다고 들었습니다.

여성: 맞습니다. "내 마을을 제대로 걸어 보고, 다시 좋은 점을 깨달았다"고 말해 주시는 분이 많아서 기쁩니다.

질문자: 이 지역은, 건강 수명이 늘어난 것이 화제가 되고 있죠. 그 이유 중 하나로 이 '마을 걷기'를 드는 전문가께서 계셨습니다. 원래 이 '마을 걷기' 활동은 건강 증진이 목적이었던 걸까요?

여성: 아니요. 그것은 우연입니다. 실은 제가 이 활동을 시작한 것은, 이 지역에서 발생한 대지진 뒤입니다. 지역 사람들과 네트워크를 잘 구축하지 못했던 사람 대부분이 이 지진 뒤에 이 토지를 떠났다고 들었습니다. 근처 사람으로부터 정보를 얻지 못하고 SNS 정보에 의존할 수밖에 없었다고 합니다. 그래서 '마을 걷기'라는 활동을 통해서 지역 주민 연결을 만들어 가고 싶다고 생각한 것입니다.

질문자: 그렇군요. 확실히 그런 연결이 있으면, 만일의 경우에도 든든하겠네요.

이 여성은 '마을 걷기' 활동 목적은 무엇이라고 말하고 있습니까?

① 지역 네트워크 만들기
② 관광객에 대한 서비스
③ 건강한 몸 만들기
④ 지역의 장점 재발견

해설

대화문 중 인터뷰 형식의 문제는, 인터뷰를 받는 사람의 대화에 집중하면 정답을 찾을 수 있다. 이 문제에서는 여성의 대화에 주목하며, 활동을 시작한 이유와 목적을 잘 듣고 메모하는 것이 중요하다. 질문자의 '건강'이 목적이냐는 질문을 부정하고(3번은 오답), '지진 뒤에 네트워크를 구축하지 못한 사람들이 이 지역을 떠났다'는 사실에서 '마을 걷기'를 시작하였다고 하였으므로 정답은 1번이 된다.

어휘 地元(じもと) (나고 자란) 지역, 그 고장 | 改(あらた)めて 새롭게, 새로이 | 築(きず)く 세우다 | 健康増進(けんこうぞうしん) 건강증진